에듀윌과 함께 시작하면,
당신도 합격할 수 있습니다!

공기업 채용 시험을 준비하며
가산점을 받으려는 취업준비생

우리나라처럼 한자를 사용하는
중국어와 일본어를 더 쉽게 배우고 싶은 고등학생

우리말 어휘의 바탕이 되는 한자 학습으로
어휘력과 사고력을 기르고 싶은 초등학생

누구나 합격할 수 있습니다.
해내겠다는 '열정' 하나면 충분합니다.

마지막 페이지를 덮으면,

**에듀윌과 함께
상공회의소 한자 3급 합격이 시작됩니다.**

한자 교육 1위

에듀윌 상공회의소 한자
합격 스토리

문O윤 합격생

대학교 졸업 요건 한자 자격증! 에듀윌 덕분에 2주 만에 취득!

대학교 졸업 요건인 한자 3급 자격증을 따기 위해 많은 사람이 선택한 <에듀윌 상공회의소 한자 3급 2주끝장>으로 공부를 시작했습니다. 가장 마음에 들었던 부분은 매일 복습 쪽지시험으로 확실히 마무리할 수 있다는 것과 한자 노트를 통해 언제 어디서든 간편하게 유의자, 상대자, 동음이의어, 사자성어들을 공부할 수 있다는 것입니다. 모의고사를 풀고 나서 최종적으로 헷갈리거나 어려운 단어들을 틀린 한자 복습 노트에 정리해 보면서 저의 부족했던 점들을 보완할 수 있었습니다. 덕분에 총점 648점이라는 좋은 성적으로 한자 3급 자격증을 취득했습니다. 에듀윌 감사합니다!

이O현 합격생

작심삼일을 방지하는 2주 플랜으로 합격!

에듀윌 한자 교재를 선택하게 된 가장 큰 이유는 매주 학습 플랜이 딱 짜여 있다는 것이었습니다. 덕분에 작심삼일로 끝나지 않고 14일간 매일매일 한자 공부를 해서 상공회의소 한자 3급에 합격할 수 있었습니다. 급수가 높아질수록 낯선 한자가 많이 나왔지만 한자 풀이를 읽으며 어려운 한자도 쉽게 외울 수 있었고, 실전 모의고사를 통해 시험에 대한 감각을 키울 수 있어서 좋았습니다. 유의자와 상대자를 고르는 문제는 한자 노트를 통해 효율적으로 공부했고, 그 덕분에 단기간에 합격할 수 있었던 것 같습니다. 저처럼 한자를 잘 알지는 못하더라도 에듀윌 교재로 매일 조금씩 공부를 한다면 좋은 결과가 있을 거라고 확신합니다!

장O영 합격생

에듀윌의 효율적인 학습 방법으로 1주일 만에 센스 있게 합격!

우리말 어휘력도 높이고 이참에 중국어도 공부해야겠다 싶어서 한자 먼저 정복하기로 결심했다. 상공회의소 시험은 전부 객관식(오지선다형)이고, 9급~4급 한자(900자)만 제대로 공부해도 합격할 수 있기 때문에 시험 접수부터 했다. 인터넷을 통해 에듀윌 <상공회의소 한자>로 공부해 단기간에 합격했다는 후기를 많이 본 터라 나도 망설임 없이 에듀윌 교재를 선택했다. 교재에 나온 순서대로 매일매일 하루 할당량의 한자를 써 보며 쪽지시험을 푸는 방법으로 공부했다. 짧은 시간 벼락치기로 공부했지만 당당히 합격! 2주끝장이지만 일주일만 공부해도 합격할 수 있는 구성이었고, 6일 차에 중간점검 모의고사를 풀어 본 게 정말 큰 도움이 되었다.

다음 합격의 주인공은 당신입니다!

여러분의 작은 소리
에듀윌은 크게 듣겠습니다.

본 교재에 대한 여러분의 목소리를 들려주세요.
공부하시면서 어려웠던 점, 궁금한 점,
칭찬하고 싶은 점, 개선할 점, 어떤 것이라도 좋습니다.

에듀윌은 여러분께서 나누어 주신 의견을
통해 끊임없이 발전하고 있습니다.

에듀윌 도서몰 book.eduwill.net
- 부가학습자료 및 정오표: 에듀윌 도서몰 → 도서자료실
- 교재 문의: 에듀윌 도서몰 → 문의하기 → 교재(내용, 출간) / 주문 및 배송

2026 에듀윌 상공회의소 한자 3급 2주끝장

발 행 일	2026년 1월 5일 초판
편 저 자	차기석
펴 낸 이	양형남
개 발	정상욱, 김민서
펴 낸 곳	(주)에듀윌
등록번호	제25100-2002-000052호
주 소	08378 서울특별시 구로구 디지털로34길 55 코오롱싸이언스밸리 2차 3층
I S B N	979-11-360-3983-5(13710)

• 이 책의 무단 인용·전재·복제를 금합니다.

www.eduwill.net
대표전화 1600-6700

틀린 한자 복습노트

한자 찾아보기

합 合	28	협 協	54	화 畫	38	휴 携	133
항 恒	82	협 脅	108	화 和	41	흉 凶	58
항 項	108	형 兄	28	화 貨	57	흉 胸	68
항 航	124	형 形	40	화 華	68	흑 黑	65
항 抗	124	형 刑	81	화 禍	153	흡 吸	136
항 巷	163	형 衡	126	화 禾	167	흥 興	43
항 港	163	형 亨	141	확 確	116	희 希	49
해 海	40	형 螢	167	확 穫	125	희 喜	78
해 解	48	혜 惠	43	확 擴	141	희 戱	101
해 害	60	혜 慧	101	환 患	61	희 稀	117
해 亥	69	혜 兮	138	환 歡	78		
해 奚	148	호 號	47	환 環	105		
해 該	152	호 湖	60	환 還	105		
핵 核	152	호 好	62	환 換	126		
행 行	23	호 虎	63	환 丸	144		
행 幸	30	호 乎	72	활 活	36		
향 香	34	호 呼	72	황 黃	44		
향 鄕	46	호 戶	74	황 皇	61		
향 向	51	호 護	120	황 況	135		
향 享	141	호 互	143	황 荒	160		
향 響	154	호 胡	147	회 回	25		
허 許	67	호 浩	162	회 會	46		
허 虛	81	호 毫	162	회 悔	160		
헌 獻	130	호 豪	162	회 懷	168		
헌 軒	144	혹 或	69	획 獲	125		
헌 憲	155	혹 惑	128	획 劃	167		
험 驗	151	혼 婚	57	횡 橫	141		
험 險	151	혼 混	69	효 效	45		
혁 革	59	혼 昏	123	효 孝	50		
현 現	51	혼 魂	134	효 曉	123		
현 賢	81	홀 忽	112	후 後	33		
현 玄	142	홍 紅	81	후 厚	85		
현 絃	142	홍 鴻	142	후 侯	132		
현 顯	148	홍 弘	154	후 候	132		
현 縣	164	홍 洪	167	훈 訓	44		
현 懸	164	화 火	24	훼 毀	160		
혈 血	33	화 話	34	휘 輝	134		
혈 穴	128	화 化	36	휘 揮	134		
혐 嫌	148	화 花	36	휴 休	46		

축 逐	161	**ㅌ**		**ㅍ**		표 表	25
춘 春	63	타 打	60	파 波	49	표 標	116
출 出	33	타 他	70	파 破	67	표 票	117
충 充	35	타 墮	111	파 派	100	표 漂	117
충 蟲	46	타 妥	161	파 把	123	품 品	34
충 忠	50	탁 卓	105	파 播	158	풍 風	29
충 衝	126	탁 濁	152	파 罷	158	풍 豊	46
취 取	50	탁 濯	155	파 頗	158	피 皮	62
취 吹	71	탁 托	161	판 判	60	피 彼	69
취 就	71	탄 彈	104	판 版	106	피 疲	104
취 臭	127	탄 誕	134	판 販	114	피 被	104
취 趣	127	탄 歎	141	판 板	118	피 避	122
취 醉	155	탄 炭	147	팔 八	31	필 必	35
측 側	134	탈 脫	81	패 敗	54	필 筆	51
측 測	134	탈 奪	132	패 貝	56	필 匹	73
층 層	107	탐 探	83	편 便	37	필 畢	161
치 齒	31	탐 貪	122	편 片	52		
치 治	43	탑 塔	122	편 篇	84	**ㅎ**	
치 致	46	탕 湯	122	편 編	113	하 下	25
치 恥	101	태 太	26	편 遍	113	하 夏	38
치 値	135	태 泰	78	편 偏	113	하 河	55
치 置	135	태 怠	111	평 平	41	하 何	69
칙 則	26	태 殆	122	평 評	146	하 賀	73
친 親	44	태 態	122	폐 閉	68	하 荷	161
칠 七	31	택 宅	51	폐 蔽	134	학 學	38
칠 漆	167	택 澤	164	폐 幣	134	학 鶴	161
침 針	77	택 擇	164	폐 弊	134	한 韓	50
침 浸	102	토 土	25	폐 廢	142	한 漢	52
침 侵	103	토 吐	123	폐 肺	151	한 限	62
침 寢	103	토 討	151	포 抱	71	한 寒	72
침 沈	154	통 統	43	포 布	71	한 恨	82
침 枕	154	통 通	46	포 包	110	한 閑	85
칭 稱	143	통 痛	132	포 胞	110	한 汗	162
		퇴 退	62	포 飽	111	한 旱	168
ㅋ		투 投	66	포 浦	146	할 割	102
쾌 快	55	투 鬪	130	포 捕	146	함 陷	116
		투 透	158	폭 暴	76	함 含	152
		특 特	51	폭 幅	161	함 咸	158
				폭 爆	161		

한자 찾아보기

주	朱	77	지	遲	120	참	參	48	청	淸	44
주	酒	81	지	智	127	참	慘	153	청	聽	71
주	珠	122	지	誌	127	참	慙	160	청	請	79
주	株	122	지	池	127	창	唱	54	청	晴	79
주	周	143	직	直	32	창	窓	62	청	廳	158
주	舟	157	직	織	152	창	昌	78	체	體	47
주	柱	157	직	職	152	창	創	114	체	逮	147
주	奏	157	진	眞	27	창	蒼	118	체	遞	147
주	鑄	157	진	進	50	창	倉	118	체	替	158
주	州	163	진	辰	69	창	暢	166	체	滯	158
주	洲	163	진	盡	71	채	採	65	초	初	26
죽	竹	39	진	震	114	채	菜	65	초	草	40
준	準	116	진	珍	127	채	債	155	초	招	71
준	俊	142	진	鎭	127	채	彩	166	초	超	104
준	遵	157	진	振	127	책	冊	48	초	抄	135
중	中	25	진	陳	127	책	責	54	초	秒	135
중	重	52	진	陣	138	책	策	126	초	肖	167
중	衆	60	질	質	34	처	處	58	초	礎	167
중	仲	158	질	疾	107	처	妻	68	촉	促	113
즉	卽	84	질	姪	127	척	尺	74	촉	觸	152
증	增	62	질	秩	127	척	戚	111	촉	燭	152
증	證	70	집	集	38	척	斥	132	촌	村	36
증	曾	72	집	執	82	척	拓	166	촌	寸	44
증	蒸	111	징	徵	125	천	天	22	총	銃	111
증	憎	122	징	懲	125	천	川	24	총	總	114
증	贈	122				천	千	31	총	聰	167
증	症	132		**ㅊ**		천	泉	66	최	最	56
지	止	31	차	次	25	천	淺	83	최	催	167
지	地	35	차	此	69	천	踐	137	추	秋	40
지	指	37	차	且	70	천	賤	137	추	追	62
지	紙	37	차	借	78	천	薦	166	추	推	81
지	至	45	차	差	115	천	遷	167	추	醜	154
지	知	47	착	着	55	철	鐵	81	추	抽	167
지	志	51	착	捉	113	철	徹	113	축	祝	46
지	支	59	착	錯	115	철	哲	167	축	丑	69
지	只	65	찬	贊	102	첨	尖	101	축	築	101
지	之	74	찬	讚	102	첨	添	103	축	蓄	152
지	枝	76	찰	察	47	첩	妾	158	축	畜	152
지	持	84				청	靑	32	축	縮	153

자 姿	143	재 災	102	점 店	61	조 祖	31
자 恣	143	재 載	146	점 點	116	조 朝	33
자 刺	156	재 栽	146	점 占	147	조 鳥	39
자 紫	157	재 宰	166	점 漸	150	조 調	49
자 玆	157	쟁 爭	35	접 接	43	조 助	54
작 作	31	저 貯	60	접 蝶	147	조 造	54
작 昨	83	저 著	71	정 政	32	조 兆	56
작 爵	106	저 低	85	정 正	32	조 早	58
작 酌	166	저 底	113	정 情	33	조 條	107
잔 殘	146	저 抵	162	정 定	35	조 租	108
잠 潛	128	적 的	50	정 庭	39	조 組	108
잠 暫	150	적 敵	65	정 精	45	조 操	122
잡 雜	135	적 適	65	정 丁	66	조 燥	122
장 長	24	적 赤	76	정 頂	66	조 弔	122
장 場	44	적 賊	101	정 井	71	조 潮	157
장 將	56	적 寂	111	정 停	71	조 照	166
장 章	60	적 跡	144	정 貞	78	족 足	22
장 壯	82	적 積	146	정 淨	80	족 族	39
장 粧	102	적 摘	153	정 靜	80	존 存	57
장 藏	111	적 滴	153	정 征	131	존 尊	80
장 臟	111	적 績	157	정 整	131	졸 卒	56
장 墻	112	적 籍	157	정 亭	162	졸 拙	157
장 障	112	전 田	23	정 訂	162	종 種	39
장 掌	120	전 全	30	정 廷	166	종 宗	44
장 帳	124	전 前	33	정 程	166	종 從	71
장 葬	125	전 電	34	제 弟	28	종 終	83
장 裝	125	전 戰	35	제 帝	40	종 鐘	84
장 莊	126	전 展	38	제 題	49	종 縱	157
장 張	141	전 典	39	제 製	54	좌 左	52
장 腸	151	전 傳	43	제 第	62	좌 坐	72
장 丈	166	전 錢	84	제 諸	68	좌 佐	157
장 獎	166	전 專	117	제 除	72	좌 座	157
재 材	32	전 轉	117	제 祭	80	죄 罪	60
재 財	32	전 殿	157	제 制	106	주 主	23
재 再	43	절 絶	45	제 齊	108	주 住	37
재 才	45	절 節	49	제 濟	108	주 注	38
재 在	51	절 竊	101	제 提	133	주 走	60
재 哉	71	절 切	106	제 際	166	주 宙	61
재 裁	71	절 折	147	제 堤	166	주 晝	61

한자 찾아보기

옥	屋	61	우	羽	108	유	酉	69	의	疑	148
옥	獄	111	우	優	110	유	柔	70	의	儀	156
온	溫	63	우	郵	117	유	幼	71	의	宜	156
옹	翁	123	운	雲	33	유	猶	71	이	二	30
옹	擁	165	운	運	47	유	遊	72	이	耳	39
와	臥	68	운	云	70	유	唯	82	이	移	50
와	瓦	74	운	韻	137	유	誘	127	이	以	62
완	完	43	웅	雄	58	유	幽	156	이	而	74
완	緩	164	원	元	25	유	乳	156	이	已	74
왈	曰	74	원	原	28	유	儒	156	이	異	80
왕	王	23	원	園	52	유	裕	156	이	夷	156
왕	往	62	원	願	54	유	悠	156	익	益	52
외	外	29	원	遠	61	유	惟	168	익	翼	156
외	畏	121	원	圓	71	유	維	168	인	人	22
요	要	35	원	怨	82	유	愈	168	인	因	28
요	遙	113	원	源	103	육	肉	28	인	引	48
요	謠	114	원	員	133	육	育	37	인	仁	62
요	搖	114	원	院	158	윤	閏	113	인	寅	69
요	腰	133	원	援	165	윤	潤	113	인	印	77
욕	浴	61	월	月	24	은	銀	40	인	忍	79
욕	欲	77	월	越	104	은	恩	43	인	認	79
욕	辱	101	위	位	29	은	隱	156	인	姻	156
욕	慾	130	위	爲	62	을	乙	69	일	日	25
용	用	27	위	危	70	음	音	28	일	一	30
용	容	29	위	威	80	음	飮	57	일	逸	115
용	勇	56	위	偉	83	음	吟	85	임	壬	73
용	庸	166	위	慰	123	음	陰	85	임	任	133
우	雨	22	위	緯	123	음	淫	140	임	賃	165
우	牛	24	위	圍	124	읍	邑	28	입	入	30
우	友	32	위	衛	124	읍	泣	82			
우	右	52	위	違	124	응	應	45			
우	宇	60	위	胃	132	응	凝	148		ㅈ	
우	尤	70	위	謂	132	의	衣	22	자	自	22
우	于	73	위	僞	156	의	醫	32	자	子	23
우	又	74	위	委	156	의	意	38	자	者	30
우	憂	79	유	有	27	의	義	45	자	字	39
우	遇	85	유	由	30	의	議	45	자	慈	77
우	偶	108	유	油	49	의	依	73	자	姊	84
우	愚	108	유	遺	59	의	矣	74	자	資	103

시 始	31
시 時	36
시 詩	36
시 是	52
시 施	58
시 視	63
시 試	76
시 矢	113
시 侍	124
식 食	27
식 植	50
식 式	50
식 識	56
식 飾	102
식 息	146
신 身	22
신 臣	30
신 信	34
신 神	34
신 新	56
신 申	69
신 辛	74
신 愼	137
신 伸	152
신 晨	153
실 失	25
실 室	32
실 實	35
심 心	22
심 甚	81
심 深	83
심 審	153
심 尋	153
십 十	31
쌍 雙	142
씨 氏	60

ㅇ

아 兒	24
아 我	82
아 餓	110
아 牙	117
아 芽	117
아 雅	117
아 亞	153
악 惡	76
악 岳	148
안 安	37
안 案	39
안 眼	66
안 顔	81
안 雁	142
안 岸	148
알 謁	153
암 暗	65
암 巖	80
압 押	137
압 壓	163
앙 仰	78
앙 央	102
앙 殃	102
애 愛	55
애 哀	76
애 涯	153
액 厄	103
액 額	146
야 野	40
야 夜	61
야 也	73
야 耶	136
약 藥	37
약 約	37
약 弱	55
약 若	59
약 躍	164
양 羊	24

양 養	37
양 洋	37
양 陽	52
양 讓	65
양 揚	68
양 樣	136
양 楊	137
양 壤	163
어 魚	24
어 語	49
어 漁	58
어 於	73
어 御	162
억 億	84
억 憶	84
억 抑	163
언 言	27
언 焉	165
엄 嚴	80
업 業	25
여 如	69
여 汝	70
여 餘	72
여 余	72
여 與	73
여 予	165
여 興	165
역 逆	58
역 易	58
역 亦	69
역 疫	107
역 役	125
역 驛	164
역 譯	164
역 域	165
연 然	62
연 研	63
연 煙	65
연 燃	100

연 軟	104
연 宴	117
연 演	126
연 鉛	145
연 沿	145
연 延	155
연 燕	165
연 緣	168
열 熱	40
열 悅	78
열 閱	145
염 炎	66
염 鹽	115
염 染	135
엽 葉	77
영 永	49
영 英	49
영 榮	56
영 迎	78
영 映	147
영 影	154
영 營	155
영 泳	161
영 詠	161
예 藝	60
예 銳	101
예 豫	155
예 譽	155
오 午	25
오 五	31
오 烏	62
오 誤	79
오 吾	80
오 悟	80
오 汚	134
오 嗚	155
오 娛	156
오 傲	165
옥 玉	23

한자 찾아보기

상 喪	68	선 選	47	소 疏	112	수 搜	105
상 霜	77	선 船	49	소 訴	126	수 囚	113
상 傷	79	선 鮮	49	소 蘇	136	수 獸	120
상 常	82	선 善	58	소 掃	154	수 殊	135
상 償	131	선 仙	63	소 召	160	수 垂	137
상 床	132	선 旋	143	소 昭	160	수 睡	137
상 狀	135	선 宣	144	속 俗	40	수 需	155
상 裳	136	선 禪	144	속 速	57	수 帥	155
상 嘗	137	설 設	44	속 續	84	수 遂	161
상 桑	143	설 雪	47	속 粟	100	수 輸	168
상 象	153	설 說	49	속 束	110	숙 宿	77
상 像	153	설 舌	76	속 屬	151	숙 淑	78
상 詳	153	섭 攝	110	손 孫	50	숙 叔	78
상 祥	153	섭 涉	128	손 損	160	숙 肅	137
새 塞	143	성 成	30	송 送	59	숙 孰	145
색 色	29	성 性	36	송 松	77	숙 熟	145
색 索	105	성 城	40	송 訟	126	순 順	51
생 生	27	성 誠	45	송 頌	126	순 純	82
서 書	26	성 省	47	송 誦	163	순 循	105
서 西	28	성 星	49	쇄 鎖	103	순 瞬	146
서 序	40	성 姓	50	쇄 刷	154	순 巡	148
서 暑	66	성 聲	62	쇠 衰	123	순 脣	163
서 庶	112	성 盛	79	수 手	22	순 旬	164
서 敍	143	성 聖	80	수 水	24	순 殉	164
서 徐	143	세 世	25	수 守	43	술 戌	73
서 誓	147	세 洗	47	수 數	44	술 述	148
서 逝	147	세 歲	48	수 受	48	술 術	150
서 署	150	세 勢	56	수 首	51	숭 崇	78
서 緖	150	세 細	76	수 收	52	습 習	34
서 恕	168	세 稅	84	수 授	59	습 拾	83
석 石	23	소 小	29	수 修	67	습 襲	112
석 夕	24	소 少	29	수 誰	73	습 濕	113
석 席	48	소 素	32	수 雖	73	승 勝	54
석 惜	76	소 所	34	수 壽	73	승 乘	76
석 昔	76	소 消	36	수 樹	78	승 承	83
석 析	147	소 笑	77	수 愁	79	승 昇	126
석 釋	164	소 燒	100	수 須	83	승 僧	158
선 線	36	소 騷	104	수 秀	83	시 示	26
선 先	37	소 蔬	112	수 隨	103	시 市	28

방 邦	135	보 補	131	분 墳	102	사 思	50
방 倣	165	보 普	142	분 粉	105	사 使	55
배 拜	59	보 譜	142	분 紛	105	사 寺	59
배 杯	84	복 服	38	분 奔	121	사 射	60
배 配	100	복 復	45	분 奮	132	사 謝	67
배 輩	104	복 福	46	불 不	27	사 巳	69
배 排	104	복 伏	66	불 佛	68	사 私	77
배 背	124	복 覆	107	불 拂	126	사 舍	78
배 倍	165	복 複	133	붕 朋	70	사 絲	82
배 培	165	복 腹	134	붕 崩	121	사 査	105
백 白	29	복 卜	147	비 比	33	사 詞	106
백 百	31	본 本	27	비 非	41	사 詐	108
백 伯	167	봉 奉	34	비 備	48	사 賜	117
번 番	35	봉 逢	78	비 飛	58	사 斜	120
번 繁	105	봉 封	103	비 鼻	66	사 司	123
번 飜	107	봉 鳳	123	비 悲	77	사 社	123
번 煩	148	봉 峯	138	비 卑	112	사 祀	123
벌 伐	72	봉 蜂	138	비 碑	112	사 蛇	131
벌 罰	125	부 夫	22	비 婢	112	사 邪	140
범 凡	66	부 父	23	비 肥	123	사 辭	141
범 犯	103	부 富	46	비 費	136	사 寫	147
범 範	124	부 婦	51	비 祕	136	사 捨	148
법 法	26	부 浮	68	비 批	146	사 沙	155
벽 壁	148	부 部	68	비 妃	154	사 似	155
벽 碧	162	부 扶	72	빈 貧	67	사 斯	163
변 變	59	부 否	79	빈 頻	105	삭 削	103
변 邊	143	부 賦	102	빈 賓	137	삭 朔	161
변 辨	144	부 符	111	빙 氷	55	산 山	25
변 辯	144	부 簿	111	빙 聘	144	산 算	44
별 別	47	부 付	124			산 産	51
병 兵	26	부 府	124			산 散	85
병 病	32	부 附	125	**ㅅ**		살 殺	60
병 丙	73	부 腐	125	사 士	26	삼 三	30
병 竝	145	부 赴	128	사 史	26	상 上	25
병 屛	145	부 負	133	사 事	29	상 商	25
보 步	34	부 副	145	사 四	30	상 相	44
보 保	37	북 北	29	사 師	32	상 賞	48
보 報	45	분 分	30	사 死	35	상 想	50
보 寶	130	분 憤	102	사 仕	46	상 尙	59

한자 찾아보기

루 樓	165
루 累	168
류 流	46
류 留	61
류 柳	76
류 類	155
륙 六	31
륙 陸	55
륜 倫	73
륜 輪	163
률 律	49
률 栗	100
률 率	116
륭 隆	131
릉 陵	131
리 利	27
리 里	36
리 理	51
리 李	70
리 履	111
리 吏	111
리 梨	132
리 離	148
리 裏	168
린 隣	110
림 林	40
림 臨	131
립 立	24

ㅁ

마 馬	24
마 麻	124
마 磨	124
막 莫	79
막 幕	124
막 漠	124
만 萬	23
만 滿	59
만 晩	83
만 慢	111
만 漫	146
말 末	48
망 亡	43
망 望	54
망 忘	85
망 忙	85
망 茫	123
망 妄	134
망 罔	136
매 每	40
매 賣	61
매 買	77
매 妹	84
매 梅	113
매 媒	116
매 埋	125
맥 麥	68
맥 脈	107
맹 盲	116
맹 盟	135
맹 孟	145
맹 猛	145
면 面	22
면 勉	61
면 免	67
면 眠	82
면 綿	131
멸 滅	138
명 名	27
명 明	33
명 命	41
명 鳴	77
명 銘	112
명 冥	144
모 母	23
모 毛	30
모 暮	80
모 侮	101
모 慕	135
모 模	136
모 某	142
모 謀	142
모 冒	151
모 募	155
모 貌	163
목 目	23
목 木	25
목 牧	152
목 睦	163
몰 沒	116
몽 蒙	121
몽 夢	163
묘 卯	76
묘 妙	83
묘 廟	126
묘 墓	136
묘 苗	138
무 無	27
무 武	40
무 舞	54
무 務	58
무 戊	70
무 茂	70
무 霧	123
무 貿	136
묵 墨	68
묵 默	130
문 門	23
문 文	24
문 聞	34
문 問	44
물 物	32
물 勿	85
미 美	34
미 未	48
미 米	57
미 味	63
미 尾	83
미 眉	112
미 迷	128
미 微	148
민 民	28
민 敏	101
민 憫	110
밀 密	54
밀 蜜	138

ㅂ

박 朴	70
박 迫	108
박 泊	117
박 薄	117
박 拍	120
박 博	152
반 反	33
반 半	39
반 飯	68
반 伴	103
반 般	122
반 盤	122
반 叛	137
반 返	137
반 班	145
발 發	45
발 髮	162
발 拔	162
방 方	29
방 放	33
방 訪	59
방 防	59
방 房	66
방 芳	103
방 妨	104
방 傍	104

ㄷ

다 多	41
다 茶	136
단 單	29
단 丹	56
단 短	57
단 但	65
단 端	81
단 段	107
단 旦	114
단 壇	114
단 檀	114
단 團	117
단 斷	141
달 達	45
담 談	44
담 淡	117
담 擔	133
답 答	39
답 畓	112
답 踏	112
당 堂	61
당 當	67
당 黨	143
당 唐	160
당 糖	161
대 大	23
대 對	45
대 代	57
대 待	85
대 臺	106
대 隊	132
대 帶	133
대 貸	165
덕 德	48
도 道	34
도 圖	38
도 度	38
도 島	39
도 都	40
도 到	45
도 刀	57
도 徒	70
도 盜	101
도 桃	102
도 挑	103
도 逃	103
도 塗	125
도 陶	128
도 導	142
도 途	144
도 渡	144
도 倒	164
도 跳	164
도 稻	168
독 讀	57
독 獨	57
독 篤	110
독 毒	113
독 督	114
돈 豚	107
돈 敦	110
돌 突	126
동 同	28
동 東	28
동 童	36
동 冬	38
동 洞	46
동 動	47
동 銅	106
동 凍	132
두 豆	56
두 斗	57
두 頭	57
둔 屯	141
둔 鈍	141
득 得	58
등 等	41
등 登	48
등 燈	70
등 騰	150

ㄹ

라 羅	162
락 樂	28
락 落	47
락 絡	105
란 卵	58
란 亂	105
란 欄	108
란 蘭	108
람 濫	125
람 覽	145
랑 浪	82
랑 郎	82
랑 廊	113
래 來	26
랭 冷	63
략 掠	102
략 略	126
량 兩	31
량 良	55
량 量	57
량 涼	72
량 糧	125
량 梁	164
량 諒	167
려 旅	47
려 慮	100
려 勵	133
려 麗	154
력 力	22
력 歷	57
력 曆	136
련 連	54
련 練	76
련 聯	105
련 憐	110
련 戀	135
련 鍊	135
련 蓮	136
렬 列	55
렬 烈	82
렬 劣	110
렬 裂	115
렴 廉	136
렵 獵	111
령 令	26
령 領	83
령 靈	134
령 零	162
령 嶺	162
례 例	33
례 禮	51
례 隸	155
로 老	24
로 路	46
로 勞	55
로 露	77
로 爐	147
록 綠	65
록 鹿	153
록 祿	154
록 錄	154
론 論	51
롱 弄	101
뢰 雷	121
뢰 賴	162
료 料	32
료 了	141
료 僚	143
룡 龍	131
루 淚	127
루 漏	127
루 屢	165

한자 찾아보기

공	孔	140	구	救	58	규	糾	112	기	忌	121
공	恭	150	구	句	60	균	均	67	기	器	136
과	果	24	구	久	61	균	菌	138	기	旗	137
과	科	29	구	舊	67	극	極	81	기	騎	144
과	過	36	구	具	100	극	劇	126	기	奇	144
과	課	49	구	俱	100	극	克	163	기	豈	145
과	寡	130	구	構	101	근	近	43	기	寄	150
과	誇	141	구	球	104	근	勤	61	기	幾	167
곽	郭	141	구	區	108	근	根	62	기	企	167
관	觀	46	구	驅	108	근	僅	121	긴	緊	144
관	官	51	구	拘	110	근	謹	121	길	吉	49
관	關	84	구	龜	115	근	斤	132			
관	館	107	구	懼	121	금	今	26		**ㄴ**	
관	管	107	구	狗	130	금	金	28	나	那	145
관	貫	130	구	丘	140	금	禁	60	낙	諾	130
관	慣	130	구	苟	146	금	琴	104	난	難	58
관	冠	131	국	國	31	금	禽	120	난	暖	65
관	寬	154	국	局	118	금	錦	131	남	南	28
광	光	27	국	菊	146	급	急	70	남	男	30
광	廣	44	군	軍	26	급	給	72	납	納	124
광	狂	121	군	君	41	급	及	83	낭	娘	152
광	鑛	142	군	郡	47	급	級	127	내	內	29
괘	掛	151	군	群	132	긍	肯	121	내	乃	83
괴	怪	107	굴	屈	146	기	己	30	내	耐	114
괴	壞	121	궁	弓	56	기	氣	34	내	奈	145
괴	愧	160	궁	宮	132	기	技	35	녀	女	23
괴	塊	160	궁	窮	135	기	基	35	년	年	26
교	交	24	권	權	56	기	記	38	념	念	50
교	校	39	권	卷	67	기	期	48	녕	寧	106
교	敎	44	권	勸	80	기	其	56	노	怒	79
교	橋	66	권	券	161	기	起	58	노	奴	160
교	較	116	권	拳	161	기	幾	67	노	努	160
교	巧	130	궐	厥	126	기	旣	72	농	農	37
교	郊	141	궤	軌	144	기	祈	106	뇌	惱	160
교	矯	142	귀	貴	56	기	欺	108	뇌	腦	160
구	口	23	귀	歸	73	기	飢	110	능	能	27
구	九	31	귀	鬼	133	기	棄	114	니	泥	127
구	求	35	규	規	100	기	紀	115			
구	究	38	규	叫	112	기	機	116			

한자 찾아보기

ㄱ

가 家	26
가 加	40
가 價	48
가 可	50
가 歌	54
가 街	57
가 假	78
가 佳	81
가 架	104
가 暇	115
각 角	27
각 各	55
각 脚	66
각 却	114
각 覺	115
각 刻	120
각 閣	140
간 間	36
간 干	59
간 看	67
간 懇	106
간 刊	114
간 幹	114
간 簡	140
간 姦	140
간 肝	151
갈 渴	79
감 感	47
감 甘	65
감 減	67
감 敢	79
감 監	115
감 鑑	115
갑 甲	81
강 江	36
강 强	55
강 降	66
강 講	68
강 康	106
강 綱	115
강 鋼	115
강 剛	134
개 開	43
개 個	55
개 改	59
개 皆	72
개 蓋	107
개 介	116
개 慨	140
개 概	140
객 客	46
거 車	22
거 去	36
거 擧	55
거 巨	66
거 居	69
거 據	116
거 距	140
거 拒	140
건 建	26
건 乾	84
건 健	106
건 件	107
걸 乞	130
걸 傑	143
검 儉	150
검 劍	150
검 檢	150
격 格	100
격 隔	115
격 擊	131
격 激	133
견 見	27
견 犬	55
견 堅	81
견 遣	100
견 牽	106
견 肩	133
견 絹	151
결 決	35
결 結	51
결 潔	82
결 缺	116
겸 謙	141
겸 兼	152
경 競	35
경 京	37
경 景	37
경 經	38
경 慶	41
경 敬	50
경 庚	67
경 更	79
경 輕	79
경 耕	80
경 驚	80
경 卿	106
경 警	115
경 傾	120
경 徑	120
경 頃	120
경 硬	134
경 竟	151
경 境	151
경 鏡	151
계 季	31
계 界	32
계 計	38
계 溪	66
계 癸	72
계 鷄	77
계 階	107
계 戒	115
계 契	116
계 械	116
계 系	121
계 係	121
계 啓	121
계 桂	131
계 繫	151
계 繼	154
고 高	23
고 古	29
고 故	29
고 告	33
고 考	39
고 固	43
고 苦	65
고 孤	120
고 顧	120
고 庫	130
고 鼓	131
고 枯	140
고 姑	140
고 稿	150
곡 曲	30
곡 谷	61
곡 穀	68
곡 哭	133
곤 困	67
곤 坤	84
골 骨	59
공 工	22
공 公	33
공 共	33
공 功	47
공 空	48
공 恐	121
공 貢	130
공 攻	131
공 供	133

한자 찾아보기 205

[111~115]

111 [博士(박사)]
　① 사료　② 강사　③ 열사
　④ 사안　⑤ 봉사

112 諸國 → 帝國(제국)

113 口實(구실)

114 以北(이북)

115 ① 감출 혜　② 창 수　③ 의원 의
　④ 화살 시　⑤ 닭 유

[116~120]

116 [狀況(상황)]
　① 증상　② 상모　③ 죄상
　④ 사장　⑤ 궁상

117 俱成 → 構成(구성)

118 [每瞬間(매순간)]
　① 초순　② 일순　③ 순사
　④ 순치　⑤ 순항

119 推移(추이), 昭詳(소상)

120 ① 연극　② 설득　③ 서사
　④ 유도　⑤ 번역

틀린 한자 복습하기 » 맨 뒷장

[76~80]
76 ① 영구불변 ② 부귀재천 ③ 월하빙인
    ④ 신토불이 ⑤ 중구난방
77 ① 일거양득 ② 일편단심 ③ 설왕설래
    ④ 불문가지 ⑤ 자업자득
78 ① 문외한   ② 무소부지 ③ 진퇴양난
    ④ 일일삼성 ⑤ 문전성시
79 ① 골육상쟁 ② 요산요수 ③ 우이독경
    ④ 실사구시 ⑤ 교외별전
80 ① 평지풍파 ② 결초보은 ③ 청천백일
    ④ 산전수전 ⑤ 행운유수

제3영역 | 독해(讀解)

81	①	82	⑤	83	③	84	②	85	④
86	②	87	①	88	①	89	②	90	⑤
91	④	92	④	93	③	94	①	95	④
96	①	97	③	98	③	99	④	100	⑤
101	②	102	①	103	③	104	⑤	105	⑤
106	①	107	②	108	②	109	③	110	③
111	③	112	①	113	②	114	④	115	③
116	④	117	⑤	118	②	119	①	120	③

[81~86]
81 干城(간성)   82 權貴(권귀)
83 歲拜(세배)   84 着陸(착륙)
85 遺傳(유전)   86 判別(판별)

[87~92]
87 [根絕(근절)]   88 [同窓(동창)]
89 [快擧(쾌거)]   90 [追求(추구)]
91 [打電(타전)]   92 [早期(조기)]

[93~95]
93 ① 운동   ② 예시   ③ 실패
    ④ 공중   ⑤ 호수
94 ① 광고   ② 개방   ③ 상품
    ④ 비행   ⑤ 승리
95 ① 가옥   ② 최근   ③ 송구
    ④ 사수   ⑤ 시선

[96~98]
96 科去 → 過去(과거)   97 變考 → 變故(변고)
98 存才 → 存在(존재)

[99~101]
99 舊面(구면)   100 算定(산정)
101 訪問(방문)

[102~104]
102 ① 고조   ② 최고   ③ 고조
     ④ 악곡   ⑤ 협조
103 ① 시력   ② 인사   ③ 목례
     ④ 주목   ⑤ 반목
104 ① 대비   ② 만기   ③ 선처
     ④ 논리   ⑤ 충만

[105~107]
105 [戶口(호구)]
     ① 중구   ② 구리   ③ 구명
     ④ 구문   ⑤ 구미
106 次元(차원), 意圖(의도)
107 保兵 → 步兵(보병)

[108~110]
108 百姓(백성), 根本(근본)
109 [節約(절약)]
     ① 약사   ② 약손   ③ 밀약
     ④ 자약   ⑤ 반역
110 [儉素(검소)]
     ① 취소   ② 소망   ③ 평소
     ④ 노소   ⑤ 소자

49 [史官(사관), 女史(여사), 歷史(역사)]
① 변할 변   ② 사람 인   ③ 지날 경
④ 옳을 가   ⑤ 역사 사

50 [的中(적중), 的實(적실), 目的(목적)]
① 과녁 적   ② 목숨 명   ③ 얻을 득
④ 콩 두   ⑤ 저자 시

51 [卒歲(졸세), 卒業(졸업), 兵卒(병졸)]
① 선비 사   ② 마칠 졸   ③ 글귀 구
④ 밤 야   ⑤ 붉을 단

52 [水害(수해), 害蟲(해충), 殺害(살해)]
① 범 호   ② 길 로   ③ 군사 군
④ 해로울 해 ⑤ 봄 춘

53 [論理(논리), 反論(반론), 論語(논어)]
① 겉 표   ② 논할 론   ③ 곳 처
④ 눈 목   ⑤ 꽃부리 영

54 [文弱(문약), 弱骨(약골), 強弱(강약)]
① 벼슬 관   ② 같을 약   ③ 약할 약
④ 과목 과   ⑤ 고을 군

55 [長短(장단), 短期(단기), 短身(단신)]
① 찾을 방   ② 갈 연   ③ 더할 증
④ 창문 창   ⑤ 짧을 단

56 [穀雨(곡우), 穀氣(곡기), 百穀(백곡)]
① 내릴 강   ② 짐승 수   ③ 곡식 곡
④ 더울 열   ⑤ 보리 맥

57 [勇猛(용맹), 猛禽(맹금), 猛將(맹장)]
① 감히 감   ② 집 가   ③ 패할 패
④ 사나울 맹 ⑤ 끊을 단

[58~65]

58 [개량]
① 재래   ② 강하   ③ 존망
④ 선의   ⑤ 불행

59 [발달]
① 성장   ② 내력   ③ 협조
④ 퇴보   ⑤ 열강

60 [독백]
① 어부   ② 대화   ③ 미식
④ 죄목   ⑤ 고백

61 [용이]
① 시각   ② 역순   ③ 난해
④ 간접   ⑤ 승전

62 [온난]
① 강석   ② 계명   ③ 영신
④ 벌채   ⑤ 한랭

63 [실존]
① 훈련   ② 숙면   ③ 입증
④ 가상   ⑤ 초대

64 [정적]
① 소란   ② 긴축   ③ 경계
④ 회고   ⑤ 희극

65 [다변]
① 공구   ② 침묵   ③ 연민
④ 누차   ⑤ 도치

[66~70]

66 [見利思義(견리사의)]
① 옳을 의   ② 공 공   ③ 어질 인
④ 믿을 신   ⑤ 자리 위

67 [古往今來(고왕금래)]
① 앞 전   ② 갈 왕   ③ 절 사
④ 오랠 구   ⑤ 붙을 착

68 [九牛一毛(구우일모)]
① 개 견   ② 벌레 충   ③ 양 양
④ 뿔 각   ⑤ 털 모

69 [多多益善(다다익선)]
① 글 서   ② 줄 선   ③ 착할 선
④ 베풀 설   ⑤ 가장 최

70 [三人成虎(삼인성호)]
① 석 삼   ② 넉 사   ③ 다섯 오
④ 여섯 륙   ⑤ 일곱 칠

[71~75]

71 [견물생심]   72 [경천근민]

73 [난형난제]   74 [불립문자]

75 [안분지족]

24 [조 조]
① 칼 도　② 지을 조　③ 말 두
④ 사라질 소　⑤ 종이 지

[25~30]
25 [가죽 피]　26 [줄 수]
27 [봄 춘]　28 [금할 금]
29 [가게 점]　30 [춤출 무]

[31~35]
31 ① 새로울 신　② 성씨 성　③ 며느리 부
　④ 좋을 호　⑤ 혼인할 혼
32 ① 고칠 개　② 읽을 독　③ 강할 강
　④ 팔 매　⑤ 따뜻할 온
33 ① 집 옥　② 수컷 웅　③ 권세 권
　④ 갈 연　⑤ 장수 장
34 ① 쌀 미　② 얼음 빙　③ 맛 미
　④ 알 란　⑤ 조개 패
35 ① 물결 파　② 물 하　③ 골/골짜기 동
　④ 찰 랭　⑤ 씻을 세

[36~40]
36 [바랄 망]
　① 이을 련　② 귀할 귀　③ 원할 원
　④ 짧을 단　⑤ 벌일 렬
37 [길 로]
　① 허물 죄　② 길 도　③ 붉을 단
　④ 구원할 구　⑤ 마칠 졸
38 [일어날 기]
　① 도울 조　② 바꿀 역　③ 그릴 연
　④ 가장 최　⑤ 일 흥
39 [화합 협]
　① 화할 화　② 알 식　③ 이름 호
　④ 빌 축　⑤ 부를 창
40 [살필 찰]
　① 마실 음　② 영화 영　③ 막을 방
　④ 살필 성　⑤ 할 위

제2영역 ｜ 어휘(語彙)

41	④	42	①	43	②	44	⑤	45	③
46	④	47	③	48	③	49	⑤	50	①
51	②	52	④	53	②	54	③	55	⑤
56	③	57	⑤	58	①	59	④	60	②
61	③	62	⑤	63	④	64	①	65	②
66	①	67	②	68	⑤	69	③	70	①
71	⑤	72	③	73	②	74	⑤	75	④
76	⑤	77	④	78	①	79	③	80	②

[41~45]
41 [시가]
　① 시비　② 단기　③ 염두
　④ 시가　⑤ 변수
42 [방금]
　① 방금　② 운송　③ 의식
　④ 우주　⑤ 패주
43 [신선]
　① 독선　② 신선　③ 성씨
　④ 기간　⑤ 노사
44 [경이]
　① 경지　② 급속　③ 견지
　④ 폭로　⑤ 경이
45 [무산]
　① 무진　② 묘역　③ 무산
　④ 운치　⑤ 수면

[46~47]
46 ① 살상　② 암살　③ 사살
　④ 쇄도　⑤ 살벌
47 ① 쇠안　② 성쇠　③ 자취
　④ 쇠미　⑤ 쇠잔

[48~57]
48 [前夜(전야), 夜半(야반), 晝夜(주야)]
　① 권세 권　② 뼈 골　③ 밤 야
　④ 할 위　⑤ 나아갈 진

제3회 최신기출 모의고사 정답과 해설

제1영역		한자(漢字)					
01	①	02	④	03	③	04	⑤	05	①
06	②	07	③	08	④	09	⑤	10	①
11	②	12	③	13	⑤	14	④	15	①
16	④	17	②	18	③	19	③	20	④
21	⑤	22	①	23	③	24	③	25	②
26	④	27	①	28	③	29	③	30	⑤
31	⑤	32	⑤	33	②	34	③	35	⑤
36	③	37	②	38	⑤	39	①	40	④

[01~02]

01 ② 몸과 안이 있을 때는 몸부터 먼저 긋는다.
   ③④ 위에서 아래로 쓴다.
   ⑤ 좌우 대칭이 될 때는 가운데 획을 먼저 쓰고 왼쪽, 오른쪽의 순서로 쓴다.

02 ①③ 왼쪽에서 오른쪽으로 쓴다.
   ②⑤ 위에서 아래로 쓴다.

[03~04]

03 [읽을 독]   04 [힘쓸 무]

[05~06]

05 [범 호]
   ① 범호엄   ② 일곱 칠   ③ 민엄호
   ④ 범 호   ⑤ 어진사람인발

06 [지낼 력]
   ① 굴바위 엄 ② 그칠 지   ③ 벼 화
   ④ 지낼 력   ⑤ 한 일

[07~08]

07 [이로울 리] – 회의자
   ① 까마귀 오(상형자)   ② 위 상(지사자)
   ③ 호반 무(회의자)   ④ 마을 촌(형성자)
   ⑤ 밭 전(상형자)

08 [알 란] – 상형자
   ① 수풀 림(회의자)   ② 끝 말(지시자)
   ③ 물 하(형성자)   ④ 개 견(상형자)
   ⑤ 구름 운(형성자)

[09~14]

09 [형세 세]   10 [더할 증]
11 [지탱할 지]   12 [힘쓸 무]
13 [재주 예]   14 [베풀 시]

[15~19]

15 ① 어려울 난   ② 노래 가   ③ 변할 변
   ④ 같을 약   ⑤ 홀로 독

16 ① 낱 개   ② 볼 관   ③ 친할 친
   ④ 부지런할 근 ⑤ 이을 접

17 ① 쏠 사   ② 쌓을 저   ③ 거스를 역
   ④ 넓을 광   ⑤ 절 배

18 ① 벌레 충   ② 호수 호   ③ 가죽 혁
   ④ 쫓을 추   ⑤ 일할 로

19 ① 다툴 경   ② 해로울 해 ③ 목욕할 욕
   ④ 가릴 선   ⑤ 금할 금

[20~24]

20 [지을 제]
   ① 의원 의   ② 빽빽할 밀   ③ 판단할 판
   ④ 제목 제   ⑤ 근심 환

21 [임금 황]
   ① 살필 성   ② 헤아릴 량   ③ 글 장
   ④ 가장 최   ⑤ 누를 황

22 [꾸짖을 책]
   ① 책 책   ② 집 주   ③ 상 줄 상
   ④ 패할 패   ⑤ 재물 화

23 [한정할 한]
   ① 뿌리 근   ② 방패 간   ③ 한국 한
   ④ 물러날 퇴 ⑤ 도울 도

④ 고를 균   ⑤ 배 복

112 ① 보리 맥 – 나물 채 ② 보리 맥 – 풀 초
    ③ 곡식 곡 – 나물 채 ④ 곡식 곡 – 풀 초
    ⑤ 보리 맥 – 캘 채

113 茂盛(무성)

114 ① 서늘할 량   ② 깊을 심   ③ 더욱 우
    ④ 그늘 음   ⑤ 찰 랭

115 ① 푸를 청   ② 맑을 청   ③ 청할 청
    ④ 들을 청   ⑤ 갤 청

[116~120]

116 ① 양식   ② 결식   ③ 곡식
    ④ 포식   ⑤ 곡식

117 ① 심을 종 – 심을 식
    ② 마를 재 – 실을 재
    ③ 뿌릴 파 – 북돋을 배
    ④ 밭 갈 경 – 모 묘
    ⑤ 뿌릴 파 – 심을 식

118 ① 계획   ② 계획   ③ 계획
    ④ 계획   ⑤ 계획

119 ① 양상군자 ② 금시초문 ③ 수주대토
    ④ 연목구어 ⑤ 결초보은

120 ① 헤아릴 측 ② 슬퍼할 측 ③ 어질 량
    ④ 건널 도   ⑤ 곁 측

틀린 한자 복습하기 » 맨 뒷장

[76~80]

76 ① 수어지교 ② 유유상종 ③ 형창설안
   ④ 구밀복검 ⑤ 용두사미

77 ① 고담준론 ② 안고수비 ③ 부창부수
   ④ 고립무원 ⑤ 이심전심

78 ① 양약고구 ② 언중유골 ③ 아전인수
   ④ 살신성인 ⑤ 인과응보

79 ① 고장난명 ② 고군분투 ③ 구사일생
   ④ 고립무원 ⑤ 인과응보

80 ① 우왕좌왕 ② 좌지우지 ③ 촌철살인
   ④ 삼인성호 ⑤ 작심삼일

제3영역 | 독해(讀解)

81	②	82	⑤	83	③	84	④	85	②
86	①	87	④	88	③	89	①	90	①
91	②	92	④	93	④	94	⑤	95	③
96	②	97	③	98	①	99	④	100	⑤
101	③	102	①	103	③	104	③	105	②
106	④	107	④	108	④	109	②	110	⑤
111	①	112	①	113	②	114	①	115	⑤
116	③	117	①	118	④	119	④	120	①

[81~86]

81 增加(증가)   82 曲線(곡선)
83 暗算(암산)   84 選擧(선거)
85 意識(의식)   86 製造(제조)

[87~92]

87 [품귀]   88 [송금]
89 [추파]   90 [미련]
91 [고식]   92 [막역]

[93~95]

93 ① 지각 ② 결함 ③ 분투
   ④ 부상 ⑤ 두통

94 ① 분수 ② 정신 ③ 시력
   ④ 질량 ⑤ 재능

95 ① 태만 ② 대범 ③ 절실
   ④ 간략 ⑤ 안전

[96~98]

96 主將 → 主張(주장)   97 分段 → 分斷(분단)
98 除目 → 題目(제목)

[99~101]

99 虎皮(호피)   100 形勢(형세)
101 飜譯(번역)

[102~104]

102 ① 미추 ② 비평 ③ 분석
    ④ 수입 ⑤ 추태

103 ① 무력 ② 타덕 ③ 음덕
    ④ 운동 ⑤ 미덕

104 ① 영위 ② 영위 ③ 영위
    ④ 영위 ⑤ 영위

[105~107]

105 監督(감독)

106 [유일]
    ① 그윽할 유 ② 젖 유 ③ 넉넉할 유
    ④ 씨 위   ⑤ 말미암을 유

107 程度(정도), 理由(이유)

[108~110]

108 ① 성과 ② 성공 ③ 실패
    ④ 과실 ⑤ 선행

109 ① 먼저 선 ② 뒤 후 ③ 전할 전
    ④ 예 고   ⑤ 앞 전

110 ① 질문 ② 질의 ③ 대답
    ④ 의논 ⑤ 회피

[111~115]

111 ① 엎드릴 복 ② 옷 복 ③ 회복할 복

49 [話題(화제), 會話(회화), 談話(담화)]
　① 겉 표　② 논할 론　③ 말씀 설
　④ 당나라 당　⑤ 말씀 화

50 [問安(문안), 安全(안전), 安家(안가)]
　① 완전할 완　② 따뜻할 온　③ 편안 안
　④ 대답 답　⑤ 전할 전

51 [慶祝(경축), 祝歌(축가), 奉祝(봉축)]
　① 빌 축　② 기를 양　③ 학교 교
　④ 일 사　⑤ 빌 기

52 [骨相(골상), 甲骨(갑골), 露骨(노골)]
　① 집 사　② 던질 투　③ 날 출
　④ 뼈 골　⑤ 서로 호

53 [傷處(상처), 輕傷(경상), 哀傷(애상)]
　① 깨달을 오　② 상할 상　③ 장할 장
　④ 어조사 야　⑤ 볼 시

54 [黨派(당파), 與黨(여당), 黨員(당원)]
　① 부유할 부　② 맛볼 상　③ 무리 당
　④ 마땅할 당　⑤ 벌할 벌

55 [策略(책략), 策謀(책모), 術策(술책)]
　① 기이할 기　② 꾀 책　③ 채색 채
　④ 바큇자국 궤　⑤ 대쪽 간

56 [審査(심사), 審判(심판), 覆審(복심)]
　① 잡을 조　② 바로잡을 정　③ 살필 심
　④ 다 총　⑤ 그르칠 오

57 [置簿(치부), 倒置(도치), 配置(배치)]
　① 물리칠 각　② 둘 치　③ 참 진
　④ 직분 직　⑤ 생각 려

[58~65]
58 [가결]
　① 결정　② 해결　③ 종결
　④ 선결　⑤ 부결

59 [희망]
　① 책망　② 절망　③ 지망
　④ 야망　⑤ 선망

60 [보수]
　① 유보　② 고수　③ 퇴보
　④ 진보　⑤ 중도

61 [자율]
　① 자주　② 자유　③ 타율
　④ 타력　⑤ 방조

62 [상례]
　① 정례　② 특례　③ 비례
　④ 선례　⑤ 전례

63 [혁신]
　① 개혁　② 변혁　③ 변화
　④ 수구　⑤ 혁명

64 [습성]
　① 유성　② 탄성　③ 경성
　④ 건성　⑤ 배우

65 [만조]
　① 퇴조　② 간조　③ 고조
　④ 순조　⑤ 간수

[66~70]
66 [先公後私(선공후사)]
　① 바를 정　② 일 사　③ 정사 정
　④ 역사 사　⑤ 사사로울 사

67 [燈火可親(등화가친)]
　① 등불 등　② 어머니 모　③ 아침 단
　④ 밥 식　⑤ 탈 연

68 [手不釋卷(수불석권)]
　① 꾀 책　② 주먹 권　③ 책 권
　④ 문서 권　⑤ 권세 권

69 [東奔西走(동분서주)]
　① 달릴 분　② 나눌 분　③ 떨칠 분
　④ 다다를 부　⑤ 어지러울 분

70 [千載一遇(천재일우)]
　① 어조사 재　② 실을 재　③ 마를 재
　④ 심을 재　⑤ 빌릴 대

[71~75]
71 [추기급인]　72 [설상가상]
73 [발분망식]　74 [박이부정]
75 [문전성시]

[25~30]
25 [따뜻할 난]   26 [따를 수]
27 [밝을 철]   28 [틀 기]
29 [빌릴 대]   30 [모을 모]

[31~35]
31 ① 법 헌   ② 고을 현   ③ 고요할 적
   ④ 잔치 연 ⑤ 절제할 제
32 ① 나란히 병 ② 병풍 병 ③ 경영할 영
   ④ 영화 영   ⑤ 장사 지낼 장
33 ① 권면할 장 ② 어제 작 ③ 아뢸 주
   ④ 벼슬 작   ⑤ 거느릴 솔
34 ① 잡을 착   ② 안을 포 ③ 캘 채
   ④ 콩 두   ⑤ 채색 채
35 ① 큰 산 악 ② 고개 령 ③ 표할 표
   ④ 갑자기 돌 ⑤ 거칠 황

[36~40]
36 [마칠 료]
   ① 매달 현 ② 지을 작 ③ 마칠 종
   ④ 꺼릴 기 ⑤ 형통할 형
37 [도울 조]
   ① 바꿀 체 ② 펼 연   ③ 길 장
   ④ 가지 조 ⑤ 도울 부
38 [어리석을 우]
   ① 둔할 둔 ② 짝 우   ③ 넉넉할 우
   ④ 날카로울 예 ⑤ 만날 우
39 [사나울 맹]
   ① 누각 각 ② 깨달을 각 ③ 날랠 용
   ④ 볼 람   ⑤ 갈릴 체
40 [풀 석]
   ① 가릴 택 ② 못 택   ③ 찾을 수
   ④ 풀 해   ⑤ 역 역

제2영역 | 어휘(語彙)

41	⑤	42	④	43	①	44	④	45	③
46	①	47	④	48	②	49	⑤	50	③
51	①	52	④	53	②	54	③	55	②
56	③	57	②	58	⑤	59	②	60	④
61	③	62	②	63	④	64	②	65	②
66	⑤	67	①	68	③	69	①	70	②
71	④	72	②	73	⑤	74	⑤	75	①
76	④	77	②	78	①	79	②	80	②

[41~45]
41 [보도]
   ① 보행 ② 독도 ③ 도중
   ④ 진보 ⑤ 보도
42 [개성]
   ① 고체 ② 고체 ③ 각성
   ④ 개성 ⑤ 고성
43 [단서]
   ① 단서 ② 단정 ③ 서광
   ④ 단자 ⑤ 부서
44 [구명]
   ① 운명 ② 분명 ③ 구극
   ④ 구명 ⑤ 조명
45 [경주]
   ① 경하 ② 경축 ③ 경주
   ④ 해주 ⑤ 진주

[46~47]
46 ① 유세 ② 논설 ③ 사설
   ④ 설교 ⑤ 설득
47 ① 새옹 ② 변새 ③ 요새
   ④ 색책 ⑤ 방새

[48~57]
48 [軍人(군인), 敎人(교인), 人道(인도)]
   ① 집 당 ② 사람 인 ③ 줄 수
   ④ 쓸 용 ⑤ 무리 대

제 2회 정답과 해설

최종점검 모의고사

제1영역 | 한자(漢字)

01	③	02	④	03	④	04	①	05	①
06	①	07	③	08	②	09	⑤	10	②
11	③	12	①	13	④	14	④	15	④
16	①	17	②	18	⑤	19	②	20	⑤
21	②	22	②	23	①	24	②	25	③
26	⑤	27	④	28	③	29	②	30	⑤
31	①	32	②	33	④	34	③	35	⑤
36	③	37	⑤	38	①	39	④	40	④

[01~02]
01 ①②⑤ 위에서 아래로 쓴다.
　　④ 받침을 나중에 쓴다.
02 ① 왼쪽 삐침이 길고 가로획이 짧으면 가로획을 먼저 쓴다.
　　②③⑤ 위에서 아래로 쓴다.

[03~04]
03 [찰 만]　　**04** [신하 신]

[05~06]
05 [통달할 달]
　① 쉬엄쉬엄 갈 착　② 흙 토
　③ 양 양　　　　　④ 다행 행
　⑤ 통달할 달
06 [병사 병]
　① 여덟 팔　② 도끼 근　③ 언덕 구
　④ 한 일　　⑤ 병사 병

[07~08]
07 [들을 문] – 형성자
　① 꽃 화(형성자)　② 나무 목(상형자)
　③ 좋을 호(회의자)　④ 수풀 림(회의자)
　⑤ 물고기 어(상형자)
08 [굳을 고] – 형성자
　① 열매 과(상형자)　② 귀신 신(형성자)
　③ 사내 남(회의자)　④ 문 문(상형자)
　⑤ 새 조(상형자)

[09~14]
09 [낮을 저]　　**10** [수컷 웅]
11 [스승 사]　　**12** [항상 항]
13 [벗을 탈]　　**14** [잡을 착]

[15~19]
15 ① 사양할 양　② 마땅할 당　③ 사내 랑
　　④ 내릴 강　　⑤ 오히려 상
16 ① 못할 렬　② 빠질 몰　③ 젖을 습
　　④ 탈 연　　⑤ 호수 호
17 ① 번거로울 번　② 엷을 박　③ 구를 전
　　④ 오로지 전　⑤ 장할 장
18 ① 기름 유　② 잡을 섭　③ 납 연
　　④ 미리 예　⑤ 나비 접
19 ① 돋울 도　② 돼지 돈　③ 쫓을 축
　　④ 진칠 둔　⑤ 관계할 관

[20~24]
20 [볕 경]
　① 능할 능　② 생각 념　③ 아이 동
　④ 글 장　　⑤ 공경 경
21 [사랑 자]
　① 증거 증　② 손위 누이 자　③ 고요할 정
　④ 한국 한　⑤ 누이 매
22 [민첩할 민]
　① 볏짚 고　② 평상 상　③ 경영할 영
　④ 민망할 민　⑤ 번성할 번
23 [닮을 사]
　① 이 사　② 지경 역　③ 병 병
　④ 미혹할 혹　⑤ 써 이
24 [부릴 역]
　① 뿌릴 파　② 역 역　③ 쇳돌 광
　④ 넓힐 척　⑤ 던질 투

[108~110]

108 反復(반복)　　　109 省察(성찰)

110 日想人 → 日常人(일상인)

[111~115]

111 혼용(混用)　　　112 誤打(오타)

113 追加(추가)　　　114 여백(餘白)

115 감점(減點)

[116~120]

116 수준(水準)

117 誘致(유치)

118 ① 단기　　② 초기　　③ 중기
　　④ 획기　　⑤ 말기

119 ① 무역　　② 통화　　③ 투자
　　④ 교류　　⑤ 기부

120 ㉠ 屯化 → 鈍化(둔화)

[71~75]
71 [안빈낙도]   72 [장삼이사]
73 [공전절후]   74 [백중지세]
75 [박람강기]

[76~80]
76 ① 촌철살인   ② 추원보본   ③ 타산지석
   ④ 화조월석   ⑤ 곡학아세
77 ① 수어지교   ② 언중유골   ③ 아전인수
   ④ 살신성인   ⑤ 고장난명
78 ① 상전벽해   ② 계란유골   ③ 상가지구
   ④ 어부지리   ⑤ 동문서답
79 ① 다재다능   ② 일일삼성   ③ 삼일천하
   ④ 동상이몽   ⑤ 대기만성
80 ① 산전수전   ② 부귀재천   ③ 좌불안석
   ④ 다다익선   ⑤ 유유상종

제3영역 | 독해(讀解)

81	④	82	③	83	⑤	84	①	85	③
86	②	87	③	88	③	89	①	90	②
91	③	92	③	93	④	94	②	95	①
96	④	97	②	98	②	99	⑤	100	⑤
101	②	102	②	103	②	104	⑤	105	②
106	③	107	①	108	③	109	③	110	⑤
111	②	112	③	113	③	114	④	115	①
116	⑤	117	③	118	④	119	②	120	⑤

[81~86]
81 競技(경기)   82 藥效(약효)
83 園藝(원예)   84 往復(왕복)
85 限界(한계)   86 倫理(윤리)

[87~92]
87 격렬   88 강요
89 횡포   90 공간
91 희박   92 근절

[93~95]
93 ① 이해   ② 동조   ③ 집행
   ④ 재고   ⑤ 인가
94 ① 결혼   ② 순결   ③ 취업
   ④ 청소   ⑤ 운전
95 ① 경각   ② 무시   ③ 등화
   ④ 지만   ⑤ 신령

[96~98]
96 景技 → 景氣(경기)   97 平化 → 平和(평화)
98 敵當 → 適當(적당)

[99~101]
99 展望(전망)   100 至誠(지성)
101 需要(수요)

[102~104]
102 ① 무시   ② 경시   ③ 불신
    ④ 거래   ⑤ 용이
103 ① 감행   ② 미행   ③ 투입
    ④ 진입   ⑤ 도주
104 ① 원조   ② 고뇌   ③ 피해
    ④ 참여   ⑤ 공헌

[105~107]
105 發注者(발주자)
106 ① 용이   ② 평이   ③ 난이
    ④ 난색   ⑤ 난해
107 結果(결과)

47 ① 견책　　② 알현　　③ 견해
　　④ 소견　　⑤ 식견

[48~57]

48 [出入(출입), 出國(출국), 進出(진출)]
　　① 자리 석　② 어머니 모　③ 날 출
　　④ 다스릴 치　⑤ 무거울 중

49 [孝親(효친), 親愛(친애), 兩親(양친)]
　　① 다닐 행　② 친할 친　③ 찰 만
　　④ 놈 자　⑤ 매양 매

50 [命中(명중), 中心(중심), 中間(중간)]
　　① 아름다울 미　② 겉 표　③ 충성 충
　　④ 가운데 중　⑤ 밝을 명

51 [來年(내년), 年齒(연치), 幼年(유년)]
　　① 덜 감　② 늙을 로　③ 해 년
　　④ 큰 대　⑤ 길 영

52 [有罪(유죄), 原罪(원죄), 罪過(죄과)]
　　① 물 수　② 팔 매　③ 변할 변
　　④ 허물 죄　⑤ 쓸 용

53 [希望(희망), 願望(원망), 望月(망월)]
　　① 구할 구　② 바랄 망　③ 장수 장
　　④ 물러날 퇴　⑤ 홑 단

54 [判事(판사), 判決(판결), 判明(판명)]
　　① 판단할 판　② 이를 도　③ 병 병
　　④ 법도 노　⑤ 나눌 분

55 [文體(문체), 文武(문무), 文理(문리)]
　　① 물을 문　② 말 물　③ 들을 문
　　④ 문 문　⑤ 글월 문

56 [大衆(대중), 民衆(민중), 觀衆(관중)]
　　① 보낼 송　② 하여금 사　③ 오히려 상
　　④ 무리 중　⑤ 이룰 성

57 [水害(수해), 害蟲(해충), 公害(공해)]
　　① 해로울 해　② 평평할 평　③ 구할 구
　　④ 갚을 보　⑤ 하늘 천

[58~65]

58 [장신]
　　① 순차　　② 야성　　③ 송인
　　④ 단신　　⑤ 이식

59 [승리]
　　① 결말　　② 완승　　③ 논쟁
　　④ 패배　　⑤ 유리

60 [직접]
　　① 곡선　　② 간접　　③ 처지
　　④ 내년　　⑤ 견본

61 [금지]
　　① 증인　　② 범인　　③ 고인
　　④ 법칙　　⑤ 허가

62 [평범]
　　① 평행　　② 평상　　③ 비범
　　④ 특혜　　⑤ 무명

63 [도시]
　　① 시장　　② 도회　　③ 수도
　　④ 농촌　　⑤ 시민

64 [답안]
　　① 정답　　② 대안　　③ 문제
　　④ 문제　　⑤ 음악

65 [고정]
　　① 고체　　② 부동　　③ 불변
　　④ 유동　　⑤ 실업

[66~70]

66 [溫故知新(온고지신)]
　　① 따뜻할 온　② 가르칠 훈　③ 은혜 은
　　④ 다만 지　⑤ 임금 황

67 [轉禍爲福(전화위복)]
　　① 온전할 전　② 전할 전　③ 전각 전
　　④ 구를 전　⑤ 이미 기

68 [亡羊之歎(망양지탄)]
　　① 소 우　② 망할 망　③ 끝 말
　　④ 새길 각　⑤ 호반 무

69 [孟母三遷(맹모삼천)]
　　① 일천 천　② 하늘 천　③ 옮길 천
　　④ 샘 천　⑤ 천할 천

70 [電光石火(전광석화)]
　　① 짧을 단　② 볼 관　③ 밝을 명
　　④ 돌 석　⑤ 더할 익

23 [잘 침]
① 사랑채 랑   ② 밑 저   ③ 잠길 침
④ 집 관   ⑤ 대롱 관

24 [어길 위]
① 섞일 혼   ② 가릴 선   ③ 통달할 달
④ 거스를 역   ⑤ 위장 위

[25~30]
25 [칠 격]   26 [게으를 태]
27 [칠 박]   28 [베풀 시]
29 [바를 단]   30 [지름길 경]

[31~35]
31 ① 달릴 주   ② 군사 졸   ③ 거리 가
   ④ 조 조   ⑤ 무너질 붕
32 ① 익힐 련   ② 기다릴 대   ③ 푸를 록
   ④ 꼬리 미   ⑤ 꿸 관
33 ① 화목할 목   ② 묘 묘   ③ 눈썹 미
   ④ 잠잠할 묵   ⑤ 언덕 구
34 ① 뉘우칠 회   ② 부끄러울 참   ③ 슬기로울 혜
   ④ 복숭아 도   ⑤ 달 현
35 ① 집 당   ② 바탕 질   ③ 가까울 근
   ④ 뿌리 근   ⑤ 벌레 충

[36~40]
36 [주릴 기]
   ① 재앙 앙   ② 두려워할 구   ③ 속일 기
   ④ 주릴 아   ⑤ 썩을 부
37 [깨끗할 결]
   ① 진흙 니   ② 북돋을 배   ③ 깨끗할 정
   ④ 청렴할 렴   ⑤ 물 따라갈 연
38 [편안할 녕]
   ① 굳셀 건   ② 편안할 강   ③ 어긋날 착
   ④ 부릴 역   ⑤ 움직일 동
39 [삼갈 신]
   ① 맑을 아   ② 삼갈 근   ③ 근심 우
   ④ 번역할 역   ⑤ 성낼 노
40 [끌 견]
   ① 끌 인   ② 위태할 위   ③ 무리 도
   ④ 저 피   ⑤ 급할 급

제2영역 | 어휘(語彙)

41	③	42	②	43	④	44	⑤	45	①
46	④	47	②	48	③	49	②	50	④
51	③	52	④	53	②	54	①	55	⑤
56	④	57	①	58	④	59	④	60	②
61	⑤	62	③	63	④	64	③	65	④
66	①	67	④	68	②	69	③	70	④
71	①	72	③	73	③	74	③	75	④
76	①	77	③	78	④	79	②	80	①

[41~45]
41 [공기]
   ① 관광   ② 내면   ③ 공기
   ④ 동락   ⑤ 재앙
42 [사고]
   ① 예문   ② 사고   ③ 매일
   ④ 언어   ⑤ 우정
43 [사인]
   ① 시비   ② 사서   ③ 침범
   ④ 사인   ⑤ 재계
44 [안전]
   ① 산업   ② 공고   ③ 지식
   ④ 고발   ⑤ 안전
45 [전자]
   ① 전자   ② 체육   ③ 사신
   ④ 시가   ⑤ 전례

[46~47]
46 ① 검색   ② 색인   ③ 색출
   ④ 삭막   ⑤ 수색

제 1 회 정답과 해설

최종점검 모의고사

제1영역 | 한자(漢字)

01	④	02	①	03	④	04	②	05	④
06	③	07	②	08	①	09	②	10	④
11	①	12	②	13	⑤	14	②	15	③
16	⑤	17	③	18	②	19	③	20	④
21	⑤	22	④	23	①	24	④	25	⑤
26	①	27	①	28	④	29	③	30	①
31	②	32	①	33	③	34	②	35	④
36	④	37	③	38	②	39	②	40	①

[01~02]

01 ① 왼쪽에서 오른쪽으로 쓴다.
   ②③ 위에서 아래로 쓴다.
   ⑤ 가로획과 세로획이 교차할 때는 가로획을 먼저 쓴다.

02 ② 왼쪽 삐침이 길고 가로획이 짧으면 가로획을 먼저 쓴다.
   ③ 위에서 아래로 쓴다.
   ④⑤ 좌우 대칭이 될 때는 가운데 획을 먼저 쓰고 왼쪽, 오른쪽의 순서로 쓴다.

[03~04]

03 [푸를 록]
04 [셈 수]

[05~06]

05 [부을 주]
   ① 석 삼   ② 임금 왕   ③ 주인 주
   ④ 삼수변   ⑤ 점 주

06 [옥 옥]
   ① 말씀 언   ② 큰 대   ③ 개사슴록변
   ④ 사슴 록   ⑤ 옥 옥

[07~08]

07 [위 상] – 지사자
   ① 말 두(상형자)   ② 근본 본(지사자)
   ③ 밤 야(형성자)   ④ 갈 연(형성자)
   ⑤ 벼슬아치 리(회의자)

08 [찾을 방] – 형성자
   ① 구원할 구(형성자)   ② 병사 병(회의자)
   ③ 이를 운(상형자)   ④ 물건 품(회의자)
   ⑤ 봄 춘(회의자)

[09~14]

09 [통할 철]   10 [볼 알]
11 [얽을 구]   12 [부지런할 근]
13 [흐릴 탁]   14 [부를 칭]

[15~19]

15 ① 권할 권   ② 목마를 갈   ③ 감히 감
   ④ 책 권   ⑤ 막을 장
16 ① 법 범   ② 겹칠 복   ③ 바큇자국 궤
   ④ 녹 록   ⑤ 펼 서
17 ① 힘쓸 무   ② 홀로 독   ③ 곡식 곡
   ④ 빛날 화   ⑤ 비낄 사
18 ① 삼 마   ② 모두 제   ③ 자세할 상
   ④ 떨칠 분   ⑤ 말씀 어
19 ① 졸 수   ② 드리울 수   ③ 우편 우
   ④ 조카 질   ⑤ 잠길 잠

[20~24]

20 [덜 제]
   ① 이지러질 결   ② 가지 조   ③ 날개 익
   ④ 즈음 제   ⑤ 심할 극
21 [다를 수]
   ① 섞일 잡   ② 바위 암   ③ 곳 처
   ④ 자주 빈   ⑤ 목숨 수
22 [나타날 현]
   ① 싫어할 혐   ② 바꿀 체   ③ 난간 란
   ④ 어질 현   ⑤ 고요할 정

113 Ⓐ'구실'의 한자 표기로 바른 것은?
① 舊實 ② 口實 ③ 口失 ④ 舊室 ⑤ 口室

114 Ⓑ'이북'의 한자 표기로 바른 것은?
① 移北 ② 而北 ③ 二北 ④ 以北 ⑤ 已北

115 Ⓒ'軍醫官'에서 '醫'의 부수로 바른 것은?
① 匚 ② 殳 ③ 醫 ④ 矢 ⑤ 酉

[116~120] 다음 글을 읽고 물음에 답하시오.

　연속되는 시간 속에 선택하는 새로운 행동은 또한 끊임없이 새로운 ㉠狀況을 부른다. ㉡결국 ㉢특정한 시간에 ㉣대응되는 특정한 행동의 ㉤조합은 하나의 狀況을 ㉥구성하는 것이다.
　그러므로 서로 다른 시간에 처한 동일한 사람과 狀況은 Ⓐ매순간 다를 수밖에 없다. 우리는 때로 이처럼 변화된 狀況 또는 狀況의 ⓞ추이를 다른 사람에게 알려야 할 필요를 느낀다. 狀況의 추이를 ㉨소상하게 아는 사람이 그렇지 못한 사람에게 그 전말을 말이나 글로 표현하는 것을 ㉩□□라고 부른다.
　이를테면 내가 집에서 학교로 이동한 과정, 낙담한 친구가 이윽고 희망을 가지고 살아가게 된 과정, 전혀 모르던 남녀가 결혼을 하게 된 과정, 강성하던 나라가 멸망해 간 과정 등은 모두 ㉰□□의 좋은 재료가 될 것이다.
　　　　－ 고려대 사고와 표현 편찬위원회, 「글쓰기의 기초」

116 ㉠'狀況'의 '狀'과 음(音)이 다른 것은?
① 症狀 ② 狀貌 ③ 罪狀 ④ 辭狀 ⑤ 窮狀

117 ㉡~㉥ 중에서 한자 표기가 바르지 않은 것은?
① ㉡結局　② ㉢特定　③ ㉣對應
④ ㉤組合　⑤ ㉥俱成

118 Ⓐ'매순간'의 '순'과 같은 한자를 사용한 한자어는?
① 初旬 ② 一瞬 ③ 巡査 ④ 脣齒 ⑤ 順航

119 ⓞ'추이'와 ㉨'소상'의 한자 표기를 바르게 짝지은 것은?
① 推移－昭詳　② 抽移－召詳
③ 推夷－昭祥　④ 推以－疏詳
⑤ 抽移－掃祥

120 ㉩과 ㉰의 빈칸에 공통으로 들어갈 가장 적절한 한자어는?
① 演劇 ② 說得 ③ 敍事 ④ 誘導 ⑤ 飜譯

101 우리 집을 **방문**한 사람은 뜻밖의 인물이었다.
① 放門 ② 訪問 ③ 放問 ④ 訪聞 ⑤ 放文

[102~104] 다음 문장에서 밑줄 친 단어(單語)나 어구(語句)의 뜻을 가장 잘 나타낸 한자(漢字) 또는 한자어(漢字語)는 어느 것입니까?

102 목이 쉰 그는 **높은 가락**의 노래를 부를 수 없었다.
① 高調 ② 最高 ③ 古祖 ④ 樂曲 ⑤ 協助

103 그녀는 가벼운 **눈인사**를 남기고 나를 지나갔다.
① 視力 ② 人事 ③ 目禮 ④ 注目 ⑤ 反目

104 경기장은 관중들의 열기로 **가득 차 있다**.
① 對備 ② 滿期 ③ 善處 ④ 論理 ⑤ 充滿

[105~107] 다음 글을 읽고 물음에 답하시오.

조선 시대 ㉠호구 통계의 기초 자료가 되는 호적은 국가 ㉡차원에서 신분제의 동요를 막고 양반층에 의한 지배 체계를 확고히 하고자 하는 ㉢의도를 지닌 자료이다. 그러므로 호적에는 ㉣개개인의 직역이 등재되어 있었다. 따로 ㉤신분을 기록하지 않더라도 호적에 등재된 직역을 통해 그 사람의 신분을 확인할 수 있게 하였다. 예컨대, ㉥평민인 경우에는 군역을 기록하였는데, ㉦보병, 기병, 포보 등의 ㉧예가 그것이다.

105 ㉠'호구'의 '구'와 같은 한자를 사용한 한자어는?
① 重九 ② 究理 ③ 救命 ④ 句文 ⑤ 口味

106 ㉡'차원'과 ㉢'의도'의 한자 표기를 바르게 짝지은 것은?
① 次元 - 意圖   ② 次遠 - 議圖
③ 車元 - 醫圖   ④ 車原 - 意度
⑤ 次願 - 意道

107 ㉣~㉧ 중에서 한자 표기가 바르지 않은 것은?
① ㉣個個人   ② ㉤身分   ③ ㉥平民
④ ㉦保兵   ⑤ ㉧例

[108~110] 다음 글을 읽고 물음에 답하시오.

㉠백성을 사랑하는 ㉡근본은 씀씀이를 ㉢절약함에 있고, 씀씀이를 절약하는 근본은 ㉣검소함에 달려 있다. 검소한 뒤에야 청렴할 수 있고 청렴한 뒤에야 인자할 수 있으니 검소함은 백성을 다스림에 있어 가장 먼저 힘써야 할 바이다.

108 ㉠'백성'과 ㉡'근본'의 한자 표기를 바르게 짝지은 것은?
① 白姓 - 近本   ② 百姓 - 根本
③ 百誠 - 觀本   ④ 白成 - 結本
⑤ 白省 - 現本

109 ㉢'절약'의 '약'과 같은 한자를 사용한 것은?
① 藥師 ② 弱孫 ③ 密約 ④ 自若 ⑤ 反逆

110 ㉣'검소'의 '소'와 같은 한자를 사용한 것은?
① 取消 ② 所望 ③ 平素 ④ 老少 ⑤ 小子

[111~115] 다음 글을 읽고 물음에 답하시오.

의사 박인국 ㉠박사는 일본 ㉡제국 대학을 우수한 성적으로 졸업한 ㉢수재이다. 그는 ㉣개업을 하여 일본 사람처럼 ㉤행세하는 한편, ㉥환자를 받는 데도 선별한다. 형무소에서 병보석으로 나온 환자들, 일본인들이 마땅치 않게 여길 환자나 치료비 부담 능력 등이 없어 보이는 환자는 무슨 ㉦구실을 붙이든 받지 않는다. 대신에 일본인들의 치료에는 발 벗고 나선다. 그 결과 그는 황국 신민이란 칭찬을 받은 친일파로 득세한다.
고향인 ㉧이북에서 해방을 맞자 민족 반역자로 몰려 감옥에 갇힌다. 마침 감옥에 이질이 만연되자 그는 형무소장의 명령으로 응급 치료실에서 일하게 되는데, 감옥에서 러시아어를 열심히 공부한 덕으로 스텐코프라는 ㉩軍醫官을 사귀게 된다.

111 ㉠'박사'의 '사'와 같은 한자를 사용한 한자어는?
① 史料 ② 講師 ③ 烈士 ④ 事案 ⑤ 奉仕

112 ㉡~㉥ 중에서 한자 표기가 바르지 않은 것은?
① ㉡諸國   ② ㉢秀才   ③ ㉣開業
④ ㉤行世   ⑤ ㉥患者

82 그는 權貴한 집안의 자손답지 않게 겸손하다.
　① 존귀　② 건실　③ 부귀　④ 부유　⑤ 권귀

83 정월 초하룻날, 부모님은 할아버지께 歲拜(을)를 올렸다.
　① 인사　② 현찰　③ 세배　④ 문안　⑤ 음식

84 헬리콥터는 좁은 면적에도 着陸할 수 있다.
　① 비행　② 착륙　③ 출발　④ 이륙　⑤ 도착

85 아버지의 음악적 자질이 자식에게 遺傳되었다.
　① 계승　② 교육　③ 전수　④ 유전　⑤ 전파

86 그의 진심이 무엇인지 判別할 수 없다.
　① 구별　② 판별　③ 짐작　④ 판단　⑤ 추정

[87~92] 다음 문장에서 밑줄 친 한자어(漢字語)의 뜻풀이로 적절한 것은 어느 것입니까?

87 사치 풍조를 根絶하자.
　① 완전히 없애 버림.
　② 적극적으로 도와줌.
　③ 일정 기간 동안만 없애 버림.
　④ 여러 사람들이 힘을 합쳐 막음.
　⑤ 양자가 합의하여 공평하게 나누어 가짐.

88 오랜만에 同窓을 만났다.
　① 같은 학교에서 공부한 사람.
　② 같은 과목을 좋아했던 사람.
　③ 같은 마을에서 살았던 사람.
　④ 같은 집에서 하숙했던 사람.
　⑤ 같은 회사에서 근무했던 사람.

89 그는 올림픽에 처음 출전하여 우승하는 快擧를 이루었다.
　① 빨리 이룬 행위.
　② 통쾌하고 장한 행위.
　③ 운이 좋아 이룬 행위.
　④ 노력의 대가로 이룬 행위.
　⑤ 생각지도 않았는데 얻은 행위.

90 개인은 각자의 이익을 追求하기 마련이다.
　① 기원함.
　② 남몰래 구함.
　③ 많이 축적해 둠.
　④ 남과 힘을 합쳐 구함.
　⑤ 목적을 이룰 때까지 뒤쫓아 가서 구함.

91 그는 현지의 기후 상황을 본사로 打電했다.
　① 번개가 내리침.
　② 사람을 보내 연락함.
　③ 편지로 연락함.
　④ 무선이나 전보를 침.
　⑤ 번개처럼 재빨리 연락함.

92 김 형사는 사건을 早期에 수습하였다.
　① 아침 시간에.　② 저녁 시간에.
　③ 늦은 시기에.　④ 이른 시기에.
　⑤ 적절한 시기에.

[93~95] 다음 문장에서 □□에 들어갈 가장 적절한 한자어(漢字語)는 어느 것입니까?

93 철수는 여러 번의 □□ 끝에 마침내 성공을 거두었다.
　① 運動　② 例示　③ 失敗　④ 公衆　⑤ 湖水

94 그 회사는 신문에 일할 사람을 찾는 구인 □□를 냈다.
　① 廣告　② 開放　③ 商品　④ 飛行　⑤ 勝利

95 발사 명령에 □□(은)는 방아쇠를 당겼다.
　① 家屋　② 最近　③ 送舊　④ 射手　⑤ 視線

[96~98] 다음 문장에서 한자어(漢字語)의 한자 표기(漢字表記)가 바르지 않은 것은 어느 것입니까?

96 ①科去나 지금이나 ②自然은 ③生活의 ④空間이면서 ⑤同時에 아름다움의 대상이다.

97 광해군 ①末年에 ②東大門 문루가 북서쪽으로 기울어졌다. 사람들은 ③變考의 징조라며 쑥덕거렸는데, ④果然 얼마 후 인조 ⑤反正이 일어났다.

98 ①國軍은 국가의 ②安全을 위해 ③存才하며 ④政治的으로는 ⑤中立性을 유지해야 한다.

[99~101] 다음 문장에서 밑줄 친 단어(單語)를 한자(漢字)로 바르게 쓴 것은 어느 것입니까?

99 남북 양측 대표들은 **구면**인 덕분에 비교적 자연스러운 분위기에서 회담을 시작하였다.
　① 口面　② 舊勉　③ 久面　④ 舊面　⑤ 句面

100 건설 회사는 아파트 분양가를 **산정**하였다.
　① 算庭　② 產定　③ 算正　④ 產正　⑤ 算定

63 實存:
① 訓練 ② 熟眠 ③ 立證 ④ 假想 ⑤ 招待

64 靜寂:
① 騷亂 ② 緊縮 ③ 警戒 ④ 回顧 ⑤ 戲劇

65 多辯:
① 恐懼 ② 沈默 ③ 憐憫 ④ 屢次 ⑤ 倒置

[66~70] 다음 성어(成語)에서 □에 들어갈 알맞은 한자(漢字)는 어느 것입니까?

66 見利思□: ① 義 ② 功 ③ 仁 ④ 信 ⑤ 位
67 古□今來: ① 前 ② 往 ③ 寺 ④ 久 ⑤ 着
68 九牛一□: ① 犬 ② 蟲 ③ 羊 ④ 角 ⑤ 毛
69 多多益□: ① 書 ② 線 ③ 善 ④ 設 ⑤ 最
70 □人成虎: ① 三 ② 四 ③ 五 ④ 六 ⑤ 七

[71~75] 다음 성어(成語)의 뜻풀이로 적절한 것은 어느 것입니까?

71 見物生心
① 싼값에 물건을 삼.
② 물건을 싫어하는 마음.
③ 사물과 사람의 마음은 다름.
④ 물건을 여러 사람들이 사려고 함.
⑤ 물건을 보면 가지고 싶은 욕심이 생김.

72 敬天勤民
① 하늘은 스스로 돕는 자를 도움.
② 하늘이 두려워 백성들에게 잘 대해 줌.
③ 하늘을 공경하고 백성을 위해 부지런히 일함.
④ 한 하늘 아래 함께 살아갈 수 없는 원수 사이.
⑤ 자신의 할 일을 다해 놓고 하늘의 명을 기다림.

73 難兄難弟
① 우열을 가리기 어려움.
② 형제끼리 몹시 싸움.
③ 형이 동생을 이김.
④ 동생이 형을 이김.
⑤ 가까운 동족끼리 서로 싸움.

74 不立文字
① 글자를 모름.
② 글자가 발명되지 않은 시대.
③ 마음과 마음으로 서로 통함.
④ 말을 가지고 서로 의사소통을 함.
⑤ 윗사람이 아랫사람에게 글을 써서 명령함.

75 安分知足
① 근심이 많음.
② 가난하게 살아감.
③ 공평하게 나누어 가짐.
④ 자신의 분수를 지키며 만족할 줄 앎.
⑤ 눈은 높으나 재주가 그것에 미치지 못함.

[76~80] 다음의 뜻을 가장 잘 나타낸 성어(成語)는 어느 것입니까?

76 막기 어려울 정도로 여러 사람들이 마구 지껄임.
① 永久不變 ② 富貴在天 ③ 月下氷人
④ 身土不二 ⑤ 衆口難防

77 묻지 않아도 알 수 있음.
① 一擧兩得 ② 一片丹心 ③ 說往說來
④ 不問可知 ⑤ 自業自得

78 어떤 분야의 일에 대해서 전혀 모름.
① 門外漢 ② 無所不知 ③ 進退兩難
④ 一日三省 ⑤ 門前成市

79 아무리 가르쳐 주어도 알아듣지 못함.
① 骨肉相爭 ② 樂山樂水 ③ 牛耳讀經
④ 實事求是 ⑤ 敎外別傳

80 은혜를 잊지 않고 반드시 갚음.
① 平地風波 ② 結草報恩 ③ 靑天白日
④ 山戰水戰 ⑤ 行雲流水

제3영역 | 독해(讀解)

[81~86] 다음 문장에서 한자어(漢字語)의 음(音)은 무엇입니까?

81 그는 전란이 발생하자 호국의 干城이 되어 나라를 구했다.
① 간성 ② 주인 ③ 장성 ④ 인물 ⑤ 장군

30 舞: ① 다투다　② 느끼다　③ 말하다
　　④ 어질다　⑤ 춤추다

47 ① (衰)顔　② 盛(衰)　③ 齊(衰)
　 ④ (衰)微　⑤ (衰)殘

[31~35] 다음 뜻을 가진 한자(漢字)는 무엇입니까?
31 혼인하다: ① 新　② 姓　③ 婦　④ 好　⑤ 婚
32 강하다 : ① 改　② 讀　③ 強　④ 賣　⑤ 溫
33 수컷　 : ① 屋　② 雄　③ 權　④ 硏　⑤ 將
34 쌀　　 : ① 米　② 氷　③ 味　④ 卵　⑤ 貝
35 차다　 : ① 波　② 河　③ 洞　④ 冷　⑤ 洗

[36~40] 다음 한자(漢字)와 뜻이 비슷한 한자는 어느 것입니까?
36 望: ① 連　② 貴　③ 願　④ 短　⑤ 列
37 路: ① 罪　② 道　③ 丹　④ 救　⑤ 卒
38 起: ① 助　② 易　③ 然　④ 最　⑤ 興
39 協: ① 和　② 識　③ 號　④ 祝　⑤ 唱
40 察: ① 飮　② 榮　③ 防　④ 省　⑤ 爲

제2영역 │ 어휘(語彙)

[41~45] 다음 한자어(漢字語)와 발음(發音)이 같은 한자어는 어느 것입니까?
41 詩歌:
　① 是非　② 短期　③ 念頭　④ 市街　⑤ 變數
42 防禁:
　① 方今　② 運送　③ 意識　④ 宇宙　⑤ 敗走
43 新鮮:
　① 獨善　② 神仙　③ 姓氏　④ 期間　⑤ 勞使
44 驚異:
　① 耕地　② 急速　③ 堅持　④ 暴露　⑤ 輕易
45 霧散:
　① 戊辰　② 墓域　③ 茂山　④ 韻致　⑤ 睡眠

[46~47] 다음 괄호 속 한자(漢字)의 음(音)이 다르게 발음되는 것은 어느 것입니까?
46 ① (殺)傷　② 暗(殺)　③ 射(殺)
　 ④ (殺)到　⑤ (殺)伐

[48~57] 다음 단어들의 □에 공통으로 들어갈 알맞은 한자(漢字)는 어느 것입니까?
48 前□, □牛, 晝□:
　① 權　② 骨　③ 夜　④ 爲　⑤ 進
49 □官, 女□, 歷□:
　① 變　② 人　③ 經　④ 可　⑤ 史
50 □中, □實, 目□:
　① 的　② 命　③ 得　④ 豆　⑤ 市
51 □歲, □業, 兵□:
　① 士　② 卒　③ 句　④ 夜　⑤ 丹
52 水□, □蟲, 殺□:
　① 虎　② 路　③ 軍　④ 害　⑤ 春
53 □理, 反□, □語:
　① 表　② 論　③ 處　④ 目　⑤ 英
54 文□, □骨, 強□:
　① 官　② 若　③ 弱　④ 科　⑤ 郡
55 長□, □期, □身:
　① 訪　② 硏　③ 增　④ 窓　⑤ 短
56 □雨, □氣, 百□:
　① 降　② 獸　③ 穀　④ 熱　⑤ 麥
57 勇□, □禽, □將:
　① 敢　② 家　③ 敗　④ 猛　⑤ 斷

[58~65] 다음 한자어(漢字語)와 뜻이 반대(反對)이거나 상대(相對)되는 한자어는 어느 것입니까?
58 改良:
　① 在來　② 江河　③ 存亡　④ 善意　⑤ 不幸
59 發達:
　① 成長　② 來歷　③ 協助　④ 退步　⑤ 列強
60 獨白:
　① 漁夫　② 對話　③ 美食　④ 罪目　⑤ 告白
61 容易:
　① 視覺　② 逆順　③ 難解　④ 間接　⑤ 勝戰
62 溫暖:
　① 講席　② 鷄鳴　③ 迎新　④ 伐採　⑤ 寒冷

제 3 회 최신기출 모의고사

제한시간: 60분 **풀이시간**: ___:___ ~ ___:___ 정답과 해설 ▶ P.200

1초 합격예측! 모바일 성적분석표

QR 코드로 접속하여 문제 풀이시간을 측정하고, 〈1초 합격예측 & 모바일 성적분석표〉서비스를 통해 지금 바로! 실력을 점검해 보세요.
http://eduwill.kr/gjMF

제1영역 | 한자(漢字)

[01~02] 다음 필순(筆順)에 대한 설명에 가장 알맞은 한자는 어느 것입니까?

01 가로획과 세로획이 교차할 때는 가로획을 먼저 쓴다.
① 去 ② 回 ③ 谷 ④ 念 ⑤ 永

02 받침은 나중에 쓴다.
① 勝 ② 賣 ③ 起 ④ 送 ⑤ 飛

[03~04] 다음 한자(漢字)의 획수(劃數)는 모두 몇 획입니까?

03 讀: ① 20 ② 21 ③ 22 ④ 23 ⑤ 24
04 務: ① 7   ② 8   ③ 9   ④ 10 ⑤ 11

[05~06] 다음 한자(漢字)의 부수(部首)는 무엇입니까?

05 虎: ① 虍 ② 七 ③ 厂 ④ 虎 ⑤ 儿
06 歷: ① 厂 ② 止 ③ 禾 ④ 歷 ⑤ 一

[07~08] 다음 한자(漢字)와 그 조자(造字)의 방식이 같은 한자는 어느 것입니까?

〈보기〉日: ① 山 ② 休 ③ 下 ④ 江 ⑤ 回

〈보기〉에 제시된 한자 '日(해의 모습을 본떠서 만들었음)'처럼 구체적인 사물의 모습을 본떠서 만든 상형자(象形字)는 '山(산의 모습을 본떠서 만들었음)'이다. 따라서 정답 ①을 골라 답란에 표기하면 된다.

07 利: ① 鳥 ② 上 ③ 武 ④ 村 ⑤ 出
08 卵: ① 林 ② 末 ③ 河 ④ 犬 ⑤ 雲

[09~14] 다음 한자(漢字)의 음(音)은 무엇입니까?

09 勢: ① 열 ② 집 ③ 역 ④ 숙 ⑤ 세
10 增: ① 증 ② 승 ③ 토 ④ 회 ⑤ 성
11 支: ① 기 ② 지 ③ 상 ④ 절 ⑤ 시
12 務: ① 궁 ② 부 ③ 무 ④ 력 ⑤ 순
13 藝: ① 세 ② 운 ③ 극 ④ 교 ⑤ 예
14 施: ① 타 ② 방 ③ 야 ④ 시 ⑤ 치

[15~19] 다음 음(音)을 가진 한자는 무엇입니까?

15 난: ① 難 ② 歌 ③ 變 ④ 若 ⑤ 獨
16 근: ① 個 ② 觀 ③ 親 ④ 勤 ⑤ 接
17 저: ① 射 ② 貯 ③ 逆 ④ 廣 ⑤ 拜
18 혁: ① 蟲 ② 湖 ③ 革 ④ 追 ⑤ 勞
19 욕: ① 競 ② 害 ③ 浴 ④ 選 ⑤ 禁

[20~24] 다음 한자(漢字)와 음(音)이 같은 한자는 어느 것입니까?

20 製: ① 醫 ② 密 ③ 判 ④ 題 ⑤ 患
21 皇: ① 省 ② 量 ③ 章 ④ 最 ⑤ 黃
22 責: ① 册 ② 宙 ③ 賞 ④ 敗 ⑤ 貨
23 限: ① 根 ② 干 ③ 韓 ④ 退 ⑤ 都
24 兆: ① 刀 ② 造 ③ 斗 ④ 消 ⑤ 紙

[25~30] 다음 한자(漢字)의 뜻은 무엇입니까?

25 皮: ① 얼굴 ② 가죽 ③ 신발
     ④ 종이 ⑤ 나무
26 授: ① 주다 ② 뺏다 ③ 돌다
     ④ 집다 ⑤ 치다
27 春: ① 봄   ② 여름 ③ 가을
     ④ 겨울 ⑤ 아침
28 禁: ① 싸우다 ② 놀라다 ③ 금하다
     ④ 쪼개다 ⑤ 훔치다
29 店: ① 학교 ② 서당 ③ 창고
     ④ 가게 ⑤ 점집

111 ㉠'엎드린'의 뜻을 가진 것은?
① 伏 ② 服 ③ 復 ④ 均 ⑤ 腹

112 ⓐ'보리'와 ⓑ'채소'의 뜻을 가진 한자를 바르게 짝지은 것은?
① 麥 – 菜 ② 麥 – 草 ③ 穀 – 菜
④ 穀 – 草 ⑤ 麥 – 採

113 ㉡'茂盛'의 독음이 바른 것은?
① 풍성 ② 무성 ③ 번성 ④ 융성 ⑤ 왕성

114 ㉢'서늘한'의 뜻을 가진 것은?
① 凉 ② 深 ③ 尤 ④ 陰 ⑤ 冷

115 ㉣'갠'의 뜻을 가진 것은?
① 靑 ② 淸 ③ 請 ④ 聽 ⑤ 晴

[116~120] 다음 글을 읽고 물음에 답하시오.

> 옛말에 '한 해의 계획으로는 ㉠곡식을 ㉡심는 것보다 더 좋은 것이 없고, 십 년의 계획으로는 나무를 ㉢심는 것보다 더 좋은 것이 없고, 백 년의 ㉣계획으로는 덕을 심는 것보다 더 좋은 것이 없다.'고 했다. 만약 오늘 곡식을 심고는 내일 먹을 것을 구하고 금년에 나무를 심고는 내년에 열매를 구한다면, 이는 ㉤있을 수 없는 일이다. 덕을 심는 일 역시 이와 같다. 그러므로 그 할 일을 먼저 하고 얻음을 뒤로 하며, 그 도리를 바르게 하고 공적을 ㉥헤아리지 않는 것이 덕에 들어가는 긴요한 방법이다.

116 ㉠의 한자 표기가 바른 것은?
① 糧食 ② 缺食 ③ 穀食 ④ 飽食 ⑤ 谷植

117 ㉡과 ㉢의 뜻을 가진 것을 바르게 짝지은 것은?
① 種 – 植 ② 栽 – 載 ③ 播 – 培
④ 耕 – 苗 ⑤ 播 – 植

118 ㉣의 한자 표기가 바른 것은?
① 計獲 ② 契畫 ③ 繼畫 ④ 計劃 ⑤ 計穫

119 ㉤과 가장 관련이 깊은 성어는?
① 梁上君子 ② 今始初聞 ③ 守株待兔
④ 緣木求魚 ⑤ 結草報恩

120 ㉥의 뜻을 가진 것은?
① 測 ② 惻 ③ 良 ④ 渡 ⑤ 側

97 지난 ①解放 ②以後 남북이 ③分段된 뒤로 우리는 민주주의의 ④過程을 ⑤經驗하지 못했다.

98 ①除目은 ②讀者들에게 글의 ③主題를 가장 효과적으로 ④提示할 수 있는 ⑤指標이다.

[99~101] 다음 문장에서 밑줄 친 단어(單語)를 한자(漢字)로 바르게 쓴 것은 어느 것입니까?

99 그는 오늘 **호피** 무늬 외투를 입었다.
　　① 好皮　② 號豊　③ 虎皮　④ 湖豊　⑤ 虎被

100 일의 **형세**를 잘 보고 판단하시기 바랍니다.
　　① 現勢　② 現世　③ 形歲　④ 形世　⑤ 形勢

101 이 책은 제가 **번역**하였습니다.
　　① 繁亦　② 煩易　③ 飜譯　④ 負役　⑤ 番役

[102~104] 다음 문장에서 밑줄 친 단어(單語)나 어구(語句)의 뜻을 가장 잘 나타낸 한자(漢字) 또는 한자어(漢字語)는 어느 것입니까?

102 평론가는 그의 작품에 대하여 **아름다움과 추함**을 분석하여 가치를 논하였다.
　　① 美醜　② 批評　③ 分析　④ 輸入　⑤ 醜態

103 그의 어머니가 **남에게 알려지지 않은 덕행**을 하여서인가? 그에게는 언제나 운이 따른다.
　　① 武力　② 他德　③ 陰德　④ 運動　⑤ 美德

104 이 세상에 공기나 물이 없다면 어떠한 생물도 생존할 수 없듯이 언어 없이는 어느 누구도 사회생활을 **영위**할 수 없다.
　　① 領位　② 營委　③ 營爲　④ 永爲　⑤ 榮衛

[105~107] 다음 글을 읽고 물음에 답하시오.

> 다음은 서울 국제 만화 애니메이션 페스티벌에 출품된 한 학생 ㉠감독의 작품이다.
>
> 지름 3m 정도로 아주 작은 소행성 325호 이곳에는 겉치레를 좋아하는 왕과 장미꽃 키우는 것이 ㉡唯一한 희망인 평민만이 살고 있다. 이번에 새로 장만한 왕의 망토는 행성의 2/3를 덮는 굉장한 길이의 것. 어느 날 행성이 흔들릴 ㉢정도의 커다란 굉음에 놀란 왕은 그 ㉣이유가 평민이 꽃 한 송이를 심기 위해 땅을 파고 있기 때문이란 걸 알게 된다.

105 ㉠'감독'의 한자 표기가 바른 것은?
　　① 敢毒　② 監督　③ 敢督　④ 監毒　⑤ 減毒

106 ㉡'唯一'의 '唯'와 독음이 같지 않은 것은?
　　① 幽　② 乳　③ 裕　④ 緯　⑤ 由

107 ㉢'정도'와 ㉣'이유'의 한자 표기를 바르게 짝 지은 것은?
　　① 正道 – 理由　② 正道 – 離乳
　　③ 程度 – 離乳　④ 程度 – 理由
　　⑤ 正道 – 離由

[108~110] 다음 글을 읽고 물음에 답하시오.

> 백유가 ㉠잘못을 저질러 어머니가 회초리로 때리니, 눈물을 흘렸다. 어머니가 물었다.
> "㉡전에는 때려도 한 번도 운 적이 없더니, 지금은 어찌하여 우느냐?"
> 백유가 ㉢□□하였다.
> "제가 죄를 지어 때리실 때면 항상 아팠는데, 오늘은 어머님의 근력이 쇠하시어 때리셔도 아프지가 않습니다. 그래서 웁니다."

108 ㉠을 뜻하는 것은?
　　① 成果　② 成功　③ 失敗　④ 過失　⑤ 善行

109 ㉡과 상대되는 뜻을 가진 것은?
　　① 先　② 後　③ 傳　④ 古　⑤ 前

110 문맥상 ㉢에 들어갈 적절한 것은?
　　① 質問　② 質疑　③ 對答　④ 議論　⑤ 回避

[111~115] 다음 글을 읽고 물음에 답하시오.

> 마을 뒷산의 생김새가 봉황이 ㉠엎드린 꼴을 닮아 봉곡 마을로 불리던 이 아담한 농촌 마을에는 42가구 70여 주민이 농사를 지으며 산다. 봄에는 파릇파릇한 ⓐ보리와 노란 배추꽃이 ㉡茂盛하다. 여름 저녁이면 아름다운 노을에 붉게 물드는 6만여 평의 방죽, 가을에는 황금 물결을 이룬 뚝방길을 따라 ㉢서늘한 바람을 맞으며 자전거 하이킹을 즐길 수 있는 영산 나루터 비가 ㉣갠 뒤에는 맑은 하늘 아래 싱그러운 ⓑ채소밭과 강변을 따라 한없이 이어지는 갈대밭이 어우러져 색다른 겨울 풍경을 자아낸다.

82 한복에서 두드러지는 것은 부드럽고 우아한 曲線의 미이다.
① 곡천 ② 전아 ③ 축적 ④ 유선 ⑤ 곡선

83 최근에는 19단 외우기가 유행하고 있는데 외워 두면 暗算 능력이 배가될 것이다.
① 수학 ② 기억 ③ 암산 ④ 산수 ⑤ 연산

84 選擧 제도는 대의 민주주의의 가장 핵심적인 절차라 할 수 있다. 따라서 민주주의의 성패는 여기에 달려 있다 해도 지나친 말이 아니다.
① 투표 ② 유세 ③ 집회 ④ 선거 ⑤ 선발

85 그녀도 핸드백 바깥 주머니 속에 들어 있는 봉투를 意識 안 한 건 아니었다.
① 의지 ② 의식 ③ 인식 ④ 인지 ⑤ 확인

86 김 회장은 사업을 확장하여 자동차 製造 분야에도 손을 대기 시작했다.
① 제조 ② 제작 ③ 창제 ④ 창조 ⑤ 부품

[87~92] 다음 문장에서 밑줄 친 한자어(漢字語)의 뜻풀이로 적절한 것은 어느 것입니까?

87 허생이 나라 안의 말총을 전부 사들이자 나중에 말총의 品貴 현상이 일어나게 되었다.
① 물건이 귀하여 고치기 어려움.
② 물건이 귀하여 질이 떨어짐.
③ 물건이 귀하지만 값이 떨어짐.
④ 물건이 귀해져 구하기 어려움.
⑤ 물건이 귀하지만 구하기 쉬움.

88 정해진 계좌에 送金하신 뒤에 다시 연락해 주세요.
① 금을 판매함.
② 돈을 모아 둠.
③ 돈을 부쳐 보냄.
④ 돈이 갑자기 생김.
⑤ 돈을 빌려옴.

89 황진이가 秋波를 보냈지만 서경덕은 미동도 하지 않았다고 한다.
① 은근한 눈길
② 가을의 물결
③ 차가운 눈길
④ 가을 편지
⑤ 가을 낙엽

90 담배를 끊으려면 단번에 未練 없이 끊어야 한다.
① 딱 잘라 단념하지 못함.
② 종종 잊지 못함.
③ 깨끗이 잊지 못함.
④ 잠시 잊어버림.
⑤ 연습하고 잊어버림.

91 언 발에 오줌 누기 식으로는 난마처럼 얽힌 여러 문제를 풀기 어렵다. 이런 방법은 일종의 姑息에 지나지 않기 때문이다.
① 오래 숨을 쉼.
② 일시적인 임시변통.
③ 고모의 한숨.
④ 못된 시어머니의 긴 한숨.
⑤ 착한 시어머니의 휴식.

92 그와 나는 莫逆한 사이이다.
① 막연함.
② 소원함.
③ 조심스레 도와줌.
④ 허물없이 친함.
⑤ 완전히 절교함.

[93~95] 다음 문장에서 □□에 들어갈 가장 적절한 한자어(漢字語)는 어느 것입니까?

93 그 선수는 □□의 아픔을 딛고 재기에 성공하였다.
① 遲刻 ② 缺陷 ③ 奮鬪 ④ 負傷 ⑤ 頭痛

94 사람은 타고난 □□(으)로 뭔가를 이루기도 하지만 후천적인 노력 또한 중요하다.
① 分數 ② 精神 ③ 視力 ④ 質量 ⑤ 才能

95 삶은 우리가 무엇을 하며 살아왔는가의 합계가 아니라 우리가 무엇을 □□하게 희망해 왔는가의 합계이다.
① 怠慢 ② 大凡 ③ 切實 ④ 簡略 ⑤ 安全

[96~98] 다음 문장에서 한자어(漢字語)의 한자 표기(漢字表記)가 바르지 않은 것은 어느 것입니까?

96 인간 ①本性에 대한 생물학적 ②主將은 ③知識 ④社會에서 몰인정하고 ⑤邪惡한 것으로 여겨져 왔다.

63 革新:
① 改革 ② 變革 ③ 變化 ④ 守舊 ⑤ 革命

64 濕性:
① 油性 ② 彈性 ③ 硬性 ④ 乾性 ⑤ 配偶

65 滿潮:
① 退潮 ② 干潮 ③ 高潮 ④ 順潮 ⑤ 看守

[66~70] 다음 성어(成語)에서 □에 들어갈 알맞은 한자(漢字)는 어느 것입니까?

66 先公後□: ① 正 ② 事 ③ 政 ④ 史 ⑤ 私
67 □火可親: ① 燈 ② 母 ③ 旦 ④ 食 ⑤ 燃
68 手不釋□: ① 策 ② 拳 ③ 卷 ④ 券 ⑤ 權
69 東□西走: ① 奔 ② 分 ③ 奮 ④ 赴 ⑤ 紛
70 千□一遇: ① 哉 ② 載 ③ 裁 ④ 栽 ⑤ 貸

[71~75] 다음 성어(成語)의 뜻풀이로 적절한 것은 어느 것입니까?

71 推己及人
① 남보다 열 배의 노력을 함.
② 남을 이기려면 자신부터 이겨야 함.
③ 다른 사람의 속마음을 몰래 엿봄.
④ 자신의 입장에서 남의 처지를 생각함.
⑤ 자신보다 남을 먼저 생각함.

72 雪上加霜
① 엎치락뒤치락함.
② 엎친 데 덮침.
③ 부질없이 거듭함.
④ 같은 값이면 다홍치마임.
⑤ 눈 위를 걸을 때는 조심해야 함.

73 發憤忘食
① 화를 이기지 못함.
② 의욕이 사라짐.
③ 놀이에 푹 빠짐.
④ 화를 잊으려면 먹어야 함.
⑤ 열심히 공부함.

74 博而不精
① 뇌물을 함부로 받음.
② 공적인 일에 사적인 감정을 드러냄.
③ 모든 일에 대해 정성을 다하여 임함.
④ 널리 알기만 하면 정통하지 못해도 됨.
⑤ 여러 방면으로 널리 알기는 하나 정통하지 못함.

75 門前成市
① 찾아오는 사람이 많음.
② 찾아오는 사람을 거절함.
③ 집 근처에서 장사를 함.
④ 집 근처에 편의 시설이 있음.
⑤ 시장을 가려면 문 앞을 지나야 함.

[76~80] 다음의 뜻을 가장 잘 나타낸 성어(成語)는 어느 것입니까?

76 말로는 친한 듯하나 속으로는 해칠 생각이 있음.
① 水魚之交 ② 類類相從 ③ 螢窓雪案
④ 口蜜腹劍 ⑤ 龍頭蛇尾

77 이상은 높으나 행동은 그것을 따르지 못함.
① 高談峻論 ② 眼高手卑 ③ 夫唱婦隨
④ 孤立無援 ⑤ 以心傳心

78 좋은 약은 입에 씀.
① 良藥苦口 ② 言中有骨 ③ 我田引水
④ 殺身成仁 ⑤ 因果應報

79 소수의 군대가 적과 용감히 싸움.
① 孤掌難鳴 ② 孤軍奮鬪 ③ 九死一生
④ 孤立無援 ⑤ 因果應報

80 제 마음대로 휘두름.
① 右往左往 ② 左之右之 ③ 寸鐵殺人
④ 三人成虎 ⑤ 作心三日

제3영역 | 독해(讀解)

[81~86] 다음 문장에서 한자어(漢字語)의 음(音)은 무엇입니까?

81 서구화된 음식 습관과 운동 부족 등으로 초등학생 비만율이 10년 만에 4배 가까이 <u>增加</u>한 것으로 나타났다.
① 배가 ② 증가 ③ 누가 ④ 첨가 ⑤ 성장

30 募: ① 없다 ② 도모하다 ③ 모으다
④ 본뜨다 ⑤ 무덤

[31~35] 다음 뜻을 가진 한자(漢字)는 무엇입니까?
31 법 : ① 憲 ② 縣 ③ 寂 ④ 宴 ⑤ 制
32 병풍: ① 竝 ② 屛 ③ 營 ④ 榮 ⑤ 葬
33 벼슬: ① 獎 ② 昨 ③ 奏 ④ 爵 ⑤ 率
34 캐다: ① 捉 ② 抱 ③ 採 ④ 豆 ⑤ 彩
35 거칠다: ① 岳 ② 嶺 ③ 標 ④ 突 ⑤ 荒

[36~40] 다음 한자(漢字)와 뜻이 비슷한 한자는 어느 것입니까?
36 了: ① 懸 ② 作 ③ 終 ④ 忌 ⑤ 亨
37 助: ① 替 ② 演 ③ 長 ④ 條 ⑤ 扶
38 愚: ① 鈍 ② 偶 ③ 優 ④ 銳 ⑤ 遇
39 猛: ① 閣 ② 覺 ③ 勇 ④ 覽 ⑤ 遞
40 釋: ① 擇 ② 澤 ③ 搜 ④ 解 ⑤ 驛

제2영역 | 어휘(語彙)

[41~45] 다음 한자어(漢字語)와 발음(發音)이 같은 한자어는 어느 것입니까?
41 步道:
① 步行 ② 讀圖 ③ 途中 ④ 進步 ⑤ 報道
42 個性:
① 古體 ② 固體 ③ 各姓 ④ 開城 ⑤ 故成
43 端緒:
① 丹書 ② 端整 ③ 瑞光 ④ 端子 ⑤ 副署
44 救命:
① 運命 ② 分明 ③ 究極 ④ 究明 ⑤ 照明
45 慶州:
① 慶賀 ② 慶祝 ③ 競走 ④ 海州 ⑤ 珍珠

[46~47] 다음 괄호 속 한자(漢字)의 음(音)이 다르게 발음되는 것은 어느 것입니까?
46 ① 遊(說) ② 論(說) ③ 社(說)
④ (說)教 ⑤ (說)得

47 ① (塞)翁 ② 邊(塞) ③ 要(塞)
④ (塞)責 ⑤ 防(塞)

[48~57] 다음 단어들의 □에 공통으로 들어갈 알맞은 한자(漢字)는 어느 것입니까?
48 軍□, 教□, □道:
① 堂 ② 人 ③ 授 ④ 用 ⑤ 隊
49 □題, 會□, 談□:
① 表 ② 論 ③ 說 ④ 唐 ⑤ 話
50 問□, □全, □家:
① 完 ② 溫 ③ 安 ④ 答 ⑤ 傳
51 慶□, □歌, 奉□:
① 祝 ② 養 ③ 校 ④ 事 ⑤ 祈
52 □相, 甲□, 露□:
① 舍 ② 投 ③ 出 ④ 骨 ⑤ 互
53 □處, 輕□, 哀□:
① 悟 ② 傷 ③ 壯 ④ 也 ⑤ 視
54 □派, 與□, □員:
① 富 ② 甞 ③ 黨 ④ 當 ⑤ 罰
55 □略, □謀, 術□:
① 奇 ② 策 ③ 彩 ④ 軌 ⑤ 簡
56 □查, □判, 覆□:
① 操 ② 訂 ③ 審 ④ 總 ⑤ 誤
57 □簿, 倒□, 配□:
① 却 ② 置 ③ 眞 ④ 職 ⑤ 慮

[58~65] 다음 한자어(漢字語)와 뜻이 반대(反對)이거나 상대(相對)되는 한자어는 어느 것입니까?
58 可決:
① 決定 ② 解決 ③ 終決 ④ 先決 ⑤ 否決
59 希望:
① 責望 ② 絶望 ③ 志望 ④ 野望 ⑤ 先望
60 保守:
① 留保 ② 固守 ③ 退步 ④ 進步 ⑤ 中道
61 自律:
① 自主 ② 自由 ③ 他律 ④ 他力 ⑤ 傍助
62 常例:
① 定例 ② 特例 ③ 比例 ④ 先例 ⑤ 前例

제 2 회 최종점검 모의고사

제한시간: 60분   풀이시간: ___:___ ~ ___:___   정답과 해설 ▶ P.195

1초 합격예측! 모바일 성적분석표

QR 코드로 접속하여 문제 풀이시간을 측정하고, 〈1초 합격예측 & 모바일 성적분석표〉 서비스를 통해 지금 바로! 실력을 점검해 보세요.
http://eduwill.kr/ajMF

제1영역 | 한자(漢字)

[01~02] 다음 필순(筆順)에 대한 설명에 가장 알맞은 한자는 어느 것입니까?

01 바깥을 먼저 쓰고 안을 채운다.
① 米 ② 谷 ③ 國 ④ 退 ⑤ 百

02 왼쪽에서 오른쪽으로 쓴다.
① 力 ② 言 ③ 完 ④ 川 ⑤ 己

[03~04] 다음 한자(漢字)의 획수(劃數)는 모두 몇 획입니까?

03 滿: ① 11 ② 12 ③ 13 ④ 14 ⑤ 15
04 臣: ① 6   ② 7   ③ 8   ④ 9   ⑤ 10

[05~06] 다음 한자(漢字)의 부수(部首)는 무엇입니까?

05 達: ① 辶 ② 土 ③ 羊 ④ 幸 ⑤ 達
06 兵: ① 八 ② 斤 ③ 丘 ④ 一 ⑤ 兵

[07~08] 다음 한자(漢字)와 그 조자(造字)의 방식이 같은 한자는 어느 것입니까?

〈보기〉 日: ① 山 ② 休 ③ 下 ④ 江 ⑤ 回

〈보기〉에 제시된 한자 '日(해의 모습을 본떠서 만들었음)'처럼 구체적인 사물의 모습을 본떠서 만든 상형자(象形字)는 '山(산의 모습을 본떠서 만들었음)'이다. 따라서 정답 ①을 골라 답란에 표기하면 된다.

07 間: ① 花 ② 木 ③ 好 ④ 林 ⑤ 魚
08 固: ① 果 ② 神 ③ 男 ④ 門 ⑤ 鳥

[09~14] 다음 한자(漢字)의 음(音)은 무엇입니까?

09 低: ① 씨 ② 지 ③ 자 ④ 조 ⑤ 저
10 雄: ① 자 ② 웅 ③ 영 ④ 천 ⑤ 추
11 師: ① 수 ② 간 ③ 사 ④ 오 ⑤ 장
12 恒: ① 항 ② 안 ③ 공 ④ 원 ⑤ 상
13 脫: ① 열 ② 세 ③ 엄 ④ 탈 ⑤ 제
14 捉: ① 촉 ② 족 ③ 작 ④ 착 ⑤ 국

[15~19] 다음 음(音)을 가진 한자는 무엇입니까?

15 당: ① 讓 ② 當 ③ 郞 ④ 降 ⑤ 尙
16 렬: ① 劣 ② 沒 ③ 濕 ④ 燃 ⑤ 湖
17 박: ① 煩 ② 薄 ③ 轉 ④ 專 ⑤ 壯
18 접: ① 油 ② 播 ③ 鉛 ④ 豫 ⑤ 蝶
19 돈: ① 挑 ② 豚 ③ 逐 ④ 屯 ⑤ 關

[20~24] 다음 한자(漢字)와 음(音)이 같은 한자는 어느 것입니까?

20 景: ① 能 ② 念 ③ 童 ④ 章 ⑤ 敬
21 慈: ① 證 ② 姉 ③ 靜 ④ 韓 ⑤ 妹
22 敏: ① 稻 ② 床 ③ 營 ④ 憫 ⑤ 繁
23 似: ① 斯 ② 域 ③ 病 ④ 惑 ⑤ 以
24 役: ① 播 ② 驛 ③ 鑛 ④ 拓 ⑤ 投

[25~30] 다음 한자(漢字)의 뜻은 무엇입니까?

25 暖: ① 차갑다 ② 사다 ③ 따뜻하다
      ④ 팔다   ⑤ 돕다
26 隨: ① 떨어지다 ② 앞서다 ③ 지도하다
      ④ 존경하다 ⑤ 따르다
27 哲: ① 청하다 ② 어둡다 ③ 대표하다
      ④ 밝다   ⑤ 꺾다
28 機: ① 기초 ② 기대 ③ 틀
      ④ 기술 ⑤ 몇
29 貸: ① 책임지다 ② 신청하다 ③ 대표하다
      ④ 빌리다   ⑤ 책임지다

113 ⓒ의 독음이 바른 것은?
① 삽입 ② 추가 ③ 확대 ④ 축소 ⑤ 증가

114 ⓔ의 한자 표기가 바른 것은?
① 如百 ② 餘百 ③ 如白 ④ 餘白 ⑤ 余白

115 ⓜ의 한자 표기가 바른 것은?
① 減點 ② 減占 ③ 減店 ④ 敢點 ⑤ 敢占

[116~120] 다음 글을 읽고 물음에 답하시오.

> 그동안 우리는 세계 최고 ⓐ<u>수준</u>의 기술 인력의 양성과 ⓑ<u>誘致</u>, ⓒ□□的인 신기술 개발과 그 기술의 신산업군의 창출에 대해 능동적이고 체계적인 노력을 소홀히 했다. 특히 국제ⓓ□□기금(IMF) 위기 극복과 구조 ㉠<u>調整</u>을 목적으로 막대한 공적 자금을 대기업과 금융기관에 쏟아부었지만 연구 개발 ㉡<u>投資</u>는 선진국에 비해 절대적 규모의 ㉢<u>零細性</u>을 면치 못했다. 그 결과 오늘날 우리 산업의 국제 경쟁력을 약화시켜 ㉣<u>輸出</u> 부진, 실업 증가, 성장 ㉤<u>屯化</u>를 불러왔다.

116 ⓐ의 한자 표기가 바른 것은?
① 垂遵 ② 垂準 ③ 受遵 ④ 水尊 ⑤ 水準

117 ⓑ의 독음이 바른 것은?
① 유지 ② 배정 ③ 유치 ④ 배치 ⑤ 유혹

118 ⓒ의 빈칸에 적절한 한자어는?
① 短期 ② 初期 ③ 中期 ④ 劃期 ⑤ 末期

119 ⓓ의 빈칸에 적절한 한자어는?
① 貿易 ② 通貨 ③ 投資 ④ 交流 ⑤ 寄附

120 ㉠~㉤ 중 한자 표기가 바르지 <u>않은</u> 것은?
① ㉠ ② ㉡ ③ ㉢ ④ ㉣ ⑤ ㉤

98 ①父母의 ②敵當한 ③關心은 자녀의 교육에 도움이 되지만 그 ④度가 지나치면 오히려 ⑤副作用을 일으킬 수 있다.

[99~101] 다음 문장에서 밑줄 친 단어(單語)를 한자(漢字)로 바르게 쓴 것은 어느 것입니까?

99 노사 관계가 성숙되면 우리 기업의 성장에 대한 **전망**은 어둡지 않다.
① 前望 ② 全亡 ③ 全望 ④ 傳望 ⑤ 展望

100 지성이면 감천이라는 말이 있듯이 어떤 일이든 정성을 다하는 자세가 필요하다.
① 至性 ② 知性 ③ 志誠 ④ 智性 ⑤ 至誠

101 수요와 공급이 물건의 가격을 결정한다.
① 殊搖 ② 需要 ③ 受謠 ④ 投料 ⑤ 水曜

[102~104] 다음 문장에서 밑줄 친 단어(單語)나 어구(語句)의 뜻을 가장 잘 나타낸 한자(漢字) 또는 한자어(漢字語)는 어느 것입니까?

102 지금 우리 사회는 도덕성이 상실되어 인명을 **가볍게 여기는** 풍조가 만연해 있다.
① 無視 ② 輕視 ③ 不信 ④ 去來 ⑤ 容易

103 형사가 용의자의 행동을 감시하기 위해 몰래 **뒤를 밟고** 있다.
① 敢行 ② 尾行 ③ 投入 ④ 進入 ⑤ 逃走

104 장보고는 동아시아 해상 무역을 활성화하는 데 크게 **이바지하였습니다**.
① 援助 ② 苦惱 ③ 被害 ④ 參與 ⑤ 貢獻

[105~107] 다음 글을 읽고 물음에 답하시오.

> ㉠發注者는 하도급 내용을 심사할 때에는 당해 하도급 용역의 성질 및 이행의 ㉡난이, 용역량의 다과, 하도급 계약 체결 방법 및 계약 상대자와 하도급자의 의견 등을 참작 심사하여야 하며, 특별한 사유가 없는 한 신청일로부터 5일 이내에 그 ㉢결과를 계약 상대자에게 알려야 한다.

105 ㉠의 독음이 바른 것은?
① 용역자 ② 발주자 ③ 시공자 ④ 건설자 ⑤ 소개자

106 ㉡의 한자 표기가 바른 것은?
① 容易 ② 平易 ③ 難易 ④ 難色 ⑤ 難解

107 ㉢의 한자 표기가 바른 것은?
① 結果 ② 決課 ③ 結課 ④ 決果 ⑤ 缺課

[108~110] 다음 글을 읽고 물음에 답하시오.

> 인간의 일상 ㉠生活은 하나의 ⓐ反復이다. 어제나 오늘이나 대개 비슷비슷한 일을 되풀이하면서 살고 있다. 시들한 잡담과 약간의 호기심과 애매한 ㉡態度로써 ㉢行動하는 것이다. 여기에는 ㉣自己 ⓑ省察이라고는 없이 주어진 여건 속에 부침하면서 살아가는 속된 ㉤日想人이 있을 뿐이다.

108 ⓐ의 독음이 바른 것은?
① 습관 ② 순환 ③ 반복 ④ 과정 ⑤ 연속

109 ⓑ의 독음이 바른 것은?
① 생각 ② 주관 ③ 반성 ④ 신념 ⑤ 성찰

110 ㉠~㉤ 중 한자 표기가 바르지 않은 것은?
① ㉠ ② ㉡ ③ ㉢ ④ ㉣ ⑤ ㉤

[111~115] 다음 글을 읽고 물음에 답하시오.

> 대한상공회의소에서 시행하는 워드프로세서 시험에 대한 질문 중 빈도수가 높은 질문 몇 가지를 제시하면 다음과 같습니다.
> 1) 문서 작성 시 기본 글꼴을 ㉠혼용해서 사용하면 안 되나요?
> 2) 시험 문제에 ㉡誤打가(이) 있습니다. 이런 경우 원본대로 작성해야 되나요? 아니면 수정해서 작성해도 되나요?
> 3) 제목에 도형 ㉢追加는(은) 표를 이용해야 하나요?
> 4) 아래 ㉣여백이 너무 많아 줄 간격을 180으로 맞추어 작성하면 ㉤감점이 되나요?

111 ㉠의 한자 표기가 바른 것은?
① 婚容 ② 混用 ③ 混容 ④ 婚用 ⑤ 魂用

112 ㉡의 독음이 바른 것은?
① 공란 ② 착오 ③ 오타 ④ 중복 ⑤ 오류

83 나의 꿈은 국제적인 園藝 사업가가 되는 것이다.
① 서예 ② 연예 ③ 도예 ④ 곡예 ⑤ 원예

84 학교까지 往復 한 시간이 걸립니다.
① 왕복 ② 보통 ③ 평균 ④ 대개 ⑤ 대략

85 나의 참을성이 限界에 다다랐다.
① 세계 ② 경계 ③ 한계 ④ 위계 ⑤ 인내

86 그의 행동은 倫理적으로 큰 문제가 된다.
① 이론 ② 윤리 ③ 도리 ④ 도덕 ⑤ 이성

[87~92] 다음 문장에서 밑줄 친 한자어(漢字語)의 뜻풀이로 적절한 것은 어느 것입니까?

87 이 제도를 도입하기까지 직원들의 激烈한 반대가 있었다고 합니다.
① 비밀이 새어 나감.
② 정보를 서로 주고받음.
③ 말이나 행동이 세차고 사나움.
④ 여러 사람이 협력하여 일을 함.
⑤ 맹목적으로 다가감.

88 일본 제국주의는 한국어 말살 정책으로 일본식 성명을 強要하였다.
① 강령이 되는 요점
② 억지로 떠먹김.
③ 무리하게 요구함.
④ 매우 요긴함.
⑤ 강하게 권유함.

89 그 가족이 산속으로 들어온 것은 탐관오리의 지속적인 橫暴 때문이었다.
① 제멋대로 굴며 몹시 난폭함.
② 강하게 쫓아냄.
③ 뜻밖의 불행이 닥쳐 옴.
④ 두서 없이 아무렇게나 떠듦.
⑤ 아끼지 않고 함부로 버림.

90 사이버 空間은 단지 소통뿐만 아니라 디지털 정보 수단을 매개로 하는 사회적·인지적 활동의 총체를 포함하고 있다.
① 책을 내어 세상에 널리 폄.
② 아무것도 없는 빈 곳.
③ 일반인에게 개방함.
④ 어느 때부터 다른 어느 때까지의 동안.
⑤ 사이사이 비어 있음.

91 미래에는 지리적인 국경의 소멸로 근대 국가의 개념은 점점 더 稀薄해질 것이고 국가의 권력은 상징적으로만 존재할 가능성이 크다.
① 희망이 없음.
② 소멸하여 사라짐.
③ 기체나 액체 따위의 밀도가 엷거나 낮음.
④ 색채 따위가 짙고 섬세함.
⑤ 산뜻하고 뚜렷하여 다른 것과 혼동되지 않음.

92 서민들의 내 집 마련의 꿈을 실현시켜 주기 위해서는 무엇보다 부동산 투기부터 根絕시켜야 한다.
① 줄기를 없앰.
② 전체를 자름.
③ 뿌리째 없앰.
④ 가지를 자름.
⑤ 일을 확실하게 정함.

[93~95] 다음 문장에서 □□에 들어갈 가장 적절한 한자어(漢字語)는 어느 것입니까?

93 환경 파괴를 우려하는 환경 단체에서는 우면산 터널 공사를 □□해 줄 것을 여러 차례 정부에 요청했다.
① 理解 ② 同調 ③ 執行 ④ 再考 ⑤ 認可

94 □□는(은) 남성과 여성 모두에게 요구되는 덕목이다. 따라서 이것이 여성에게만 강요된다면 그것은 일종의 폭력이라 할 수 있다.
① 結婚 ② 純潔 ③ 就業 ④ 淸掃 ⑤ 運轉

95 노숙자가 대형 화물차에 부딪쳐 큰 부상을 입어 병원으로 이송되었지만 목숨이 □□에 달려 있다고 한다.
① 頃刻 ② 無時 ③ 燈火 ④ 遲晚 ⑤ 神靈

[96~98] 다음 문장에서 한자어(漢字語)의 한자 표기(漢字表記)가 바르지 않은 것은 어느 것입니까?

96 ①家庭의 ②主婦들이 ③實際로 체감하는 ④景技는 ⑤市場의 장바구니 경기일 것이다.

97 ①韓半島의 ②平化 ③統一은 우리 ④民族의 한결같은 ⑤所願이다.

63 都市:
① 市場 ② 都會 ③ 首都 ④ 農村 ⑤ 市民

64 答案:
① 正答 ② 代案 ③ 問題 ④ 文題 ⑤ 音樂

65 固定:
① 固體 ② 不動 ③ 不變 ④ 流動 ⑤ 失業

[66~70] 다음 성어(成語)에서 □에 들어갈 알맞은 한자(漢字)는 어느 것입니까?

66 □故知新: ① 溫 ② 訓 ③ 恩 ④ 只 ⑤ 皇
67 □禍爲福: ① 全 ② 傳 ③ 殿 ④ 轉 ⑤ 旣
68 □羊之歎: ① 牛 ② 亡 ③ 末 ④ 刻 ⑤ 武
69 孟母三□: ① 千 ② 天 ③ 遷 ④ 泉 ⑤ 賤
70 電光□火: ① 短 ② 觀 ③ 明 ④ 石 ⑤ 益

[71~75] 다음 성어(成語)의 뜻풀이로 적절한 것은 어느 것입니까?

71 安貧樂道
① 가난을 편하게 여겨 도를 즐김.
② 가난해야 도를 앎.
③ 편안하고 즐거움은 도에서 멂.
④ 도를 편안함으로 여겨 탐냄.
⑤ 편안하고 즐거움은 가난해야 알 수 있음.

72 張三李四
① 장씨 세 명이 이씨 네 명을 이김.
② 평범한 사람들을 일컬음.
③ 누구나 알 수 있는 쉬운 일
④ 서로 협력하여 살아가는 공동체
⑤ 장씨 셋째와 이씨 넷째가 만남.

73 空前絶後
① 아무도 없음.
② 앞은 비어 있지만 뒤는 훌륭할 것임.
③ 이전에도 이후에도 없을 만큼 뛰어남.
④ 앞은 빈산이고 뒤는 깎아지른 절벽임.
⑤ 앞과 뒤를 비교해 보니 매우 훌륭함.

74 伯仲之勢
① 싸울 때마다 이김.
② 인생이나 세월이 덧없이 짧음.
③ 우열의 차이가 없이 엇비슷함.
④ 어떤 어려움에도 굽히지 않음.
⑤ 무슨 일이든지 생각하는 대로 들어맞음.

75 博覽强記
① 박람회에서 만난 사람
② 잠깐 본 것을 잘 기억함.
③ 박학하여 기록할 필요가 없음.
④ 동서고금의 책을 널리 읽고 잘 기억함.
⑤ 기억력이 강해지려면 널리 멀리 봐야 함.

[76~80] 다음의 뜻을 가장 잘 나타낸 성어(成語)는 어느 것입니까?

76 짤막한 경계의 말로 사람의 마음을 찌름.
① 寸鐵殺人 ② 追遠報本 ③ 他山之石
④ 花朝月夕 ⑤ 曲學阿世

77 이기적으로 생각하거나 행동함.
① 水魚之交 ② 言中有骨 ③ 我田引水
④ 殺身成仁 ⑤ 孤掌難鳴

78 세상이 몰라 볼 정도로 많이 변함.
① 桑田碧海 ② 鷄卵有骨 ③ 喪家之狗
④ 漁夫之利 ⑤ 東問西答

79 날마다 여러 가지 면에서 자신에 대해 반성함.
① 多才多能 ② 一日三省 ③ 三日天下
④ 同床異夢 ⑤ 大器晩成

80 온갖 일을 다 겪음.
① 山戰水戰 ② 富貴在天 ③ 坐不安席
④ 多多益善 ⑤ 類類相從

제3영역 | 독해(讀解)

[81~86] 다음 문장에서 한자어(漢字語)의 음(音)은 무엇입니까?

81 농구는 공격과 수비의 전환이 빠르게 진행되는 <u>競技</u>이다.
① 운동 ② 구기 ③ 기술 ④ 경기 ⑤ 종목

82 한약을 선호하는 대부분의 사람들은 산삼에 지대한 <u>藥效</u>가 있다고 생각한다.
① 효능 ② 효과 ③ 약효 ④ 약재 ⑤ 성과

30 徑: ① 지름길 ② 숲 ③ 고난
④ 어깨 ⑤ 지경

[31~35] 다음 뜻을 가진 한자(漢字)는 무엇입니까?
31 군사　: ① 走 ② 卒 ③ 街 ④ 兆 ⑤ 崩
32 익히다: ① 練 ② 待 ③ 綠 ④ 尾 ⑤ 貫
33 눈썹　: ① 睦 ② 苗 ③ 眉 ④ 默 ⑤ 丘
34 부끄럽다: ① 悔 ② 慙 ③ 慧 ④ 桃 ⑤ 懸
35 뿌리　: ① 堂 ② 質 ③ 近 ④ 根 ⑤ 蟲

[36~40] 다음 한자(漢字)와 뜻이 비슷한 한자는 어느 것입니까?
36 飢: ① 殃 ② 懼 ③ 欺 ④ 餓 ⑤ 腐
37 潔: ① 泥 ② 培 ③ 淨 ④ 廉 ⑤ 沿
38 寧: ① 健 ② 康 ③ 錯 ④ 役 ⑤ 動
39 愼: ① 雅 ② 謹 ③ 憂 ④ 譯 ⑤ 怒
40 牽: ① 引 ② 危 ③ 徒 ④ 彼 ⑤ 急

제2영역 | 어휘(語彙)

[41~45] 다음 한자어(漢字語)와 발음(發音)이 같은 한자어는 어느 것입니까?
41 空氣:
① 觀光 ② 內面 ③ 工期 ④ 同樂 ⑤ 災殃
42 事故:
① 例文 ② 思考 ③ 每日 ④ 言語 ⑤ 友情
43 死因:
① 是非 ② 史書 ③ 侵犯 ④ 士人 ⑤ 財界
44 眼前:
① 産業 ② 公告 ③ 知識 ④ 告發 ⑤ 安全
45 前者:
① 電子 ② 體育 ③ 仕臣 ④ 詩歌 ⑤ 前例

[46~47] 다음 괄호 속 한자(漢字)의 음(音)이 다르게 발음되는 것은 어느 것입니까?
46 ① 檢(索) ② (索)引 ③ (索)出
④ (索)莫 ⑤ 搜(索)
47 ① (見)責 ② 謁(見) ③ (見)解
④ 所(見) ⑤ 識(見)

[48~57] 다음 단어들의 □에 공통으로 들어갈 알맞은 한자(漢字)는 어느 것입니까?
48 □入, □國, 進□:
① 席 ② 母 ③ 出 ④ 治 ⑤ 重
49 孝□, □愛, 兩□:
① 行 ② 親 ③ 滿 ④ 者 ⑤ 每
50 命□, □心, □問:
① 美 ② 表 ③ 忠 ④ 中 ⑤ 明
51 來□, □齒, 幼□:
① 減 ② 老 ③ 年 ④ 大 ⑤ 永
52 有□, 原□, □過:
① 水 ② 賣 ③ 變 ④ 罪 ⑤ 用
53 希□, 願□, □月:
① 求 ② 望 ③ 將 ④ 退 ⑤ 單
54 □事, □決, □明:
① 判 ② 到 ③ 病 ④ 度 ⑤ 分
55 □體, □武, □理:
① 問 ② 勿 ③ 聞 ④ 門 ⑤ 文
56 大□, 民□, 觀□:
① 送 ② 使 ③ 倚 ④ 衆 ⑤ 成
57 水□, □蟲, 公□:
① 害 ② 平 ③ 求 ④ 報 ⑤ 天

[58~65] 다음 한자어(漢字語)와 뜻이 반대(反對)이거나 상대(相對)되는 한자어는 어느 것입니까?
58 長身:
① 順次 ② 野性 ③ 送人 ④ 短身 ⑤ 移植
59 勝利:
① 結末 ② 完勝 ③ 論爭 ④ 敗北 ⑤ 有利
60 直接:
① 曲線 ② 間接 ③ 處地 ④ 來年 ⑤ 見本
61 禁止:
① 證人 ② 凡人 ③ 故人 ④ 法則 ⑤ 許可
62 平凡:
① 平行 ② 平常 ③ 非凡 ④ 特惠 ⑤ 無名

제 1 회 최종점검 모의고사

제한시간: 60분   풀이시간: ___:___ ~ ___:___   정답과 해설 ▶ P.190

1초 합격예측! 모바일 성적분석표

QR 코드로 접속하여 문제 풀이시간을 측정하고, 〈1초 합격예측 & 모바일 성적분석표〉 서비스를 통해 지금 바로! 실력을 점검해 보세요.
http://eduwill.kr/BcvF

제1영역 | 한자(漢字)

[01~02] 다음 필순(筆順)에 대한 설명에 가장 알맞은 한자는 어느 것입니까?

01 가운데를 꿰뚫는 획은 나중에 긋는다.
① 射 ② 處 ③ 罪 ④ 事 ⑤ 井

02 삐침과 파임이 교차할 때 삐침을 먼저 쓴다.
① 文 ② 存 ③ 氏 ④ 氷 ⑤ 小

[03~04] 다음 한자(漢字)의 획수(劃數)는 모두 몇 획입니까?

03 綠: ① 11 ② 12 ③ 13 ④ 14 ⑤ 15
04 數: ① 14 ② 15 ③ 16 ④ 17 ⑤ 18

[05~06] 다음 한자(漢字)의 부수(部首)는 무엇입니까?

05 注: ① 三 ② 王 ③ 主 ④ 氵 ⑤ 丶
06 獄: ① 言 ② 大 ③ 犭 ④ 鹿 ⑤ 獄

[07~08] 다음 한자(漢字)와 그 조자(造字)의 방식이 같은 한자는 어느 것입니까?

〈보기〉 日: ① 山 ② 休 ③ 下 ④ 江 ⑤ 回

〈보기〉에 제시된 한자 '日(해의 모습을 본떠서 만들었음)'처럼 구체적인 사물의 모습을 본떠서 만든 상형자(象形字)는 '山(산의 모습을 본떠서 만들었음)'이다. 따라서 정답 ①을 골라 답란에 표기하면 된다.

07 上: ① 斗 ② 本 ③ 夜 ④ 硏 ⑤ 更
08 訪: ① 救 ② 兵 ③ 云 ④ 品 ⑤ 春

[09~14] 다음 한자(漢字)의 음(音)은 무엇입니까?

09 徹: ① 천 ② 철 ③ 통 ④ 투 ⑤ 추
10 謁: ① 담 ② 화 ③ 설 ④ 알 ⑤ 갈
11 構: ① 구 ② 강 ③ 재 ④ 주 ⑤ 경
12 勤: ① 검 ② 근 ③ 건 ④ 특 ⑤ 채
13 濁: ① 촉 ② 화 ③ 축 ④ 첨 ⑤ 탁
14 稱: ① 도 ② 칭 ③ 쟁 ④ 화 ⑤ 투

[15~19] 다음 음(音)을 가진 한자는 무엇입니까?

15 감: ① 勸 ② 渴 ③ 敢 ④ 卷 ⑤ 障
16 서: ① 範 ② 複 ③ 軌 ④ 祿 ⑤ 敍
17 곡: ① 務 ② 獨 ③ 穀 ④ 華 ⑤ 斜
18 제: ① 麻 ② 諸 ③ 詳 ④ 奮 ⑤ 語
19 우: ① 睡 ② 垂 ③ 郵 ④ 姪 ⑤ 潛

[20~24] 다음 한자(漢字)와 음(音)이 같은 한자는 어느 것입니까?

20 除: ① 缺 ② 條 ③ 翼 ④ 際 ⑤ 劇
21 殊: ① 雜 ② 嚴 ③ 處 ④ 頻 ⑤ 壽
22 顯: ① 嫌 ② 替 ③ 欄 ④ 賢 ⑤ 靜
23 寢: ① 廊 ② 底 ③ 沈 ④ 館 ⑤ 管
24 違: ① 混 ② 選 ③ 達 ④ 逆 ⑤ 胃

[25~30] 다음 한자(漢字)의 뜻은 무엇입니까?

25 擊: ① 얽어매다 ② 잡다 ③ 치다
       ④ 드리다 ⑤ 바치다
26 怠: ① 게으르다 ② 태풍 ③ 개운하다
       ④ 낳다 ⑤ 거만하다
27 拍: ① 치다 ② 맏이 ③ 배 대다
       ④ 핍박하다 ⑤ 보내다
28 施: ① 떠밀다 ② 아쉽다 ③ 막다
       ④ 베풀다 ⑤ 방황하다
29 端: ① 바르다 ② 바꾸다 ③ 달다
       ④ 가엾다 ⑤ 오르다

DAY 14

최종점검 모의고사

제1회 최종점검 모의고사
제2회 최종점검 모의고사
제3회 최신기출 모의고사

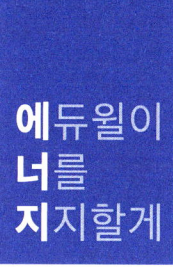

당신이 살아가는 삶을 사랑하고,
당신이 사랑하는 삶을 살아가라.

- 밥 말리(Bob Marley)

DAY 13 복습 쪽지시험

[01~05] 다음 한자(漢字)의 음(音)은 무엇입니까?

01 惱: ① 뇌 ② 번 ③ 금 ④ 총 ⑤ 노
02 畢: ① 화 ② 황 ③ 정 ④ 필 ⑤ 질
03 遂: ① 축 ② 초 ③ 수 ④ 송 ⑤ 겸
04 碧: ① 적 ② 상 ③ 석 ④ 옥 ⑤ 벽
05 輪: ① 륜 ② 논 ③ 준 ④ 회 ⑤ 차

[06~10] 다음 음(音)을 가진 한자(漢字)는 무엇입니까?

06 뢰: ① 輸 ② 擁 ③ 倒 ④ 脣 ⑤ 賴
07 령: ① 豪 ② 嶺 ③ 汗 ④ 毫 ⑤ 髮
08 역: ① 譯 ② 斯 ③ 擇 ④ 夢 ⑤ 州
09 재: ① 丈 ② 廷 ③ 遷 ④ 哲 ⑤ 宰
10 창: ① 礎 ② 暢 ③ 肯 ④ 照 ⑤ 昭

[11~15] 다음 한자(漢字)의 뜻은 무엇입니까?

11 券: ① 책 ② 문서 ③ 주먹 ④ 등나무 ⑤ 오르다
12 爆: ① 터지다 ② 사납다 ③ 돌이키다 ④ 빛나다 ⑤ 맵다
13 御: ① 모으다 ② 칭송하다 ③ 가두다 ④ 거느리다 ⑤ 나아가다
14 緩: ① 빠르다 ② 급하다 ③ 느리다 ④ 따뜻하다 ⑤ 묶다
15 傲: ① 본뜨다 ② 거만하다 ③ 놓다 ④ 우러르다 ⑤ 묻다

[16~19] 다음 뜻을 가진 한자(漢字)는 무엇입니까?

16 떳떳하다: ① 燕 ② 庸 ③ 堤 ④ 催 ⑤ 抽
17 살펴 알다: ① 諒 ② 怨 ③ 累 ④ 裏 ⑤ 惟
18 뛰다: ① 焉 ② 程 ③ 躍 ④ 螢 ⑤ 企
19 화목하다: ① 羅 ② 睦 ③ 訂 ④ 汗 ⑤ 托

[20~22] 다음 문장에서 한자어(漢字語)의 독음(讀音)은 무엇입니까?

20 무분별한 산업화는 자연을 毁損하고 있다.
　① 손상 ② 파괴 ③ 훼손 ④ 파손 ⑤ 보호

21 언론을 抑壓하다.
　① 탄압 ② 억제 ③ 규제 ④ 제재 ⑤ 억압

22 각고의 努力으로 자격증을 취득했다.
　① 재주 ② 실력 ③ 노력 ④ 검기 ⑤ 검도

[23~25] 다음 문장에서 밑줄 친 단어(單語)를 한자(漢字)로 바르게 쓴 것은 어느 것입니까?

23 마지막으로 대본을 수정하였다.
　① 修訂 ② 水亭 ③ 受精 ④ 修整 ⑤ 水程

24 영세한 점주의 생존권을 보장해야 한다.
　① 永世 ② 永稅 ③ 寧歲 ④ 零細 ⑤ 迎歲

25 굶주리는 국가에 식량 원조를 보내다.
　① 元祖 ② 怨鳥 ③ 遠眺 ④ 圓鑿 ⑤ 援助

정답
01 ① 02 ④ 03 ③ 04 ⑤ 05 ① 06 ⑤ 07 ② 08 ① 09 ⑤ 10 ② 11 ② 12 ① 13 ④ 14 ③ 15 ①
16 ② 17 ① 18 ③ 19 ② 20 ③ 21 ⑤ 22 ③ 23 ① 24 ④ 25 ⑤

119 恕 용서할 서 (부 心)

누군가와 싸웠을 경우 상대와 같은(如) 마음(心)이 되어 생각해 보면 너그럽게 용서할 수 있다.

주요 한자어
- 容恕(용서): 지은 죄나 잘못한 일에 대하여 꾸짖거나 벌하지 아니하고 덮어 줌.

120 緣 인연 연 (부 糸)

개업식 날 돼지(豕)를 잡아 돼지머리(彑)를 올리고 고사를 지내는 것은 긴 실(糸)의 의미처럼 긴 시간 동안 장사가 잘되고, 많은 인연을 만들길 바라는 것이다.

주요 한자어
- 緣故(연고): 일의 까닭.

121 累 여러 루 (부 糸)

짧은 실로 밭 전(田) 자를 만들려면 실(糸)이 여러 개 필요하다.

122 懷 품을 회 (부 忄)

마음(忄)은 생각을 품는다(褱).

주요 한자어
- 懷疑(회의): 의심을 품음.

123 裏 속 리 (부 衣)

마을 리(里)라는 글자가 옷 의(衣) 자라는 글자 속에 있다.

주요 한자어
- 裏面(이면): 겉으로 나타나거나 눈에 보이지 않는 부분.

124 惟 생각할 유 (부 忄)

마음(忄)속으로 새(隹)가 되어 날아 봤으면 하고 생각했다.

주요 한자어
- 思惟(사유): 대상을 두루 생각하는 일.

125 維 벼리 유 (부 糸)

새(隹)를 잡는 그물을 만들 때, 가장 뼈대가 되는 실(糸)은 벼리다.

주요 한자어
- 維持(유지): 어떤 상태나 상황을 그대로 보존하거나 변함없이 계속하여 지탱함.

126 輸 보낼 수 (부 車)

몸(月)에 칼(刂)을 찬 군사들이 집결지로 모여(一) 수레(車) 안으로 들어와(入) 전쟁터로 보내졌다.

주요 한자어
- 輸送(수송): 기차나 자동차, 배, 항공기 따위로 사람이나 물건을 실어 옮김.

127 愈 나을 유 (부 心)

몸(月)에 칼(刂)을 찬 군사들이 전쟁터로 들어와(入) 모이니(一) 마음(心)에 근심이 사라져 병이 나았다.

128 旱 가물 한 (부 日)

해(日)를 방패(干)로 막고 싶을 만큼 날이 가물었다.

129 稻 벼 도 (부 禾)

벼(禾)의 껍질은 손톱(爫)으로 벗기듯이 절구(臼)통에 넣어 도정을 해야 한다.

주요 한자어
- 旱稻(한도): 밭에 심어 기르는 벼.
- 稻作(도작): 벼를 심어 가꾸고 거두는 일.

103 遷 옮길 천
부 辶

큰(大) 벼슬아치(㠯)는 하인들이 가서(辶) 몸을 덮어(襾) 가린 뒤 가마에 태워 들어 옮긴다.

주요 한자어
- 遷都(천도): 도읍을 옮김.

104 哲 밝을 철
부 口

나무를 꺾는(折) 것처럼 도리에 어긋난 것은 꺾어야 한다고 말하는(口) 것을 보니 사리에 밝다.

주요 한자어
- 哲學(철학): 인간과 세계에 대한 근본 원리와 삶의 본질 따위를 연구하는 학문.

105 肖 닮을 초
부 月

내 아이의 몸(月)을 보면 내 어렸을(小) 때와 닮았다.

주요 한자어
- 肖像(초상): 사진, 그림 따위에 나타낸 사람의 얼굴이나 모습.

106 礎 주춧돌 초
부 石

나무들(林) 발아래(疋) 괴어 놓는 돌(石)은 주춧돌이다.

주요 한자어
- 基礎(기초): 사물이나 일 따위의 기본이 되는 토대.

107 聰 귀 밝을 총
부 耳

바쁜(恖) 상황에도 귀(耳)로 다 듣고 있다는 것은 귀가 밝다는 것이다.

주요 한자어
- 聰明(총명): 보거나 들은 것을 오래 기억하는 힘이 있음.

108 催 재촉할 최
부 亻

산(山)길을 가던 동생(亻)이 새(隹)를 보고 무서워 빨리 가자고 재촉한다.

주요 한자어
- 主催(주최): 행사나 모임을 주장하고 기획하여 엶.

109 抽 뽑을 추
부 扌

밭(田)에서 땅을 뚫고(丨) 들어가 있던 못을 손(扌)으로 뽑았다.

110 漆 옻 칠
부 氵

옻나무(桼)에서 나오는 진(氵)을 옻이라 한다.

111 螢 반딧불이 형
부 虫

불빛(火)을 온몸에 덮고(冖) 있는 벌레(虫)는 반딧불이다.

112 洪 넓을 홍
부 氵

물(氵)이 모여 함께(共)하니 큰 물이 되면서 면적이 넓어진다.

113 禾 벼 화
부 禾

벼 이삭이 축 늘어진 모습(禾)을 본뜬 상형 문자이다.

114 畿 경기 기
부 田

밭(田)이 몇(幾) 개 되지 않는 서울에서 가까운 곳은 경기이다.

주요 한자어
- 京畿(경기): 서울을 중심으로 한 가까운 주위의 지방.

115 伯 맏 백
부 亻

형제 중에서 머리가 가장 먼저 하얗게(白) 변하는 사람(亻)은 맏이다.

주요 한자어
- 畫伯(화백): '그림 그리는 것을 직업으로 하는 사람.'인 '화가'를 높여 이르는 말.

116 企 꾀할 기
부 人

사람(人)이 멈추고(止) 정체된 일을 이루려고 뜻을 두거나 힘쓰는 것이 꾀하는 것이다.

주요 한자어
- 企劃(기획): 일을 꾀하여 계획함.

117 劃 그을 획
부 刂

화가는 가짜 그림(畫)을 찾아 칼(刂)로 긋는다.

주요 한자어
- 計劃(계획): 앞으로 할 일의 절차, 방법, 규모 따위를 미리 헤아려 작정함.

118 諒 살펴 알 량
부 言

높은(京) 사람과 말할(言) 때는 의중을 잘 살펴야 한다.

89 庸 떳떳할 용 (부 广)
집(广)에 갈 때 손(⺕)에 쓸모(用) 있는 것을 많이(十) 가져가면 떳떳하다.

90 酌 술 부을 작 (부 酉)
구기로 잔(勺)에 술(酉)을 부어 따른다.
*구기: 자루가 달린 술 따위를 푸는 용기.

주요 한자어
• 參酌(참작): 이리저리 비추어 보아서 알맞게 고려함.

91 丈 어른 장 (부 一)
열(十) 손가락(⺕)으로 셀 수 없을 정도의 나이를 먹은 사람이 어른이다.

92 獎 권면할/장려할 장 (부 大)
장차(將) 크게(大) 되고 싶다면, 사소한 일에 목숨 걸지 말고 여유와 관용을 배우라고 권면한다.

주요 한자어
• 獎學金(장학금): 주로 성적은 우수하지만 경제적인 이유로 학업에 어려움을 겪는 학생에게 보조해 주는 돈.

93 宰 재상 재 (부 宀)
국가라는 집(宀)에서 많은(十) 노력을 통해 설(立) 수 있는 최고의 사리는 재상이다.

94 廷 조정 정 (부 廴)
멀리(廴) 북방(壬)에서 임금을 만나기 위해 조정으로 향한다.
*조정: 임금이 나라의 정치를 신하들과 의논하거나 집행하는 곳.

주요 한자어
• 法廷(법정): 법원이 소송 절차에 따라 송사를 심리하고 판결하는 곳.

95 程 한도/길 정 (부 禾)
왕에게 드리는(呈) 벼(禾)의 양은 한도가 있다.

주요 한자어
• 過程(과정): 일이 되어 가는 경로.

96 際 즈음 제 (부 阝)
언덕(阝)처럼 높은 제단에 올라 제사(祭)를 지낼 때는 해가 질 즈음이다.

주요 한자어
• 國際(국제): 나라 사이에 관계됨.

97 堤 둑 제 (부 土)
물이 범람하지 않도록 흙(土)으로 바르게(是) 쌓아 올려 만든 것은 둑이다.

주요 한자어
• 堤防(제방): 물가에 흙이나 돌, 콘크리트 따위로 쌓은 둑.

98 照 비출 조 (부 灬)
횃불(灬)을 들고 주변이 밝아지도록(昭) 비춘다.

주요 한자어
• 照明(조명): 광선으로 밝게 비춤.

99 暢 화창할 창 (부 日)
햇볕(昜)이 펼쳐지니(申) 날씨가 화창하다.

주요 한자어
• 和暢(화창): 날씨나 바람이 온화하고 맑음.

100 彩 채색 채 (부 彡)
나무(木)에 손톱(爫)만 한 싹이 났는데 그 빛깔(彡)이 곱고 채색이 짙다.

주요 한자어
• 色彩(색채): 물체가 빛을 받을 때 빛의 파장에 따라 그 거죽에 나타나는 특유한 빛.

101 拓 넓힐 척 (부 扌)
밭에 있는 돌(石)을 손(扌)으로 치우며 농경지를 넓힌다.

주요 한자어
• 開拓(개척): 거친 땅을 일구어 논이나 밭과 같이 쓸모 있는 땅으로 만듦.

102 薦 천거할 천 (부 艹)
사슴(鹿)에게 새(鳥)가 날아와서 신선한 풀(艹)이 있는 곳을 알려 천거한다.

주요 한자어
• 推薦(추천): 어떤 조건에 적합한 대상을 책임지고 소개함.

74 援 도울 원 (부 扌)
주저앉아 있는 사람을 손(扌)으로 당겨(爰) 도와준다.

주요 한자어
- 援助(원조): 물품이나 돈 따위로 도와줌.

75 賃 품삯/품 팔 임 (부 貝)
누군가가 맡긴(任) 일을 하고 받아 가는 재물(貝)을 품삯이라고 한다.

주요 한자어
- 賃貸(임대): 돈을 받고 자기의 물건을 남에게 빌려줌.

76 貸 빌릴 대 (부 貝)
집문서를 맡기는 대신(代) 돈(貝)을 빌렸다.

주요 한자어
- 貸出(대출): 돈이나 물건 따위를 빌려주거나 빌림.

77 倣 본뜰 방 (부 亻)
사람(亻)은 놓여진(放) 상황에 따라 주변을 본받는다.

주요 한자어
- 模倣(모방): 다른 것을 본뜨거나 본받음.

*본뜨다: 무엇을 본보기로 그대로 좇아 함.

78 傲 거만할 오 (부 亻)
본받을(倣) 만하다고 생각했던 사람인데 땅(土)이 생기고 나서부터 태도가 거만해졌다.

주요 한자어
- 傲慢(오만): 태도나 행동이 건방지거나 거만함.

79 倍 곱/갑절 배 (부 亻)
친구가 길에 서서(立) 다른 사람(亻)과 입(口)으로 내 욕을 하니 배신감이 갑절로 느껴졌다.

80 培 북돋울 배 (부 土)
흙(土)을 높이 세우는(立) 것처럼 사람(口)을 높이 세우기 위해서는 용기를 북돋아 줘야 한다.

주요 한자어
- 培養(배양): 식물을 북돋아 기름.

81 屢 여러/자주 루 (부 尸)
여자(女) 중에서도 많은(十) 사람(呂)을 보살펴야 하는 여자는 죽고(尸) 싶을 만큼 힘들 때가 여러 번 있다.

주요 한자어
- 屢次(누차): 여러 차례.

82 樓 다락 루 (부 木)
나무(木)를 여러 번(屢) 쌓아 올려 만든 집이 누각 다락이다.

83 焉 어찌 언 (부 灬)
새(鳥)의 다리가 다섯(五)이라고 말하면 어찌 믿을 수 있겠는가.

*焉: 의문의 뜻이나 구말(句末)에 쓰임.

84 予 나 여 (부 亅)
베틀의 횡사를 끼는 북을 오른편으로 왼편으로 보내는 모습(予)을 본뜬 상형 문자이다.

85 輿 수레 여 (부 車)
더불어(與) 함께 밀고 가야 하는 것이 수레(車)다.

주요 한자어
- 輿論(여론): 사회 대중의 공통된 의견.

86 域 지경 역 (부 土)
땅(土)을 지키기 위해서 사람(口)들이 창(戈)을 들고 모였는데(一), 그곳은 땅의 가장자리인 지경이었다.

주요 한자어
- 領域(영역): 한 나라의 주권이 미치는 범위. 영토, 영해, 영공으로 구성됨.

87 燕 제비 연 (부 灬)
제비의 모습(燕)을 본뜬 상형 문자이다.

88 擁 안을/낄 옹 (부 扌)
손(扌)으로 높이(亠) 나는 작은(幺) 새(隹)를 살포시 안듯이 잡았다.

주요 한자어
- 抱擁(포옹): 사람을 또는 사람끼리 품에 껴안음.

DAY 13

60 倒 넘어질 도 (부 亻)
칼(刂)이 날아와 사람(亻)에게 이르는(至) 순간 그것을 피하기 위해 넘어졌다.

주요 한자어
- 壓倒(압도): 눌러서 넘어뜨림.

61 澤 못 택 (부 氵)
농사를 지으려면 물(氵)이 필요한데 다행히(幸)도 그물(罒)에 잡혀 있는 것처럼 흐르지 않는 물인 못이 있었다.

주요 한자어
- 潤澤(윤택): 광택에 윤기가 있음.

62 擇 가릴 택 (부 扌)
위조지폐는 눈(目)으로 구별하기 어렵지만 다행히(幸)도 손(扌)으로 그 재질을 느껴 가릴 수 있다.

주요 한자어
- 採擇(채택): 작품, 의견, 제도 따위를 골라서 다루거나 뽑아 씀.

63 驛 역/역마 역 (부 馬)
다행히(幸)도 장거리 이동을 위해 가두어 놓고 기르던 말(馬)이 눈(目)에 보이는데, 그곳이 역이다.

64 譯 번역할 역 (부 言)
외국어를 잘 말(言)하지는 못하지만 다행히(幸)도 누군가가 눈(目)으로 볼 수 있게 번역해 놓았다.

주요 한자어
- 飜譯(번역): 어떤 언어로 된 글을 다른 언어의 글로 옮김.

65 釋 풀 석 (부 采)
그물(罒)이 엉켰는데 다행히(幸)도 매듭을 구분하여(采) 엉킨 그물을 풀 수 있었다.

주요 한자어
- 解釋(해석): 문장이나 사물 따위로 표현된 내용을 이해하고 설명함.

66 旬 열흘 순 (부 日)
달력에서 일부터 열까지의 날짜(日)를 싸서(勹) 엮은 것이 열흘이다.

67 殉 따라 죽을 순 (부 歹)
아내가 죽고 열흘(旬) 안에 남편이 죽은(歹) 것은 남편이 아내가 그리워 따라 죽은 것이다.

주요 한자어
- 殉葬(순장): 한 집단의 지배층 계급에 속하는 사람이 죽었을 때 그 사람의 뒤를 따라 강제로 혹은 자진하여 산 사람을 함께 묻던 일.

68 縣 고을 현 (부 糸)
눈(目)에 보이지 않게 감춰 둔(匚) 작은(小) 것까지도 잘 아는 식구들이 대대로 이어져 실(糸)뭉치처럼 모여 사는 곳이 고을이다.

69 懸 달 현 (부 心)
고을(縣) 생각이 마음(心)속에서 떠나지 않는 것은 마음에 고을을 매달아 놨기 때문이다.

주요 한자어
- 懸案(현안): 이전부터 의논하여 오면서도 아직 해결되지 않은 채 남아 있는 문제나 의안.

70 躍 뛸 약 (부 足)
새(隹)가 발(足)을 구르며 날개(羽)를 펼쳐 하늘 높이 뛰어오른다.

71 跳 뛸 도 (부 足)
많은 계단을 오르기 위해 발(足)로 억조(兆)만큼 껑충껑충 뛰어오른다.

주요 한자어
- 跳躍(도약): 더 높은 단계로 발전하는 것을 비유적으로 이르는 말.

72 梁 들보 량 (부 木)
물(氵)살이 칼날(刃)처럼 센 곳을 건너기 위해 사용한 나무(木)가 들보 역할을 한다.

주요 한자어
- 橋梁(교량): 시내나 강을 사람이나 차량이 건널 수 있게 만든 다리.

73 緩 느릴 완 (부 糸)
실(糸)을 다루는 일을 하는데 친구(友)들이 한(一)곳에 모여 손톱(爪)으로 할퀴듯 장난치니 일의 속도가 느려진다.

주요 한자어
- 緩急(완급): 느림과 빠름.

45 克 이길 극 (부 儿)
예(古)부터 어진 사람(儿)들은 악조건에도 불평불만하지 않고 꿋꿋하게 이겨 낸다.

주요 한자어
• 克服(극복): 악조건·고생 따위를 이겨 냄.

46 輪 바퀴 륜 (부 車)
수레(車)에 붙어 있는 둥근(侖) 부품은 바퀴이다.

47 貌 모양 모 (부 豸)
사람(儿)이 흰(白) 탈을 썼는데 그 모습이 사나운 짐승(豸)의 모양과 같다.

주요 한자어
• 容貌(용모): 사람의 얼굴 모양.

48 睦 화목할 목 (부 目)
흙이 보기 좋게 쌓여 만들어진 언덕(坴)처럼 눈매(目)가 곡선을 그리며 웃고 있으니 화목하다.

주요 한자어
• 和睦(화목): 서로 뜻이 맞고 정다움.

49 夢 꿈 몽 (부 夕)
저녁(夕)에 이불을 덮고(冖) 자는데 풀(艹)로 엮은 그물(罒)에 걸리는 꿈을 꾸었다.

50 斯 이 사 (부 斤)
그(其) 도끼(斤)는 내 것이 아니라, 이것이 내 것이다.

51 誦 외울 송 (부 言)
말(言)이 막힘없이 통해서(通) 전달되려면 내용을 외워야 한다.

주요 한자어
• 暗誦(암송): 글을 보지 아니하고 입으로 욈.

52 脣 입술 순 (부 月)
조개가 껍데기를 벌려 발을 내는 것과 같은 모습(辰)을 하는 몸(月)의 부위가 입술이다.

53 壤 흙덩이 양 (부 土)
농사를 잘 지을 수 있도록 도와주는(襄) 것은 비옥한 흙(土)덩이다.

주요 한자어
• 土壤(토양): 식물에 영양을 공급하여 자라게 할 수 있는 흙.

54 州 고을 주 (부 川)
냇물(川)이 흐를 때 모래(丶)도 흘러 내려와 하류에 쌓여 땅이 만들어져 사람들이 사는 고을이 되었다.

55 洲 물가 주 (부 氵)
사람이 사는 고을(州)은 물(氵)이 있는 물가에 형성되었다.

56 巷 거리 항 (부 己)
많은 몸(己)이 함께(共) 스쳐 지나가는 곳은 거리이다.

주요 한자어
• 巷間(항간): 일반 사람들 사이.

57 港 항구 항 (부 氵)
강이나 바다(氵)에 배가 안전하게 드나들도록 거리(巷)에 설비한 곳은 항구이다.

주요 한자어
• 港口(항구): 배가 안전하게 드나들도록 강가나 바닷가에 부두 따위를 설비한 곳.

58 抑 누를 억 (부 扌)
손(扌)에 도장(印)을 들고 종이에 눌러 찍다.

59 壓 누를 압 (부 土)
개(犬)가 땅(土)에 엎드려 몸(月)에 힘을 주며 짖는(曰) 이유는 덮여(厂) 있는 물건이 개를 누르고 있기 때문이다.

주요 한자어
• 抑壓(억압): 자기의 뜻대로 자유로이 행동하지 못하도록 억지로 억누름.
• 壓迫(압박): 강한 힘으로 내리누름.

30 浩 (부 氵) 넓을 호
작은 물방울(氵)이 모이더니 주변에 알려야(告) 할 만큼 넓어졌다.

31 汗 (부 氵) 땀 한
몸에서 체온이 올라가는 것을 방패(干)처럼 막아 주는 물(氵)이 땀이다.
주요 한자어
• 汗蒸(한증): 높은 온도로 몸을 덥게 하여 땀을 내어서 병을 다스리는 일.

32 抵 (부 扌) 막을 저
밑바닥(氐)에서 올라오는 벌레를 손(扌)으로 막는다.
주요 한자어
• 抵抗(저항): 어떤 힘이나 조건에 굽히지 아니하고 거역하거나 버팀.

33 賴 (부 貝) 의뢰할 뢰
기둥에 묶여(束) 있는 재물(貝)을 칼(刀)로 끊어 달라고 의뢰했다.
주요 한자어
• 信賴(신뢰): 굳게 믿고 의지함.

34 亭 (부 亠) 정자 정
고무래(丁)를 들고 일하던 사람이 잠시 쉴 수 있도록 바닥보다 높게(高) 만든 장소는 정자다.

35 訂 (부 言) 바로잡을 정
정직한 장정(丁)은 자신의 말(言)이 틀렸다고 생각하면 수정하여 바로잡는다.
주요 한자어
• 修訂(수정): 서적 등의 잘못을 고침.

36 碧 (부 石) 푸를 벽
옥(玉)돌(石)은 본래 하얀색(白)이지만 빛에 놓이면 푸른색을 띤다.
주요 한자어
• 碧眼(벽안): 눈동자가 파란 눈. 서양 사람을 이르는 말.

37 羅 (부 㓁) 벌일 라
그물(㓁)에 걸린 새(隹)를 실(糸)로 묶어 놓고 잔치를 벌일 준비를 했다.

38 御 (부 彳) 거느릴 어
말(午)을 타고 신표(卩)를 들고 사람들(彳)을 이끌며 다니는(止) 사람은 거느리는 자이다.
주요 한자어
• 崩御(붕어): 임금이 세상을 떠남.

39 毫 (부 毛) 터럭 호
붓을 거꾸로 세웠을 때 털(毛)은 높은(高) 쪽으로 갈수록 가는 털이다.
주요 한자어
• 秋毫(추호): 가을철에 털갈이하여 새로 돋아난 짐승의 가는 털. 매우 적거나 조금인 것을 비유적으로 이르는 말.

40 豪 (부 豕) 호걸 호
어미 돼지(豕)가 새끼를 보호하는 것처럼 많은 사람들을 돌볼 수 있는 지혜와 용기가 높고(高) 뛰어난 사람이 호걸이다.
주요 한자어
• 豪華(호화): 사치스럽고 화려함.

41 零 (부 雨) 떨어질 령
명령(令)이라는 것은 비(雨)처럼 밑으로 떨어지는 것이다.
주요 한자어
• 零細(영세): 작고 가늘어 변변하지 못함.

42 嶺 (부 山) 고개 령
작은 산(山)들을 거느리는(領) 듯한 높은 산의 능선이 고개이다.

43 髮 (부 髟) 터럭 발
길게(長) 처진 머리털(彡)을 뽑는(犮) 모습에서 온 터럭을 뜻한다.

44 拔 (부 扌) 뽑을 발
전쟁 중 오른손(又)에 주살(弋)에서 나온 화살이 박혀 다른 한 손(扌)으로 뽑는다.
주요 한자어
• 選拔(선발): 많은 가운데서 골라 뽑음.

15. 糖 (엿 당/탕) 부首: 米
당나라(唐)에서 쌀(米)밥을 못 먹는 사람들은 겉보리로 엿기름을 만들어 고아서 엿을 만들어 먹었다.

주요 한자어
- 血糖(혈당): 혈액 속에 포함되어 있는 당.

16. 券 (문서 권) 부首: 刀
대나무로 만든 책을 말아서(𠔉) 보관하고 있었는데 일부를 칼(刀)로 잘라 증표가 될 문서로 가져갔다.

주요 한자어
- 福券(복권): 번호나 그림 따위의 특정 표시를 기입한 표.

17. 拳 (주먹 권) 부首: 手
손(手)을 말아서(𠔉) 만든 모양이 주먹이다.

주요 한자어
- 拳鬪(권투): 두 사람이 양손에 글러브를 끼고 상대편 허리 벨트 위의 상체를 쳐서 승부를 겨루는 경기.

18. 泳 (헤엄칠 영) 부首: 氵
물(氵) 위에 긴(永) 시간 떠 있으려면 헤엄쳐야 한다.

19. 詠 (읊을 영) 부首: 言
말(言)을 길게(永) 늘여서 시가를 읊다.

*시가: 시와 노래.

20. 幅 (폭 폭) 부首: 巾
옷을 만들 헝겊(巾)이 가득해(畐) 넉넉하게 폭을 쟀다.

21. 爆 (터질 폭) 부首: 火
화약에 불(火)이 붙으니 사납게(暴) 터진다.

주요 한자어
- 爆彈(폭탄): 인명 살상이나 구조물 파괴를 위하여 금속 용기에 폭약을 채워서 던지거나 쏘거나 떨어뜨려서 터뜨리는 폭발물.

22. 畢 (마칠 필) 부首: 田
짐승을 잡는 자루가 달린 그물의 모습(畢)을 본뜬 상형 문자이다.

주요 한자어
- 畢竟(필경): 끝장에 가서는.

23. 荷 (멜 하) 부首: ++
사람(亻)은 가능한(可) 한 많은 나물(++)을 캐서 짊어지고 간다.

주요 한자어
- 荷重(하중): 어떤 물체 따위의 무게.

24. 鶴 (학 학) 부首: 鳥
새(隹)를 그물로 덮어(冖) 잡았을 때 목이 밖으로 길게 나오는 새(鳥)는 학이다.

25. 妥 (온당할 타) 부首: 女
여자(女)들은 손톱(爫)만큼도 상하지 않도록 돌봐야 하는 것이 온당하다.

주요 한자어
- 妥協(타협): 어떤 일을 서로 양보해 협의함.

26. 托 (맡길 탁) 부首: 扌
손(扌)에 떡을 들고 방앗간에 가서 칠(七) 등분으로 잘라 달라고 (丿) 부탁하며 맡긴다.

27. 逐 (쫓을 축) 부首: 辶
다른 길로 가는(辶) 돼지(豕)를 뒤에서 쫓는다.

주요 한자어
- 驅逐(구축): 어떤 세력 따위를 몰아 쫓아냄.

28. 朔 (초하루 삭) 부首: 月
한 달(月)을 거슬러(屰) 올라가면 첫째 날이 나오는데 그 날을 초하루라 한다.

29. 遂 (드디어 수) 부首: 辶
돼지(豕)를 뒤쫓아 가(辶) 두 갈래(八) 길에서 드디어 잡았다.

주요 한자어
- 完遂(완수): 뜻한 바를 완전히 이루거나 다 해냄.

DAY 13

공부한 날: ____월 ____일

---

1. 召 (부 口) 부를 소
칼(刀)을 든 사람이 입(口)으로 소리 내며 부른다.

2. 昭 (부 日) 밝을 소
해(日)가 불러(召) 밖으로 나가 보니 세상이 밝다.

3. 毁 (부 殳) 헐 훼
절구통(臼)을 만들(工) 때 창(殳)의 날을 사용했더니 날이 헐었다.

4. 損 (부 扌) 덜 손
많은 인원(員)이 손(扌)을 보태 도와줘 일을 덜었다.

주요 한자어
- 毁損(훼손): 헐거나 깨뜨려 못 쓰게 만듦.
- 損傷(손상): 물체가 깨지거나 상함.

5. 慙 (부 心) 부끄러울 참
전쟁 중에 아군의 목이 적들에게 베이는데(斬) 돕지 못하고 무서워 숨은 마음(心)이 부끄럽다.

6. 悔 (부 忄) 뉘우칠 회
잘못을 하면 언제나(每) 마음(忄) 속으로 잘못을 깨닫고 뉘우친다.

주요 한자어
- 懺悔(참회): 자기의 잘못에 대하여 깨닫고 깊이 뉘우침.
- 悔恨(회한): 뉘우치고 한탄함.

7. 愧 (부 忄) 부끄러울 괴
마음(忄)으로 떳떳하다면, 귀신(鬼)이 나타나도 두렵지 않고 부끄럽지도 않을 것이다.

8. 塊 (부 土) 흙덩이 괴
귀신(鬼)처럼 생긴 흙(土)덩이를 봤다.

9. 奴 (부 女) 종 노
여자(女) 주인의 손(又)안에서 부림받는 천한 사람이 종이다.

주요 한자어
- 奴隷(노예): 남의 소유물로 되어 부림을 당하는 사람.

10. 努 (부 力) 힘쓸 노
주인을 위해 일하는 종(奴)은 온 힘(力)을 다해 힘쓴다.

주요 한자어
- 努力(노력): 목적을 이루기 위하여 몸과 마음을 다하여 애를 씀.

11. 惱 (부 忄) 번뇌할 뇌
복잡한 일이 생기면 괴로움으로 가득찬 머리(腦)와 마음(忄) 때문에 늘 번뇌하였다.

주요 한자어
- 苦惱(고뇌): 괴로워하고 번뇌함.

12. 腦 (부 月) 골 뇌
몸(月) 중에서 두개골(囟)이 둘러싸고 있고 냇물(巛)이 흐르는 것처럼 쪼글쪼글한 것은 뇌이다.

13. 荒 (부 艹) 거칠 황
풀(艹)은 냇물(川)이 없어지면(亡) 시들어 죽고, 그 땅은 거칠어진다.

14. 唐 (부 口) 당나라 당
집(广)에서 음식을 입(口)에 넣을 때 젓가락(丨)이 아닌 손(又)을 사용했던 나라는 당나라이다.

주요 한자어
- 荒唐(황당): 말이나 행동 따위가 참되지 않고 터무니없음.

DAY 12　복습 쪽지시험

[01~05] 다음 한자(漢字)의 음(音)은 무엇입니까?

01 騰: ① 승　② 등　③ 송　④ 중　⑤ 종
02 掛: ① 괘　② 괴　③ 고　④ 궤　⑤ 주
03 屬: ① 부　② 속　③ 지　④ 괴　⑤ 후
04 尋: ① 신　② 진　③ 사　④ 오　⑤ 심
05 枕: ① 목　② 침　③ 참　④ 심　⑤ 성

[06~10] 다음 음(音)을 가진 한자(漢字)는 무엇입니까?

06 탁: ① 沙　② 濯　③ 潮　④ 掃　⑤ 署
07 장: ① 腸　② 肺　③ 肝　④ 絹　⑤ 寄
08 참: ① 冒　② 象　③ 慘　④ 妃　⑤ 娛
09 알: ① 涯　② 亞　③ 弘　④ 帥　⑤ 謁
10 은: ① 乳　② 隱　③ 娘　④ 縱　⑤ 遵

[11~15] 다음 한자(漢字)의 뜻은 무엇입니까?

11 績: ① 쌓다　② 길쌈하다　③ 꾸짖다
　　　④ 빛　⑤ 빌리다
12 奏: ① 아뢰다　② 만나다　③ 살피다
　　　④ 나아가다　⑤ 뵈다
13 能: ① 능하다　② 태도　③ 꾸미다
　　　④ 마치다　⑤ 찾다
14 滯: ① 띠　② 보내다　③ 취하다
　　　④ 넘어지다　⑤ 막히다
15 刺: ① 삼키다　② 찌르다　③ 쓰이다
　　　④ 잇다　⑤ 권하다

[16~19] 다음 뜻을 가진 한자(漢字)는 무엇입니까?

16 기리다: ① 似　② 詳　③ 譽　④ 驗　⑤ 巡
17 빚　: ① 債　② 咸　③ 僧　④ 替　⑤ 柱
18 촛불　: ① 觸　② 濁　③ 摘　④ 燭　⑤ 豫
19 추하다: ① 募　② 隷　③ 醉　④ 需　⑤ 醜

[20~22] 다음 문장에서 한자어(漢字語)의 독음(讀音)은 무엇입니까?

20 일부 공직자가 기업의 사외 이사를 兼職해 물의를 빚었다.
　① 겸직　② 겸임　③ 폭행
　④ 파면　⑤ 회유
21 모두들 그의 該博한 지식에 탄복하였다.
　① 완벽　② 완전　③ 해탈
　④ 해박　⑤ 참신
22 이 고무줄은 伸縮이 잘된다.
　① 수축　② 탄성　③ 신축
　④ 변형　⑤ 변신

[23~25] 다음 문장에서 밑줄 친 단어(單語)를 한자(漢字)로 바르게 쓴 것은 어느 것입니까?

23 이 마을 사람들은 주로 **목축**과 농사일에 종사하고 있다.
　① 牧畜　② 牧縮　③ 沐縮
　④ 沐畜　⑤ 牧蓄
24 신문사에 **기고**를 하였다.
　① 寄稿　② 氣高　③ 奇考
　④ 起稿　⑤ 旗鼓
25 어쩌다 이 **지경**이 될 때까지 있었느냐.
　① 地鏡　② 枝莖　③ 持經
　④ 遲敬　⑤ 地境

정답
01 ②　02 ①　03 ②　04 ⑤　05 ②　06 ②　07 ①　08 ③　09 ⑤　10 ②　11 ②　12 ①　13 ④　14 ⑤　15 ②
16 ③　17 ①　18 ④　19 ⑤　20 ①　21 ④　22 ③　23 ①　24 ①　25 ⑤

118 仲 [부 亻] 버금 중
삼 형제 중 가운데(中) 있는 사람(亻)인 둘째를 뜻하는 버금이다.

119 妾 [부 女] 첩 첩
남자 옆에 서서(立) 시중드는 여자(女)가 첩이다.

120 廳 [부 广] 관청 청
백성들의 억울함을 들어주고(聽) 판결해 주는 집(广)은 관청이다.

121 替 [부 曰] 바꿀 체
예전에는 남편(夫)들이 하는 말(曰)에 집안 분위기가 바뀌었다.
주요 한자어
• 代替(대체): 다른 것으로 대신함.

122 滯 [부 氵] 막힐 체
물(氵)이 띠(帶)에 둘러싸여 막혀 있다.

123 透 [부 辶] 사무칠 투
빼어나게(秀) 아름답던 시절이 가니(辶) 가슴에 사무친다.
주요 한자어
• 透明(투명): 물 따위가 속까지 환히 비치도록 맑음.

124 播 [부 扌] 뿌릴 파
밭(田)에서 곡식을 심을 때는 종류별로 나누어(釆) 손(扌)으로 씨를 뿌린다.
주요 한자어
• 傳播(전파): 전하여 널리 퍼뜨림.

125 罷 [부 罒] 마칠 파
능력(能)이 있는 사람도 그물(罒)에 걸리면 그 일을 마칠 수밖에 없다.
주요 한자어
• 罷免(파면): 잘못을 저지른 사람에게 직무나 직업을 그만두게 함.

126 頗 [부 頁] 자못 파
머리(頁)에 있는 가죽(皮)은 생각보다 자못 얇다.
*자못: 생각보다 매우.
주요 한자어
• 頗多(파다): 아주 많음.

127 僧 [부 亻] 중 승
일찍이(曾) 속세를 떠나 절로 들어간 사람(亻)은 중이다.

128 院 [부 阝] 집 원
언덕(阝) 위에 그림 같은 완전한(完) 집이 있다.

129 咸 [부 口] 다 함
사나운 개(戌)가 입(口)을 벌리면 다 무서워한다.

103 紫 (자줏빛 자) 〔부 糸〕
비수(匕)에 손을 베어 피를 멈추게(止) 하려고 실(糸)로 감았는데 핏물이 묻어 자줏빛을 띤다.

104 玆 (이 자) 〔부 玄〕
검정(玄)에 검정(玄)을 더하면 이것이야말로 검다.

105 績 (길쌈할 적) 〔부 糸〕
책임지고(責) 실(糸)을 내어 길쌈한다.
*길쌈하다: 실을 내어 옷감을 짬.

주요 한자어
- 成績(성적): 하여 온 일의 결과로 얻은 실적.

106 籍 (문서 적) 〔부 竹〕
옛날(昔)에는 쟁기(耒)로 밭을 갈고 간 자리를 밟고 다녔는데, 이처럼 사건이 있고 그 뒤를 따라 기록하며 만든 대나무 대(⺮)가 문서이다.

주요 한자어
- 書籍(서적): 종이를 여러 장 묶어 맨 물건.

107 殿 (전각 전) 〔부 殳〕
군사들이 주검(尸)이 되어서도 함께(共) 창(殳)을 들고 지키고자 하는 곳은 임금이 사는 전각이다.
*전각: 궁궐.

주요 한자어
- 殿堂(전당): 높고 크게 지은 화려한 집.

108 潮 (조수/밀물 조) 〔부 氵〕
달의 힘에 의해서 아침(朝)에 밀려오는 물(氵)은 조수이다.

109 拙 (못날/옹졸할 졸) 〔부 扌〕
말보다 손(扌)이 먼저 나가는(出) 사람은 옹졸하다.

주요 한자어
- 拙速(졸속): 어설프고 빠름.

110 縱 (세로 종) 〔부 糸〕
실(糸)에 실이 뒤따르면(從) 세로로 늘어진다.

주요 한자어
- 操縱(조종): 비행기나 선박, 자동차 따위의 기계를 다루어 부림.

111 佐 (도울 좌) 〔부 亻〕
사람(亻)은 왼(左)손이 한 일을 오른손이 모르게 하는 것이 진정으로 돕는 것이라 생각한다.

112 座 (자리 좌) 〔부 广〕
집(广)에 가면 안방으로 가서 앉는데(坐) 그곳이 내 자리이다.

주요 한자어
- 座席(좌석): 앉을 수 있게 마련된 자리.

113 舟 (배 주) 〔부 舟〕
통나무배의 모습(舟)을 본뜬 상형문자이다.

114 柱 (기둥 주) 〔부 木〕
어떤 물건을 밑에서 곧게 받치는 주된(主) 나무(木)가 기둥이다.

115 奏 (아뢸 주) 〔부 大〕
하늘(天)의 큰(泰) 신에게 아뢴다.

주요 한자어
- 演奏(연주): 악기를 다루어 곡을 표현하거나 들려주는 일.

116 鑄 (불릴 주) 〔부 金〕
쇠(金)의 수명(壽)이 오래가려면 불에 달구어 불려야 한다.

주요 한자어
- 鑄造(주조): 녹인 쇠붙이를 거푸집에 부어 물건을 만듦.

117 遵 (좇을 준) 〔부 辶〕
존경하는 높은(尊) 사람이 가는 (辶) 길의 뒤를 좇는다.

주요 한자어
- 遵守(준수): 전례나 규칙, 명령 따위를 그대로 좇아서 지킴.

DAY 12

88 娛 (부 女) 즐길 오
여자(女)들끼리는 비밀을 터놓고 (夫) 입(口)으로 말하는 것을 즐긴다.
주요 한자어
· 娛樂(오락): 쉬는 시간에 여러 가지 방법으로 기분을 즐겁게 하는 일.

89 僞 (부 亻) 거짓 위
사람(亻)은 싸움을 할(爲) 때 거짓을 말하기도 한다.
주요 한자어
· 眞僞(진위): 참과 거짓 또는 진짜와 가짜를 통틀어 이르는 말.

90 委 (부 女) 맡길 위
여자(女)에게 곡식(禾)을 보관하는 창고를 맡긴다.

91 幽 (부 幺) 그윽할 유
산(山)속에 들어갈 때 작은(幺) 향불을 양쪽으로 들고가니 냄새가 그윽하다.

92 乳 (부 乙) 젖 유
어미 새(乙)가 손톱(爪)만 한 새끼(子)에게 먹이를 주는 것은 엄마가 자식에게 젖을 주는 것과 같다.
주요 한자어
· 粉乳(분유): 우유 속의 수분을 증발시키고 농축하여 가루로 만든 것.

93 儒 (부 亻) 선비 유
학식은 있으나 벼슬하지 않고 세상에서 여러 가지로 쓰임(需)이 많은 사람(亻)은 선비이다.

94 裕 (부 衤) 넉넉할 유
산골짜기(谷)에 갈 때는 갑자기 기상이 변할 수 있기 때문에 옷(衤)을 넉넉하게 챙겨야 한다.
주요 한자어
· 餘裕(여유): 물질적·공간적·시간적으로 넉넉하여 남음이 있는 상태.

95 悠 (부 心) 멀 유
사람(亻)을 막대(丨)로 치면(攵) 마음(心)이 멀어진다.
주요 한자어
· 悠久(유구): 아득하게 오램.

96 隱 (부 阝) 숨을 은
장인(工)의 물건에 손(又)을 대다 손톱자국(爫)을 냈는데 두려운 마음(心)에 언덕(阝)에 가서 숨었다.
주요 한자어
· 隱蔽(은폐): 덮어 감추거나 가리어 숨김.

97 儀 (부 亻) 거동 의
사람(亻)은 스스로 옳다고(義) 판단이 되어야 거동한다.

98 宜 (부 宀) 마땅 의
제사를 지내는 집(宀)에서는 고기를 수북히 쌓아 올려(且) 준비하는 것이 마땅하다.
주요 한자어
· 便宜(편의): 형편이나 조건 따위가 편하고 좋음.

99 夷 (부 大) 오랑캐 이
큰(大) 활(弓)을 가지고 다니는 무리는 오랑캐이다.
주요 한자어
· 東夷(동이): 예전에, 중국에서 동쪽의 오랑캐라는 뜻으로 동쪽에 사는 민족을 낮잡아 이르던 말.

100 翼 (부 羽) 날개 익
새가 날기 위해서는 서로 다른(異) 두 개의 날개(羽)가 움직여야 한다.

101 姻 (부 女) 혼인할 인
사랑하는 여자(女)이기 때문에(因) 혼인할 수 있다.
주요 한자어
· 婚姻(혼인): 남자와 여자가 부부가 되는 일.

102 刺 (부 刂) 찌를 자
가시(朿)와 칼(刂)은 물체를 찌를 수 있다.

72 醉 (부 酉) 취할 취	술(酉)이 없어질(卒) 때까지 마시면 취한다. **주요 한자어** • 陶醉(도취): 어떠한 것에 마음이 쏠려 취하다시피 됨.

73 憲 (부 心) 법 헌	해로운(害) 일을 하지 못하도록 불철주야 눈(目)을 떠 감시하고, 나쁜 마음(心)을 갖지 못하도록 제도화한 것이 법이다.

74 隸 (부 隶) 종 례	선비(士)가 보이는(示) 곳에 이르러(隶) 있는 사람은 종이다.

75 募 (부 力) 모을 모	일할 사람이 많이 없을(莫) 때는 서로 힘(力)을 모아야 한다. **주요 한자어** • 募集(모집): 사람이나 작품, 물품 따위를 일정한 조건 아래 널리 알려 뽑아 모음.

76 債 (부 亻) 빚 채	사람(亻)을 찾아가 꾸짖으며(責) 받으려 하는 것은 빚이다. **주요 한자어** • 債券(채권): 국가, 지방 자치 단체, 은행, 회사 따위가 사업에 필요한 자금을 차입하기 위하여 발행하는 유가 증권.

77 濯 (부 氵) 씻을 탁	새(隹)가 더러워진 자기 날개(羽)를 물(氵)로 씻는다. **주요 한자어** • 洗濯(세탁): 주로 기계를 이용하여 더러운 옷이나 피륙 따위를 빠는 일.

78 沙 (부 氵) 모래 사	물(氵)이 적은(少) 사막에는 모래뿐이다.

79 類 (부 頁) 무리 류	쌀(米)밥이 담긴 그릇 주변으로 머리(頁)를 들이밀고 있는 것은 개(犬)의 무리이다.

80 似 (부 亻) 닮을/같을 사	사람(亻)은 함께 함으로써(以) 같은 것을 바라본다. **주요 한자어** • 類似(유사): 서로 비슷함.

81 需 (부 雨) 쓰일 수	비(雨)는 산성이지만 만약(而) 정제한다면 식수로 쓸 수 있다. **주요 한자어** • 需要(수요): 어떤 재화나 용역을 일정한 가격으로 사려고 하는 욕구.

82 帥 (부 巾) 장수 수	많은(㠯) 병사들 중에서 수건(巾)처럼 긴 깃발을 휘두르는 사람은 장수이다. **주요 한자어** • 將帥(장수): 군사를 거느리는 우두머리.

83 延 (부 廴) 끌/늘일 연	갈 길이 먼데(廴) 발(止)이 찢어져(丿) 걷지 못하고 있으니 시간만 끌게 된다. **주요 한자어** • 延期(연기): 정해진 기한을 뒤로 물려서 늘림.

84 營 (부 火) 경영할 영	국가라는 큰 집(宮)을 영화롭게(榮) 하려면 경영을 잘해야 한다. **주요 한자어** • 經營(경영): 기업이나 사업 따위를 관리하고 운영함.

85 豫 (부 豕) 미리 예	코끼리(象)는 나(予) 자신이 죽을 날을 미리 안다. **주요 한자어** • 豫定(예정): 미리 정하거나 예상함.

86 譽 (부 言) 기릴 예	여럿이 함께(與) 말(言)로 높은 분의 뜻을 기린다.

87 嗚 (부 口) 슬플 오	까마귀(烏)가 입(口)으로 울음소리를 내면 불길한 징조이기에 까마귀 울음소리를 들은 사람들은 슬퍼한다.

58 麗 고울 려 (부 鹿)
사슴(鹿)의 눈망울은 맑고 곱다.
주요 한자어
- 秀麗(수려): 빼어나게 아름다움.

59 祿 녹/복 록 (부 示)
본디(彔) 농사일은 물이 필요한데 신(示)이 비를 통해 물을 허락하니 농사가 잘되어 나라에서 녹을 받는다.

60 錄 기록할 록 (부 金)
본디(彔) 쇠(金)판에는 글자를 파서 기록한다.
주요 한자어
- 登錄(등록): 일정한 자격 조건을 갖추기 위하여 단체나 학교 따위에 문서를 올림.

61 弘 클 홍 (부 弓)
활(弓)은 사사롭게(厶) 사용할 것이 아니라 큰 목적을 두고 사용해야 한다.
주요 한자어
- 弘報(홍보): 널리 알림. 또는 그 소식이나 보도.

62 寬 너그러울 관 (부 宀)
아이들이 보는(見) 관점(丶)에서 집(宀)에 풀(艹)밭이 있는 사람들은 마음 또한 크고 너그러울 것이라 여긴다.
주요 한자어
- 寬容(관용): 남의 잘못을 너그럽게 받아들이거나 용서함.

63 刷 인쇄할/닦을 쇄 (부 刂)
주방장은 생선을 죽이기(尸) 전에 수건(巾)에 칼(刂)을 닦는다.
주요 한자어
- 印刷(인쇄): 잉크를 사용하여 판면에 그려져 있는 글이나 그림 따위를 종이, 천 따위에 박아 냄.

64 掃 쓸 소 (부 扌)
손(扌)에 빗자루(帚)를 들고 바닥을 쓴다.

65 繼 이을 계 (부 糸)
작게(幺) 잘린 실(糸)을 한(一)곳에 모아 감춰 둔(乚) 이유는 나중에 필요할 때 이어 사용할 수 있기 때문이다.
주요 한자어
- 繼續(계속): 끊이지 않고 이어 나감.

66 妃 왕비 비 (부 女)
자기와 한 몸(己)인 여자(女)를 왕비 모시듯 해야 한다.

67 影 그림자 영 (부 彡)
햇볕(景)이 물체를 비추면 반대편에 물체 모양(彡)의 그림자가 생긴다.

68 響 울릴 향 (부 音)
시골(鄕)에 가면 자연에서 소리(音)가 울려 퍼진다.
주요 한자어
- 影響(영향): 어떤 사물의 효과나 작용이 다른 것에 미치는 일.

69 沈 잠길 침 (부 氵)

사람(儿)이 물(氵)속 깊이 들어가 덮이면(冖) 잠긴다.
주요 한자어
- 沈滯(침체): 어떤 현상이나 사물이 진전하지 못하고 제자리에 머무름.

70 枕 베개 침 (부 木)
사람(儿)은 잘 때 나무(木)에 덮개를 씌워(冖) 머리 밑에 두고 베개로 썼다.

71 醜 추할 추 (부 酉)
술(酉)만 마시면 귀신(鬼)처럼 변하는 사람은 보기에 추하다.
주요 한자어
- 醜態(추태): 더럽고 지저분한 태도나 짓.

42. 縮 (부 糸) 줄일 축
부풀어진 실(糸)을 잠재운다는(宿) 것은 그 부피를 줄이는 것이다.

주요 한자어
- 伸縮(신축): 늘고 줆.
- 減縮(감축): 덜어서 줄임.

43. 象 (부 豕) 코끼리 상
코끼리의 모습(象)을 본뜬 상형문자이다.

44. 像 (부 亻) 형상/모양 상
사람(亻)과 코끼리(象)의 모습을 닮은 형상이다.

45. 詳 (부 言) 자세할 상
말(言)을 양(羊)처럼 차분하게 하면서 소소한 것까지도 알려 주는 것이 자세한 것이다.

주요 한자어
- 昭詳(소상): 분명하고 자세함.

46. 祥 (부 示) 상서 상
신(示)에게 깨끗한 양(羊)을 재물로 드리며 기도하니 상서롭다.

47. 晨 (부 日) 새벽 신
해(日)가 뜨기 전 별(辰)이 빛나는 시간은 새벽이다.

48. 審 (부 宀) 살필 심
집(宀)에서 잃어버린 물건을 찾을 때는 차례차례(番) 주변을 잘 살핀다.

주요 한자어
- 審議(심의): 심사하고 토의함.

49. 尋 (부 寸) 찾을 심
사람들은 장인(工)이 손수(又) 만든 작은(寸) 물건(口)을 찾는다.

주요 한자어
- 推尋(추심): 찾아내어 가지거나 받아 냄.

50. 亞 (부 二) 버금 아
좌우 모습이 비슷하니(亞) 길이가 버금간다.

51. 謁 (부 言) 뵐 알
어른에게 어찌(曷) 말(言)로만 인사하겠는가, 직접 뵈어야지.

주요 한자어
- 謁見(알현): 지체가 높고 귀한 사람을 찾아가 뵘.

52. 涯 (부 氵) 물가 애
흙(土)으로 덮여(厂) 있는 백사장은 물(氵)의 가장자리인 물가이다.

53. 摘 (부 扌) 딸 적
옛날(古)에는 담장(冂) 위에 서서(立) 옆집의 열매를 손(扌)으로 땄다.

주요 한자어
- 指摘(지적): 꼭 집어서 가리킴.

54. 滴 (부 氵) 물방울 적
옛날(古)에 담장(冂) 위에 서서(立) 운 적이 있는데, 그 눈물(氵)은 떨어지는 물방울과 같았다.

55. 慘 (부 忄) 참혹할 참
딸의 결혼식에 참여하지(參) 못해 마음(忄)이 참혹했다.

주요 한자어
- 悲慘(비참): 더할 수 없이 슬프고 끔찍함.

56. 禍 (부 示) 재앙 화
갑자기 입이 삐뚤어진(咼) 것은 신(示)이 재앙을 내린 것이다.

주요 한자어
- 慘禍(참화): 비참하고 끔찍한 재난이나 변고.

57. 鹿 (부 鹿) 사슴 록
사슴의 모습(鹿)을 본뜬 상형 문자이다.

27 織 (부 糸) 짤 직
실(糸)을 가지고 일하는 곳에서 창(戈)이 부딪히는 쇳소리(音)가 나는 것은 베를 짜는 것이다.

주요 한자어
- 絹織(견직): 명주실로 짠 피륙.
- 組織(조직): 특정한 목적을 달성하기 위하여 여러 개체나 요소를 모아서 체계 있는 집단을 이룸.

28 兼 (부 八) 겸할 겸
한 손(又)으로 많은 벼(禾)를 쥐고 있는 것이 겸한 것이다.

주요 한자어
- 兼職(겸직): 자기의 본디 직무 외에 다른 직무를 겸함.

29 職 (부 耳) 직분/벼슬 직
날카로운 창(戈)과 같은 비판의 소리(音)도 귀(耳)담아들어야 하는 것이 그 사람의 직분이다.

주요 한자어
- 職務(직무): 직책이나 직업상에서 책임을 지고 담당하여 맡은 사무.

30 娘 (부 女) 아가씨 낭
시집가기 좋은(良) 연령의 여자(女)를 아가씨라 한다.

31 核 (부 木) 씨 핵
나무(木) 중에는 돼지(亥)처럼 뚱뚱한 나무도 있고 가는 나무도 있는데 이는 씨가 다르기 때문이다.

32 該 (부 言) 갖출 해
무언가를 말(言)할 때 돼지(亥)의 말처럼 모호하지 않으려면 자료를 잘 갖추어야 한다.

33 博 (부 十) 넓을 박
작은(寸) 지식을 많이(十) 모아 크게(甫) 쌓으면 지식의 범위가 넓어진다.

주요 한자어
- 該博(해박): 여러 방면으로 학식이 넓음.
- 博士(박사): 어떤 일에 정통하거나 숙달된 사람을 비유적으로 이르는 말.

34 觸 (부 角) 닿을 촉
잎에 들러붙은 벌레(蜀)는 자신의 뿔(角)을 여기저기 부딪쳐서 닿는 느낌으로 방향을 찾는다.

주요 한자어
- 接觸(접촉): 서로 맞대어 이음.

35 燭 (부 火) 촛불 촉
잎에 들러붙어 있는 벌레(蜀)처럼 한곳에 머물러 있는 불(火)은 촛불이다.

주요 한자어
- 華燭(화촉): 빛깔을 들인 밀초.

36 濁 (부 氵) 흐릴 탁
잎에 들러붙어 있는 벌레(蜀)처럼 물(氵)이 흐르지 않고 머물러 있으면 썩어 흐려진다.

주요 한자어
- 混濁(혼탁): 불순물이 섞이어 깨끗하지 못하고 흐림.

37 含 (부 口) 머금을 함
지금(今) 입(口)에 음식을 머금고 있다.

38 蓄 (부 艹) 모을 축
짐승(畜)을 기르기 위해서 풀(艹)을 베어다가 모아 둔다.

주요 한자어
- 含蓄(함축): 겉으로 드러내지 아니하고 속에 간직함.
- 貯蓄(저축): 절약하여 모아 둠.

39 牧 (부 牛) 칠 목
소(牛)를 다루기(攵) 위해 막대기로 소를 친다.

주요 한자어
- 牧畜(목축): 소·말·양·돼지 따위의 가축을 많이 기르는 일.

40 畜 (부 田) 짐승 축
검은(玄) 흑염소는 밭(田)에 풀어 놓고 기르는 짐승 중 하나이다.

주요 한자어
- 畜産(축산): 가축을 길러 생활에 유용한 물질을 생산하는 일.

41 伸 (부 亻) 펼 신
원숭이(申)는 사람(亻)처럼 보이려고 허리를 편다.

13 討 칠 토 (부 言)

아무리 소소한 **작은(寸) 말(言)**이라도 부정한 것들은 처내야 한다.

주요 한자어
- 檢討(검토): 어떤 사실이나 내용을 분석하여 따짐.
- 討論(토론): 어떤 문제에 대하여 여러 사람이 각각 의견을 말하며 논의함.

14 驗 시험 험 (부 馬)

전쟁에 나가는 사람들은 **다(僉)** 자신의 **말(馬)** 상태를 시험해야 한다.

주요 한자어
- 試驗(시험): 재능이나 실력 따위를 일정한 절차에 따라 검사하고 평가하는 일.

15 險 험할 험 (부 阝)

높은 **언덕(阝)**은 **다(僉)** 경사가 험하다.

주요 한자어
- 危險(위험): 해로움이나 손실이 생길 우려가 있음.

16 冒 무릅쓸 모 (부 冂)

머리를 덮는 **쓰개(冃)**가 **눈(目)** 밑으로 내려왔지만 무릅쓰고 가다.

*쓰개: 두건.

주요 한자어
- 冒險(모험): 위험을 무릅쓰고 어떤 일을 함.

17 竟 마침내 경 (부 立)

사람(儿)의 **노랫소리(音)**가 마침내 들려왔다.

18 境 지경 경 (부 土)

더 이상 나아갈 수 없는 **땅(土)끝(竟)**을 지경이라고 한다.

주요 한자어
- 地境(지경): 나라나 지역 따위의 구간을 가르는 경계.

19 掛 걸 괘 (부 扌)

점괘(卦)가 나온 거북 등껍질을 **손(扌)**으로 들어올려 벽에 건다.

주요 한자어
- 掛圖(괘도): 벽에 걸어 놓고 보는 학습용 그림이나 지도.

20 鏡 거울 경 (부 金)

쇠(金)의 표면을 매일 닦았더니 **마침내(竟)** 모습이 비치는 거울이 되었다.

주요 한자어
- 眼鏡(안경): 시력이 나쁜 눈을 잘 보이게 하기 위하여나 바람, 먼지, 강한 햇빛 따위를 막기 위하여 눈에 쓰는 물건.

21 繫 맬 계 (부 糸)

수레(車)가 **웅덩이(凵)**에 빠졌을 때 **창(殳)**에 **줄(糸)**을 얽어매서 잡아끈다.

22 屬 무리/붙을 속 (부 尸)

죽은(尸) 짐승의 뼈에 **그물(罒)** 같은 거미줄이 생겨 거기에 **벌레(蜀)**들이 무리 지어 붙어 있다.

주요 한자어
- 繫屬(계속): 소속하여 매임.
- 所屬(소속): 일정한 단체나 기관에 딸림.

23 肝 간 간 (부 月)

우리 **몸(月)**에서 살균 작용을 통해 세균을 **방패(干)**처럼 막아 주는 장기는 간이다.

24 腸 창자 장 (부 月)

해에서 나오는 **빛(昜)**이 긴 것처럼 우리 **몸(月)**에서 긴 장기는 창자이다.

25 肺 허파 폐 (부 月)

우리 **몸(月)**에서 **시장(市)**처럼 물물 교환이 이루어지는 곳은 허파이다.

주요 한자어
- 肺炎(폐렴): 폐에 생기는 염증.

26 絹 비단 견 (부 糸)

누에는 **몸(月)** 중에서도 **입(口)**으로 **실(糸)**을 뽑아내는데, 그 실이 비단이다.

DAY 12

공부한 날: ____월 ____일

1. 署 (부 罒) 마을/관청 서
   그물(罒)처럼 얼기설기 얽힌 나랏말을 하는 사람(者)들이 일하는 곳은 관청이다.

2. 緖 (부 糸) 실마리 서
   사람(者)이 실(糸)을 바늘에 꿸 때 잡는 끝부분이 실마리이다.
   주요 한자어
   • 端緖(단서): 어떤 문제를 해결하는 방향으로 이끌어 가는 일의 첫 부분.

3. 寄 (부 宀) 부칠 기
   타지에서 올바른(可) 방법으로 큰(大) 돈을 벌어 고향 집(宀)에 부친다.
   주요 한자어
   • 寄贈(기증): 선물이나 기념으로 남에게 물품을 거저 줌.

4. 稿 (부 禾) 볏짚/원고 고
   벼(禾)의 낟알을 털어 내고 남은 줄기를 높이(高) 쌓아 올린 것은 볏짚이다.
   주요 한자어
   • 寄稿(기고): 신문, 잡지 따위에 싣기 위하여 원고를 써서 보냄.
   • 原稿(원고): 인쇄하거나 발표하기 위하여 쓴 글이나 그림 따위.

5. 暫 (부 日) 잠깐 잠
   목을 베는(斬) 시간(日)은 잠깐이다.
   주요 한자어
   • 暫時(잠시): 짧은 시간.

6. 漸 (부 氵) 점점/점차 점
   적의 목을 벨(斬) 때 흐르는 핏물(氵)은 점점 많아진다.
   주요 한자어
   • 漸次(점차): 차례를 따라 진행됨.

7. 騰 (부 馬) 오를 등
   옛날의 왕은 스스로를 짐(朕)으로 불렀으며, 어디를 갈 때는 꼭 말(馬)에 올랐다.
   주요 한자어
   • 暴騰(폭등): 물건의 값이나 주가 따위가 갑자기 큰 폭으로 오름.

8. 恭 (부 小) 공손할 공
   많은 사람들과 함께(共) 있을 때 말이나 행동에 있어 겸손한 마음가짐(小)이 공손한 것이다.
   주요 한자어
   • 恭遜(공손): 말이나 행동이 겸손하고 예의 바름.

9. 儉 (부 亻) 검소할 검
   한 사람(亻)이 벌어서 여러(僉) 사람이 생활할 때는 검소함이 필요하다.
   주요 한자어
   • 勤儉(근검): 부지런하고 검소함.

10. 劍 (부 刂) 칼 검
    날카롭게 베고 자르는 것을 모두(僉) 할 수 있는 것은 칼(刂)이다.

11. 術 (부 行) 재주 술
    다니던(行) 길에 자란 차조(朮)를 가져다가 재배해 수확한다면 재주가 있는 것이다.
    주요 한자어
    • 劍術(검술): 검을 가지고 싸우는 기술.
    • 藝術(예술): 기예와 학술을 아울러 이르는 말.

12. 檢 (부 木) 검사할 검
    여러(僉) 개의 나무(木) 중에서 어떤 나무가 유실수인지는 검사를 해야 알 수 있다.

*유실수: 먹을 수 있거나 유용한 열매가 열리는 나무.

DAY 11 복습 쪽지시험

[01~05] 다음 한자(漢字)의 음(音)은 무엇입니까?

01 丘 : ① 공 ② 구 ③ 군 ④ 거 ⑤ 건
02 邪 : ① 아 ② 요 ③ 부 ④ 시 ⑤ 사
03 拒 : ① 가 ② 갸 ③ 거 ④ 겨 ⑤ 고
04 謀 : ① 무 ② 모 ③ 목 ④ 문 ⑤ 묘
05 享 : ① 향 ② 형 ③ 홍 ④ 영 ⑤ 흉

[06~10] 다음 음(音)을 가진 한자(漢字)는 무엇입니까?

06 보 : ① 雁 ② 譜 ③ 絃 ④ 稱 ⑤ 黨
07 긴 : ① 緊 ② 辯 ③ 桑 ④ 屛 ⑤ 沿
08 빙 : ① 了 ② 鈍 ③ 旋 ④ 塞 ⑤ 聘
09 료 : ① 徐 ② 郊 ③ 僚 ④ 孰 ⑤ 息
10 체 : ① 寫 ② 遞 ③ 爐 ④ 微 ⑤ 離

[11~15] 다음 한자(漢字)의 뜻은 무엇입니까?

11 凝 : ① 의심하다 ② 엉기다 ③ 새다
④ 굴리다 ⑤ 나타나다
12 逝 : ① 가르다 ② 꺾다 ③ 가다
④ 돌아오다 ⑤ 길 잃다
13 傑 : ① 뛰어나다 ② 어지럽다 ③ 시끄럽다
④ 헤매다 ⑤ 시렁
14 謙 : ① 싫어하다 ② 청렴하다 ③ 겸손하다
④ 간략하다 ⑤ 떨어지다
15 矯 : ① 비뚤다 ② 높다 ③ 바로잡다
④ 정리하다 ⑤ 붙어살다

[16~19] 다음 뜻을 가진 한자(漢字)는 무엇입니까?

16 베풀다 : ① 途 ② 宣 ③ 冥 ④ 奇 ⑤ 那
17 물가 : ① 蝶 ② 誓 ③ 裁 ④ 捕 ⑤ 浦
18 검다 : ① 俊 ② 玄 ③ 姿
④ 恣 ⑤ 壁
19 인도하다 : ① 郭 ② 導 ③ 槪
④ 姑 ⑤ 孔

[20~22] 다음 문장에서 한자어(漢字語)의 독음(讀音)은 무엇입니까?

20 범인은 사기 및 혼인 빙자 **姦淫** 혐의로 구속됐다.
① 사기 ② 강간 ③ 간음
④ 간통 ⑤ 내통
21 그의 말은 **誇張** 없이 있는 그대로의 사실이다.
① 확대 ② 과대 ③ 과시
④ 과장 ⑤ 확장
22 항공기의 비행 **軌跡**을 파악하다.
① 궤도 ② 자국 ③ 자취
④ 궤적 ⑤ 자국

[23~25] 다음 문장에서 밑줄 친 단어(單語)를 한자(漢字)로 바르게 쓴 것은 어느 것입니까?

23 **고부**간에 사이가 참 좋다.
① 告訃 ② 孤負 ③ 姑婦
④ 高阜 ⑤ 鼓桴
24 이곳은 한때 석탄을 캐던 광산이었는데 지금은 **폐광**되었다.
① 廢廣 ② 廢鑛 ③ 幣鑛
④ 幣廣 ⑤ 閉鑛
25 **횡단**보도를 뛰어가다.
① 鐄團 ② 鐄斷 ③ 橫團
④ 橫斷 ⑤ 橫單

정답
01 ② 02 ⑤ 03 ③ 04 ② 05 ① 06 ② 07 ① 08 ⑤ 09 ③ 10 ② 11 ② 12 ③ 13 ① 14 ③ 15 ③
16 ② 17 ⑤ 18 ② 19 ② 20 ③ 21 ④ 22 ④ 23 ③ 24 ② 25 ④

116 顯 나타날 현 (부 頁)
누에가 **이야기하는**(曰) 것처럼 입을 벌리면 **실**(絲)이 나오는데, 그것은 **머리**(頁) 쪽을 보면 분명히 나타난다.

주요 한자어
- 顯著(현저): 뚜렷이 드러남.

117 微 작을 미 (부 彳)
산(山)에 모인(一) **사람들**(彳)을 **때려서**(攵) 한 공간(几)에 집어넣었는데 사람을 다 넣기에는 그 공간의 크기가 작다.

주요 한자어
- 微細(미세): 분간하기 어려울 정도로 아주 작음.

118 捨 버릴 사 (부 扌)
살다 보면 **집**(舍) 안에 불필요한 물건이 생기니 **손**(扌)으로 버려야 한다.

주요 한자어
- 取捨(취사): 쓸 것은 쓰고 버릴 것은 버림.

119 離 떠날 리 (부 隹)
높은(亠) 산에서 내려온 **새**(隹)가 흉한(凶) 짐승 발자국(内)을 보고 놀라 떠났다.

주요 한자어
- 離別(이별): 서로 갈리어 떨어짐.

120 巡 돌 순 (부 巛)
시냇물(巛)이 **가는데**(辶) 순행하여 돌아간다.

주요 한자어
- 巡訪(순방): 나라나 도시 따위를 차례로 돌아가며 방문함.

121 述 펼 술 (부 辶)
차조(朮)를 **가져가서**(辶) 마당에 펼친다.

*차조: 찰기가 있는 조.

122 嫌 싫어할 혐 (부 女)
여자(女)는 한 사람만 보기 때문에 두 사람을 **겸하는**(兼) 남자를 싫어한다.

주요 한자어
- 嫌惡(혐오): 싫어하고 미워함.

123 疑 의심할 의 (부 疋)
사람(人)들이 **비수**(匕)와 **화살**(矢) 그리고 **창**(矛)까지 들고 걸어가니 전쟁을 의심한다.

주요 한자어
- 嫌疑(혐의): 꺼리고 미워함.

124 凝 엉길 응 (부 冫)
추운 날에는 **의심할**(疑) 여지 없이 물이 차가워져 **얼음**(冫)으로 엉긴다.

주요 한자어
- 凝固(응고): 액체 따위가 엉겨서 뭉쳐 딱딱하게 굳어짐.

125 岳 큰 산 악 (부 山)
산(山) 위에 또 다른 **언덕**(丘)이 있으니 큰 산이다.

126 岸 언덕 안 (부 山)
산(山) 밑에 덮인 **산자락**(厂)에서 **방패**(干)처럼 바람을 막아 주는 곳은 언덕이다.

주요 한자어
- 海岸(해안): 바다와 육지가 맞닿은 부분.

127 壁 벽 벽 (부 土)
비바람을 **피하기**(辟) 위해 **흙**(土)으로 쌓아 올린 것은 벽이다.

주요 한자어
- 岸壁(안벽): 깎아지른 듯이 험한 물가.
- 障壁(장벽): 가리어 막은 벽.

128 奚 어찌 해 (부 大)
작은애(幺)와 **큰애**(大)가 손톱(爫)으로 할퀴고 싸우는데 어찌해야 할지 고민이다.

129 煩 번거로울 번 (부 火)
불(火)을 피울 때 **머리**(頁)의 긴 털이 탈까 봐 매번 묶자니 번거롭다.

102 折 꺾을 절
부 扌
손(扌)에 도끼(斤)를 들고 나뭇가지를 치니 가지가 꺾인다.

주요 한자어
- 屈折(굴절): 휘어서 꺾임.

103 誓 맹세할 서
부 言
새끼손가락을 꺾어(折) 걸면서 말(言)로써 맹세한다.

주요 한자어
- 誓狀(서장): 서약서.

104 逝 갈 서
부 辶
사람이 어디를 가면(辶) 꺾어서(折) 다시 돌아와야 하는데 그냥 저세상으로 갔다.

주요 한자어
- 逝去(서거): '죽어서 세상을 떠남.'을 이르는 말인 '사거'의 높임말.

105 析 쪼갤 석
부 木
나무(木)를 도끼(斤)로 내리쳐 반으로 쪼갠다.

주요 한자어
- 分析(분석): 얽혀 있거나 복잡한 것을 풀어서 개별적인 요소나 성질로 나눔.

106 映 비칠 영
부 日
해(日)가 하늘 가운데(央) 떠서 세상을 비추고 있다.

107 寫 베낄 사
부 宀
집(宀) 안에 앉아 있는 까치(舄)는 벽에 걸린 까치 그림을 베낀 것 같다.

주요 한자어
- 映寫(영사): 영화나 환등 따위의 필름에 있는 상을 영사막에 비추어 나타냄.
- 寫眞(사진): 물체의 형상을 감광막 위에 나타나도록 찍어 오랫동안 보존할 수 있게 만든 영상.

108 逮 미칠 체
부 辶
짐승을 손으로 잡기(隶) 위해서는 다가가(辶) 손끝이 미쳐야 한다.

주요 한자어
- 逮捕(체포): 형법에서, 사람의 신체에 대하여 직접적이고 현실적인 구속을 가하여 행동의 자유를 빼앗는 일.

109 遞 갈마들 체
부 辶
호랑이(虎) 두 마리가 언덕(厂) 아래에서 서로 번갈아 가며 왔다 갔다(辶) 하는데 이것을 갈마든다고 한다.

*갈마들다: 서로 번갈아듦.

110 胡 오랑캐 호
부 月
문명이 발달하지 않은 채 옛(古) 세월(月)의 모습으로만 살아가는 민족을 오랑캐라고 했다.

주요 한자어
- 胡亂(호란): 호인들이 일으킨 난리.

111 蝶 나비 접
부 虫
나뭇잎(葉)처럼 크고 넓은 날개를 가진 벌레(虫)는 나비이다.

주요 한자어
- 蝶泳(접영): 두 손을 동시에 앞으로 뻗쳐 물을 아래로 끌어내리고 양다리를 모아 상하로 움직이며 발등으로 물을 치면서 나아가는 수영법.

112 炭 숯 탄
부 火
산(山) 밑 굴바위(厂)에 불(火)이 나서 나무가 숯이 되었다.

주요 한자어
- 炭素(탄소): 유기 화합물의 주요 구성 원소로, 숯·석탄·금강석 따위로 산출됨.

113 爐 화로 로
부 火
큰 밥그릇(盧)처럼 생긴 그릇 안에 불(火)을 담아 두는 것이 화로이다.

114 卜 점 복
부 卜
옛날에는 거북의 등껍질을 날카로운 도구로 찍어(卜) 갈라지는 균열을 보고 점을 쳤다.

115 占 점칠 점
부 卜
내 입(口)에서 나오는 말을 듣고 점(卜)을 친다.

주요 한자어
- 占卜(점복): 점치는 일.
- 占領(점령): 어떤 장소를 차지하여 자리를 잡음.

DAY 11

87 浦 물가 포
부 氵
물(氵)속에 사는 물고기 몸(月)에 주살(弋)을 쏴서 잡으려면 물가로 가야 한다.

88 捕 잡을 포
부 扌
사냥꾼은 짐승의 몸(月)에 주살(弋)을 쏴서 손(扌)으로 잡아간다.

89 苟 진실로/구차할 구
부 艹
한결같은 모습의 풀(艹)처럼 일관된 말(句)이 진실이다.

90 菊 국화 국
부 艹
쌀(米) 알갱이 같은 꽃잎에 싸여(勹) 있는 풀(艹)은 국화이다.

91 積 쌓을 적
부 禾
벼(禾)농사가 잘 안되어 돈을 빌리다 보니 빚(責)만 쌓여 간다.

92 載 실을 재
부 車
수레(車)에는 많은(十) 창(戈)을 실을 수 있다.

주요 한자어
- 積載(적재): 물건이나 짐을 선박, 차량 따위의 운송 수단에 실음.
- 記載(기재): 문서 따위에 기록하여 올림.

93 裁 자를/마를 재
부 衣
창(戈)에 많이(十) 찔려 옷(衣)에 구멍이 나서 천을 잘랐다.

주요 한자어
- 制裁(제재): 일정한 규칙이나 관습의 위반에 대하여 제한하거나 금지함.

94 漫 흩어질/질펀할 만
부 氵
이미 해(日)가 중천에 있는데 손(又)에 그물(罒)을 들고 물고기 잡으러 가니 물고기는 없고 그물 사이로 물(氵)만 흩어진다.

95 評 평할 평
부 言
공평하게(平) 말(言)하여 평가하며 논하는 것은 평론이다.

주요 한자어
- 漫評(만평): 일정한 주의나 체계 없이 생각나는 대로 비평함.
- 評論(평론): 사물의 가치, 우열, 선악 따위를 평가하여 논함.

96 批 비평할 비
부 扌
손(扌)에 든 물건의 좋고 나쁨을 비교(比) 분석하여 비평하다.

주요 한자어
- 批評(비평): 사물의 옳고 그름, 아름다움과 추함 따위를 분석하여 가치를 논함.

97 殘 잔인할/남을 잔
부 歹
서로 창(戈)을 겨누고 죽음(歹)에 이르게 하는 짓은 잔인하다.

98 額 이마 액
부 頁
문안으로 들어오며 인사하는 손님(客)은 머리(頁)의 이마부터 보인다.

주요 한자어
- 殘額(잔액): 나머지 액수.
- 總額(총액): 전체의 액수.

99 瞬 눈 깜짝일 순
부 目
순임금(舜) 시대는 평화롭고 행복했는데 지나고 보니 그 시절은 눈(目) 깜짝하니 사라졌다.

100 息 쉴 식
부 心
공기가 코(自)와 심장(心) 사이를 드나드는 것이 숨쉬는 것이다.

주요 한자어
- 瞬息間(순식간): 눈을 한 번 깜짝하거나 숨을 한 번 쉴 만한 아주 짧은 동안.

101 屈 굽힐 굴
부 尸
죽은(尸) 듯이 나갈(出) 때는 고개와 허리를 굽히고 간다.

| 72 | 那 (부 阝) 어찌 나 | 칼(刀) 두(二) 자루를 가지고 마을(阝)을 지킨다고 하니 어찌 걱정이 안 되겠는가? |

| 73 | 豈 (부 豆) 어찌 기 | 산(山)에 콩(豆)을 어찌 심을 수 있는가? |

| 74 | 奈 (부 大) 어찌 내 | 내 잘못이 너무 크게(大) 보이는데(示) 어찌 남 탓을 할까? |

| 75 | 孟 (부 子) 맏 맹 | 아들(子) 중에서 제사상에 그릇(皿)을 올릴 수 있는 아들은 맏이다. |

| 76 | 猛 (부 犭) 사나울 맹 | 짐승(犭) 중에서 맏이(孟) 같은 우두머리는 사납다.
주요 한자어
- 勇猛(용맹): 용감하고 사나움.
- 猛獸(맹수): 주로 육식을 하는 사나운 짐승. |

| 77 | 鉛 (부 金) 납 연 | 산속의 검푸른 늪(㕣)처럼 검푸른 색을 띠는 금속(金)이 납이다. |

| 78 | 沿 (부 氵) 물 따라갈 연 | 산속의 늪(㕣)에서 내려갈 때는 가장자리 물(氵)을 따라 내려간다.
주요 한자어
- 沿革(연혁): 변천하여 온 과정. |

| 79 | 竝 (부 立) 나란히 병 | 사람이 서서(立) 나란히 있다. |

| 80 | 屛 (부 尸) 병풍 병 | 주검(尸) 앞에 방패(幷)처럼 비껴서 세워 둔 물건은 병풍이다. |

| 81 | 副 (부 刂) 버금/다음 부 | 제사를 지낼 때, 술 단지에 술을 가득(畐) 채우는 것이 먼저이고, 짐승을 칼(刂)로 잡는 것이 그 다음이다.
주요 한자어
- 副作用(부작용): 어떤 일에 부수적으로 일어나는 바람직하지 못한 일. |

| 82 | 班 (부 玉) 나눌 반 | 칼(刂)로 옥(玉) 구슬을 쳐 반으로 나누었다.
주요 한자어
- 副班長(부반장): 조직체에서 반장을 보좌하여 일을 맡아보는 사람. |

| 83 | 孰 (부 子) 누구 숙 | 누구나 세상을 둥글게(丸) 행복을 누리며(享) 살기를 바란다. |

| 84 | 熟 (부 灬) 익을 숙 | 사람이든 짐승이든 누구든지(孰) 불(灬) 속에 들어가면 익는다.
주요 한자어
- 熟達(숙달): 익숙하게 통달함. |

| 85 | 閱 (부 門) 볼 열 | 문(門)안에서 기뻐하는(兌) 모습을 보고 있다. |

| 86 | 覽 (부 見) 볼 람 | 여행지에 가면 이곳도 보고(監) 저곳도 보며(見) 관람한다.
주요 한자어
- 閱覽(열람): 책이나 문서 따위를 죽 훑어보거나 조사하면서 봄.
- 觀覽(관람): 연극, 영화, 운동 경기, 미술품 따위를 구경함. |

DAY 11

57 宣 베풀 선 (부 宀)
태양(日)의 빛이 하늘(一)과 땅(一)으로 뻗치는 것처럼 이 집(宀) 사람들은 여기저기서 선정을 베풀고 있다.

주요 한자어
- 宣誓(선서): 여럿 앞에서 성실할 것을 맹세함.

58 禪 선 선 (부 示)
평평한 땅에 홀로(單) 앉아 신(示)에게 참선을 시작했다.

주요 한자어
- 參禪(참선): 선사에게 나아가 선도를 배워 닦거나, 스스로 선법을 닦아 구함.

59 軌 바퀴자국 궤 (부 車)
수레(車)가 아홉(九) 번 구르면 생기는 게 바퀴자국이다.

60 跡 발자취 적 (부 足)
발(足)이 지나간 곳은 또(亦)다시 발자취가 남는다.

주요 한자어
- 軌跡(궤적): 수레바퀴가 지나간 자국이라는 뜻으로, 물체가 움직이면서 남긴 움직임을 알 수 있는 자국이나 자취를 이르는 말.

61 緊 긴할 긴 (부 糸)
신하(臣)가 실(糸)을 손(又)으로 굳게 얽어매니, 물건을 매달기에 요긴하다.

주요 한자어
- 緊張(긴장): 마음을 조이고 정신을 바짝 차림.

62 聘 부를 빙 (부 耳)
밭(田)에서 뚫고(丨) 나온 곡식을 움켜쥐고(丂) 도와 달라고 상대방의 귀(耳)에 소리쳐서 부른다.

주요 한자어
- 招聘(초빙): 예를 갖추어 불러 맞아들임.

63 丸 둥글/알 환
모난 돌을 아홉(九) 번 찍어(丶) 내니 알처럼 동그랗게 되었다.

64 辨 분별할 변 (부 辛)
따질(辡) 때에는 칼(刂)로 베듯이 정확하게 옳고 그름을 분별해야 한다.

주요 한자어
- 辨明(변명): 어떤 잘못이나 실수에 대하여 구실을 대며 그 까닭을 말함.

65 辯 말씀 변 (부 辛)
옳고 그름을 따지는(辡) 사람은 말(言)을 잘해야 한다.

주요 한자어
- 辯論(변론): 사리를 밝혀 옳고 그름을 따짐.

66 冥 어두울 명 (부 冖)
해(日)는 여섯(六) 시가 되면 산 너머로 덮여(冖) 어두워진다.

주요 한자어
- 冥福(명복): 죽은 뒤 저승에서 받는 복.

67 途 길 도 (부 辶)
가야(辶) 할 거리가 남아(余) 있을 때 '가는 길'이라고 한다.

주요 한자어
- 途中(도중): 길을 가는 중간.

68 渡 건널 도 (부 氵)
물(氵)의 법도(度)를 이해하면 물을 건널 수 있다.

주요 한자어
- 讓渡(양도): 재산이나 물건을 남에게 넘겨줌.

69 軒 집 헌 (부 車)
사람과 수레(車)가 비를 맞지 않도록 방패(干)처럼 막아 주는 것은 집이다.

70 騎 말 탈 기 (부 馬)
옳은(可) 일을 해서 크게(大) 된 사람만이 말(馬)을 탈 수 있다.

71 奇 기이할 기 (부 大)
사람(口)이 고무래(丁)를 들어 작은 흙덩이는 깨고 큰(大) 흙덩이는 그냥 두니 기이하다.

주요 한자어
- 奇跡(기적): 상식으로는 생각할 수 없는 기이한 일.

43 傑 뛰어날 걸 (부 亻)

나무(木) 위에 어지러운(舛) 가지들을 정리하듯이 어지러운 세상을 다스리는 사람(亻)은 뛰어나다.

주요 한자어
- 俊傑(준걸): 재주와 슬기가 매우 뛰어남.
- 豪傑(호걸): 지혜와 용기가 뛰어나고 기개와 풍모가 있는 사람.

44 姿 모양/맵시 자 (부 女)

여자(女)를 볼 때 가장 중요한 것이 마음이요, 버금(次)가는 것이 맵시이다.

주요 한자어
- 姿態(자태): 어떤 모습이나 모양.

45 恣 방자할 자 (부 心)

두 개의 마음(心) 중 본심은 착하지만 그다음(次) 마음은 방자하다.

주요 한자어
- 放恣(방자): 어려워하거나 조심스러워하는 태도가 없이 무례하고 건방짐.

46 互 서로 호 (부 二)

위아래로 손을 맞잡고(互) 서로 일한다.

47 稱 저울/부를 칭 (부 禾)

벼(禾)를 양쪽으로 한꺼번에 들고(爯) 그 무게를 저울질한다.

주요 한자어
- 互稱(호칭): 서로 부름.
- 稱頌(칭송): 칭찬하여 일컬음.

48 黨 무리 당 (부 黑)

검은(黑) 양복을 입은 높은(尙) 사람들이 무리 지어 있다.

49 僚 동료 료 (부 亻)

내 옆에서 햇불(尞)을 들고 성을 지키는 사람(亻)은 내 동료이다.

주요 한자어
- 同僚(동료): 같은 직장이나 같은 부문에서 함께 일하는 사람.

50 敍 펼 서 (부 攴)

나뭇가지로 열매를 쳐서(攵) 남은(余) 것을 펴서 차례로 나눠 준다.

주요 한자어
- 敍述(서술): 사건이나 생각 따위를 차례대로 말하거나 적음.

51 徐 천천히 서 (부 彳)

일할 때 사람(彳)들이 많이 남으면(余) 천천히 하게 된다.

52 周 두루 주 (부 口)

입(口)으로 말을 할 때는 쓸모(用) 있는 말인지 아닌지를 두루 살펴야 한다.

53 旋 돌 선 (부 方)

군사들이 깃발을 나부끼면서(㫃) 발(疋)맞춰 돌아온다.

주요 한자어
- 周旋(주선): 일이 잘되도록 여러 가지 방법으로 힘씀.
- 旋回(선회): 둘레를 빙글빙글 돎.

54 邊 가 변 (부 辶)

동굴(穴) 방향(方)으로 누구의 도움 없이 스스로(自) 들어갈(辶) 때는 어둡기 때문에 벽을 짚으며 가장자리로 간다.

55 塞 막을 색, 변방 새 (부 土)

집(宀)에 있는 사람들이 함께(共) 모여서(一) 흙(土)을 쌓아 바람을 막았다.

주요 한자어
- 語塞(어색): 자연스럽지 못함.
- 要塞(요새): 군사적으로 중요한 곳에 튼튼하게 만들어 놓은 방어 시설.

56 桑 뽕나무 상 (부 木)

누에를 기르는 데 쓰는 뽕나무의 모습(桑)을 본뜬 상형 문자이다.

29 某 (아무 모) — 부 木
나무(木)에 열린 단(甘) 열매가 누구의 것인지는 아무도 모른다.

30 謀 (꾀 모) — 부 言
누구에게도 말(言)하지 않고 아무도(某) 모르게 일을 꾀하다.

주요 한자어
- 謀免(모면): 어떤 일이나 책임을 꾀를 써서 벗어남.

31 廢 (폐할/버릴 폐) — 부 广
전쟁이 일어나면(發) 집(广)에 있는 물건은 다 버리고 간다.

주요 한자어
- 存廢(존폐): 존속과 폐지를 아울러 이르는 말.

32 鑛 (쇳돌 광) — 부 金
면적이 넓은(廣) 쇠(金)는 쇳조각이 아니라 쇳돌이다.

주요 한자어
- 廢鑛(폐광): 광산에서 광물을 캐내는 일을 중지함.

33 矯 (바로잡을 교) — 부 矢
화살(矢)이 높이(喬) 올라가기 위해서는 굽은 형태를 바로잡아야 한다.

34 導 (인도할 도) — 부 寸

우두머리(首)가 되는 사람이 좋은 길로 가면(辶) 작고(寸) 어린 사람들을 좋은 곳으로 인도할 수 있다.

주요 한자어
- 矯導(교도): 바로잡아 인도함.
- 誘導(유도): 사람이나 물건을 목적한 장소나 방향으로 이끎.

35 普 (넓을 보) — 부 日
나란히(並) 놓인 구름 사이로 햇볕(日)이 비추며 넓게 퍼진다.

주요 한자어
- 普遍(보편): 모든 것에 공통되거나 들어맞음.

36 譜 (족보 보) — 부 言
조상들께서 말씀(言)하셨던 넓게(普) 퍼져 있는 혈연관계의 사람들을 두루 적어 기록한 책이 족보이다.

37 鴻 (기러기 홍) — 부 鳥
강(江) 하류에서나 잠깐 볼 수 있는 철새(鳥)는 기러기이다.

38 雁 (기러기 안) — 부 隹
사람(亻)들이 모여 사는 것처럼 산자락 언덕(厂) 밑에 모여 사는 새(隹)는 기러기다.

주요 한자어
- 鴻雁(홍안): 큰 기러기와 작은 기러기를 아울러 이르는 말.

39 玄 (검을 현) — 부 玄
작은(幺) 물체가 높이(亠) 올라가면 색을 잃고 그림자가 져서 검은색으로 보인다.

40 雙 (두/쌍 쌍) — 부 隹
손(又)으로 새(隹) 한 쌍을 잡았다.

41 絃 (줄 현) — 부 糸
그것은 검은(玄) 실(糸)을 많이 엮어 만든 줄이다.

42 俊 (준걸 준) — 부 亻
자신이 가고자 하는 길을 믿고 천천히 가며(夋) 준비하는 태도를 갖고 있는 사람(亻)은 준걸이다.

*준걸: 재주와 슬기가 매우 뛰어남.

14 謙 겸손할 겸
부首 言

자신의 주장만 고집하지 않고 여러 사람의 말(言)을 아우르는(兼) 태도가 겸손하다.

15 辭 말씀 사
부首 辛

어지러운(亂) 상황을 정리하기 위해 독하게(辛) 말씀해 주셨다.

주요 한자어
- 謙辭(겸사): 겸손하게 사양함.
- 辭意(사의): 맡아보던 일자리를 그만두고 물러날 뜻.

16 歎 탄식할 탄
부首 欠

진흙(堇) 속에 빠져 이젠 다 틀렸다고 입을 크게 벌려(欠) 소리 내어 탄식하다.

주요 한자어
- 恨歎(한탄): 원통하거나 뉘우치는 일이 있을 때 한숨을 쉬며 탄식함.

17 橫 가로 횡
부首 木

나무(木)의 잎사귀가 누렇게(黃) 변하면 나무가 위로 자라지 못하고 가로로 눕는다.

18 斷 끊을 단
부首 斤

어떤 물건을 잘 모아서(一) 감춰뒀는데(ㄴ) 누군가 도끼(斤)를 가지고 작게(幺) 다 끊어 놨다.

주요 한자어
- 橫斷(횡단): 도로나 강 따위를 가로지름.
- 判斷(판단): 사물을 인식하여 논리나 기준 등에 따라 판정을 내림.

19 郊 들 교
부首 阝

사귀는(交) 연인이 마을(阝)을 벗어나 넓은 들판으로 간다.

주요 한자어
- 近郊(근교): 도시의 가까운 변두리에 있는 마을이나 들.

20 誇 자랑할 과
부首 言

뽐내며(夸) 말(言)하는 것이 자랑하는 것이다.

21 張 베풀 장
부首 弓

권력(弓)을 가진 어른(長)은 어려운 자들에게 베풀어야 한다.

주요 한자어
- 誇張(과장): 사실보다 지나치게 불려서 나타냄.

22 擴 넓힐 확
부首 扌

비좁은 곳에서 공간을 넓게(廣) 하기 위해 손(扌)을 펴 넓혔다.

주요 한자어
- 擴張(확장): 범위, 규모, 세력 따위를 늘려서 넓힘.

23 享 누릴 향
부首 亠

부모는 자식(子)이 높은(亠) 사람(口)이 되어 세상을 누리며 살기를 원한다.

24 郭 성곽 곽
부首 阝

이 마을(阝)이 평화와 행복을 누리기(享) 위해서는 성곽이 있어야 한다.

25 了 마칠 료
부首 亅

아들 자(子)에서 양팔(一)을 나타내는 획이 빠진 글자로, 엄마 몸으로부터 나와 배 속의 생활이 끝났다는 뜻에서 생긴 글자이다.

26 亨 형통할 형
부首 亠

높은(高) 사람을 만나 계약을 마치니(了) 모든 일이 형통하다.

주요 한자어
- 亨通(형통): 모든 일이 뜻과 같이 잘되어 감.

27 屯 진 칠 둔
부首 屮

새(乙) 한(一) 마리가 그릇(凵)에 있는 음식을 먹기 위해 진을 친다.

28 鈍 둔할 둔
부首 金

진 치고(屯) 돈(金)만 바라보니 사람이 둔해진다.

주요 한자어
- 愚鈍(우둔): 어리석고 둔함.

DAY 11 141

DAY 11

공부한 날: ____월 ____일

1. 枯 (부 木) 마를 고
오래된(古) 나무(木)는 수분이 다 날아가서 바싹 말라 있다.
주요 한자어
• 枯渴(고갈): 물이 말라서 없어짐.

2. 姑 (부 女) 시어머니 고
옛날(古)에 내 남편을 낳아 주신 여자(女)는 시어머니다.
주요 한자어
• 姑婦(고부): 시어머니와 며느리를 아울러 이르는 말.

3. 孔 (부 子) 구멍 공
어미 새(乙)가 새끼(子)를 낳기 위해 나무에 구멍을 뚫는다.

4. 丘 (부 一) 언덕 구
흙을 덮어서(厂) 만든(工) 것은 언덕이다.
주요 한자어
• 丘陵(구릉): 언덕.

5. 閣 (부 門) 집/누각 각
문(門)이 각각(各) 사방으로 열려 있는 집은 누각이다.
주요 한자어
• 閣僚(각료): 한 나라의 내각을 구성하는 각 장관.

6. 簡 (부 竹) 간략할 간
대나무(竹)를 얇게 켜서 그 사이(間)에 글을 간략하게 적는다.
주요 한자어
• 簡單(간단): 간략하고 또렷함.

7. 邪 (부 阝) 간사할 사
이 마을(阝)에는 어금니(牙)만 한 손해도 보지 않으려는 바르지 못한 간사함이 있다.

8. 姦 (부 女) 간음할/간사할 간
자기 이익을 위하여 많은 여자(女)들을 마음속에 품는 것이 간음하는 것이다.
주요 한자어
• 姦淫(간음): 부부 아닌 남녀가 성적 관계를 맺음.

9. 淫 (부 氵) 음란할 음
북방(壬)으로 간 선비는 기생 손톱(爪)만 봐도 침(氵) 흘리며 음란한 생각을 한다.

10. 慨 (부 忄) 슬퍼할 개
이미(旣) 지난 일이라도 마음(忄)의 상처는 쉽게 잊히지 않아 슬프다.
주요 한자어
• 慨歎(개탄): 분하거나 못마땅하게 여겨 한탄함.

11. 槪 (부 木) 대개 개
나무(木)는 이미(旣) 그 재질이나 생김새에 따라 사용처가 대개 정해져 있다.
주요 한자어
• 大槪(대개): 대부분.

12. 距 (부 足) 떨어질/상거할 거
높고 큰(巨) 사람을 모시고 가는 사람은 그와 몇 발자국(足)은 떨어져 간다.
*상거하다: 서로 떨어짐.
주요 한자어
• 距離(거리): 두 개의 물건이나 장소 따위가 공간적으로 떨어진 길이.

13. 拒 (부 扌) 막을 거
높고 큰(巨) 사람을 모시고 가는 사람은 그에게 오는 위협적인 요소를 손(扌)을 써 막아야 한다.
주요 한자어
• 拒絶(거절): 상대편의 요구, 제안, 선물, 부탁 따위를 받아들이지 않고 물리침.

DAY 10 복습 쪽지시험

[01~05] 다음 한자(漢字)의 음(音)은 무엇입니까?

01 諾: ① 약 ② 낙 ③ 역 ④ 성 ⑤ 야
02 乞: ① 걸 ② 을 ③ 건 ④ 웅 ⑤ 곤
03 綿: ① 만 ② 준 ③ 전 ④ 문 ⑤ 면
04 狗: ① 견 ② 구 ③ 군 ④ 진 ⑤ 선
05 臨: ① 림 ② 품 ③ 심 ④ 오 ⑤ 겸

[06~10] 다음 음(音)을 가진 한자(漢字)는 무엇입니까?

06 담: ① 梨 ② 隊 ③ 哭 ④ 弊 ⑤ 擔
07 련: ① 狀 ② 鍊 ③ 窮 ④ 魂 ⑤ 費
08 수: ① 廉 ② 囚 ③ 嘗 ④ 裳 ⑤ 睡
09 소: ① 耶 ② 抄 ③ 値 ④ 蘇 ⑤ 誕
10 균: ① 苗 ② 賤 ③ 菌 ④ 垂 ⑤ 邦

[11~15] 다음 한자(漢字)의 뜻은 무엇입니까?

11 斥: ① 수용하다 ② 인내하다 ③ 물리치다
　　④ 즐겁다 ⑤ 예상하다
12 腰: ① 머리 ② 어깨 ③ 허리
　　④ 배 ⑤ 엉덩이
13 叛: ① 정리하다 ② 배반하다 ③ 판단하다
　　④ 밥 ⑤ 돌아오다
14 雜: ① 어렵다 ② 탄식하다 ③ 짜증나다
　　④ 섞이다 ⑤ 울다
15 腹: ① 배 ② 등 ③ 어깨
　　④ 회복하다 ⑤ 덮다

[16~19] 다음 뜻을 가진 한자(漢字)는 무엇입니까?

16 빼앗다: ① 奮 ② 奪 ③ 群 ④ 鬼 ⑤ 負
17 빛나다: ① 兮 ② 押 ③ 輝 ④ 模 ⑤ 曆
18 언덕: ① 整 ② 蛇 ③ 鼓 ④ 隆 ⑤ 陵
19 적다: ① 寶 ② 寡 ③ 冠 ④ 謂 ⑤ 宮

[20~22] 다음 문장에서 한자어(漢字語)의 독음(讀音)은 무엇입니까?

20 그는 사건을 묵인하는 補償으로 거액을 받았다.
① 대가 ② 조건 ③ 변상 ④ 보상 ⑤ 배상

21 시험을 앞둔 친구를 激勵하다.
① 독려 ② 격려 ③ 고취 ④ 응원 ⑤ 지원

22 선거 기간에는 금품 및 향응 提供이 법으로 금지되고 있다.
① 공급 ② 보급 ③ 제공 ④ 청탁 ⑤ 뇌물

[23~25] 다음 문장에서 밑줄 친 단어(單語)를 한자(漢字)로 바르게 쓴 것은 어느 것입니까?

23 공기가 **오염**되다.
① 汚廉 ② 汚炎 ③ 誤炎 ④ 汚染 ⑤ 誤染

24 위원회 **임원**들은 한자리에 모여 발전 방향을 모색했다.
① 任員 ② 林苑 ③ 林源 ④ 任圓 ⑤ 林員

25 적에게 **공격**을 가하다.
① 公格 ② 攻擊 ③ 公擊 ④ 攻格 ⑤ 工擊

정답
01 ② 02 ① 03 ⑤ 04 ② 05 ① 06 ⑤ 07 ② 08 ⑤ 09 ④ 10 ③ 11 ③ 12 ③ 13 ② 14 ④ 15 ①
16 ② 17 ③ 18 ⑤ 19 ② 20 ④ 21 ② 22 ③ 23 ④ 24 ① 25 ②

122
峯 봉우리 **봉** (부 山)

산(山)에 오를 때 **예쁜(丰)** 초목을 보며 **천천히(夂)** 걷다가 다다르는 곳은 봉우리다.

123
蜂 벌 **봉** (부 虫)

예쁜(丰) 초목에 **천천히(夂)** 날아가서 꿀을 채취하는 **벌레(虫)**는 벌이다.

124
蜜 꿀 **밀** (부 虫)

벌(虫)이 살고 있는 집(宀)에는 반드시(必) 꿀이 있다.

주요 한자어
- 蜂蜜(봉밀): 벌꿀.

125
滅 꺼질/멸망할 **멸** (부 氵)

술(戌)시에 불(火)이나 물(氵)로 불을 진압하니 불씨가 꺼졌다.

주요 한자어
- 消滅(소멸): 사라져 없어짐.

126
菌 버섯/곰팡이 **균** (부 艹)

곳간(囷) 안에 습도와 온도를 유지하며 배양하는 풀(艹)은 버섯이다.

주요 한자어
- 細菌(세균): 생물체 가운데 가장 미세하고 가장 하등에 속하는 단세포 생활체.

127
苗 모 **묘** (부 艹)

밭(田)에 심은 작은 풀(艹)이 모이다.

128
兮 어조사 **혜** (부 八)

작은 수초의 모양(兮)을 본뜬 글자로 어조를 고르게 하기 위한 **조자(助字)**로 사용된다.

*조자: 한문에서 다른 말에 붙어 그 뜻을 보조하는 말.

129
陣 진 칠 **진** (부 阝)

전쟁을 위해 **언덕(阝)** 밑에 무기를 실은 **수레(車)**들이 진 치고 있다.

주요 한자어
- 布陣(포진): 전쟁이나 경기를 하기 위해 진을 침.

108 嘗 맛볼 상 (부 口)
감자는 젓가락으로 먹는 것보다 오히려(尙) 손가락(指)으로 집어서 맛보는 것이 더 맛있다.

109 押 누를 압 (부 扌)
손(扌)으로 갑옷(甲)을 누른다.

110 韻 운/소리 운 (부 音)
사람들이 고가의 재물(貝)을 보자 함성(口)을 지르는데 그 소리(音)가 울린다.

주요 한자어
- 押韻(압운): 시가에서, 시행의 일정한 자리에 같은 운을 규칙적으로 다는 일.
- 韻致(운치): 고아한 품격을 갖춘 멋.

111 垂 드리울 수 (부 土)
흙(土)에서 난 풀(艹)이 천(千) 일이 지나자 시들어 드리워졌다.

*드리우다: 한쪽이 위에 고정된 천이나 줄 따위가 아래로 늘어짐.

112 楊 버들 양 (부 木)
볕(昜)이 너무 뜨거워 나무(木) 그늘 밑에 들어가 쉬었는데, 그 나무는 버드나무였다.

주요 한자어
- 垂楊(수양): 가지가 밑으로 축 늘어지게 자라는 버드나무.

113 睡 졸 수 (부 目)
눈(目)의 눈꺼풀이 자꾸 드리워지니(垂) 졸립다.

주요 한자어
- 睡眠(수면): 잠을 잠.

114 肅 엄숙할 숙 (부 聿)
붓(聿)으로 나뭇조각(爿)에 글 쓸 때는 엄숙해야 한다.

주요 한자어
- 嚴肅(엄숙): 장엄하고 정숙함.

115 愼 삼갈 신 (부 忄)
참된(眞) 사람은 마음(忄)속으로 먼저 생각하고 말과 행동을 삼간다.

*삼가다: 몸가짐이나 언행을 조심함.

116 叛 배반할 반 (부 又)
어떤 의견에 절반(半)은 찬성, 절반은 반대(反)라고 말하는 사람은 쉽게 배반한다.

117 旗 기/깃발 기 (부 方)
바람에 나부끼는(认) 그것(其)은 깃발이다.

주요 한자어
- 叛旗(반기): 반대의 뜻을 나타내는 행동이나 표시.

118 返 돌아올 반 (부 辶)
내가 가는(辶) 것을 끝내 반대(反)하여 어쩔 수 없이 돌아오게 되었다.

119 踐 밟을 천 (부 足)
적은(戔) 보폭으로 가지런하게 좌우의 발(足)을 옮겨 밟다.

주요 한자어
- 實踐(실천): 생각한 바를 실제로 행함.

120 賤 천할 천 (부 貝)
적은(戔) 돈(貝) 때문에 싸우는 행실이 천하다.

주요 한자어
- 賤待(천대): 업신여기어서 푸대접함.

121 賓 손/손님 빈 (부 貝)
집(宀)으로 들어올 때 적은(少) 양 또는 하나(一)의 재물(貝)을 가지고 들어오는 사람은 손이다.

*손: 다른 곳에서 찾아온 사람.

주요 한자어
- 國賓(국빈): 나라의 손님으로 우대를 받는 외국 사람.

DAY 10 137

92 費 쓸 비 (부 貝)
돈(貝)은 함부로 할 것이 아니니(弗) 아껴서 잘 써야 한다.

93 祕 숨길 비 (부 示)
신(示)은 사람들에게 보이지 않도록 반드시(必) 모습을 숨긴다.
주요 한자어
· 極祕(극비): 매우 중요한 비밀.

94 耶 어조사 야 (부 耳)
고을(阝)에서 들려오는 소리에 귀(耳)를 기울이고 의문을 갖는다.
*耶: 의문의 뜻을 나타내는 어조사로 쓰임.

95 蘇 되살아날/깨어날 소 (부 ++)
겨울에 얼었던 물이 녹으면 풀(++)이 자라고, 물고기(魚)도 다니고, 벼(禾)도 자라며 모든 만물이 되살아난다.

96 墓 무덤 묘 (부 土)
사람의 목숨이 없어지면(莫) 흙(土)에 묻어 무덤을 만든다.

97 模 본뜰/법 모 (부 木)
내가 원하는 모양이 없어(莫) 나무(木)로 비슷하게 본떠 만든다.

98 樣 모양 양 (부 木)
나무(木)와 양(羊)은 긴(永) 세월을 살아오면서 처음과 다른 모양이 되었다.
주요 한자어
· 模樣(모양): 겉으로 나타나는 생김새나 됨됨이.

99 吸 마실 흡 (부 口)
입(口)으로 공기가 미치는(及) 것은 숨을 들이쉬고 마실 때이다.
주요 한자어
· 呼吸(호흡): 사람이나 동물이 코 또는 입으로 공기를 들이마시고 내쉬는 기운.

100 器 그릇 기 (부 口)
개고기(犬)를 네 명의 사람(口)이 먹도록 그릇에 담았다.

101 茶 차 차, 차 다 (부 ++)
작은(小) 풀잎(++) 하나(一)를 달여서 사람(人)이 마시는 음료는 차이다.
주요 한자어
· 茶器(다기): 차를 달여 마시는 데 쓰는 기물.

102 曆 책력 력 (부 日)
언덕(厂) 밑에 많은 벼(禾)를 심고 날(日)마다 벼가 자라는 모습을 절기로 나누어 적어 놓은 것은 책력이다.
주요 한자어
· 陽曆(양력): 지구가 태양의 둘레를 한 바퀴 도는 데 걸리는 시간을 1년으로 정한 역법.

103 蓮 연꽃 련 (부 ++)
줄기가 하나로 연이어져(連) 자라는 풀(++)은 연꽃이다.

104 廉 청렴할 렴 (부 广)
벼슬에 있는 사람이 집(广)에서 농사일까지 겸하는(兼) 것으로 보아 청렴하다.
주요 한자어
· 淸廉(청렴): 성품이 고결하고 탐욕이 없음.

105 罔 없을 망 (부 罒)
그물(罒)이 망가져서(亡) 잡은 물고기가 없다.

106 貿 무역할 무 (부 貝)
토끼(卯)가 없는 나라에 수출하고 재물(貝)을 받는 것이 무역이다.
주요 한자어
· 貿易(무역): 나라와 나라 사이에 상품을 사고팔고 하는 일.

107 裳 치마 상 (부 衣)
오히려(尙) 바지보다 편한 옷(衣)은 치마이다.
주요 한자어
· 衣裳(의상): 겉에 입는 저고리와 치마.

77 染 물들 염 (部 木)
나무(木)에서 나온 물(氵)에 천을 아홉(九) 번이나 담가 물들인다.

주요 한자어
- 汚染(오염): 더럽게 물듦.
- 感染(감염): 나쁜 버릇이나 풍습, 사상 따위가 영향을 주어 물이 들게 함.

78 窮 다할/궁할 궁 (部 穴)
몸(身)을 활(弓)처럼 구부려 구멍(穴) 안으로 들어가니 기운이 다했다.

*궁하다: 가난하고 어려움.

주요 한자어
- 困窮(곤궁): 가난하여 살림이 구차함.

79 狀 형상 상, 문서 장 (部 犬)
장수(뉘)가 개(犬)와 함께 전쟁에 나갔다가 창에 찔려 상처를 얻었는데 둘의 상처 형상이 같다.

주요 한자어
- 狀態(상태): 사물이나 현상이 현재 처하여 있는 형편이나 모양.
- 賞狀(상장): 상으로 주는 증서.

80 況 상황 황 (部 氵)
형(兄)이 물(氵)에 빠져 위급한 상황이다.

주요 한자어
- 狀況(상황): 어떤 일이 되어 가는 과정이나 형편.

81 戀 사모할 련 (部 心)
누군가에 대한 마음(心)이 떨려 어지러울(䜌) 정도로 묘한 감정이 생기면 그 사람을 사모하는 것이다.

82 慕 사모할/그리워할 모 (部 小)
늘 보이던 사람이 없어졌을(莫) 때 마음(小)속에서 그리워한다면 사모하는 것이다.

주요 한자어
- 戀慕(연모): 이성을 사랑하여 간절히 그리워함.
- 追慕(추모): 죽은 사람을 그리며 생각함.

83 値 값 치 (部 亻)
성품이 곧은(直) 사람(亻)은 값어치가 있다.

주요 한자어
- 價値(가치): 사물이 지니고 있는 쓸모.

84 置 둘 치 (部 罒)
그물(罒)을 곧게(直) 펴서 물고기가 다니는 곳에 설치해 둔다.

주요 한자어
- 設置(설치): 베풀어서 둠.

85 抄 뽑을/베낄 초 (部 扌)
문서의 내용 일부(少)를 뽑아 손(扌)으로 베껴 쓴다.

주요 한자어
- 抄本(초본): 원본의 일부를 베끼거나 발췌한 문서.

86 秒 분초 초 (部 禾)
적은(少) 양의 벼(禾)를 손으로 뽑는 시간은 고작 분초면 충분하다.

*분초: 매우 짧은 시간을 비유적으로 이르는 말.

87 殊 다를 수 (部 歹)
사람이 목이 베여서 붉은(朱) 피를 흘리며 죽는 것(歹)과, 아파서 죽는 것은 다르다.

주요 한자어
- 特殊(특수): 특별히 다름.

88 鍊 불릴/단련 련 (部 金)
쇠(金) 중에서도 좋은 쇠를 가려서(柬) 강한 쇠가 되도록 불려 단련시킨다.

주요 한자어
- 老鍊(노련): 많은 경험으로 익숙하고 능란함.

89 盟 맹세 맹 (部 皿)
짐승의 피를 받은 그릇(皿)을 놓고 수호신인 태양(日)과 달(月) 앞에서 맹세하다.

주요 한자어
- 盟誓(맹세): 일정한 약속이나 목표를 꼭 실천하겠다고 다짐함.

90 邦 나라 방 (部 阝)
그곳은 초목이 예쁜(丰) 마을(阝)에 세워진 작은 나라이다.

91 雜 섞일 잡 (部 隹)
높은(亠) 나무(木) 위에 새(隹)를 잡는 사람과 열매를 따는 사람(人)들이 섞여 있다.

주요 한자어
- 複雜(복잡): 여럿이 겹치고 뒤섞여 있음.
- 混雜(혼잡): 여럿이 한데 뒤섞여 어수선함.

DAY 10

62 腹 배 복
부 月

음식을 거듭(复) 먹으면 몸(月)에 살이 붙고 배가 나온다.

주요 한자어
- 腹案(복안): 마음속에 품고 있는 계획.

63 剛 굳셀 강
부 刂

산등성이(岡)에 칼(刂)을 꽂으며 굳센 다짐을 했다.

64 硬 굳을 경
부 石

습관을 고치려(更) 해도 바뀌지 않는 것은 시간이 흘러 그 습관이 돌(石)처럼 굳세게 굳어졌기 때문이다.

주요 한자어
- 強硬(강경): 타협하거나 굽힘이 없이 힘차고 굳셈.

65 輝 빛날 휘
부 車

멋진 군사(軍)는 하는 행동 하나하나에서 빛(光)이 난다.

66 揮 휘두를 휘
부 扌

행진 중에 있는 군사(軍)들이 손(扌)을 앞뒤로 휘두르며 간다.

주요 한자어
- 指揮(지휘): 목적을 효과적으로 이루기 위하여 단체의 행동을 통솔함.

67 側 곁 측
부 亻

사람(亻)은 재물(貝)과 권력(刂)의 곁에 선다.

68 測 헤아릴 측
부 氵

물(氵)의 깊이는 통에 담아 법칙(則)대로 측정하여 헤아린다.

주요 한자어
- 豫測(예측): 미리 헤아려 짐작함.

69 蔽 덮을/가릴 폐
부 艹

옷이 해져서(敝) 풀(艹)로 덮었다.

70 幣 화폐/돈 폐
부 巾

고대 사회는 잘 해지지(敝) 않는 명주 천(巾)을 화폐로 사용했다.

주요 한자어
- 貨幣(화폐): 상품 교환 가치의 척도가 되며 그것의 교환을 매개하는 일반화된 수단.

71 弊 해질/폐단 폐
부 廾

양손(廾)으로 가려도 가려지지 않을 만큼 해졌다(敝).

주요 한자어
- 弊害(폐해): 폐가 되는 나쁜 일.

72 誕 낳을 탄
부 言

진통 중에 말(言)을 끌면서(延) 힘을 다해 아이를 낳는다.

주요 한자어
- 誕生(탄생): 사람이 태어남.

73 妄 망령될 망
부 女

그 여자(女)는 집안이 망하자(亡) 말이나 행동이 정상에서 벗어난 망령된 짓을 하였다.

주요 한자어
- 妄靈(망령): 늙거나 정신이 흐려져서 말과 행동이 정상에서 어그러지는 상태.

74 靈 신령 령
부 雨

무당(巫)이 비(雨)가 내리길 기원하는 기우제를 드리며 입(口)으로 신령님을 부른다.

75 魂 넋 혼
부 鬼

구름(云)처럼 떠도는 귀신(鬼)의 영혼은 넋이다.

주요 한자어
- 魂靈(혼령): 죽은 이의 넋.

76 汚 더러울 오
부 氵

흐르는 물(氵)을 하나(一)로 모아서 움켜쥐고(丂) 있으면 썩어서 더러워진다.

47 **鬼** 귀신 귀 (부 鬼)
귀신의 모습(鬼)을 본뜬 상형 문자이다.

48 **哭** 울 곡 (부 口)
사람(口)들이 개(犬)를 잡으려 하니 개가 목(口) 놓아 운다.
주요 한자어
- 哭聲(곡성): 슬피 우는 소리.

49 **携** 이끌 휴 (부 扌)
새(隹)가 날아와서 이(乃)에 손(扌)으로 잡아끌었다.
주요 한자어
- 提携(제휴): 행동을 함께하기 위하여 서로 붙들어 도와줌.

50 **帶** 띠 대 (부 巾)
천(巾)으로 아래를 덮듯이(一) 걸치고 허리춤에 장식(帶)을 하고 띠를 두른 모양이다.
옛날 지위 높은 사람이 허리에 띠를 매고 다닌 모습(帶)을 본뜬 상형 문자이다.
주요 한자어
- 携帶(휴대): 손에 들거나 몸에 지니고 다님.

51 **腰** 허리 요 (부 月)
우리 몸(月)에서 가장 중요한(要) 부위는 허리다.
주요 한자어
- 腰帶(요대): 바지 따위가 흘러내리지 아니하게 옷의 허리 부분에 둘러매는 띠.

52 **提** 이끌/끌 제 (부 扌)
손(扌)을 내밀어 옳은(是) 방향으로 이끌다.

53 **供** 이바지할 공 (부 亻)
사람(亻)은 함께(共) 살아가기 위해 사회에 이바지해야 한다.
*이바지하다: 도움이 되게 함.
주요 한자어
- 提供(제공): 무엇을 내주거나 갖다 바침.
- 供給(공급): 요구나 필요에 따라 물품 따위를 제공함.

54 **激** 격할/부딪칠 격 (부 氵)
고인 물을 치니(攵) 하얀(白) 물방울(氵)이 사방(方)에 격하게 부딪친다.

55 **勵** 힘쓸 려 (부 力)
굴바위(厂) 밑에서 전갈(萬)이 바위를 부수며 나오려고 힘(力)쓰다.
주요 한자어
- 激勵(격려): 용기나 의욕이 솟아나도록 북돋워 줌.

56 **肩** 어깨 견 (부 月)
우리 몸(月)에서 집(戶)의 지붕처럼 넓게 벌어진 부분은 어깨이다.

57 **負** 질 부 (부 貝)
사람(人)이 갯벌에서 캔 조개(貝)를 짊어졌다.
주요 한자어
- 負擔(부담): 어떠한 의무나 책임을 짐.

58 **擔** 멜 담 (부 扌)
생일 선물을 넉넉하게(詹) 받아서 손(扌)에도 들고 어깨에도 메고 왔다.
주요 한자어
- 擔任(담임): 어떤 학급이나 학년 따위를 책임지고 맡아봄. 또는 그런 사람.

59 **任** 맡길 임 (부 亻)
북방(壬)으로 사람(亻)을 보내 일을 맡긴다.
주요 한자어
- 任命(임명): 일정한 지위나 임무를 남에게 맡김.

60 **員** 인원 원 (부 口)
먹고(口)살기 위해 돈(貝)을 받고 일하는 인원이 많다.
주요 한자어
- 任員(임원): 어떤 단체에 소속하여 그 단체의 중요한 일을 맡아보는 사람.

61 **複** 겹칠 복 (부 衤)
얇은 옷(衤)을 거듭(复) 겹쳐 입었다.

31. 床 (평상 상) 〔부 广〕
집(广) 앞에 앉거나 누울 수 있도록 나무(木)로 만든 침상은 평상이다.

주요 한자어
- 臨床(임상): 병을 치료하거나 병의 예방 등을 연구하기 위해 실제로 환자를 접하는 것.

32. 凍 (얼 동) 〔부 冫〕
해가 뜨는 동쪽(東)에도 기온이 낮으면 얼음(冫)이 언다.

33. 梨 (배나무 리) 〔부 木〕
나무(木)에서 열리는 열매 중에서 갈증 해소에 이로움(利)을 주는 열매는 배이다.

34. 斤 (도끼 근) 〔부 斤〕
도끼의 모습(斤)을 본뜬 상형 문자이다.

35. 斥 (물리칠 척) 〔부 斤〕
도끼(斤)를 내리찍어(丶) 적의 침입을 물리친다.

주요 한자어
- 排斥(배척): 반대하여 내침.

36. 奪 (빼앗을 탈) 〔부 大〕
큰(大) 새(隹)가 작은(寸) 새의 먹잇감을 빼앗아 간다.

주요 한자어
- 奪還(탈환): 도로 빼앗음.
- 掠奪(약탈): 폭력을 써서 무리하게 빼앗음.

37. 奮 (떨칠 분) 〔부 大〕
큰(大) 새(隹)의 위세가 대단하여 밭(田)에서 자신의 힘을 떨치다.

주요 한자어
- 奮發(분발): 마음과 힘을 다해 떨쳐 일어남.

38. 侯 (제후 후) 〔부 亻〕
과녁에 화살(矢)을 쏘아 명중을 밥 먹듯 하는 이 사람(亻)이 제후이다.

39. 症 (증세 증) 〔부 疒〕
병(疒)의 성질을 올바르게(正) 파악하면 바로 병의 증세를 알 수 있다.

40. 候 (기후 후) 〔부 亻〕
제후(侯)가 쏜 화살이 어떻게 과녁을 뚫고(丨) 가는가에 따라 기후를 예측할 수 있었다.

주요 한자어
- 徵候(징후): 어떤 일이 일어날 조짐.

41. 群 (무리 군) 〔부 羊〕
임금(君)은 이동할 때 양(羊)처럼 무리 지어 다닌다.

주요 한자어
- 症候群(증후군): 몇 가지 증후가 늘 함께 나타나지만, 그 원인이 명확하지 아니하거나 단일하지 아니한 병적인 증상들을 통틀어 이르는 말.

42. 隊 (무리 대) 〔부 阝〕
목동(人)이 돼지(豕)를 언덕(阝)으로 이끌고 무리 지어 간다.

주요 한자어
- 部隊(부대): 어떤 일을 위해 똑같은 특징을 지니고 한데 모인 사람들의 집단.

43. 宮 (집 궁) 〔부 宀〕
임금을 모시는 사람들(呂)이 모여 사는 집(宀)이 궁이다.

44. 胃 (위장 위) 〔부 月〕
밭(田)에서 나온 채소와 가축에게서 나온 고기(月)를 입으로 먹으면 담기는 곳이 위장이다.

45. 謂 (이를 위) 〔부 言〕
위장(胃)은 말(言)을 하지 않지만 소리를 내어 이르다.

*이르다: 무엇이라고 말함.

46. 痛 (아플 통) 〔부 疒〕
병(疒)이 나서 길(甬)을 걸을 수 없을 정도로 아프다.

주요 한자어
- 胃痛(위통): 위의 아픔.
- 痛哭(통곡): 소리를 높여 슬피 욺.

15 攻 (부 攵) 칠 공
장인(工)은 잘못 만든 물건을 부수기 위해 친다(攵).

16 擊 (부 手) 칠 격
손(手)에 몽둥이(殳)를 들고 적의 수레(車)를 공격하여 치다.
주요 한자어
- 攻擊(공격): 나아가 적을 침.
- 打擊(타격): 때리어 침.

17 鼓 (부 鼓) 북 고
콩(豆)처럼 보이는 많은(十) 군사들이 여러 갈래로 갈라지는(支) 것을 막기 위해 사용한 악기는 북이다.
주요 한자어
- 鼓吹(고취): 용기·기운을 북돋우어 일으킴.

18 桂 (부 木) 계수나무 계
서옥(圭)처럼 아름답고 쓰임이 많은 나무(木)는 계수나무이다.
*서옥: 상서로운 구슬.

19 冠 (부 冖) 갓 관
작은(寸) 아이가 자라서 집안의 으뜸(元)이 될 때 머리에 덮어쓰는(冖) 것은 갓이다.
주요 한자어
- 桂冠(계관): 일정한 상을 받은 영예.
- 冠禮(관례): 스무 살이 되어 남자는 갓을 쓰고 여자는 쪽을 찌고 어른이 되던 예식.

20 錦 (부 金) 비단 금
하얀(白) 누에에서 나온 실을 가공하여 천(巾)을 만들었더니 금(金) 값처럼 비싼 비단이 되었다.

21 綿 (부 糸) 솜 면
하얀(白) 실(糸)뭉치처럼 생겼고, 천(巾)을 만들 때 사용하며, 목화씨에 달라붙은 털은 솜이다.
주요 한자어
- 綿密(면밀): 자세하고도 빈틈이 없음.

22 隆 (부 阝) 높을 륭
일생(生)에 한(一) 번 나면 자기 목표를 향해 천천히(攵) 가는데 그 목표가 언덕(阝)만큼 높다.
주요 한자어
- 隆盛(융성): 기운이 기운차게 일어남.

23 陵 (부 阝) 언덕 릉
사람(儿)이 흙(土)을 천천히(攵) 보기 좋게 쌓아 올리면 높은 언덕(阝)처럼 된다.

24 龍 (부 龍) 용 룡
용의 모습(龍)을 본뜬 상형 문자이다.

25 蛇 (부 虫) 뱀 사
옛날에는 비수(匕)처럼 날카로운 이빨을 가지고 그 집(宀)을 지키는 벌레(虫)를 뱀이라고 생각했다.
*비수: 날이 예리하고 짧은 칼.

26 征 (부 彳) 칠 정
올바른(正) 길을 가는 사람들(彳)은 부정한 것을 쳐낸다.
주요 한자어
- 征伐(정벌): 죄 있는 무리를 군대로써 침.

27 整 (부 攵) 가지런할 정
묶어(束) 놓은 나무의 끝을 쳐서(攵) 바르게(正) 만들어 가지런히 정리하였다.
주요 한자어
- 整理(정리): 흐트러진 것을 가지런히 바로잡음.
- 整備(정비): 정돈하여 갖춤.

28 補 (부 衤) 기울/도울 보
옷(衤)이 작아서 다른 천 하나(一)를 기워 크게(甫) 만들었다.
주요 한자어
- 補充(보충): 모자람을 보태어 채움.

29 償 (부 亻) 갚을 상
어떤 사람(亻)에게 상(賞)을 주는 것은 그 사람의 공로에 대한 대가를 갚는 것이다.
주요 한자어
- 補償(보상): 남에게 끼친 손해를 갚음.

30 臨 (부 臣) 임할 림
신하(臣)가 임금께서 하사한 물건(品)을 들고 공을 세운 사람(人)이 사는 곳에 임한다.
*임하다: 어떤 장소에 도달함.

DAY 10

공부한 날: ____월 ____일

1. 貢 ^{부 貝} 바칠 공
   장인(工)이 만든 물건이 재물(貝)로서 가치가 있다면 왕에게 바쳐야 한다.

2. 獻 ^{부 犬} 드릴 헌
   솥(鬲) 위에 개(犬)를 담아 동물의 왕인 범(虎)에게 드린다.
   주요 한자어
   • 貢獻(공헌): 힘을 써 이바지함.

3. 諾 ^{부 言} 허락할 낙
   만약(若) 말(言)로 나를 설득한다면 그것을 허락할 것이다.
   주요 한자어
   • 承諾(승낙): 청하는 바를 들어줌.
   • 受諾(수락): 요구를 받아들여 승낙함.

4. 默 ^{부 黑} 잠잠할 묵
   검은(黑) 어둠이 깔리는 밤에는 개(犬)들도 잠을 자기 때문에 잠잠하다.
   주요 한자어
   • 默認(묵인): 말 없는 가운데 넌지시 승인함.

5. 寡 ^{부 宀} 적을 과
   집(宀)안의 머리(頁)가 되는 높은 사람이 자신의 몫을 나누어(分) 주니 물건의 양이 적어진다.

6. 慾 ^{부 心} 욕심 욕
   끝이 없이 계속 갖고 싶고 하고 싶은(欲) 마음(心)이 욕심이다.
   주요 한자어
   • 寡慾(과욕): 욕심이 적음.
   • 貪慾(탐욕): 사물을 지나치게 탐하는 욕심.

7. 乞 ^{부 乙} 빌 걸
   새(乙)가 사람(人) 앞에서 모이를 달라고 조아리며 빈다.

8. 巧 ^{부 工} 공교할 교
   장인(工)은 교묘한(丂) 솜씨로 물건을 만들어 그것을 갖고 싶게 할 만큼 솜씨가 공교하다.
   *공교하다: 솜씨나 꾀가 재치가 있고 교묘함.
   주요 한자어
   • 巧妙(교묘): 솜씨나 꾀가 재치 있게 약삭빠름.

9. 寶 ^{부 宀} 보배 보
   우리 집(宀)에 있는 옥(玉)으로 만든 술 그릇(缶)은 재물(貝)로서의 가치가 높은 귀하고 소중한 보배이다.

10. 庫 ^{부 广} 곳집/창고 고
    수레(車)를 보관하는 집(广)이 곳집이다.
    주요 한자어
    • 寶庫(보고): 귀중한 물건을 간수해 두는 곳.

11. 貫 ^{부 貝} 꿸 관
    재물(貝)의 한가운데를 뚫어(毌) 실로 꿰다.
    주요 한자어
    • 一貫(일관): 처음부터 끝까지 하나의 방법으로 계속함.

12. 慣 ^{부 忄} 버릇/익숙할 관
    마음(忄)속에 꿰어져(貫) 익숙해져 버린 행동이 버릇이다.
    주요 한자어
    • 習慣(습관): 여러 번 되풀이함으로써 저절로 익고 굳어진 행동.

13. 鬪 ^{부 鬥} 싸울 투
    작은(寸) 콩(豆)을 손에 쥐기 위해 싸운다(鬥).
    주요 한자어
    • 戰鬪(전투): 두 편의 군대가 조직적으로 무장하여 싸움.

14. 狗 ^{부 犭} 개 구
    사람의 말(句)을 가장 잘 알아듣는 짐승(犭)이 개이다.
    주요 한자어
    • 鬪狗(투구): 개끼리 싸움을 붙임.

DAY 09 복습 쪽지시험

[01~05] 다음 한자(漢字)의 음(音)은 무엇입니까?

01 顧: ① 혈 ② 고 ③ 용 ④ 추 ⑤ 거
02 狂: ① 왕 ② 영 ③ 광 ④ 경 ⑤ 공
03 僅: ① 금 ② 준 ③ 삼 ④ 근 ⑤ 겸
04 把: ① 파 ② 악 ③ 사 ④ 다 ⑤ 바
05 禽: ① 서 ② 결 ③ 소 ④ 윤 ⑤ 금

[06~10] 다음 음(音)을 가진 한자(漢字)는 무엇입니까?

06 루: ① 泥 ② 漏 ③ 涉 ④ 湯 ⑤ 貪
07 수: ① 肯 ② 雷 ③ 獸 ④ 憎 ⑤ 珠
08 쇠: ① 衰 ② 曉 ③ 範 ④ 麻 ⑤ 徵
09 매: ① 葬 ② 役 ③ 莊 ④ 頌 ⑤ 埋
10 극: ① 淚 ② 誌 ③ 池 ④ 姪 ⑤ 劇

[11~15] 다음 한자(漢字)의 뜻은 무엇입니까?

11 獲: ① 거두다 ② 가두다 ③ 얻다
    ④ 벌하다 ⑤ 꾸미다
12 衝: ① 찌르다 ② 저울 ③ 무겁다
    ④ 갑자기 ⑤ 들이다
13 違: ① 씨줄 ② 장막 ③ 위대하다
    ④ 지키다 ⑤ 어긋나다
14 抗: ① 겨루다 ② 배 ③ 일하다
    ④ 넘다 ⑤ 당기다
15 鎭: ① 삼가다 ② 진압하다 ③ 쇠
    ④ 늘어놓다 ⑤ 떨치다

[16~19] 다음 뜻을 가진 한자(漢字)는 무엇입니까?

16 안개 : ① 緯 ② 祀 ③ 霧
        ④ 漠 ⑤ 糧
17 호소하다: ① 赴 ② 濫 ③ 衛
          ④ 納 ⑤ 訴
18 손바닥 : ① 遲 ② 掌 ③ 啓
          ④ 燥 ⑤ 侍
19 꾀다 : ① 潛 ② 誘 ③ 惑
        ④ 振 ⑤ 趣

[20~22] 다음 문장에서 한자어(漢字語)의 독음(讀音)은 무엇입니까?

20 벌금을 納付하다.
    ① 준비 ② 계몽 ③ 납부
    ④ 단속 ⑤ 경고
21 병역을 忌避하다.
    ① 기대 ② 면피 ③ 기피
    ④ 모면 ⑤ 회피
22 건물 崩壞로 지하에 갇혔다.
    ① 결빙 ② 붕괴 ③ 변탈
    ④ 붕퇴 ⑤ 붕어

[23~25] 다음 문장에서 밑줄 친 단어(單語)를 한자(漢字)로 바르게 쓴 것은 어느 것입니까?

23 그 두 가지는 서로 **배반**하는 관계이다.
    ① 背叛 ② 杯盤 ③ 胚盤
    ④ 杯盤 ⑤ 配頒
24 바깥에 쳐 둔 **장막**을 거두는 중이다.
    ① 長幕 ② 帳幕 ③ 將幕
    ④ 腸膜 ⑤ 張漠
25 학교 **부근**에 있는 찻집에서 만나다.
    ① 付根 ② 扶根 ③ 附近
    ④ 斧斤 ⑤ 浮根

정답
01 ② 02 ③ 03 ④ 04 ① 05 ⑤ 06 ② 07 ⑤ 08 ① 09 ⑤ 10 ⑤ 11 ③ 12 ① 13 ⑤ 14 ① 15 ②
16 ③ 17 ⑤ 18 ② 19 ② 20 ③ 21 ③ 22 ② 23 ① 24 ② 25 ③

122 惑 미혹할 혹 (부 心)

혹시(或)나 하는 마음(心)에 갈팡질팡하는 것은 미혹되었기 때문이다.

주요 한자어
- 誘惑(유혹): 남을 꾀어 정신을 어지럽게 함.

123 迷 미혹할 미 (부 辶)

흩어진 쌀(米)처럼 많은 갈림길 앞에서 거닐다(辶)가 미혹당했다.

주요 한자어
- 迷惑(미혹): 마음이 흐려서 무엇에 홀림.

124 陶 질그릇 도 (부 阝)

언덕(阝) 위에 있는 진흙을 보자기에 싸(勹) 와서 빚은 것이 술잔(缶)과 질그릇이다.

주요 한자어
- 陶醉(도취): 흥취 있게 술이 얼근히 취함. 어떠한 것에 마음이 쏠려 취하다시피 함.

125 潛 잠길 잠 (부 氵)

이 마을은 수몰 지역으로 지정되어 곧(朁) 물(氵)에 잠길 것이다.

주요 한자어
- 潛在(잠재): 속에 숨어 겉으로 드러나지 않음.

126 涉 건널 섭 (부 氵)

얕은 물(氵)은 사람이 걸어서(步) 건널 수 있다.

주요 한자어
- 干涉(간섭): 직접 관계가 없는 남의 일에 부당하게 참견함.

127 赴 다다를 부 (부 走)

점괘(卜)에 좌우지되지 않고 의지를 가지고 달려가니(走) 원하는 곳에 다다르게 되었다.

주요 한자어
- 赴任(부임): 임무를 받아 근무할 곳으로 감.

128 穴 구멍 혈 (부 穴)

혈거 생활의 주거 모습(穴)을 본뜬 상형 문자이다.

*혈거: 동굴 속에서 삶.

106 **級** 등급 급 (부 糸)
실(糸)은 길수록 좋기 때문에 실이 미치는(及) 길이에 따라 등급이 정해진다.
주요 한자어
• 昇級(승급): 봉급의 등급이나 바둑, 태권도 따위의 급수가 오름.

107 **泥** 진흙 니 (부 氵)
집(戶)에 생긴 숟가락(匕)만 한 구멍 때문에 물(氵)이 들어와서 진흙을 발랐다.

108 **淚** 눈물 루 (부 氵)
개(犬)가 집(戶)에 주인 없이 남겨지면 흘리는 물(氵)이 눈물이다.

109 **漏** 샐 루 (부 氵)
비(雨)가 올 때마다 집(戶)에 물(氵)이 뚝뚝 떨어져 샌다.
주요 한자어
• 脫漏(탈루): 밖으로 빠져서 새는 것.

110 **臭** 냄새 취 (부 自)
개(犬)는 스스로(自) 먹이를 찾기 위해 냄새를 맡는다.
주요 한자어
• 惡臭(악취): 고약한 냄새.

111 **趣** 뜻 취 (부 走)
원하는 것을 취하기(取) 위해 달려가(走) 뜻을 이룬다.
주요 한자어
• 趣向(취향): 하고 싶은 마음이 쏠리는 방향.

112 **智** 슬기/지혜 지 (부 日)
날(日)마다 세상의 이치를 깨달아 알면서(知) 얻게 되는 능력이 지혜이다.

113 **誌** 기록할 지 (부 言)
뜻(志)깊은 말(言)은 잊지 않기 위해 기록한다.
주요 한자어
• 雜誌(잡지): 호를 거듭하며 정기적으로 간행되는 출판물.

114 **池** 못 지 (부 氵)
새(乙)가 힘(力)써 먹이를 쪼아 먹듯 땅을 파서 물(氵)을 가두어 놓은 곳이 못이다.

115 **珍** 보배 진 (부 王)
사람(人)의 머리털(彡)처럼 꼭 필요하고 소중한 구슬(玉)이 보배이다.
주요 한자어
• 珍貴(진귀): 보배롭고 귀중함.

116 **鎭** 진압할 진 (부 金)
참(眞)으로 무거운 쇳덩어리(金)로 눌러 진압하였다.
주요 한자어
• 鎭靜(진정): 시끄럽고 요란한 일이나 상태를 조용하게 가라앉히는 것.

117 **振** 떨칠 진 (부 扌)
손(扌)으로 별(辰)을 가리키며 위엄을 떨친다.

118 **陳** 베풀/묵을 진 (부 阝)
언덕(阝) 너머 동녘(東)을 향해 온 정을 베풀다.
주요 한자어
• 陳列(진열): 물건 따위를 보이기 위해 죽 벌여 놓음.

119 **姪** 조카 질 (부 女)
언니가 막달에 이르러(至) 여자(女)아이를 낳아 조카가 생겼다.

120 **秩** 차례 질 (부 禾)
벼(禾)를 잃어버리지(失) 않으려면 차례대로 깔끔히 쌓아야 한다.
주요 한자어
• 秩序(질서): 사물의 조리나 그 순서.

121 **誘** 꾈 유 (부 言)
말(言)을 빼어나게(秀) 잘하면 상대를 꾈 수 있다.
주요 한자어
• 誘引(유인): 꾀어냄.

DAY 09

90 **莊** 씩씩할/전장 장 (부 艹)
장수들이 풀(艹)이 난 언덕을 누비는 모습이 **씩씩하다(壯)**.
*전장: 개인이 소유하는 논밭.
주요 한자어
· 莊嚴(장엄): 규모가 크고 엄숙함.

91 **訴** 호소할 소 (부 言)
나쁜 사람들을 **물리쳐(斥)** 달라고 **말(言)**로 호소하다.
주요 한자어
· 提訴(제소): 소송을 제기함.

92 **訟** 송사할 송 (부 言)
말(言)로 해결이 안 되면 옳고 그름을 법의 기준으로 **공평하게(公)** 판단할 수 있게 송사해야 한다.
주요 한자어
· 訴訟(소송): 재판을 걺.

93 **頌** 칭송할/기릴 송 (부 頁)
조직의 **머리(頁)**가 모든 일을 **공평하게(公)** 처리하면, 조직원들은 그를 높이 칭송한다.
주요 한자어
· 讚頌(찬송): 미덕을 기리고 찬양함.

94 **換** 바꿀 환 (부 扌)
사람은 자신의 **손(扌)**에 쥔 것보다 더 **빛나는(奐)** 것이 있으면 바꾸고 싶어 한다.
주요 한자어
· 轉換(전환): 다른 방향이나 상태로 바뀌거나 바꿈.

95 **拂** 떨칠 불 (부 扌)
손(扌)에 쥔 것이 올바르게 얻은 것이 **아니면(弗)** 그것을 떨쳐야 한다.
주요 한자어
· 換拂(환불): 돈이나 물건을 바꾸어 지불함.

96 **衡** 저울대 형 (부 行)
큰(大) 물고기(魚)가 **다닐(行)** 때 균형을 잡듯이 물건의 균형을 잡아 무게를 재는 도구는 저울이다.
주요 한자어
· 衡平(형평): 균형이 잡혀 있는 일.

97 **衝** 찌를/부딪힐 충 (부 行)
크고 **무거운(重)** 짐을 가지고 **다니면(行)** 균형을 잡기가 어려워 부딪힌다.

98 **突** 갑자기 돌 (부 穴)
개(犬)가 **구멍(穴)** 밖으로 고개를 갑자기 내밀었다.
주요 한자어
· 衝突(충돌): 서로 대질러서 부딪침.

99 **厥** 그 궐 (부 厂)
말을 **거스르고(屰) 언덕(厂)**에 누워 **하품(欠)**을 하고 노닐면 감옥, 그곳에 가게 된다.

100 **演** 펼/늘일 연 (부 氵)
범(寅)이 **물(氵)**속에서 헤엄쳐서 물살이 퍼져 나간다.

101 **劇** 심할 극 (부 刂)
범(虎)과 **돼지(豕)**를 **칼(刂)**로 잡으려고 싸움을 심하게 한다.
주요 한자어
· 演劇(연극): 배우가 각본에 따라 어떤 사건이나 인물을 말과 동작으로 관객에게 보여주는 무대 예술.

102 **策** 꾀 책 (부 竹)
위기를 모면하기 위해 **대나무(竹)**에 **가시(朿)**를 붙이는 꾀를 냈다.
주요 한자어
· 策略(책략): 모책과 방략. 꾀.

103 **略** 간략할 략 (부 田)
각자(各)가 **밭(田)**에서 심은 채소는 무엇인지 간략하게 조사했다.
주요 한자어
· 省略(생략): 덜어서 줄임. 뺌.

104 **廟** 사당 묘 (부 广)
조상의 신주를 모셔 두고 **아침(朝)**마다 인사하러 가는 **집(广)**이 사당이다.
*신주: 죽은 사람의 위패.

105 **昇** 오를 승 (부 日)
막걸리 한 **되(升)**를 마시니 **해(日)**가 중천에 올랐다.

76 附 (붙을 부) [부 阝]
언덕(阝)을 넘어가 친구에게 선물을 건네주고(付) 단짝 친구가 되어 붙어 다닌다.

주요 한자어
- 附近(부근): 어떠한 곳을 중심으로 하여 그에 가까운 곳.
- 附記(부기): 원문에 덧붙이어 적음.

77 腐 (썩을 부) [부 肉]
관청(府) 잔치에 사용될 고기(肉)가 썩었다.

주요 한자어
- 腐敗(부패): 정치·사상·의식 따위가 타락함.

78 徵 (부를 징) [부 彳]
왕(王)이 반란을 꾀하려고 산(山)에 모인(一) 사람(彳)들을 치기(攵) 위해 군사를 부른다.

주요 한자어
- 特徵(특징): 다른 것에 비겨서 특별히 눈에 뜨이는 점.
- 徵候(징후): 겉으로 나타내는 낌새.

79 懲 (징계할 징) [부 心]
왕이 반란을 꾀한 사람들을 치기 위해 군사를 불렀을(徵) 때 그 마음(心)은 징계하고자 한 것이다.

80 罰 (벌할 벌) [부 罒]
물고기를 그물(罒)로 잡듯이 반란자들을 잡아 놓고 칼(刂)처럼 날카로운 말(言)로 꾸짖어 벌하다.

주요 한자어
- 懲罰(징벌): 옳지 아니한 일을 하거나 죄를 지은 데 대하여 벌을 줌.
- 罰則(벌칙): 법규를 어긴 행위에 대한 처벌을 정하여 놓은 규칙.

81 役 (부릴 역) [부 彳]
창(殳)을 들고 감시하며 사람(彳)들을 부린다.

주요 한자어
- 懲役(징역): 죄인을 교도소에 가두어 노동을 시키는 형벌.

82 糧 (양식 량) [부 米]
이 마을(里) 사람들은 아침(旦)마다 쌀(米)을 배급받아 양식으로 삼는다.

83 濫 (넘칠 람) [부 氵]
둑 너머로 물(氵)이 보이는(監) 것으로 보아 곧 넘치겠다.

주요 한자어
- 氾濫(범람): 큰물이 흘러넘침. 또는 바람직하지 못한 것들이 마구 쏟아져 돌아다님.

84 獲 (얻을 획) [부 犭]
풀밭(艹)에서 노는 새(隹)를 손(又)으로 잡으려다 예상치 못하게 짐승(犭)을 사로잡아 얻었다.

주요 한자어
- 濫獲(남획): 짐승이나 물고기 따위를 마구 잡음.
- 獲得(획득): 얻어 내거나 얻어 가짐.

85 穫 (거둘 확) [부 禾]
풀밭(艹)에서 노는 새(隹)가 벼(禾)를 쪼아 먹기 전에 손(又)으로 벼를 거둔다.

주요 한자어
- 收穫(수확): 곡식을 거두어들임.

86 埋 (묻을 매) [부 土]
이 마을(里)은 사람이 죽으면 땅(土)에 묻는다.

87 葬 (장사 지낼 장) [부 艹]

죽은(死) 사람은 양손(廾)으로 들어 땅에 묻고 풀(艹)을 덮어 장사 지낸다.

주요 한자어
- 埋葬(매장): 송장을 땅에 묻음.
- 葬禮(장례): 장사 지내는 예절.

88 塗 (칠할/진흙 도) [부 土]
물기(氵)가 남아(余) 있는 흙은 진흙(土)이고, 벽에 칠할 수 있다.

주요 한자어
- 塗炭(도탄): 진흙탕에 빠지고 숯불에 탄다는 뜻으로, 생활이 몹시 곤궁하여 고통스러운 지경을 이르는 말.
- 塗褙(도배): 종이로 벽이나 반자, 장지 따위를 바르는 일.

89 裝 (꾸밀 장) [부 衣]
씩씩한(壯) 장수는 평소에도 강건한 인상을 줄 수 있는 옷(衣)을 입고 꾸민다.

60 範 법 범 (부 竹)
벼슬아치(巳)가 되기 위해 수레(車)에 담긴 책(𥫗) 정도는 다 봐야 하는 것이 기본적인 법이다.

61 圍 에워쌀 위 (부 口)
적이 침입하는 것을 막기(韋) 위해 빙 둘러(口) 에워쌌다.
주요 한자어
- 範圍(범위): 테두리가 정해진 구역.

62 侍 모실 시 (부 亻)
사람(亻)들은 돌아가신 분들을 절(寺)에 모시기도 한다.

63 衛 지킬 위 (부 行)
함께 다니면서(行) 위험을 막아주며(韋) 지키다.
주요 한자어
- 侍衛(시위): 임금을 모시어 호위함.
- 衛生(위생): 건강의 보전·증진을 도모하고 질병의 예방·치유에 힘쓰는 일.

64 違 어긋날/어길 위 (부 辶)
경찰이 길을 가는(辶) 사람을 막은(韋) 이유는 법을 어겼기 때문이다.
주요 한자어
- 違背(위배): 법률, 명령, 약속 따위를 지키지 않고 어김.

65 背 등/배반할 배 (부 月)
사람이 등져서(北) 앉을 때 닿는 몸(月)의 부위는 등이다.
주요 한자어
- 背叛(배반): 믿음·의리를 저버리고 돌아섬.

66 航 배 항 (부 舟)
배(舟)는 높은(亢) 돛을 달고 항해한다.
주요 한자어
- 航空(항공): 비행기로 공중을 날아다님.

67 抗 겨룰 항 (부 扌)
서로 손(扌)을 높이(亢) 들어 실력을 겨루다.
주요 한자어
- 抗訴(항소): 민사 소송에서 제1심의 종국 판결에 대하여 하는 상소.

68 帳 장막/휘장 장 (부 巾)
헝겊 천(巾)을 길게(長) 내린 것은 장막이다.
주요 한자어
- 帳幕(장막): 한데에서 볕 또는 비를 막고 사람이 들어가 있도록 둘러치는 막.

69 幕 장막 막 (부 巾)
빛이 들어올 수 없게(莫) 가리는 천(巾)은 장막이다.

70 漠 넓을/사막 막 (부 氵)
물(氵)이 많이 없는(莫) 사막은 광대한 면적을 차지할 만큼 넓다.

71 麻 삼 마 (부 麻)
수풀(林)에서 베어 낸 식물의 껍질을 벗겨 옷을 만들기 위해 집(广)에서 심었던 식물은 삼이다.

72 磨 갈 마 (부 石)
돌(石)의 울퉁불퉁한 표면을 매끄럽게 하기 위해서는 삼(麻) 줄기의 껍질을 벗기듯 갈아야 한다.
주요 한자어
- 研磨(연마): 갈고닦음.

73 納 들일 납 (부 糸)
장수를 의미하는 긴 실(糸)을 집 안(內)으로 들였다.

74 付 줄 부 (부 亻)
조금(寸)밖에 남지 않은 식량을 남(亻)에게 건네주다.
주요 한자어
- 納付(납부): 세금이나 공과금 따위를 관계 기관에 냄.

75 府 관청/마을 부 (부 广)
사람들에게 언제든지 내어 줄(付) 수 있도록 문서를 저장하는 집(广)이 우리 마을의 관청이다.

45 慰 위로할 위 (부 心)
벼슬아치(尉)는 늘 마음(心)을 다해 아랫사람들을 위로해야 한다.

주요 한자어
- 慰勞(위로): 고달픔을 풀도록 따뜻하게 대하여 줌.

46 昏 어두울 혼 (부 日)
해(日)가 높은 곳에서 낮은(氐) 곳으로 내려가니 날이 어두워졌다.

47 茫 아득할 망 (부 ++)
물(氵)이 있을 때는 풀(++)이 잘 자랐는데 물이 없어지니(亡) 풀이 사라졌고, 잘 자랐던 그 기억이 이젠 아득하구나.

48 吐 토할 토 (부 口)
입(口)에 흙(土)이 들어가면 토한다.

49 鳳 봉황 봉 (부 鳥)
무릇(凡) 모든 새(鳥)들의 왕은 봉황이다.

50 把 잡을 파 (부 扌)
손(扌)으로 꼬리(巴)를 잡는다.

51 肥 살찔 비 (부 月)
일반적으로 몸(月)에 꼬리(巴)가 달린 소, 돼지, 양과 같은 짐승은 살쪘다.

주요 한자어
- 肥滿(비만): 살찌고 뚱뚱함.

52 衰 쇠할 쇠 (부 衣)
소(丑)가 마치 옷(衣)을 입은 것처럼 살가죽이 늘어져 있는 것으로 보아 점점 기력이 쇠하고 있다.

주요 한자어
- 盛衰(성쇠): 성하고 쇠퇴함.
- 齊衰(자최): 조금 굵은 생베로 짓되 아래 가를 좁게 접어서 꿰맨 상복.

53 翁 늙은이 옹 (부 羽)
팔자(八)형으로 처진 눈과 아무렇게(厶) 자란 깃털(羽) 같은 콧수염을 가진 사람이 늙은이다.

54 司 맡을 사 (부 口)
멀리(冂) 있는 사람(口)들이 하나(一)로 모여 공사를 맡았다.

주요 한자어
- 司法(사법): 국가의 기본적인 작용의 하나. 어떤 문제에 대하여 법을 적용하여 그 적법성과 위법성, 권리관계 따위를 확정하여 선언하는 일.

55 社 모일 사 (부 示)
토지(土) 신(示)께 제사를 지내기 위해 많은 사람이 모인다.

56 祀 제사 사 (부 示)
신(示) 앞에서 몸을 뱀(巳)처럼 땅에 대고 엎드려 제사를 지낸다.

57 曉 새벽 효 (부 日)
해(日)가 높은(堯) 곳을 향해 올라가기 위해 모습을 드러낼 때가 새벽이다.

58 霧 안개 무 (부 雨)
비(雨)가 되기 위해서 힘써(務) 하늘로 올라가고자 하는 증기가 안개이다.

주요 한자어
- 曉霧(효무): 새벽에 끼는 안개.
- 霧散(무산): 안개가 걷히는 것처럼 흔적 없이 사라짐.

59 緯 씨/씨줄 위 (부 糸)
뜨개질할 때 세로로 내려가는 실(糸)을 막아서는(韋), 즉 가로 방향으로 놓인 실이 씨줄이다.

주요 한자어
- 經緯(경위): 일이 진행되어 온 과정.
- 緯度(위도): 지구 위의 위치를 나타내는 좌표축 중에서 가로로 된 것. 적도를 중심으로 하여 남북으로 평행하게 그은 선임.

30 避 피할 피
부 辶
가다(辶)가 장애물을 만나면 피해(辟) 간다.

주요 한자어
- 忌避(기피): 꺼리거나 싫어하여 피함.
- 避暑(피서): 선선한 곳으로 옮겨 더위를 피하는 일.

31 憎 미울 증
부 忄
일찍(曾)부터 버려야 하는 마음(忄)은 남을 미워하는 것이다.

주요 한자어
- 憎惡(증오): 몹시 미워함.

32 贈 줄 증
부 貝
거듭(曾) 잘할수록 재물(貝)을 상으로 준다.

주요 한자어
- 贈與(증여): 물품 따위를 선물로 줌.

33 般 일반/가지 반
부 舟
먼바다에 고기를 잡으러 가는 배(舟)는 해적과 맞서기 위해 창(殳)을 싣고 나가는 것이 일반적이었다.

34 盤 소반 반
부 皿
일반적(般)으로 식기(皿)를 받치는 작은 상이 소반이다.

35 貪 탐낼 탐
부 貝
지금(今) 눈앞에 재물(貝)을 보고 탐낸다.

36 塔 탑 탑
부 土
풀(艹)을 심기 위해 여기저기에 있는 흙(土)을 합하여(合) 놓으니 그 높이가 탑과 같다.

37 湯 끓일 탕
부 氵
볕(昜)이 뜨거우니 물(氵)이 열을 받아 끓는다.

38 殆 거의/위태할 태
부 歹
어린아이가 입(口)에 너무 큰(厶) 음식을 넣으면 기도가 거의 막혀 죽을(歹) 수도 있다.

주요 한자어
- 危殆(위태): 어떤 형세가 마음을 놓을 수 없을 만큼 위험함.

39 態 모습 태
부 心
무엇에나 능한(能) 사람은 마음가짐(心)에서 여유로운 모습이 보인다.

40 珠 구슬 주
부 玉
중국인이 좋아하는 구슬(玉)은 붉은(朱) 구슬이다.

41 株 그루 주
부 木
나무(木)에서 가장 붉은(朱) 부위는 나무를 잘라 내고 남은 그루터기이다.

주요 한자어
- 株式(주식): 주식회사의 자본을 이루는 단위.

42 操 잡을 조
부 扌
나무(木) 위에 열린 물건(品), 열매를 따기 위해 손(扌)으로 잡는다.

주요 한자어
- 操心(조심): 실수가 없도록 마음을 삼가서 경계함.

43 燥 마를 조
부 火
나무(木)에 불(火)을 피우고 그 위에 젖은 물건(品)을 올리니 물건이 마른다.

주요 한자어
- 乾燥(건조): 습기나 물기가 없음.

44 弔 조상할 조
부 弓
전쟁 중 동료가 죽은 곳에 땅을 뚫어(丨) 활(弓)을 세우고 슬퍼하며 조상했다.

*조상하다: 남의 죽음을 슬퍼하는 뜻을 드러내어 상주(喪主)를 위문함.

주요 한자어
- 弔意(조의): 남의 죽음을 슬퍼하는 뜻.
- 弔問(조문): 남의 죽음에 대하여 슬퍼하는 뜻을 드러내어 상주를 위문함.

14 崩 무너질 붕
부 山

벗(朋)들이 모이면 그 힘은 거대한 산(山)도 무너뜨릴 수 있다.

15 壞 무너질 괴
부 土

그물(罒)처럼 생긴 옷(衣) 위에 흙(土)을 쌓아 들어올리니 다 무너졌다.

주요 한자어
- 崩壞(붕괴): 무너지고 깨어짐.
- 破壞(파괴): 깨뜨리어 헐어 버림. 깨뜨리어 기능을 잃게 함.

16 系 맬/이어 맬 계
부 糸

칼로 자른(丿) 실(糸)을 다시 이어 맨다.

17 係 맬/이어 맬 계
부 亻

사람(亻)을 통해 또 다른 사람을 만나고 그렇게 관계의 끈을 이어 맨다(系).

주요 한자어
- 關係(관계): 둘 이상이 서로 걸림.

18 肯 즐길 긍
부 月

고기(月)를 한 번 먹으면 멈추지(止) 못할 정도로 즐기게 된다.

19 啓 열/일깨워 줄 계
부 口

집(戶)에 있는 사람들(口)의 뇌리를 쳐서(攵) 의식을 일깨워 주다.

20 蒙 어두울 몽
부 艹

지붕을 풀(艹)로 덮으니(冢) 어두워졌다.

주요 한자어
- 啓蒙(계몽): 무식한 사람이나 어린아이를 깨우쳐 가르침.

21 恐 두려울 공
부 心

무릇(凡) 장인(工)은 물건을 잘못 만들까 봐 마음(心)속으로 두려워한다.

주요 한자어
- 恐怖(공구): 몹시 두려워함.

22 懼 두려워할 구
부 忄

새(隹)가 두 눈(目)을 크게 뜨고 주변을 살피니 두려운 마음(忄)이 든다.

주요 한자어
- 疑懼(의구): 의심하고 두려워하는 마음.

23 畏 두려워할 외
부 田

밭(田)에 가니 어른(長)이 벌써 일하고 있어 혼이 날까 두려워했다.

주요 한자어
- 畏敬(외경): 공경하고 두려워함.

24 狂 미칠 광
부 犭

개와 같은 짐승(犭)은 구슬(玉)처럼 둥근 공을 던져 주면 미친 듯이 달린다.

25 奔 달릴 분
부 大

십(十) 대 이십(廾) 대는 큰(大) 목표를 향해 달려야 한다.

주요 한자어
- 狂奔(광분): 어떤 일을 꾀하여 미친 듯이 날뛰는 것.
- 奔走(분주): 이리저리 바쁨을 비유하는 말.

26 僅 겨우 근
부 亻

가뭄이 이어져 도자기 굽는 사람(亻)은 진흙 조금(堇)을 겨우 구했다.

주요 한자어
- 僅少(근소): 아주 적어서 얼마 되지 못함.

27 謹 삼갈 근
부 言

말(言)을 조금(堇)이라도 경솔하게 하지 않고 조심하여 삼간다.

주요 한자어
- 謹弔(근조): 삼가 슬픈 마음을 나타냄.

28 忌 꺼릴 기
부 心

마음(心)속으로 두려워하거나 하기 싫은 일은 몸(己)도 꺼린다.

29 雷 우레 뢰
부 雨

비(雨) 오는 날 밭(田)에 나가서 일을 하는데 우르르 쾅쾅 하는 우렛소리가 들렸다.

DAY 09

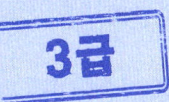

공부한 날: ____월 ____일

1. 禽 (부 内) 새 금
   사람(人)을 보고 놀라 떠나는(离) 날짐승은 새이다.

2. 獸 (부 犬) 짐승 수
   밭(田) 하나(一)를 가지고 세 사람(口)이 다투는 모습이 개(犬)보다도 못한 짐승 같다.
   주요 한자어
   • 禽獸(금수): 날짐승과 길짐승이라는 뜻으로, 모든 짐승을 이르는 말.

3. 傾 (부 亻) 기울 경
   머리(頁)의 각도에 조금만 변화(化)를 주면 기울어진다.

4. 斜 (부 斗) 비낄 사
   곡식 한 말(斗)을 독에서 빼내고 남았을(余) 경우 독을 비껴서 쏟아 낸다.
   주요 한자어
   • 傾斜(경사): 비스듬히 기울어짐.

5. 徑 (부 彳) 지름길 경
   사람들(彳)이 위험한 것인 줄 알면서도 물줄기(巠)를 가로질러 가는 것은 지름길로 여기기 때문이다.

6. 頃 (부 頁) 잠깐/이랑 경
   머리(頁)에 비수(匕)를 맞으면 잠깐 사이에 죽는다.

7. 刻 (부 刂) 새길 각
   종이가 없던 시절엔 돼지(亥) 뼈에 칼(刂)로 기호와 문자를 새겼다.
   주요 한자어
   • 頃刻(경각): 눈 깜빡할 사이. 아주 짧은 시간.
   • 深刻(심각): 상태·정도가 매우 깊고 중대함.

8. 遲 (부 辶) 더딜 지
   코뿔소(犀)가 쉬엄쉬엄 가느라(辶) 속도가 더디다.
   주요 한자어
   • 遲刻(지각): 정해진 시각보다 늦게 출근하거나 등교함.
   • 遲延(지연): 무슨 일을 더디게 끌어 시간을 늦춤.

9. 孤 (부 子) 외로울 고
   오이는 오래되면 줄기가 썩어 열매만 남게 되는데, 오이(瓜)처럼 남겨진 아이(子)는 외로울 것이다.
   주요 한자어
   • 孤獨(고독): 세상에 홀로 떨어져 있는 듯이 매우 외롭고 쓸쓸함.

10. 掌 (부 手) 손바닥 장
    손(手)을 높이(尙) 들어 올리니 손바닥이 보인다.
    주요 한자어
    • 孤掌(고장): 한쪽 손바닥.

11. 拍 (부 扌) 칠 박
    손(扌)에 핏기가 사라져 하얗게(白) 되도록 박수를 치다.
    주요 한자어
    • 拍掌(박장): 두 손바닥을 마주침.

12. 顧 (부 頁) 돌아볼 고
    우두머리(頁)가 되는 사람은 고용한(雇) 사람이 맡긴 일을 잘 처리했는지를 돌아봐야 한다.
    주요 한자어
    • 顧客(고객): 상점 따위에 물건을 사러 오는 손님.
    • 顧問(고문): 어떤 분야에 대하여 전문적인 지식과 풍부한 경험을 가지고 자문에 응하여 의견을 제시하고 조언을 하는 직책. 또는 그런 직책에 있는 사람.

13. 護 (부 言) 도울 호
    풀(艹) 속에 있는 새(隹)를 잡으려 손(又)을 넣으면 새가 말(言)하듯 짹짹 지저귀는데, 이는 동료들을 돕기 위해서다.
    주요 한자어
    • 保護(보호): 잘 보살피고 지킴.

DAY 08 복습 쪽지시험

[01~05] 다음 한자(漢字)의 음(音)은 무엇입니까?

01 餓: ① 기 ② 우 ③ 아 ④ 식 ⑤ 서
02 攝: ① 성 ② 섭 ③ 석 ④ 섬 ⑤ 선
03 寂: ① 적 ② 점 ③ 정 ④ 총 ⑤ 태
04 獵: ① 앙 ② 렵 ③ 염 ④ 영 ⑤ 용
05 蔬: ① 서 ② 결 ③ 소 ④ 진 ⑤ 송

[06~10] 다음 음(音)을 가진 한자(漢字)는 무엇입니까?

06 규: ① 叫 ② 踏 ③ 眉 ④ 促 ⑤ 毒
07 창: ① 幹 ② 搖 ③ 創 ④ 旦 ⑤ 梅
08 착: ① 鋼 ② 差 ③ 點 ④ 錯 ⑤ 據
09 렬: ① 紀 ② 檀 ③ 逸 ④ 糾 ⑤ 裂
10 태: ① 劣 ② 怠 ③ 履 ④ 墮 ⑤ 碑

[11~15] 다음 한자(漢字)의 뜻은 무엇입니까?

11 促: ① 안다 ② 도망가다 ③ 재촉하다 ④ 구슬 ⑤ 놀라다
12 遍: ① 엮다 ② 두루 ③ 윤달 ④ 치우치다 ⑤ 뛰다
13 鹽: ① 소금 ② 설탕 ③ 보다 ④ 거울 ⑤ 바라다
14 督: ① 예민하다 ② 싫어하다 ③ 누르다 ④ 감독하다 ⑤ 치다
15 慢: ① 거만하다 ② 겸손하다 ③ 멀다 ④ 미워하다 ⑤ 후회하다

[16~19] 다음 뜻을 가진 한자(漢字)는 무엇입니까?

16 오장 : ① 檀 ② 震 ③ 胞 ④ 臟 ⑤ 吏
17 드물다: ① 轉 ② 泊 ③ 暇 ④ 綱 ⑤ 稀
18 행랑 : ① 廊 ② 襲 ③ 畓 ④ 獄 ⑤ 優
19 찌다 : ① 攝 ② 寂 ③ 刊 ④ 介 ⑤ 蒸

[20~22] 다음 문장에서 한자어(漢字語)의 독음(讀音)은 무엇입니까?

20 범인이 검찰에 拘束되었다.
① 체포 ② 구금 ③ 구속 ④ 포복 ⑤ 감금

21 기계에서 기술적인 缺陷이 발견되었다.
① 결함 ② 단점 ③ 약점 ④ 결점 ⑤ 티끌

22 시험 준비를 徹底하게 하다.
① 완벽 ② 소홀 ③ 철저 ④ 기민 ⑤ 확실

[23~25] 다음 문장에서 밑줄 친 단어(單語)를 한자(漢字)로 바르게 쓴 것은 어느 것입니까?

23 공장에 새로 **기계**를 들여놓았다.
① 器界 ② 企械 ③ 機械 ④ 氣界 ⑤ 奇計

24 나는 정원이 있는 **아담**한 주택에 살고 있다.
① 雅淡 ② 雅潭 ③ 雅談 ④ 芽淡 ⑤ 芽談

25 맡은 일에 **소홀**하면 안 된다.
① 疎忽 ② 消忽 ③ 素忽 ④ 燒忽 ⑤ 掃忽

정답
01 ③ 02 ② 03 ① 04 ② 05 ③ 06 ① 07 ③ 08 ④ 09 ⑤ 10 ② 11 ③ 12 ② 13 ① 14 ④ 15 ①
16 ④ 17 ⑤ 18 ① 19 ⑤ 20 ③ 21 ① 22 ③ 23 ③ 24 ① 25 ①

125 蒼 (부 艹) 푸를 창
곳집(倉) 위에 자라난 풀(艹)의 색이 푸르다.

주요 한자어
- 蒼空(창공): 푸른 하늘.

126 倉 (부 人) 곳집 창
입(口)에 넣는 음식(食)을 보관하는 곳이 곳집이다.

주요 한자어
- 倉庫(창고): 물건을 저장하거나 보관하는 건물.

127 板 (부 木) 널빤지 판
앞면을 보나 뒷면(反)을 보나 판판하고 넓게 켠 나무(木)가 널빤지이다.

주요 한자어
- 看板(간판): 상점 등에 내건 표지.

128 局 (부 尸) 판 국
자(尺)로 잰 것처럼 정사각형(口)을 만든 것이 판이다.

주요 한자어
- 形局(형국): 어떤 일이 벌어진 형편이나 국면.

110 郵 우편 우
부 阝
한쪽 어깨에 많은 짐을 지고 **드리워진**(垂) 상태로 **마을**(阝)로 다니며 배달하는 일을 우편이라 한다.

주요 한자어
- 郵便(우편): 편지나 소포 따위를 운송하는 국영사업.

111 票 표 표
부 示
중요한 부분이 잘 **보이도록**(示) 덮어 놓은(襾) 종이가 표이다.

주요 한자어
- 郵票(우표): 우편 요금을 표시하는 증표.

112 漂 뜰 표
부 氵
종이로 된 **표**(票)는 **물**(氵) 위에 뜬다.

113 泊 배 댈/머무를 박
부 氵
하얀(白) **물**(氵)거품을 일면서 배가 들어오는 것은 항해를 하는 것이 아니라 배를 대는 것이다.

주요 한자어
- 漂泊(표박): 풍랑을 만난 배가 정처 없이 물 위에 떠도는 것.
- 宿泊(숙박): 여관이나 주막에 들어 밤을 자고 머무름.

114 專 오로지 전
부 寸
수레(車)같이 돌아가는 물레를 한쪽으로 잘 돌 수 있도록 오로지 **손**(寸)으로 힘껏 돌린다.

115 轉 구를 전
부 車
수레바퀴(車)는 **오로지**(專) 잘 구르면 된다.

116 團 둥글 단
부 口
운동선수들이 **오로지**(專) 승리만을 위해 **감싸**(口) 안고 파이팅을 외칠 때의 대형은 둥근 모양이다.

117 賜 줄 사
부 貝
쉽게(易) 얻은 **재물**(貝)은 쉽게 줄 수 있다.

118 宴 잔치 연
부 宀
집(宀) 안에서 **여자**(女)들이 이런 저런 **말**을 하면서(曰) 음식을 만드는 것은 잔치가 있기 때문이다.

119 稀 드물 희
부 禾
벼(禾)를 겨울에 수확하길 **바라는**(希) 사람은 드물다.

120 薄 엷을 박
부 艹
작은 **풀**(艹)들이 **넓게**(溥) 펼쳐져 있으니 그 색이 엷다.

주요 한자어
- 稀薄(희박): 일이 그렇게 될 희망이나 가망이 적음.

121 牙 어금니 아
부 牙
어금니가 아래위 교차해서 서로 물고 있는 **모습**(牙)을 본뜬 상형문자이다.

주요 한자어
- 齒牙(치아): 이를 점잖게 이르는 말.

122 芽 싹 아
부 艹
어금니(牙)만큼 **풀**(艹)에 싹이 났다.

123 雅 바를/맑을 아
부 隹
수천 킬로미터를 나는 **철새**(隹)는 **어금니**(牙)처럼 대형의 흐트러짐 없이 바르다.

124 淡 맑을 담
부 氵
물(氵)의 빛깔이 파란 **불꽃**(炎)처럼 맑다.

주요 한자어
- 雅淡(아담): 조촐하고 산뜻함.

94 確 굳을 확 (부 石)
새(隹) 모형을 만들고 그 위에 시멘트를 부어 덮으니(冖) 돌(石)처럼 딱딱하게 굳었다.

95 率 비율 률, 거느릴 솔 (부 玄)
밧줄을 여러 개를 꼬아 놓은 모습(率)을 본뜬 상형 문자로, 비율의 뜻이 있다.

주요 한자어
- 換率(환율): 두 나라 화폐 간의 교환 비율.

96 據 근거 거 (부 扌)
범(虍)과 돼지(豕)를 손(扌)으로 잡은 근거가 있을까?

97 點 점 점 (부 黑)
차지하기(占) 위해 검게(黑) 칠한 작고 둥근 표가 점이다.

주요 한자어
- 據點(거점): 활동의 발판이 되는 점.

98 盲 눈멀 맹 (부 目)
눈(目)이 망가져(亡) 서서히 보이지 않다가 눈멀었다.

주요 한자어
- 盲點(맹점): 어떠한 일에 생각이 미치지 못한 점.

99 媒 중매 매 (부 女)
짝이 아무(某)도 없는 여자(女)를 결혼시키기 위해 중매한다.

100 介 낄 개 (부 人)
사람(人)이 일을 처리하기 위해 사람 사이(八)로 끼어 들어간다.

주요 한자어
- 媒介(매개): 중간에서 서로의 관계를 맺어 주는 일.

101 缺 이지러질 결 (부 缶)
술 그릇(缶)의 한쪽 귀퉁이가 깨진(夬) 것이 이지러진 것이다.

102 陷 빠질 함 (부 阝)
언덕(阝)의 구덩이(臽)는 짐승이 빠지도록 파 놓은 것이다.

주요 한자어
- 缺陷(결함): 흠이 있어 완전하지 못함.

103 沒 빠질 몰 (부 氵)
손(又)에 칼(刀)을 쥐고 휘두르다 물(氵)속에 빠졌다.

주요 한자어
- 陷沒(함몰): 물속이나 땅속에 모조리 빠짐.

104 契 맺을 계 (부 大)
예쁜(丰) 초목을 칼(刀)로 베어 매듭을 만들어 크게(大) 이어지도록 맺는다.

105 機 베틀 기 (부 木)
나무(木) 몇(幾) 개를 엮어 실을 뽑을 수 있게 만든 장치가 베틀이다.

주요 한자어
- 契機(계기): 일이 일어나거나 결정되는 근거.

106 械 기계 계 (부 木)
죄인들이 도망을 못 가도록 경계하기(戒) 위해 만든 나무(木) 형틀이 기계이다.

주요 한자어
- 機械(기계): 동력을 써서 움직이거나 일을 하는 장치.

107 較 견줄 교 (부 車)
수레(車)에 물건을 올릴 때는 서로 맞대어(交) 한쪽으로 쏠리지 않도록 그 무게를 견주어야 한다.

108 準 법도/준할 준 (부 氵)
송골매(隼)는 하늘을 날 때 물(氵)과 가깝게 나는 것이 법도이다.

109 標 표할 표 (부 木)
나무(木)에 표(票)를 붙여 위치를 표시한다.

주요 한자어
- 標準(표준): 사물의 정도나 성격 따위를 알기 위한 근거나 기준.

78	監	부 皿	볼 감	사람(人)이 그릇(皿)에 물을 담아 크게 뜬 눈(臣)으로 내려다본다. **주요 한자어** · 監視(감시): 경계하기 위해 주의 깊게 살핌.
79	鹽	부 鹵	소금 염	염전(鹵)에서 햇볕에 물이 날아가면 볼(監) 수 있는 것은 소금이다.
80	裂	부 衣	찢을 렬	칼(刂)에 맞아 죽은(歹) 사람의 옷(衣)이 찢어져 있다.
81	龜	부 龜	거북 구/귀, 터질 균	거북의 모습(龜)을 본뜬 상형 문자이다. **주요 한자어** · 龜裂(균열): 거북의 등에 있는 무늬처럼 갈라져서 터지는 것.
82	鑑	부 金	거울 감	얼굴을 볼(監) 수 있는 쇠(金)는 거울이다.
83	紀	부 糸	벼리 기	그물의 몸통(己)에서 뼈대가 되는 단단한 실(糸)을 벼리라 한다.
84	綱	부 糸	벼리 강	산등성이(岡)처럼 강하고 단단한 실(糸)은 그물을 만들 때 벼리로 쓰인다. **주요 한자어** · 紀綱(기강): 규율과 법도를 아울러 이르는 말.
85	鋼	부 金	강철 강	산등성이(岡)처럼 잘 잘리지 않고 단단한 쇠(金)는 강철이다.
86	錯	부 金	섞일 착	옛날(昔)에 만든 쇠(金)는 불순물이 많이 섞여 있다. **주요 한자어** · 錯覺(착각): 어떤 사물이나 사실을 실제와 다르게 생각함.
87	覺	부 見	깨달을 각	배움(學)을 통해 내 눈으로 보고(見) 이해할 수 있다면 깨달은 것이다.
88	隔	부 阝	사이 뜰 격	언덕(阝) 밑을 보니 움푹 파인 솥(鬲)처럼 땅이 파여 있어 양쪽으로 사이가 떠 있다.
89	差	부 工	다를 차	물건을 만드는 장인(工)이 양(羊)을 몰고 가니 그 모습이 목동과는 다르다. **주요 한자어** · 隔差(격차): 비교 대상이나 사물 간의 수준의 차이.
90	警	부 言	경계할/깨우칠 경	공경하는(敬) 분과 말(言)을 할 때 실수하지 않도록 경계해야 한다.
91	戒	부 戈	경계할 계	양손(廾)에 창(戈)을 가지고 적의 공격에 대비하며 경계하고 있다. **주요 한자어** · 警戒(경계): 잘못되는 일이 일어나지 않도록 미리 조심하는 것.
92	暇	부 日	겨를/틈 가	너무 바빠서 하루(日)를 빌려야(叚) 할 만큼 겨를이 없다. **주요 한자어** · 閑暇(한가): 겨를이 생겨 여유가 있음.
93	逸	부 辶	편안할 일	토끼(兎)가 사냥꾼으로부터 벗어나 달아나니(辶) 편안하다. **주요 한자어** · 安逸(안일): 편안하고 한가함.

DAY 08

63 謠 노래 요
부 言
달(月)을 보며 술 한 잔(缶), 여기에 말(言)을 천천히 늘어서 노래를 부른다.

64 搖 흔들 요
부 扌
손(扌)으로 술잔(缶)을 치니 잔 안에 담긴 달(月)이 흔들린다.

주요 한자어
- 搖動(요동): 흔들리어 움직임.

65 督 감독할 독
부 目
아저씨(叔)는 눈(目)으로 어린 조카가 잘못되지 않도록 지켜보며 감독한다.

66 總 다 총
부 糸
서두르면서(悤) 실(糸)을 바늘귀에 꿰려고 하면 다 실패한다.

67 販 팔 판
부 貝
재물(貝)을 안에 감추지 않고 반대(反)로 꺼내는 것은 팔려고 하는 것이다.

주요 한자어
- 總販(총판): 총판매.

68 耐 견딜 내
부 而
작은(寸) 아이가 할아버지의 턱수염(而)을 잡아당겨도 할아버지는 사랑으로 그 아픔을 견딘다.

69 震 우레/벼락 진
부 雨
비(雨)가 올 때 별(辰)빛처럼 번쩍이는 번개와 동반하는 것은 우렛소리이다.

주요 한자어
- 耐震(내진): 지진을 견딤.

70 旦 아침 단
부 日
해(日)를 매일 처음(一) 보는 시간은 아침이다.

71 壇 제단 단
부 土
아침(旦)에 높은(亠) 곳에 올라 방석을 깔고(回) 사람이 제사 지내는 땅(土)이 제단이다.

주요 한자어
- 講壇(강단): 강의나 설교를 하기 위하여 올라서게 만든 자리.

72 檀 박달나무 단
부 木
제단(壇) 옆에 심은 나무(木)는 박달나무이다.

73 創 비롯할 창
부 刂
칼(刂)을 들고 곳집(倉)을 지키게 된 것은 사유 재산을 인정하는 것에서 비롯되었다.

*곳집: 예전에 곳간으로 쓰려고 지은 집.

주요 한자어
- 創造(창조): 처음으로 만듦.

74 刊 새길 간
부 刂
방패(干)처럼 평평한 판에 칼(刂)로 글자를 새긴다.

75 幹 줄기 간
부 干
햇빛이 비칠(𠦝) 때 방패(干)처럼 빛을 막아 주는 부위는 나무의 줄기다.

주요 한자어
- 幹部(간부): 단체의 우두머리 되는 사람들.

76 棄 버릴 기
부 木
나무(木) 위 세상(世)에 올라가 양손(廾)으로 많은(厶) 잎을 정리한 후 버린다.

주요 한자어
- 廢棄(폐기): 못 쓰게 된 것을 버림.

77 却 물리칠 각
부 卩
높은 벼슬아치(卩)가 갈(去) 때는 행인들을 삼가 물리친다.

주요 한자어
- 棄却(기각): 소송을 수리한 법원이, 소나 상소가 형식적인 요건은 갖추었으나 그 내용이 실체적으로 이유가 없다고 판단하여 소송을 종료하는 일.
- 賣却(매각): 물건을 팔아 버림.

47 閏 윤달 윤 (부 門)
왕(王)이 신의 감시를 떠나 문(門) 안에서 쉴 수 있었던 달이 윤달이었다.

48 濕 젖을 습 (부 氵)
햇볕(日)에 실(絲)을 말리는 이유는 물(氵)에 젖었기 때문이다.

49 潤 윤택할 윤 (부 氵)
물(氵)이 윤달(閏)처럼 불어나면 삶이 윤택해진다.
주요 한자어
• 濕潤(습윤): 젖어서 질척함.
• 利潤(이윤): 장사 따위를 하여 남은 돈.

50 促 재촉할 촉 (부 亻)
사람(亻)의 발걸음(足)이 빨라지도록 재촉한다.
주요 한자어
• 促求(촉구): 재촉하여 요구함.

51 捉 잡을 착 (부 扌)
손(扌)으로 발(足)을 잡는다.
주요 한자어
• 捕捉(포착): 꼭 붙잡음.

52 囚 가둘 수 (부 囗)
사람(人)을 밖으로 나가지 못하게 둘러싸서(囗) 가뒀다.

53 徹 통할 철 (부 彳)
사람들(彳)은 자식을 기를(育) 때 매질하며(攵) 가르치면, 무엇이든지 통한다고 생각한다.

54 底 밑 저 (부 广)
집(广)의 근본(氐)은 땅, 즉 밑에 있다.
주요 한자어
• 徹底(철저): 태도나 상태가 속속들이 꿰뚫거나 미치어 부족함이나 빈틈이 없음.

55 廊 사랑채/행랑 랑 (부 广)
사내(郞)들이 쉬던 대문간에 붙어 있는 집(广)은 사랑채이다.

56 梅 매화 매 (부 木)
매번(每) 변치 않는 모습으로 이른 봄에 나무(木)에서 피는 꽃은 매화이다.

57 毒 독 독 (부 毋)
어머니(母)에게 생긴 땅(土) 하나(一)는 부지런한 어머니에게 독이었다.
주요 한자어
• 毒素(독소): 해롭거나 나쁜 요소.

58 矢 화살 시 (부 矢)
화살의 모습(矢)을 본뜬 상형 문자이다.

59 編 엮을 편 (부 糸)
집(戶)에 있는 책(冊)은 실(糸)로 엮은 것이다.
주요 한자어
• 改編(개편): 단체의 조직 따위를 고치어 편성함.

60 遍 두루 편 (부 辶)
집(戶)에 둘 책(冊)을 찾기 위해 두루두루 다닌다(辶).
주요 한자어
• 普遍(보편): 모든 것에 두루 미치거나 통함.

61 偏 치우칠 편 (부 亻)
어떤 사람(亻)의 집(戶)에 소장된 책(冊)은 한 분야에만 치우쳐 있다.
주요 한자어
• 偏頗(편파): 치우쳐 공평하지 못함.

62 遙 멀 요 (부 辶)
술잔(缶) 안으로 보이다가 사라진 달(月)을 찾아가는데(辶) 그 길이 멀다.
주요 한자어
• 遙遠(요원): 공간적으로 까마득히 멂.

31 庶 여러 서
부 广

집(广) 안에 불(灬)을 피우니 불을 쬐기 위해 많은(廿) 사람들이 모여 여럿이 되었다.

32 眉 눈썹 미
부 目

눈(目) 위에 짐승의 꼬리(巴)처럼 처져 있는 것은 눈썹이다.

주요 한자어
- 眉間(미간): 두 눈썹의 사이.

33 墻 담/담장 장
부 土

내가 아끼는(嗇) 것을 보호하기 위해 흙(土)으로 쌓아 올린 것이 담장이다.

34 障 막을 장
부 阝

언덕(阝) 위에 있는 출입문에 글(章)을 적어 외국 상인의 출입을 막는다.

35 叫 부르짖을 규
부 口

입(口)에서 소리가 넝쿨(丩)처럼 뻗어 나가도록 부르짖는다.

주요 한자어
- 絕叫(절규): 힘을 다하여 부르짖음.

36 糾 얽힐/살필 규
부 糸

실(糸)과 넝쿨(丩)이 함께 있으면 쉽게 얽히기 때문에 잘 살펴야 한다.

주요 한자어
- 紛糾(분규): 일이 뒤얽혀 말썽이 많고 시끄러움.

37 畓 논 답
부 田

물(水)을 가득 채워야 하는 밭(田)은 논이다.

38 踏 밟을 답
부 足

흐르는 물(水)처럼 유창하게 말하는(曰) 사람은 많은 곳에서 초청받아 발(足)을 옮기며 밟고 다닌다.

39 襲 엄습할 습
부 衣

옷(衣) 속에 감춰진 용(龍) 문신을 보니 두려움이 엄습해 온다.

주요 한자어
- 踏襲(답습): 예부터 해 오던 방식을 그대로 따라 행함.

40 卑 낮을 비
부 十

머릿속이 하얗게(白) 될 때까지 천 번(千) 이상 일만 해야 하는 사람의 신분은 낮다.

41 碑 비석 비
부 石

세월이 지나면 관리하는 사람이 없어져 가치가 낮아지는(卑) 돌(石)은 비석이다.

주요 한자어
- 墓碑(묘비): 무덤 앞에 세우는 비석.

42 銘 새길 명
부 金

금속(金)에 그 이름(名)을 새긴다.

43 婢 여자 종 비
부 女

남의 집에서 허드렛일을 하는 신분이 낮은(卑) 여자(女)는 종이다.

주요 한자어
- 奴婢(노비): 사내종과 계집종.

44 蔬 나물 소
부 艹

길이 트인(疏) 곳에서 자란 풀(艹) 중에 사람이 먹을 수 있는 풀은 나물이다.

주요 한자어
- 菜蔬(채소): 밭에서 기르는 농작물.

45 疏 소통할/트일 소
부 疋

흐르던 냇물이 메말라(㐬) 사람들이 발(疋)로 걸어 다니면서 새로운 길이 트였다.

46 忽 갑자기 홀
부 心

그 사람을 놓치지 말아야지(勿) 하는 마음(心)이 갑자기 생겼다.

주요 한자어
- 疏忽(소홀): 데면데면하고 가벼움.

15 飽 (부 食) 배부를 포
배 속에 아이를 싸고(包) 있는 모습같이 배가 나올 정도로 밥(食)을 많이 먹으면 배부르다.

16 怠 (부 心) 게으를 태
사람(厶)들은 돈이나 시간이 많아지면(厶) 마음가짐(心)이 게을러진다.

17 慢 (부 忄) 거만할 만
해(日)가 뜨면 일해야 하는데 그저 손(又)으로 그물(罒)만 만지작거리고 있는 사람의 마음(忄)은 거만하다.

주요 한자어
- 怠慢(태만): 해야 할 일을 하지 않고 게으름을 피움.
- 傲慢(오만): 태도가 거만함.

18 獵 (부 犭) 사냥 렵
쥐(鼠)를 잡기 위해 짐승(犭)을 풀어놓아 사냥한다.

19 銃 (부 金) 총 총
쇳덩어리(金) 속에 화약을 채워서(充) 쏘는 무기는 총이다.

주요 한자어
- 獵銃(엽총): 사냥에 쓰는 총.
- 拳銃(권총): 한 손으로 다룰 수 있게 만든 작은 총.

20 藏 (부 艹) 감출 장
전쟁 중에 장수(爿)는 신하(臣)와 창(戈)을 풀(艹) 속에 감춘다.

주요 한자어
- 貯藏(저장): 물건을 쌓아서 간직하여 둠.

21 臟 (부 月) 오장 장
몸(月) 안에 감춰져(藏) 있는 여러 기관은 오장이다.

주요 한자어
- 五臟(오장): 간장, 심장, 비장, 폐장, 신장의 다섯 가지 내장.

22 墮 (부 土) 떨어질 타
주인의 몸(月) 왼쪽(左)에서 가던 종이 언덕(阝) 밑 땅(土)으로 떨어졌다.

주요 한자어
- 墮落(타락): 품행이 나빠 못된 구렁에 빠짐.

23 履 (부 尸) 밟을 리
사람은 죽은 몸(尸)이 되기 전에 살아온 날을 다시(復) 밟아 보며 정리한다.

주요 한자어
- 履歷(이력): 지금까지 학업·직업 따위의 경력.

24 獄 (부 犭) 옥 옥
말(言)할 때도 짐승(犭)처럼 대하고 개(犬)처럼 취급당하는 곳이 감옥이다.

주요 한자어
- 監獄(감옥): 형벌의 집행에 관한 사무를 맡은 관아.

25 吏 (부 口) 벼슬아치 리
손짓(又) 하나(一)와 말(口) 한마디로 사람을 부릴 수 있는 이가 벼슬아치이다.

주요 한자어
- 官吏(관리): 국가 공무원. 벼슬아치.

26 戚 (부 戈) 겨레/친척 척
무성한(戊) 콩(尗)처럼 한 울타리 안에서 나온 것이 겨레이다.

주요 한자어
- 親戚(친척): 친족과 외척.

27 寂 (부 宀) 고요할 적
무서운 아재비(叔)가 집(宀) 안에 들어오니 분위기가 고요하다.

주요 한자어
- 靜寂(정적): 고요하고 쓸쓸함.

28 符 (부 竹) 부호 부
고대에는 왕이 병력을 보낼(付) 때 대나무(竹)로 만든 병부에 아군만이 알아볼 수 있는 부호를 썼다.

주요 한자어
- 符合(부합): 틀림없이 서로 꼭 들어맞음.

29 簿 (부 竹) 문서 부
큰(甫) 것은 잘 놓치지 않지만 작은(寸) 것은 물(氵) 흐르듯 자꾸 잊으니 대나무(竹)에 적어서 엮은 것이 문서이다.

주요 한자어
- 帳簿(장부): 금품의 수입·지출을 기록하는 책.

30 蒸 (부 艹) 찔 증
불을 때고 그릇 위에 물을 부어 풀(艹)을 찌는(烝) 모습을 합해 만든 형성 문자이다.

DAY 08

공부한 날: ____월 ____일

1. **飢** 주릴 기 _{부食}
책상(几) 밑에 먹을 것(食)이 있는지 살피는 것으로 보아 며칠 굶주린 듯하다.

2. **餓** 주릴 아 _{부食}
내(我)가 밥(食)을 찾는 이유는 굶주렸기 때문이다.
주요 한자어
- 飢餓(기아): 굶주림.

3. **優** 넉넉할 우 _{부亻}
누군가(亻)의 근심(憂)을 해결해 줄 수 있는 사람은 마음과 형편도 넉넉하다.
주요 한자어
- 優秀(우수): 여럿 가운데 아주 뛰어남.

4. **劣** 못할 렬 _{부力}
나이가 어린(少) 아이는 어른 힘(力)만 못하다.
주요 한자어
- 優劣(우열): 우수함과 열등함.
- 劣惡(열악): 품질·능력 따위가 몹시 떨어지고 나쁨.

5. **拘** 잡을 구 _{부扌}
말(口)로 죄지은 사람은 올가미로 싸서(勹) 손(扌)으로 잡아간다.

6. **束** 묶을 속 _{부木}
나무(木)를 끈(口)으로 묶었다.
주요 한자어
- 拘束(구속): 자유를 억제함.
- 約束(약속): 언약하여 정함.

7. **敦** 도타울 돈 _{부攵}
부모가 자식에게 누리며(享) 살라고 매로 쳐서(攵) 가르치는데도 둘의 관계는 도탑다.
*도탑다: 서로의 관계에 사랑이나 인정이 많고 깊음.

8. **篤** 도타울 독 _{부竹}
대나무(竹) 말(馬)을 같이 타던 친구들의 우정은 도탑다.
주요 한자어
- 敦篤(돈독): 인정이 도타움.
- 篤實(독실): 성실하고도 극진함.

9. **隣** 이웃 린 _{부阝}
나라가 어수선한(舛) 상황에서 쌀(米)을 받기 위해 언덕(阝) 밑에 이웃들이 모였다.
주요 한자어
- 隣接(인접): 옆에 닿아 있음.

10. **憐** 불쌍히 여길 련 _{부忄}
나라가 어수선한(舛) 까닭에 쌀(米)이 없어 배곯는 사람들을 보고 마음(忄)이 아파 불쌍히 여긴다.

11. **憫** 민망할/불쌍히 여길 민 _{부忄}
문(門)밖으로 나오지 못하고 안에서 글(文)만 공부하는 선비를 마음(忄)으로 불쌍히 여긴다.
주요 한자어
- 憐憫(연민): 불쌍히 여김.

12. **包** 쌀 포 _{부勹}
아기의 몸(己)을 포대기로 감싸고(勹) 있다.
주요 한자어
- 包含(포함): 어떤 사물이나 현상 가운데 함께 들어 있거나 함께 넣음.

13. **攝** 잡을 섭 _{부扌}
소곤거리기(聶) 위해서 손(扌)으로 상대의 귀를 잡아끈다.
주요 한자어
- 包攝(포섭): 상대를 허용하여 받아들임.
- 攝取(섭취): 영양분을 빨아들임.

14. **胞** 태보/세포 포 _{부月}
엄마 배 속에서 아이의 몸(月)을 싸고(包) 있는 막과 태반이 태보이다.
주요 한자어
- 細胞(세포): 생물체를 구성하는 가장 기본적인 단위.

DAY 07 복습 쪽지시험

[01~05] 다음 한자(漢字)의 음(音)은 무엇입니까?

01 遣: ① 견 ② 유 ③ 도 ④ 정 ⑤ 경
02 侮: ① 명 ② 매 ③ 멸 ④ 모 ⑤ 맹
03 粟: ① 속 ② 률 ③ 소 ④ 식 ⑤ 구
04 頻: ① 보 ② 초 ③ 빈 ④ 부 ⑤ 벽
05 牽: ① 경 ② 견 ③ 명 ④ 녕 ⑤ 계

[06~10] 다음 음(音)을 가진 한자(漢字)는 무엇입니까?

06 연: ① 軟 ② 超 ③ 越 ④ 彈 ⑤ 祈
07 락: ① 項 ② 循 ③ 寧 ④ 階 ⑤ 絡
08 수: ① 殃 ② 隨 ③ 掠 ④ 賦 ⑤ 管
09 구: ① 構 ② 讚 ③ 燃 ④ 逃 ⑤ 飾
10 민: ① 芳 ② 敏 ③ 銅 ④ 釀 ⑤ 豚

[11~15] 다음 한자(漢字)의 뜻은 무엇입니까?

11 蘭: ① 판자 ② 난초 ③ 빛나다
     ④ 가지 ⑤ 조각
12 妨: ① 방해하다 ② 곁 ③ 예쁘다
     ④ 묻다 ⑤ 혼인하다
13 墳: ① 분하다 ② 바다 ③ 바쁘다
     ④ 무덤 ⑤ 만들다
14 弄: ① 귀하다 ② 임금 ③ 희롱하다
     ④ 절하다 ⑤ 짓다
15 資: ① 방자하다 ② 모양 ③ 재물
     ④ 불타다 ⑤ 무시하다

[16~19] 다음 뜻을 가진 한자(漢字)는 무엇입니까?

16 가루: ① 紛 ② 粉 ③ 逃 ④ 桃 ⑤ 粧
17 법: ① 慧 ② 賊 ③ 規 ④ 戱 ⑤ 源
18 침노하다: ① 讚 ② 侵 ③ 寢
           ④ 輩 ⑤ 球
19 위협하다: ① 贊 ② 央 ③ 脅
           ④ 伴 ⑤ 鎖

[20~22] 다음 문장에서 한자어(漢字語)의 독음(讀音)은 무엇입니까?

20 그는 竊盜죄로 징역 2년을 선고받았다.
   ① 간음 ② 모욕 ③ 절취
   ④ 사기 ⑤ 절도
21 일제 치하에 있던 그 세월은 우리나라 역사의 恥辱이다.
   ① 수치 ② 영광 ③ 굴욕
   ④ 치욕 ⑤ 자랑
22 교실에서 아이들 떠드는 소리가 騷亂하다.
   ① 조용 ② 소란 ③ 산만
   ④ 적막 ⑤ 야단

[23~25] 다음 문장에서 밑줄 친 단어(單語)를 한자(漢字)로 바르게 쓴 것은 어느 것입니까?

23 합격을 기원하는 마음이 **간절**하다.
   ① 懇切 ② 懇折 ③ 間絶
   ④ 肝絶 ⑤ 間切
24 그는 아무것도 모르는 아이들을 상대로 **사기**를 쳤다.
   ① 事記 ② 詐欺 ③ 四氣
   ④ 史記 ⑤ 詐記
25 강경파와 온건파의 대립이 **첨예**화되었다.
   ① 添銳 ② 尖銳 ③ 尖譽
   ④ 添譽 ⑤ 尖豫

정답
01 ① 02 ④ 03 ① 04 ③ 05 ② 06 ① 07 ⑤ 08 ② 09 ① 10 ② 11 ② 12 ① 13 ④ 14 ③ 15 ③
16 ② 17 ③ 18 ② 19 ③ 20 ⑤ 21 ④ 22 ② 23 ① 24 ② 25 ②

113 區 구분할/나눌 구 (부 匸)
상자(匸)에 물건(品)을 넣을 때 섞이지 않도록 구분해야 한다.

주요 한자어
- 區域(구역): 일정한 기준에 의하여 갈라놓은 지역이나 범위.
- 區分(구분): 따로따로 갈라 나눔.

114 驅 몰 구 (부 馬)
말(馬)을 구역(區) 안으로 몰고 간다.

주요 한자어
- 驅使(구사): 사람이나 동물을 몰아서 부리는 것.

115 迫 핍박할 박 (부 辶)
누군가 다녀갔는데(辶) 얼굴이 하얗게(白) 질린 것은 핍박을 당해서이다.

주요 한자어
- 驅迫(구박): 못 견디게 몹시 굶.
- 壓迫(압박): 내리 누름.
- 脅迫(협박): 남을 두렵게 할 목적으로 불법하게 가해할 뜻을 보임.

116 脅 위협할 협 (부 月)
우리 몸(月) 중에서 얼굴에 힘(劦)을 주면 상대를 위협할 수 있다.

주요 한자어
- 威脅(위협): 힘으로 으르고 협박함.

117 欺 속일 기 (부 欠)
하품(欠)을 하듯 입을 벌리면서 그것(其)을 숨겨 상대를 속인다.

주요 한자어
- 詐欺(사기): 꾀로 남을 속임.

118 詐 속일 사 (부 言)
사기꾼은 잠깐(乍)의 틈만 보이면 말(言)로 상대방을 속인다.

주요 한자어
- 詐稱(사칭): 이름, 직업, 나이, 주소 등을 거짓으로 속여 이름.

119 偶 짝 우 (부 亻)
긴꼬리원숭이(禺)처럼 생긴 사람(亻)이 내 짝이다.

주요 한자어
- 配偶者(배우자): 부부의 한쪽에서 본 다른 쪽.

120 愚 어리석을 우 (부 心)
눈앞의 먹이에 마음(心)이 변하는 원숭이(禺)는 어리석다.

주요 한자어
- 愚鈍(우둔): 어리석고 둔함.

121 欄 난간 란 (부 木)
사람이 출입하는 문(門)과 구분하여(柬) 나가는 것을 막기 위해 설치한 나무(木)는 난간이다.

122 蘭 난초 란 (부 艹)
일반 풀(艹)과 분별하여 가리기(柬) 위해서 문(門) 안으로 가져다 기르던 풀이 난초이다.

주요 한자어
- 蘭草(난초): 난초과에 속하는 식물의 총칭.

123 齊 가지런할 제 (부 齊)
곡물의 이삭이 가지런히 열린 모습(齊)을 본뜬 상형 문자이다.

주요 한자어
- 一齊(일제): 여럿이 한꺼번에 함의 뜻을 나타내는 말.

124 濟 건널 제 (부 氵)
파동이 없고 가지런히(齊) 잔잔한 물(氵)은 쉽게 건널 수 있다.

주요 한자어
- 經濟(경제): 인류가 재화를 획득하여 그 욕망을 충족시키는 활동.

125 租 조세 조 (부 禾)
벼(禾)농사를 지어 나라에 거듭(且) 내는 것은 조세이다.

주요 한자어
- 租稅(조세): 국가 또는 지방공공단체가 그 필요한 경비를 쓰기 위하여 그 관내의 국민으로부터 받아들이는 수입.

126 組 짤 조 (부 糸)
실(糸)을 날줄과 씨줄로 겹쳐서 거듭(且) 쌓아 가며 베를 짠다.

주요 한자어
- 組織(조직): 짜서 이룸.

127 項 목/항목 항 (부 頁)
머리(頁)가 꼿꼿하게 설 수 있도록 기능하는(工) 것이 목이다.

주요 한자어
- 項目(항목): 낱낱의 조나 항.

128 羽 깃 우 (부 羽)
새의 날개깃(羽)을 본뜬 상형 문자이다.

주요 한자어
- 項羽(항우): 중국 진나라 말엽의 무장.

98 飜 번역할/날 번
부 飛

철새들이 멀리 **날(飛)** 때는 몇 **차례(番)** 몸을 뒤집는데, 어떤 언어를 다른 언어로 뒤집는 것이 번역하는 것이다.

주요 한자어
- 飜譯(번역): 어떤 말의 글을 다른 나라 말의 글로 옮김.

99 覆 다시 복, 덮을 부
부 襾

뚜껑을 **덮어 놨는데(襾)** 누가 열었는지 뚜껑이 열려 있어 **또다시(復)** 덮었다.

주요 한자어
- 飜覆(번복): 이리저리 뒤쳐 고침.

100 蓋 덮을 개
부 艹

자연에서 음식을 **그릇(皿)**에 담아 **가져갈(去)** 때는 식지 않도록 **풀(艹)**로 덮는다.

주요 한자어
- 覆蓋(복개): 뚜껑 또는 덮개.

101 條 가지 조
부 木

나무(木)를 뚫고(丨) 뻗어 자라나는 것을 **사람(亻)**이 쳐서(攵) 꺾는 것은 가지이다.

주요 한자어
- 條項(조항): 낱낱이 들어 벌인 일의 가닥.
- 條約(조약): 조목을 세워서 약정한 언약.

102 件 물건/사건 건
부 亻

일 잘하던 **소(牛)**가 갑자기 **사람(亻)**을 치받는 사건이 있었다.

주요 한자어
- 條件(조건): 어떤 사물이 성립되거나 발생하는 데 갖추어야 하는 요소.
- 事件(사건): 뜻밖에 일어난 사고.
- 物件(물건): 일정한 형체를 갖춘 모든 물질적 대상.

103 段 층계 단
부 殳

높은 **언덕(阝)**에 **창(殳)**을 던진 후 밟고 오르니 층계가 되었다.

주요 한자어
- 手段(수단): 어떤 목적을 이루기 위한 행동 방도.

104 階 섬돌 계
부 阝

언덕(阝)에는 사람들이 **모두(皆)** 오르기 편하도록 섬돌이 있다.

*섬돌: 집채의 앞뒤에 오르내릴 수 있게 놓은 돌층대.

주요 한자어
- 段階(단계): 일의 차례를 따라 나아가는 과정.
- 階級(계급): 지위, 관직 등의 등급.

105 層 층 층
부 尸

일찍이(曾) 죽은 **시체(尸)**를 밑에 놓고 그 위에 죽은 시체를 쌓다 보면 층이 생긴다.

주요 한자어
- 階層(계층): 사회를 구성하는 여러 가지 층.

106 館 집 관
부 食

벼슬아치(官)가 **밥(食)**을 먹기 위해 집에 간다.

주요 한자어
- 旅館(여관): 돈을 받고 손님을 묵게 하는 집.

107 管 대롱 관
부 竹

벼슬아치(官)가 가지고 다니던 **대나무(竹)** 토막을 대롱이라 한다.

주요 한자어
- 管理(관리): 사람을 통제하고 지휘 감독하는 것.

108 脈 줄기/혈관 맥
부 月

피가 우리 **몸(月)**에서 **물갈래(派)**처럼 퍼져 흐를 수 있도록 하는 줄기는 맥이다.

주요 한자어
- 山脈(산맥): 여러 산악이 잇달아 길게 뻗치어 줄기를 이룬 지대. 산줄기.

109 怪 괴이할 괴
부 忄

손(又)에 물을 묻히는 것은 안 되고 **흙(土)**을 묻히는 것은 괜찮다고 하는 **마음가짐(忄)**은 괴이하다.

주요 한자어
- 怪疾(괴질): 원인을 알 수 없는 이상한 병.

110 疾 병 질
부 疒

화살(矢)에 맞아 **병(疒)**에 걸렸다.

주요 한자어
- 疾患(질환): 질병. 몸의 온갖 병.
- 疾病(질병): 신체의 온갖 기능의 장애로 말미암은 병.

111 豚 돼지 돈
부 豕

몸(月)에 살이 많고 뚱뚱한 짐승은 **돼지(豕)**이다.

주요 한자어
- 養豚(양돈): 돼지를 기름.

112 疫 전염병 역
부 疒

전쟁 중에 **병(疒)**든 포로를 잡아 일을 시켜 **부렸는데(役)** 전염병이 퍼졌다.

84 版 판목 판 (부 片)

나무를 **쪼개(片)** 글자를 새겨, 그 **반대(反)**쪽에 글자가 생기도록 사용했던 것이 판목이다.

주요 한자어
- 出版(출판): 책·그림 따위를 인쇄하여 세상에 내보냄.
- 版圖(판도): 한 나라의 영토. 또는 어떤 세력이 미치는 영역 또는 범위.

85 銅 구리 동 (부 金)

금(金)과 **같은(同)** 색을 가진 금속은 구리이다.

주요 한자어
- 銅錢(동전): 구리로 만든 돈.

86 臺 돈대 대 (부 至)

한(一)곳에서 사방을 바라보기 위해 **높게(高)** 지은 **집(室)**이 돈대이다.

＊돈대: 높게 두드러진 평평한 땅.

주요 한자어
- 土臺(토대): 흙으로 쌓아 올린 높은 대. 모든 건조물의 가장 아랫도리가 되는 밑바탕.

87 詞 말 사 (부 言)

공사를 **맡은(司)** 사람이 견적에 대해 **말(言)**해 준다.

주요 한자어
- 歌詞(가사): 가극·가요곡·가곡 등에서 노래 내용이 되는 글.

88 健 굳셀 건 (부 亻)

사람(亻)이 뜻을 **세워(建)** 높이 서려면 심신이 굳세야 한다.

89 康 편안할 강 (부 广)

일을 마치고 **집(广)** 앞에 이르면 **(隶)** 마음이 편안해진다.

주요 한자어
- 健康(건강): 정신적·육체적으로 아무 탈이 없고 튼튼함.

90 寧 편안할 녕 (부 宀)

장정(丁)은 열심히 일하고 **집(宀)**에 들어가 음식이 가득한 **그릇(皿)**을 보고 **마음(心)**이 편안해졌다.

주요 한자어
- 康寧(강녕): 몸이 건강하여 마음이 편안함.
- 安寧(안녕): 걱정이나 탈이 없음.

91 懇 간절할 간 (부 心)

사나운 **짐승(豸)**이 먹이를 노리고 몸을 웅크리고 **범춰(艮)** 있을 때의 **마음(心)**은 간절하다.

주요 한자어
- 懇請(간청): 간절히 청함.

92 切 끊을 절 (부 刀)

두꺼운 줄을 자르기 위한 여러 시도 끝에 결국 **일곱(七)** 번째 **칼(刀)**질로 끊었다.

주요 한자어
- 懇切(간절): 지성스럽고 절실함.
- 適切(적절): 어떤 기준이나 정도에 맞아 어울리는 상태.

93 祈 빌 기 (부 示)

신(示) 앞에 잃어버린 **도끼(斤)**를 찾게 해 달라고 빈다.

주요 한자어
- 祈願(기원): 바라는 일이 이루어지기를 빎.

94 牽 끌 견 (부 牛)

소(牛)를 재물로 바치기 위해 **검은(玄)** 천으로 눈을 **덮어서(冖)** 제단으로 끌고 간다.

주요 한자어
- 牽引(견인): 끌어당김.

95 制 지을/절제할 제 (부 刂)

칼(刂)로 **소(牛)**의 가죽을 벗긴 후 **수건(巾)** 크기만 한 옷을 지었다.

주요 한자어
- 牽制(견제): 끌어당기어 자유로운 행동을 하지 못하게 함.
- 規制(규제): 규정에 따른 통제.
- 制限(제한): 한계를 정함. 한제. 한정.

96 卿 벼슬 경 (부 卩)

토끼(卯)의 귀처럼 크고 높은 모자를 쓰고 **숟가락(匕)**으로 **하얀(白)** 쌀밥을 먹는 이가 벼슬아치이다.

97 爵 벼슬 작 (부 爪)

새 형상을 한 술잔을 손에 들고 있는 모습(爵)을 본뜬 상형 문자로, 그 술잔의 모양이 작이라는 새와 비슷하여 작이라 하였다.

주요 한자어
- 爵位(작위): 벼슬과 지위.
- 伯爵(백작): 다섯 등급의 작위 가운데 셋째.

70 亂 어지러울 란 (부 乙)

짐승의 **발자국(内)**을 보고 **손(又)**으로 갈고리(乚)를 들어 짐승을 잡으려 하니, 짐승이 **손톱(爫)**을 치켜세워 **자국(厶)**을 내는 모습이 어지럽다.

주요 한자어
- 騷亂(소란): 야단스럽고 시끄러움.
- 混亂(혼란): 갈피를 잡을 수 없이 어지러움.
- 搖亂(요란): 시끄럽고 어지러움.

71 粉 가루 분 (부 米)

쌀(米) 알갱이를 칼로 **나누면(分)** 가루가 된다.

주요 한자어
- 粉末(분말): 딱딱한 물건을 보드라울 정도로 잘게 부수거나 갈아서 만든 것.

72 紛 어지러울 분 (부 糸)

실(糸)을 **나누기(分)** 위해 보니 어지럽다.

주요 한자어
- 紛爭(분쟁): 말썽을 일으켜 시끄럽게 다툼.
- 紛糾(분규): 일이 뒤얽혀 말썽이 많고 시끄러움.
- 紛亂(분란): 어수선하고 떠들썩함.

73 頻 자주 빈 (부 頁)

건강하려면 **걸어야(步)** 하고, 명석한 **머리(頁)**가 되려면 생각을 해야 하는데 그 정도를 자주 해야 한다.

주요 한자어
- 頻度(빈도): 똑같은 것이 되풀이되는 도수.

74 繁 번성할 번 (부 糸)

실(糸)로 옷을 짜는 일을 **재빠르게(敏)** 하니 집안이 번성한다.

주요 한자어
- 頻繁(빈번): 일이 매우 잦음.
- 繁榮(번영): 번성하고 영화롭게 됨.
- 繁殖(번식): 붇고 늘어서 많이 퍼지는 것.

75 循 돌 순 (부 彳)

방패(盾)를 든 **사람들(彳)**이 궁 주변을 돌고 있다.

주요 한자어
- 循環(순환): 한 차례 돌아서 다시 먼저의 자리로 돌아옴.

76 環 고리 환 (부 玉)

놀란 **눈(睘)**과 같이 생긴 둥근 구슬(玉)을 고리에 걸어 묶다.

주요 한자어
- 環境(환경): 생물에게 직접·간접적으로 영향을 주는 자연적 조건이나 사회적 상황.

77 還 돌아올 환 (부 辶)

어떤 사물을 보고 **놀라면(睘)** 눈길이 **갔다가(辶)** 차츰 원래로 돌아온다.

주요 한자어
- 返還(반환): 도로 돌려줌.
- 還收(환수): 다시 거두어들임.

78 査 조사할 사 (부 木)

필요한 **나무(木)**를 찾기 위해 보고 **또(且)** 보면서 조사한다.

주요 한자어
- 調査(조사): 사물의 내용을 자세히 살펴봄.
- 檢査(검사): 실제의 상황을 잘 살피고 조사함.
- 審査(심사): 자세하게 조사하여 결정함.

79 搜 찾을 수 (부 扌)

절구통(臼)에 공이를 **세워(丨)** 두고 **또(又)**다시 **손(扌)**을 넣어 무엇을 찾는다.

주요 한자어
- 搜査(수사): 찾아다니며 조사함.

80 索 찾을 색 (부 糸)

많은(十) 실(糸)들이 도구를 겹겹이 **덮고(冖)** 있어 보이지 않아 찾는다.

주요 한자어
- 搜索(수색): 더듬어서 찾음.
- 索引(색인): 책 속의 항목이나 낱말을 빨리 찾도록 만든 목록.
- 檢索(검색): 검사하여 찾음.

81 聯 연이을 련 (부 耳)

귀(耳) 옆에 **작은(幺) 넝쿨(丱)**처럼 뻗은 구레나룻 털은 머리털과 잇닿아 있다.

주요 한자어
- 關聯(관련): 어떤 일과 다른 일과의 사이에 인과적인 관계가 있음.

82 絡 이을 락 (부 糸)

실(糸)이 엉켜 있을 때는 엉킨 부분을 **각각(各)** 끊어서 다시 이어야 한다.

주요 한자어
- 連絡(연락): 서로 관련을 지음.
- 脈絡(맥락): 사물의 이어져 있는 연관.

83 卓 높을 탁 (부 十)

점쟁이는 **점(卜)**을 치기 위해 **이른(早)** 시간 높은 곳에 오른다.

주요 한자어
- 卓球(탁구): 나무로 된 대의 중앙에 네트를 치고 공을 라켓으로 쳐 넘겨 승부를 겨루는 실내 경기.
- 卓越(탁월): 월등하게 뛰어남.

DAY 07

56. 妨 (방해할 방) 부 女
여자(女)가 이곳저곳(方) 따라다니며 일을 방해한다.

주요 한자어
- 妨害(방해): 남의 일을 간섭하고 막아 해를 끼침.

57. 傍 (곁 방) 부 亻
한 사람이 서(立) 있는데 여러 방향(方)에서 사람들(亻)이 둘러싸며 (一) 곁으로 왔다.

주요 한자어
- 傍觀(방관): 직접 관계하지 아니하고 곁에서 보고만 있음.

58. 輩 (무리 배) 부 車
주차장에는 차(車) 한 대만 있는 것이 아니라(非) 여러 대가 무리지어 있다.

주요 한자어
- 先輩(선배): 학교나 직장을 먼저 거친 사람.
- 輩出(배출): 인재가 연달아 많이 나옴.

59. 彈 (탄알 탄) 부 弓
활(弓)에서 홀로(單) 발사된 것이 탄알이다.

주요 한자어
- 糾彈(규탄): 잘못이나 허물을 잡아 내어 따지고 나무람.
- 彈壓(탄압): 함부로 을러대고 억누름.

60. 琴 (거문고 금) 부 王
지금(今) 들리는 옥구슬(玉) 굴러가는 소리는 거문고에서 나오는 소리다.

주요 한자어
- 彈琴臺(탄금대): 충북 충주시에 있는 명승지. 우륵이 즐겨 가야금을 타던 곳이라고 전함.

61. 疲 (피곤할 피) 부 疒
얼굴 가죽(皮)에 병(疒)이 생겼다면 피곤한 것이다.

주요 한자어
- 疲勞(피로): 정신이나 육체의 지나친 활동으로 작업 능력이 감퇴한 상태.
- 疲困(피곤): 몸이나 마음이 지치어 고달픔.

62. 軟 (연할/부드러울 연) 부 車
수레(車)의 바퀴가 입 벌리듯(欠) 빠진 것은 나사가 느슨해져 연해졌기 때문이다.

주요 한자어
- 柔軟(유연): 부드럽고 연함.

63. 被 (입을 피) 부 衤
사람은 살가죽(皮)을 보호하기 위해 옷(衤)을 입는다.

주요 한자어
- 被害(피해): 어떤 사람이 재물을 잃거나 신체적·정신적으로 해를 입은 상태.

64. 排 (밀칠 배) 부 扌
아니다(非) 싶은 것은 손(扌)으로 밀쳐야 한다.

주요 한자어
- 排斥(배척): 반대하여 내침.

65. 球 (공 구) 부 王
구슬(玉)을 구해서(求) 살펴보니 모양이 둥근 공과 같다.

주요 한자어
- 排球(배구): 한가운데에 네트를 치고 양팀의 경기자들이 갈라서서, 손으로 공을 쳐서 땅에 떨어뜨리지 않고 세 번 연락하는 동안에 상대편에게 넘겨 보내고 받고 하는 경기.
- 地球(지구): 사람이 살고 있는 땅덩어리.

66. 架 (시렁 가) 부 木
나무(木)로 물건을 얹어(加) 올려놓을 수 있도록 만든 것이 시렁이다.

*시렁: 물건을 얹어 놓기 위하여 방이나 마루 벽에 두 개의 긴 나무를 가로질러 선반처럼 만든 것.

주요 한자어
- 架橋(가교): 다리를 놓음.
- 架空(가공): 어떤 시설을 공중에 가설함.

67. 超 (뛰어넘을 초) 부 走
열심히 달린(走) 결과, 목표 지점에서 불러 준(召) 기록은 세계 기록을 뛰어넘었다.

주요 한자어
- 超過(초과): 사물의 한도를 넘어섬.

68. 越 (넘을 월) 부 走
누군가 도끼(戉)로 위협하니 사람들이 도망치며(走) 담을 넘는다.

주요 한자어
- 超越(초월): 어떤 한계나 표준을 넘음.
- 追越(추월): 뒤에서 따라가 앞의 것을 앞지름.

69. 騷 (떠들/시끄러울 소) 부 馬
말(馬)에 벼룩(虫)이 붙어 쏘고(丶) 또(又) 쏘니(丶) 말이 큰 소리 내며 울어 시끄럽다.

주요 한자어
- 騷音(소음): 불규칙하게 뒤섞여 불쾌하고 시끄러운 소리.

41 挑 돋울 도 (부 扌)

손(扌)으로 조(兆)만큼 찔러 싸움을 걸어 화를 돋우다.

주요 한자어
- 挑戰(도전): 싸움을 걸거나 돋움.
- 挑發(도발): 전쟁·분쟁 등을 상대를 자극함으로써 일으키는 것.

42 逃 도망할 도 (부 辶)

도둑은 어떤 조짐(兆)이 있을 때 요리조리 피해 다니며(辶) 도망간다.

주요 한자어
- 逃亡(도망): 피하여 달아남.
- 逃避(도피): 도망하여 몸을 피함.

43 侵 침노할 침 (부 亻)

보여 주기 싫어 손(又)으로 덮고(冖) 있는 것을 어떤 사람(亻)이 와서 또(又)다시 열려고 하는 것은 침노하는 것이다.

주요 한자어
- 侵害(침해): 불법적으로 남을 해침.
- 侵侮(침모): 침해하고 업신여김.

44 犯 범할 범 (부 犭)

벼슬아치(㔾)가 천연기념물인 짐승(犭)을 죽이는 죄를 범하였다.

주요 한자어
- 侵犯(침범): 남의 권리, 재산, 영토 따위를 침노하여 범함.
- 犯罪(범죄): 죄를 저지름.

45 厄 재앙 액 (부 厂)

벼슬아치(㔾)는 굴바위(厂) 밑으로 숨어 재앙을 면했다.

주요 한자어
- 厄運(액운): 액을 당할 운수.

46 添 더할 첨 (부 氵)

어리고(夭) 예쁜데 마음(㣺) 또한 물(氵)처럼 맑고 깨끗하니 예쁨이 더해진다.

주요 한자어
- 添加(첨가): 더하여 붙임.

47 削 깎을 삭 (부 刂)

털이 많아 커 보이는 짐승의 몸(月)을 작게(小) 하기 위해 칼(刂)로 털을 깎았다.

주요 한자어
- 添削(첨삭): 문자를 보태거나 뺌.
- 削除(삭제): 글 따위 내용의 일부를 깎아 없애거나 지워 버림.
- 削減(삭감): 깎아서 줄이거나 덞.

48 封 봉할 봉 (부 寸)

손가락 마디(寸)만 한 흙(土)덩이 두 개를 상자에 넣어서 봉했다.

주요 한자어
- 開封(개봉): 봉한 것을 떼어 여는 것.

49 鎖 쇠사슬 쇄 (부 金)

내 재물(貝)을 훔쳐 가지 못하게 감아 놓은 작은(小) 쇠(金)고리가 쇠사슬이다.

주요 한자어
- 封鎖(봉쇄): 봉하고 잠금.
- 閉鎖(폐쇄): 문을 닫고 자물쇠를 채움.

50 資 재물 자 (부 貝)

명예에 버금(次)가는 것이 재물(貝)이다.

주요 한자어
- 資源(자원): 지하의 광물이나 임산물·수산물과 같이 생산의 바탕이 되는 여러 물자.
- 資料(자료): 무엇을 하기 위한 재료.

51 源 근원 원 (부 氵)

언덕(原) 밑 깊은 곳에서 물(氵)이 흘러 나오는데 그곳이 물의 근원지다.

주요 한자어
- 源泉(원천): 물이 흘러나오는 근원.
- 財源(재원): 재화를 발생, 수득하게 하는 근원.

52 隨 따를 수 (부 阝)

좋은 주인의 몸(月) 왼쪽(左)에서 언덕(阝)을 넘어가며(辶) 따라간다.

53 伴 짝 반 (부 亻)

나의 부족한 절반(半)을 채워 줄 사람(亻)이 내 짝이다.

주요 한자어
- 隨伴(수반): 붙좇아서 따르는 일.
- 同伴(동반): 데리고 함께 다님.

54 寢 잘 침 (부 宀)

집(宀)에서 손(又)으로 이불을 덮고(冖) 또(又) 나무로 만든 조각(爿) 베개를 베고 잔다.

주요 한자어
- 寢室(침실): 잠을 자는 방.

55 芳 꽃다울 방 (부 艹)

풀(艹)의 향기가 사방(方)으로 퍼지니 꽃답다.

27 贊 도울 찬
부 貝

재물(貝)을 들고 나아가(兟) 돕는다.

주요 한자어
- 贊成(찬성): 옳다고 동의함.
- 協贊(협찬): 협력하여 찬성함.
- 贊助(찬조): 찬동하여 도와줌. 또는 뜻을 같이하여 도와줌.

28 讚 기릴 찬
부 言

늘 어려운 사람을 도우라는(贊) 그분의 말씀(言)의 뜻을 기리다.

주요 한자어
- 讚揚(찬양): 아름답고 훌륭함을 크게 기리고 드러냄.
- 稱讚(칭찬): 좋은 점이나 착하고 훌륭한 일을 높이 평가함.
- 讚辭(찬사): 칭찬하거나, 찬양하는 글이나 말.

29 憤 분할 분
부 忄

많은(卉) 재물(貝)을 얻을 수 있는 기회를 놓치면, 마음(忄)속 깊이 분함을 느낀다.

주요 한자어
- 憤怒(분노): 분하여 성을 냄.
- 憤慨(분개): 몹시 분하게 여김.

30 墳 무덤 분
부 土

왕이 사용했던 많은(卉) 재물(貝)들이 묻힌 땅(土)은 왕의 무덤이다.

주요 한자어
- 封墳(봉분): 흙을 쌓아 올려 무덤을 만듦.
- 墳墓(분묘): 무덤.

31 央 가운데 앙
부 大

큰(大) 사람이 울타리(冂) 한가운데 서 있다.

주요 한자어
- 中央(중앙): 사방의 중심이 되는 곳. 가운데.

32 災 재앙 재
부 火

냇물(巛)이 막혀 마르고, 건물이 불(火)에 타면 재앙이다.

주요 한자어
- 災難(재난): 뜻밖에 일어나는 불행한 일.

33 殃 재앙 앙
부 歹

죽음(歹) 한가운데(央)로 들어서면 재앙이 닥친 것이다.

주요 한자어
- 災殃(재앙): 천재지변으로 인한 불행한 사고.

34 粧 단장할 장
부 米

노후된 집(广)에 쌀(米)가루처럼 하얀 흙(土)을 발라 단장하였다.

주요 한자어
- 丹粧(단장): 얼굴을 곱게 하고 머리나 옷맵시를 매만져 꾸밈.

35 飾 꾸밀 식
부 食

사람(人)은 밥(食)을 먹을 때 수건(巾)으로 상을 닦고 주변을 깨끗하게 단장하여 꾸민다.

주요 한자어
- 粧飾(장식): 얼굴 따위를 매만져 꾸밈.
- 裝飾(장식): 옷이나 액세서리 따위로 치장함.
- 假飾(가식): 속마음과 달리 거짓으로 꾸밈.

36 浸 잠길 침
부 氵

물(氵)속에 한 손(又) 한 손(又)을 넣어 그 물이 손등 위를 덮으면서(冖) 잠겼다.

주요 한자어
- 浸透(침투): 액체 따위가 속으로 스며 젖어 듦. 또는 어떤 곳에 몰래 숨어 들어감.

37 掠 노략질할 략
부 扌

서울(京)에서 가장 큰손(扌)으로 불리는 부자는 자기만 이롭기 위해서 서민들의 재물을 노략질한다.

주요 한자어
- 侵掠(침략): 침노하여 약탈하는 것.
- 掠奪(약탈): 폭력을 써서 무리하게 빼앗음.

38 割 벨 할
부 刂

칼(刂)로 남을 해롭게(害) 하는 자는 목을 베어야 한다.

주요 한자어
- 役割(역할): 제가 하여야 할 제 앞의 일.
- 割引(할인): 일정한 값에서 얼마를 덜어 냄.

39 賦 부세/줄 부
부 貝

무사(武)들은 재물(貝)이 많은 사람들을 찾아다니면서 강제적인 부세를 진행했다.

*부세: 세금을 매겨서 부과하는 일.

주요 한자어
- 割賦(할부): 돈을 여러 번으로 나누어 냄.
- 賦課(부과): 세금 따위를 매기어 물게 함.

40 桃 복숭아 도
부 木

조(兆)라는 수량만큼 털이 많은 나무(木)의 열매는 복숭아다.

주요 한자어
- 桃花(도화): 복숭아꽃.

13 構 얽을 구 (부 木)
우물 정(井) 자 모양으로 거듭해서(再) 나무(木)를 얽어 올렸다.

주요 한자어
- 構築(구축): 쌓아 올려 만듦.
- 構造(구조): 꾸밈새.
- 構成(구성): 여러 부분이나 요소들을 모아서 일정한 전체를 짜 이룸.

14 築 쌓을 축 (부 竹)
무릇(凡) 악기를 만드는 장인(工)은 여러 나무(木) 중에서 대나무(竹)를 사용하므로, 대나무를 많이 쌓아 놓는다.

주요 한자어
- 建築(건축): 흙·나무·돌·쇠 등을 써서 집·성·다리 같은 건조물 따위를 지음.

15 竊 훔칠 절 (부 穴)
구멍(穴)에서 벌레(离)가 나와 쌀(米)을 훔쳐 먹는다.

주요 한자어
- 竊盜(절도): 남의 물건을 몰래 훔치는 일.
- 竊取(절취): 남몰래 훔쳐 가짐.

16 盜 도둑 도 (부 皿)
다른 사람의 그릇(皿)을 보고 입 벌려(欠) 침(氵)을 흘리는 사람은 도둑이다.

주요 한자어
- 盜聽(도청): 몰래 엿들음.

17 賊 도둑 적 (부 貝)
창(戈)을 들고 많은(十) 재물(貝)을 훔치러 가는 사람은 도둑이다.

주요 한자어
- 盜賊(도적): 도둑.

18 恥 부끄러울 치 (부 心)
내가 누군가를 험담했던 이야기가 다른 사람을 통해 내 귀(耳)에 들리면 부끄러운 마음(心)이 든다.

주요 한자어
- 廉恥(염치): 체면을 차릴 줄 알며 부끄러움을 아는 마음.

19 辱 욕될 욕 (부 辰)
새벽(辰)부터 시작되는 농사일에 손(寸)을 보태야 하는데 시기를 놓쳐 스스로를 욕되게 했다.

주요 한자어
- 恥辱(치욕): 부끄럽고 욕됨.
- 辱說(욕설): 남을 저주하는 말.

20 侮 업신여길 모 (부 亻)
교만한 마음으로 매번(每) 사람(亻)을 낮추어 보는 것은 업신여기는 것이다.

주요 한자어
- 受侮(수모): 남에게 모멸을 당함.
- 侮辱(모욕): 깔보고 욕되게 함.

21 戲 희롱할 희 (부 戈)
속 빈(虛) 범의 탈을 쓰고 창(戈)을 들어 친구들을 겁주며 희롱한다.

주요 한자어
- 遊戲(유희): 일정한 방법에 의하여 재미있게 노는 운동.

22 弄 희롱할 롱 (부 廾)
두 손(廾)으로 구슬(玉)을 가지고 놀며 사람을 희롱한다.

주요 한자어
- 戲弄(희롱): 말이나 행동으로 실없이 놀리는 짓.
- 弄談(농담): 실없는 말.

23 尖 뾰족할 첨 (부 小)
아래는 크고(大) 위로 갈수록 작아지면(小) 물건의 모양은 뾰족해진다.

주요 한자어
- 尖端(첨단): 물건의 뾰족한 끝.
- 尖利(첨리): 끝이 뾰족하고 날카로움.

24 銳 날카로울 예 (부 金)
쇳덩어리(金)를 매일 갈면 그 형태가 칼처럼 바뀌면서(兌) 날카로워진다.

주요 한자어
- 尖銳(첨예): 날카롭고 뾰족함.
- 銳利(예리): 날이 서 있거나 끝이 뾰족함.

25 敏 민첩할 민 (부 攵)
매일(每) 같은 일을 반복해서 다루면(攵) 동작이 빨라진다.

주요 한자어
- 銳敏(예민): 감각, 행동, 재치, 느낌 따위가 날카롭고 민첩함.
- 敏感(민감): 예민한 감각.

26  慧 슬기로울 혜 (부 心)
빗자루(彗)로 청소하듯 마음(心) 속을 깨끗하게 비우는 것은 슬기로운 것이다.

주요 한자어
- 慧敏(혜민): 재빠르고 슬기로움.
- 慧眼(혜안): 사물을 꿰뚫어 보는 안목과 식견.

DAY 07

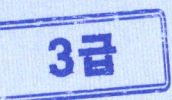

공부한 날: ___월 ___일

1 부酉
配 나눌/짝 배
혼인식에서 술(酉)을 나누어 마시고 비로소 나와 한 몸(己)이 된 아내가 평생의 짝이다.
주요 한자어
• 支配(지배): 아랫사람을 감독하고 사무를 정리함.
• 分配(분배): 생산에 참가한 개개인이 생산물을 일정한 기준에 따라 나눔.

2 부心
慮 생각할 려
호랑이(虍)를 만나면 어쩌지 생각하니(思) 무서운 마음이 들었다.
주요 한자어
• 配慮(배려): 도와주거나 보살펴 주려고 마음을 씀.
• 憂慮(우려): 근심하거나 걱정함.
• 考慮(고려): 깊이 생각하여 헤아림.
• 念慮(염려): 여러 가지로 헤아려 걱정함.

3 부氵
派 갈래 파
길게 이어지는 물(氵)이 흐름에 따라 여러 갈래로 갈라지는(派) 것을 물갈래라 한다.

4 부辶
遣 보낼 견
많은 사람들(口) 중(中)에서 한(一) 명만 찍어서 지방으로 가라고(辶) 파견을 보낸다.
주요 한자어
• 派遣(파견): 일정한 임무를 주어 사람을 내보냄.

5 부木
栗 밤 률
나무(木)에 열리는 열매 중에 껍질로 덮여(覀) 있는 열매는 밤이다.
주요 한자어
• 生栗(생률): 익히거나 말리지 않은 밤.

6 부米
粟 조 속
쌀(米)로 덮으면(覀) 보이지 않을 정도로 작은 곡식은 조다.
주요 한자어
• 粟米(속미): 좁쌀. 조의 열매를 찧은 쌀.

7 부火
燃 불탈 연
개(犬)고기(月)를 구워 먹기 위해 불(灬) 위에 올렸는데, 불(火)이 너무 세서 다 탔다.
주요 한자어
• 燃燒(연소): 불에 탐.
• 燃料(연료): 연소하여 열, 빛, 동력의 에너지를 얻을 수 있는 물질을 통틀어 이르는 말.

8 부火
燒 불태울 소
땔나무를 높이(堯) 쌓아 놓고 불(火)을 붙여 태웠다.
주요 한자어
• 燒却(소각): 불에 태워 없애 버림.

9 부見
規 법 규
한집안의 가장인 지아비(夫)는 세상을 볼(見) 때 법도에 어긋나지 않아야 한다.
주요 한자어
• 規模(규모): 본보기가 될 만한 일.
• 規範(규범): 본보기가 될 만한 제도 및 규모.

10 부木
格 격식 격
나무(木)는 제각각(各) 쓰임에 따라 격식을 갖춘다.
주요 한자어
• 規格(규격): 일정한 규정에 들어맞는 격식.
• 價格(가격): 물건이 지니고 있는 가치를 돈으로 나타낸 것.
• 資格(자격): 일정한 신분이나 지위.
• 嚴格(엄격): 언행이 엄숙하고 딱딱함.

11 부八
具 갖출 구
재물(貝)을 양손(廾)에 들고 바치기 위해서는 모자람 없이 다 갖춰야 한다.
주요 한자어
• 具體的(구체적): 사물이 뚜렷한 실체를 갖추고, 실제의 형체·내용을 가지고 있는 모양.
• 具備(구비): 빠짐없이 차림.

12 부亻
俱 함께 구
필요한 것을 갖추기(具) 위해 옆 사람(亻)과 함께한다.
주요 한자어
• 俱存(구존): 부모가 모두 살아계심.

DAY 07~13

3급
합격확실 900자

> 120문항 중 **10문항 출제!**
> 10문항이라고 **방심하지 마라!**
> 합격확실권에 들기 위한 3급 900자,
> **독하게 끝내자!**

**에듀윌이
너를
지**지할게

ENERGY

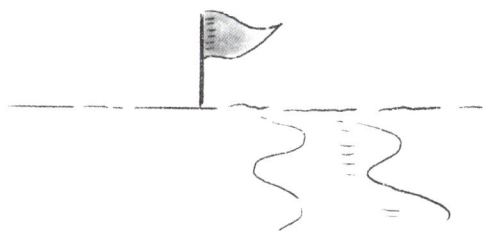

길이 가깝다고 해도 가지 않으면 도달하지 못하며,
일이 작다고 해도 행하지 않으면 성취되지 않는다.

– 순자

[111~115]

111 分校(분교)

112 ① 모양 형　② 시골 향　③ 향할 향
④ 향기 향　⑤ 누릴 향

113 ① 달릴 주 – 약할 약
② 낮 주 – 밤 야
③ 낮 주 – 약할 약
④ 달릴 주 – 밤 야
⑤ 그림 화 – 밤 야

114 ① 연구할 구　② 학교 교　③ 생각할 고
④ 가르칠 교　⑤ 사귈 교

[116~120]

115 同窓生(동창생)

116 ① 눈 안　② 코 비　③ 자 척
④ 벼슬 관　⑤ 귀 이

117 比例(비례)

118 表精 → 表情(표정)

119 ① 덜 감　② 달 감　③ 느낄 감
④ 볼 감　⑤ 감히 감

120 ① 열 개　② 고칠 개　③ 낱 개
④ 다 개　⑤ 낄 개

[76~80]

76 ① 부귀재천 ② 견물생심 ③ 수어지교
   ④ 견마지성 ⑤ 구사일생

77 ① 불가항력 ② 목불식정 ③ 단금지교
   ④ 논공행상 ⑤ 수주대토

78 ① 춘철살인 ② 추원보본 ③ 약방감초
   ④ 화조월석 ⑤ 만사형통

79 ① 백년하청 ② 불문곡직 ③ 사필귀정
   ④ 선견지명 ⑤ 군자불기

80 ① 명약관화 ② 난형난제 ③ 고진감래
   ④ 과유불급 ⑤ 금시초문

제3영역 | 독해(讀解)

81	①	82	②	83	①	84	⑤	85	④
86	③	87	③	88	②	89	①	90	⑤
91	④	92	③	93	②	94	①	95	①
96	⑤	97	②	98	③	99	③	100	④
101	④	102	①	103	③	104	④	105	②
106	①	107	③	108	①	109	④	110	④
111	③	112	③	113	②	114	④	115	③
116	②	117	③	118	⑤	119	③	120	③

[81~86]

81 自生力(자생력)   82 急落(급락)
83 量産(양산)   84 素質(소질)
85 敎科目(교과목)   86 立秋(입추)

[87~92]

87 [노동]   88 [다소]
89 [목석]   90 [관용]
91 [표현]   92 [청운]

[93~95]

93 ① 방문 ② 근무 ③ 휴학
   ④ 과업 ⑤ 퇴근

94 ① 형체 ② 행동 ③ 명령
   ④ 시각 ⑤ 부인

95 ① 다량 ② 정량 ③ 다수
   ④ 정수 ⑤ 소량

[96~98]

96 自臣 → 自身(자신)   97 技述 → 技術(기술)
98 平所 → 平素(평소)

[99~101]

99 新鮮(신선)   100 義理(의리)
101 宿題(숙제)

[102~104]

102 ① 근자 ② 근방 ③ 명일
    ④ 방금 ⑤ 금일

103 ① 광대 ② 합일 ③ 충만
    ④ 운집 ⑤ 충실

104 ① 재식 ② 후일 ③ 처리
    ④ 보류 ⑤ 연장

[105~107]

105 四季節(사계절)

106 ① 분명 ② 분화 ③ 청명
    ④ 생동 ⑤ 분석

107 ① 겨울 동 ② 가을 추 ③ 여름 하
    ④ 봄 춘   ⑤ 더울 서

[108~110]

108 ① 잎 엽   ② 풀 초   ③ 꽃 화
    ④ 수풀 림 ⑤ 나무 목

109 ① 꾀할 기 ② 물 끓는 김 기
    ③ 몸 기   ④ 기운 기   ⑤ 기이할 기

110 [勞(일할 로)]
    ① 늙을 로 ② 길 로   ③ 이슬 로
    ④ 끊을 절 ⑤ 화로 로

49 [集計(집계), 統計(통계), 計算(계산)]
① 대나무 죽　② 따뜻할 온　③ 셀 계
④ 대답할 답　⑤ 배울 학

50 [助産(조산), 助言(조언), 一助(일조)]
① 날 출　② 도울 조　③ 많을 다
④ 헤아릴 량　⑤ 향할 향

51 [首席(수석), 坐席(좌석), 席次(석차)]
① 나아갈 진　② 길 장　③ 눈 목
④ 법 식　⑤ 자리 석

52 [運命(운명), 命令(명령), 下命(하명)]
① 이룰 성　② 목숨 명　③ 기운 기
④ 셈 수　⑤ 집 당

53 [明快(명쾌), 快活(쾌활), 快感(쾌감)]
① 흰 백　② 누구 수　③ 눈 안
④ 날 생　⑤ 쾌할 쾌

54 [育兒(육아), 育成(육성), 訓育(훈육)]
① 작을 소　② 어질 인　③ 기를 육
④ 큰 대　⑤ 가운데 중

55 [骨相(골상), 甲骨(갑골), 露骨(노골)]
① 집 사　② 던질 투　③ 날 출
④ 뼈 골　⑤ 무리 등

56 [念頭(염두), 念願(염원), 記念(기념)]
① 먼저 선　② 바 소　③ 거리 가
④ 생각 념　⑤ 맺을 결

57 [考察(고찰), 明察(명찰), 觀察(관찰)]
① 지을 제　② 연구할 구　③ 살필 찰
④ 볼 시　⑤ 법 전

[58~65]

58 [자정]
① 정오　② 오후　③ 오전
④ 조석　⑤ 조간

59 [성공]
① 성실　② 성장　③ 실패
④ 완성　⑤ 완전

60 [근해]
① 동해　② 원양　③ 북극
④ 해양　⑤ 육지

61 [송신]
① 전신　② 변화　③ 송별
④ 변신　⑤ 수신

62 [공유]
① 공무　② 공고　③ 사유
④ 사립　⑤ 사리

63 [자연]
① 자기　② 공연　③ 자유
④ 미연　⑤ 인공

64 [혁신]
① 개혁　② 변혁　③ 변신
④ 수구　⑤ 보안

65 [구어]
① 용어　② 조어　③ 문어
④ 실어　⑤ 한어

[66~70]

66 [結者解之(결자해지)]
① 뿔 각　② 풀 해　③ 볼 관
④ 해로울 해　⑤ 끊을 절

67 [單刀直入(단도직입)]
① 짧을 단　② 이를 달　③ 어려울 난
④ 홑 단　⑤ 죽일 살

68 [風前燈火(풍전등화)]
① 울 명　② 곤할 곤　③ 등불 등
④ 미칠 급　⑤ 다 개

69 [切齒腐心(절치부심)]
① 마디 절　② 꺾을 절　③ 끊을 절
④ 막을 저　⑤ 찾을 탐

70 [眼下無人(안하무인)]
① 뿔 각　② 눈 안　③ 볼 관
④ 눈 목　⑤ 집 옥

[71~75]

71 [망년지교]　72 [백면서생]
73 [적소성대]　74 [일거양득]
75 [다다익선]

[25~30]
25 [더할 증]　　26 [빠를 속]
27 [가게 점]　　28 [줄 수]
29 [재물 화]　　30 [오직 유]

[31~35]
31 ① 날 비　　② 이 차　　③ 새 을
　　④ 수컷 웅　　⑤ 맡길 위
32 ① 보낼 송　　② 찾을 방　　③ 닭 유
　　④ 돌아갈 귀　　⑤ 물러날 퇴
33 ① 멀 원　　② 갈 거　　③ 옮길 운
　　④ 있을 존　　⑤ 채울 충
34 ① 마칠 필　　② 우편 우　　③ 화로 로
　　④ 주춧돌 초　　⑤ 거리 가
35 ① 위엄 위　　② 일어날 기　　③ 펼 전
　　④ 알 지　　⑤ 절 배

[36~40]
36 [기쁠 희]
　　① 곧을 직　　② 스승 사　　③ 기쁠 열
　　④ 익힐 습　　⑤ 뜻 의
37 [마칠 종]
　　① 끝 말　　② 기를 육　　③ 받을 수
　　④ 줄 급　　⑤ 창문 창
38 [도울 조]
　　① 도울 부　　② 펼 연　　③ 길 장
　　④ 신선 선　　⑤ 낮을 저
39 [근심 수]
　　① 아닐 부　　② 보리 맥　　③ 짧을 단
　　④ 근심 우　　⑤ 잊을 망
40 [나 여]
　　① 너 여　　② 나 아　　③ 다를 타
　　④ 살 주　　⑤ 집 우

제2영역 | 어휘(語彙)

41	③	42	④	43	⑤	44	①	45	③
46	②	47	④	48	①	49	③	50	②
51	⑤	52	②	53	⑤	54	③	55	④
56	④	57	③	58	①	59	③	60	②
61	⑤	62	④	63	⑤	64	④	65	③
66	②	67	④	68	③	69	③	70	②
71	⑤	72	④	73	⑤	74	⑤	75	②
76	②	77	①	78	③	79	①	80	③

[41~45]
41 [공로]
　　① 광영　　② 공론　　③ 공로
　　④ 미로　　⑤ 도성
42 [구명]
　　① 운명　　② 분명　　③ 구극
　　④ 구명　　⑤ 성분
43 [동지]
　　① 약지　　② 간지　　③ 미질
　　④ 안보　　⑤ 동지
44 [무사]
　　① 무사　　② 무상　　③ 무력
　　④ 무인　　⑤ 무력
45 [양성]
　　① 양식　　② 형성　　③ 양성
　　④ 양지　　⑤ 한산

[46~47]
46 ① 오락　　② 음악　　③ 고락
　　④ 안락　　⑤ 쾌락
47 ① 동리　　② 동장　　③ 동내
　　④ 통찰　　⑤ 동구

[48~57]
48 [能力(능력), 可能(가능) 有能(유능)]
　　① 능할 능　　② 살 활　　③ 알 지
　　④ 바람 풍　　⑤ 고칠 경

DAY 06 중간점검 모의고사 정답과 해설

제1영역 | 한자(漢字)

01	②	02	①	03	②	04	⑤	05	①
06	①	07	①	08	④	09	①	10	⑤
11	③	12	②	13	①	14	①	15	①
16	③	17	③	18	④	19	⑤	20	②
21	②	22	④	23	①	24	①	25	④
26	①	27	①	28	①	29	③	30	⑤
31	④	32	①	33	②	34	①	35	③
36	③	37	①	38	①	39	④	40	②

[01~02]

01 ② 가로, 세로가 겹칠 때에는 가로획을 먼저 긋는다.
③④ 허리를 끊는 획은 나중에 긋는다.
⑤ 가운데를 꿰뚫는 획은 나중에 긋는다.

02 ②④⑤ 위에서 아래로 쓴다.
③ 가로, 세로가 겹칠 때에는 가로획을 먼저 긋는다.

[03~04]

03 [탈 승]   04 [원수 적]

[05~06]

05 [볼 관]
① 볼 견   ② 새 추   ③ 초두머리
④ 입 구   ⑤ 볼 관

06 [섞일 혼]
① 삼수변   ② 해 일   ③ 비수 비
④ 견줄 비   ⑤ 섞일 혼

[07~08]

07 [바랄 희] – 회의자
① 부를 초(형성자)   ② 안을 포(형성자)
③ 쏠 사(회의자)   ④ 기록할 기(형성자)
⑤ 이를 운(상형자)

08 [달릴 주] – 회의자
① 한 한(형성자)   ② 더욱 우(상형자)
③ 기약할 기(형성자)   ④ 먼저 선(회의자)
⑤ 머무를 정(형성자)

[09~14]

09 [힘쓸 면]   10 [찰 랭]
11 [낮 주]   12 [지을 제]
13 [무리 도]   14 [베풀 시]

[15~19]

15 ① 소리 성   ② 재주 예   ③ 마당 장
    ④ 가을 추   ⑤ 형세 세

16 ① 다 개   ② 낄 개   ③ 돼지 해
    ④ 잔 배   ⑤ 또 역

17 ① 도울 조   ② 쌓을 저   ③ 거스를 역
    ④ 구할 구   ⑤ 절 배

18 ① 벌레 충   ② 겨레 족   ③ 가죽 혁
    ④ 쫓을 추   ⑤ 너 여

19 ① 다를 별   ② 이름 호   ③ 목욕할 욕
    ④ 소 축   ⑤ 금할 금

[20~24]

20 [지킬 수]
① 창성할 창   ② 닦을 수   ③ 성할 성
④ 검을 흑   ⑤ 예 석

21 [조 조]
① 칼 도   ② 지을 조   ③ 말 두
④ 사라질 소   ⑤ 종이 지

22 [샘 천]
① 떳떳할 상   ② 더할 첨   ③ 서늘할 량
④ 얕을 천   ⑤ 빼어날 수

23 [마루 종]
① 좇을 종   ② 성씨 씨   ③ 별 성
④ 미혹할 미   ⑤ 물 댈 주

24 [임금 황]
① 예 구   ② 곧을 정   ③ 살필 성
④ 우러를 앙   ⑤ 누를 황

110 ⓒ '勞動'의 '勞'과 독음이 다른 것은?
① 老 ② 路 ③ 露 ④ 絶 ⑤ 爐

[111~115] 다음 글을 읽고 물음에 답하시오.

박 선생님은 유독 ㉠ 분교 근무를 선택한다. "저도 강원도 산골 출신이지요. 그런 까닭인지 ㉡ 시골 학교에 대한 애착이 남다른 것 같아요." 그래서인지 13년 교직 생활 중 절반을 분교에서만 아이들을 가르쳤다.
10년 전 처음 농촌 학교에 부임하면서 선생님이 정성을 기울인 것은 정보화 교육이었다. 한 기업의 후원을 받아 ㉢ 주간에는 아이들을 위한 무료 컴퓨터 ⓐ 교육을 실시했고, ㉣ 야간에는 지역 주민들을 위한 컴퓨터 ⓑ 교실을 열었다. 최근에는 이 학교 ㉤ 동창생들이 모여서 컴퓨터 봉사 모임을 만들기까지 했다고 한다.

111 ㉠'분교'의 한자 표기가 바른 것은?
① 合校 ② 合交 ③ 分校 ④ 分交 ⑤ 分班

112 ㉡'시골'의 뜻을 가진 것은?
① 形 ② 鄕 ③ 向 ④ 香 ⑤ 享

113 ㉢'주'와 ㉣'야'의 한자 표기를 바르게 짝지은 것은?
① 走-弱 ② 晝-夜 ③ 晝-弱
④ 走-夜 ⑤ 晝-夜

114 ⓐ'교육'과 ⓑ'교실'에 공통으로 쓰이는 '교'의 한자 표기가 바른 것은?
① 究 ② 校 ③ 考 ④ 敎 ⑤ 交

115 ㉤'동창생'의 한자 표기가 바른 것은?
① 東窓生 ② 東唱生 ③ 同窓生
④ 同唱生 ⑤ 同倉生

[116~120] 다음 글을 읽고 물음에 답하시오.

인물화는 인물을 대상으로 하여 그 인물이 지닌 표정이나 자세, 분위기 등을 나타낸 그림이다. 인물을 대할 때 먼저 눈에 띄는 것은 눈, ㉠ 코, 입 등의 생김새로, 얼굴의 ㉡ 比例와(과) 기울기를 어떻게 잡아 표현하느냐에 따라 그 느낌이 달라진다.
인물을 표현할 때에는 사실적으로 표현하기도 하지만, 자신의 ㉢ 主觀에 따라 단순화하거나 ㉣ 變形시켜 ㉤ 表現하기도 한다. 인물의 ㉥ 細部 묘사보다는 자세와 ㉦ 表精의 특징을 찾아내어 자기가 받은 ㉧ 느낌을 ㉨ 개성적으로 나타내는 것이 좋다.

116 ㉠의 뜻을 가진 것은?
① 眼 ② 鼻 ③ 尺 ④ 官 ⑤ 耳

117 ㉡의 독음이 바른 것은?
① 비례 ② 비열 ③ 차례
④ 차열 ⑤ 배열

118 ㉢~㉦ 중 한자 표기가 바르지 않은 것은?
① ㉢ 主觀 ② ㉣ 變形 ③ ㉤ 表現
④ ㉥ 細部 ⑤ ㉦ 表精

119 ㉧의 '느낌'의 뜻과 같은 한자는?
① 減 ② 甘 ③ 感 ④ 監 ⑤ 敢

120 ㉨의 '개' 자의 한자 표기가 바른 것은?
① 開 ② 改 ③ 個 ④ 皆 ⑤ 介

94 화와 복은 문이 따로 없다. 오직 사람이 스스로 불러들일 뿐이다. 선악의 응보는 그림자가 □□를(을) 따르는 것과 같다.
① 形體 ② 行動 ③ 命令 ④ 視覺 ⑤ 否認

95 소화제를 □□ 섭취하는 것은 좋지 않습니다.
① 多量 ② 定量 ③ 多數 ④ 定數 ⑤ 小量

[96~98] 다음 문장에서 한자어(漢字語)의 한자 표기(漢字表記)가 바르지 않은 것은 어느 것입니까?

96 ①先生님의 ②說明을 잘 듣고 ③課題와 ④復習을 ⑤自臣이 알아서 하도록 하세요.

97 이 마을에는 ①竹器를 만드는 ②技述을 가진 ③靑年들이 많이 ④居住하고 있다는 ⑤所聞을 들었다.

98 그는 ①特別한 ②外傷은 없었지만 ③平所와 다른 ④不便함을 느껴 ⑤病院에 갔다.

[99~101] 다음 문장에서 밑줄 친 단어(單語)를 한자(漢字)로 바르게 쓴 것은 어느 것입니까?

99 빛과 같이 **신선**하고 밝은 마음으로 누구에게나 다정한 사람이고 싶다.
① 信善 ② 身線 ③ 新鮮 ④ 神仙 ⑤ 新船

100 옛 선비들은 어떤 어려움이 닥치더라도 목숨 걸고 **의리**를 지켰다.
① 意理 ② 議理 ③ 醫理 ④ 義理 ⑤ 依理

101 나는 **숙제**를 거의 다 하였다.
① 課題 ② 話題 ③ 題材 ④ 宿題 ⑤ 叔齊

[102~104] 다음 문장에서 밑줄 친 단어(單語)나 어구(語句)의 뜻을 가장 잘 나타낸 한자(漢字) 또는 한자어(漢字語)는 어느 것입니까?

102 **요즈음** 우리 집에는 손님의 발걸음이 뚝 끊어졌다.
① 近者 ② 近方 ③ 明日 ④ 方今 ⑤ 今日

103 새해에는 모든 가정에 기쁨과 행복이 **가득하기**를 기원합니다.
① 廣大 ② 合一 ③ 充滿 ④ 雲集 ⑤ 充實

104 어제의 회의에서는 세 가지 안건을 모두 그 자리에서 처리하지 않고 나중으로 **미루어 두었다**.
① 在席 ② 後日 ③ 處理 ④ 保留 ⑤ 延長

[105~107] 다음 글을 읽고 물음에 답하시오.

> 우리나라는 ㉠ 사계절이 ㉡ 뚜렷합니다. 봄에는 새싹이 파릇파릇 돋아납니다. ㉢ 여름에는 푸른 잎이 시원한 그늘을 만들어 줍니다. 가을에는 울긋불긋한 단풍이 山을 뒤덮습니다. 그리고 겨울에는 하얀 눈이 앙상한 가지를 포근히 덮어 줍니다.

105 ㉠의 한자 표기가 바른 것은?
① 四季絶 ② 四季節 ③ 四界絶 ④ 四界節 ⑤ 四系節

106 ㉡의 뜻을 가장 잘 나타낸 것은?
① 分明 ② 分化 ③ 淸明 ④ 生動 ⑤ 分析

107 ㉢의 뜻을 가진 것은?
① 冬 ② 秋 ③ 夏 ④ 春 ⑤ 暑

[108~110] 다음 글을 읽고 물음에 답하시오.

> "서리 내려 나뭇잎 질 때 성긴 숲속으로 들어가 나무 그루터기 위에 앉는다. 바람에 나부끼는 노란 ㉠ 잎은 옷소매에 점점 떨어지고, 들새는 나무 우듬지에서 날아올라 사람을 엿본다. 황량한 땅이 이 순간 맑고 드넓어진다."
> 조선 중기 문인 상촌 신흠의 글 「野言」의 한 대목이다. 서리 내리는 절기 상강 무렵의 청신한 ㉡ 기운이 물씬 풍긴다.
> 漢詩 하면 吟風弄月이 아니면 충효나 예의범절 같은 의무와 구속부터 떠올리는 이들이 적지 않다. 가난의 뼈아픔과 ㉢ 노동의 활력을 노래한 이 달의 「시골집」은 그것이 한갓 선입견에 지나지 않음을 보여 준다.

108 ㉠ '잎'의 뜻을 가진 것은?
① 葉 ② 草 ③ 花 ④ 林 ⑤ 木

109 ㉡ '기운'의 '기'의 한자 표기가 바른 것은?
① 企 ② 汽 ③ 己 ④ 氣 ⑤ 奇

제3영역 | 독해(讀解)

[81~86] 다음 문장에서 한자어(漢字語)의 음(音)은 무엇입니까?

81 외국 기업과의 경쟁에서 이겨 **自生力**을 확보하지 못하면 우리의 기업들은 더 이상 살아남기 어려운 상황에 놓여 있다.
① 자생력 ② 생명력 ③ 자구책
④ 자존심 ⑤ 자제력

82 경기의 악화는 주식 시장에도 영향을 미쳐 연일 주가가 **急落**하고 있어 우리의 경제에 드리워진 그림자가 예상했던 것보다 훨씬 어둡고 길다.
① 폭등 ② 급락 ③ 반등
④ 폭락 ⑤ 등락

83 신용 불량자의 **量産**는(은) 이제 더 이상 개인적인 문제가 아니라 우리 사회가 함께 고민하고 해결해야 할 중대한 사안이다.
① 양산 ② 증가 ③ 발생
④ 출현 ⑤ 양생

84 대학에 진학하기 전에 자신의 **素質**을 충분히 파악한 후 전공을 신중하게 결정할 필요가 있다.
① 자질 ② 취향 ③ 교양
④ 수준 ⑤ 소질

85 초등학교 **敎科目**는(은) 지식 전달보다는 인성 교육에 초점을 맞춰 개편되는 것이 바람직하다.
① 시간표 ② 계획서 ③ 지도안
④ 교과목 ⑤ 교과서

86 **立秋**. 처서 다 지났다고는 믿기 어려운 더위였다.
① 입춘 ② 입하 ③ 입추
④ 입동 ⑤ 입장

[87~92] 다음 문장에서 밑줄 친 한자어(漢字語)의 뜻풀이로 적절한 것은 어느 것입니까?

87 우리 국민의 평균 **勞動** 시간이 점차 줄어들고 있다고 합니다.
① 노력을 지나치게 기울임.
② 양이나 수치가 급격하게 줄어듦.
③ 사람이 생활에 필요한 물자를 얻기 위하여 육체적 노력이나 정신적 노력을 들이는 행위.
④ 생활에 필요함.
⑤ 땀 흘려 운동하는 행위.

88 내일은 바람이 **多少** 강하게 불겠습니다.
① 매우 ② 조금 ③ 다시
④ 아직 ⑤ 엄청

89 그는 **木石**같아서 내가 아무리 애원해도 거들떠보지도 않았다.
① 감정이 없음. ② 마음이 단단함.
③ 의지가 굳음. ④ 뻔뻔스러움.
⑤ 융통성이 없음.

90 대화와 타협을 통한 진리 찾기의 출발점은 '내 생각만이 전부가 아니다'라는 상호 **寬容**의 정신입니다.
① 이익 따위를 바치거나 버림.
② 서로 도와 협력함.
③ 습관적으로 늘 씀.
④ 여럿이 모여 의논함.
⑤ 너그럽게 받아들이거나 용서함.

91 왈라스의 **表現**을 빌리자면 "인류는 토지를 영구히 소유하지만, 현세대는 다만 토지의 사용자일 따름이다."
① 어떤 것과 다른 것을 드러내 보이는 두드러진 점.
② 사물의 정도를 정하는 기준이나 목표.
③ 마음속 감정이나 정서 따위가 얼굴에 나타난 상태.
④ 의견이나 감정 따위를 드러내어 나타냄.
⑤ 겉으로 나타나거나 눈에 띄는 부분.

92 그는 **靑雲**의 꿈을 안고 유학을 떠났다.
① 헛됨 ② 소망 ③ 출세
④ 부귀 ⑤ 자유

[93~95] 다음 문장에서 □□에 들어갈 가장 적절한 한자어(漢字語)는 어느 것입니까?

93 철수는 오늘부터 우리 부서에서 □□하게 되었다.
① 訪問 ② 勤務 ③ 休學
④ 課業 ⑤ 退勤

63 自然:
① 自己 ② 空然 ③ 自由 ④ 未然 ⑤ 人工

64 革新:
① 改革 ② 變革 ③ 變身 ④ 守舊 ⑤ 保安

65 口語:
① 用語 ② 造語 ③ 文語 ④ 失語 ⑤ 韓語

[66~70] 다음 성어(成語)에서 □에 들어갈 알맞은 한자(漢字)는 어느 것입니까?

66 結者□之: ① 角 ② 解 ③ 觀 ④ 害 ⑤ 切
67 □刀直入: ① 短 ② 達 ③ 難 ④ 單 ⑤ 殺
68 風前□火: ① 鳴 ② 困 ③ 燈 ④ 及 ⑤ 皆
69 □齒腐心: ① 節 ② 折 ③ 切 ④ 抵 ⑤ 探
70 □下無人: ① 角 ② 眼 ③ 觀 ④ 目 ⑤ 屋

[71~75] 다음 성어(成語)의 뜻풀이로 적절한 것은 어느 것입니까?

71 忘年之交
① 망년회에서 만난 벗.
② 때가 너무 늦었음을 한탄함.
③ 나이가 같은 사람 간의 모임.
④ 한 해를 마감할 때의 친구 간의 모임.
⑤ 나이를 따지지 않고 사귀는 벗.

72 白面書生
① 나태한 사람.
② 학식이 높은 사람.
③ 추운 지역에 사는 사람.
④ 세상일에 조금도 경험이 없는 사람.
⑤ 깨끗한 얼굴로 책을 읽는 사람.

73 積小成大
① 작은 것이 아무리 많이 쌓여도 크게 될 수 없음.
② 작은 것을 모으기보다는 큰 것을 이루도록 해야 함.
③ 작은 것도 쌓이면 크게 될 수 있음.
④ 작은 것을 모아서 큰 것과 바꿔라.
⑤ 작은 것 큰 것 구분하지 말고 많이 쌓아라.

74 一擧兩得
① 한 손으로 두 손을 이김.
② 한 가지로 두 가지의 이득을 봄.
③ 한 번에 두 가지의 일을 할 수 없음.
④ 한 번에 모조리 잡음.
⑤ 양손에 하나를 담음.

75 多多益善
① 너무 싼 물건은 좋지 않음.
② 많으면 많을수록 더욱 좋음.
③ 착한 일을 많이 하면 복을 받음.
④ 재산이 많으면 착한 일을 하기 어려움.
⑤ 너무 많은 물건은 좋지 않음.

[76~80] 다음의 뜻을 가장 잘 나타낸 성어(成語)는 어느 것입니까?

76 어떠한 실물을 보게 되면 그것을 가지고 싶은 욕심이 생김.
① 富貴在天 ② 見物生心 ③ 水魚之交
④ 犬馬之誠 ⑤ 九死一生

77 사람의 힘으로 어찌할 수 없음.
① 不可抗力 ② 目不識丁 ③ 斷金之交
④ 論功行賞 ⑤ 守株待兔

78 무슨 일에 꼭 끼거나 필요한 존재.
① 寸鐵殺人 ② 追遠報本 ③ 藥房甘草
④ 花朝月夕 ⑤ 萬事亨通

79 실현가망이 없는 일.
① 百年河淸 ② 不問曲直 ③ 事必歸正
④ 先見之明 ⑤ 君子不器

80 고생 끝에 즐거움이 옴.
① 明若觀火 ② 難兄難弟 ③ 苦盡甘來
④ 過猶不及 ⑤ 今時初聞

[31~35] 다음의 뜻을 가진 한자(漢字)는 무엇입니까?

31 수컷 : ① 飛 ② 此 ③ 乙 ④ 雄 ⑤ 委
32 보내다: ① 送 ② 訪 ③ 酉 ④ 歸 ⑤ 退
33 가다 : ① 遠 ② 去 ③ 運 ④ 存 ⑤ 充
34 거리 : ① 畢 ② 郵 ③ 爐 ④ 礎 ⑤ 街
35 펴다 : ① 威 ② 起 ③ 展 ④ 知 ⑤ 拜

[36~40] 다음 한자(漢字)와 뜻이 비슷한 한자는 어느 것입니까?

36 喜: ① 直 ② 師 ③ 悅 ④ 習 ⑤ 意
37 終: ① 末 ② 育 ③ 受 ④ 給 ⑤ 窓
38 助: ① 扶 ② 演 ③ 長 ④ 仙 ⑤ 低
39 愁: ① 否 ② 麥 ③ 短 ④ 憂 ⑤ 忘
40 余: ① 汝 ② 我 ③ 他 ④ 住 ⑤ 宇

제2영역 | 어휘(語彙)

[41~45] 다음 한자어(漢字語)와 발음(發音)이 같은 한자어는 어느 것입니까?

41 功勞:
① 光榮 ② 空論 ③ 公路 ④ 美路 ⑤ 都城
42 救命:
① 運命 ② 分明 ③ 究極 ④ 究明 ⑤ 成分
43 冬至:
① 藥指 ② 間紙 ③ 米質 ④ 安保 ⑤ 同志
44 無事:
① 武士 ② 無上 ③ 武力 ④ 無人 ⑤ 無力
45 養成:
① 洋式 ② 形成 ③ 陽性 ④ 陽地 ⑤ 閑散

[46~47] 다음 괄호 속 한자(漢字)의 음(音)이 다르게 발음되는 것은 어느 것입니까?

46 ① 娛(樂) ② 音(樂) ③ 苦(樂)
 ④ 安(樂) ⑤ 快(樂)

47 ① (洞)里 ② (洞)長 ③ (洞)內
 ④ (洞)察 ⑤ (洞)口

[48~57] 다음 단어들의 □에 공통으로 들어갈 알맞은 한자(漢字)는 어느 것입니까?

48 □力, 可□, 有□:
① 能 ② 活 ③ 知 ④ 風 ⑤ 更
49 集□, 統□, □算:
① 竹 ② 溫 ③ 計 ④ 答 ⑤ 學
50 □産, □言, 一□:
① 出 ② 助 ③ 多 ④ 量 ⑤ 向
51 首□, 坐□, □次:
① 進 ② 長 ③ 目 ④ 式 ⑤ 席
52 運□, □令, 下□:
① 成 ② 命 ③ 氣 ④ 數 ⑤ 堂
53 明□, □活, □感:
① 白 ② 誰 ③ 眼 ④ 生 ⑤ 快
54 □兒, □成, 訓□:
① 小 ② 仁 ③ 育 ④ 大 ⑤ 中
55 □相, 甲□, 露□:
① 舍 ② 投 ③ 出 ④ 骨 ⑤ 等
56 □頭, □願, 記□:
① 先 ② 所 ③ 街 ④ 念 ⑤ 結
57 考□, 明□, 觀□:
① 製 ② 究 ③ 察 ④ 視 ⑤ 典

[58~65] 다음 한자어(漢字語)와 뜻이 반대(反對)이거나 상대(相對)되는 한자어는 어느 것입니까?

58 子正:
① 正午 ② 午後 ③ 午前 ④ 朝夕 ⑤ 朝刊
59 成功:
① 誠實 ② 成長 ③ 失敗 ④ 完成 ⑤ 完全
60 近海:
① 東海 ② 遠洋 ③ 北極 ④ 海洋 ⑤ 陸地
61 送信:
① 電信 ② 變化 ③ 送別 ④ 變身 ⑤ 受信
62 公有:
① 公務 ② 公告 ③ 私有 ④ 私立 ⑤ 私利

DAY 06 중간점검 모의고사

합격보장 9~4급

제한시간: 60분   풀이시간: ___:___ ~ ___:___   정답과 해설 ▶ P.93

제1영역 | 한자(漢字)

[01~02] 다음 필순(筆順)에 대한 설명에 가장 알맞은 한자는 어느 것입니까?

01 좌우의 모양이 같을 때에는 가운데를 먼저 쓴다.
① 水   ② 木   ③ 母   ④ 女   ⑤ 中

02 삐침을 먼저 쓰고 파임을 나중에 쓴다.
① 父   ② 正   ③ 土   ④ 己   ⑤ 耳

[03~04] 다음 한자(漢字)의 획수(劃數)는 모두 몇 획입니까?

03 乘: ① 9   ② 10   ③ 11   ④ 12   ⑤ 13
04 敵: ① 11   ② 12   ③ 13   ④ 14   ⑤ 15

[05~06] 다음 한자(漢字)의 부수(部首)는 무엇입니까?

05 觀: ① 見   ② 隹   ③ 艹   ④ 口   ⑤ 觀
06 混: ① 氵   ② 日   ③ 匕   ④ 比   ⑤ 混

[07~08] 다음 한자(漢字)와 그 조자(造字)의 방식이 같은 한자는 어느 것입니까?

〈보기〉 日: ① 山   ② 休   ③ 下   ④ 江   ⑤ 回

〈보기〉에 제시된 한자 '日(해의 모습을 본떠서 만들었음)'처럼 구체적인 사물의 모습을 본떠서 만든 상형자(象形字)는 '山(산의 모습을 본떠서 만들었음)'이다. 따라서 정답 ①을 골라 답란에 표기하면 된다.

07 希: ① 招   ② 抱   ③ 射   ④ 記   ⑤ 云
08 走: ① 恨   ② 尤   ③ 期   ④ 先   ⑤ 停

[09~14] 다음 한자(漢字)의 음(音)은 무엇입니까?

09 勉: ① 면   ② 만   ③ 문   ④ 민   ⑤ 력
10 冷: ① 성   ② 명   ③ 장   ④ 렬   ⑤ 랭
11 畫: ① 서   ② 화   ③ 주   ④ 획   ⑤ 률
12 製: ① 폐   ② 제   ③ 재   ④ 작   ⑤ 저
13 徒: ① 도   ② 주   ③ 달   ④ 척   ⑤ 훈
14 施: ① 수   ② 주   ③ 선   ④ 시   ⑤ 포

[15~19] 다음 음(音)을 가진 한자는 무엇입니까?

15 세: ① 聲   ② 藝   ③ 場   ④ 秋   ⑤ 勢
16 해: ① 皆   ② 介   ③ 亥   ④ 杯   ⑤ 亦
17 역: ① 助   ② 貯   ③ 逆   ④ 求   ⑤ 拜
18 추: ① 蟲   ② 族   ③ 革   ④ 追   ⑤ 汝
19 금: ① 別   ② 號   ③ 浴   ④ 丑   ⑤ 禁

[20~24] 다음 한자(漢字)와 음(音)이 같은 한자는 어느 것입니까?

20 守: ① 昌   ② 修   ③ 盛   ④ 黑   ⑤ 昔
21 兆: ① 刀   ② 造   ③ 斗   ④ 消   ⑤ 紙
22 泉: ① 常   ② 添   ③ 凉   ④ 淺   ⑤ 秀
23 宗: ① 從   ② 氏   ③ 星   ④ 迷   ⑤ 注
24 皇: ① 舊   ② 貞   ③ 省   ④ 仰   ⑤ 黃

[25~30] 다음 한자(漢字)의 뜻은 무엇입니까?

25 增: ① 일찍이   ② 가지다   ③ 착하다   ④ 더하다   ⑤ 지키다
26 速: ① 빠르다   ② 묶다   ③ 도망가다   ④ 만나다   ⑤ 뛰어나다
27 店: ① 창고   ② 점치다   ③ 가게   ④ 서당   ⑤ 점령하다
28 授: ① 던지다   ② 주다   ③ 빼앗다   ④ 안타깝다   ⑤ 치다
29 貨: ① 변하다   ② 세내다   ③ 맺다   ④ 맡다   ⑤ 재물
30 唯: ① 말하다   ② 오직   ③ 돋우다   ④ 생각하다   ⑤ 밀다

DAY 05 복습 쪽지시험

[01~05] 다음 한자(漢字)의 음(音)은 무엇입니까?

01 欲: ① 곡 ② 욕 ③ 육 ④ 국 ⑤ 적
02 葉: ① 침 ② 역 ③ 겸 ④ 엽 ⑤ 약
03 借: ① 착 ② 저 ③ 숙 ④ 석 ⑤ 차
04 逢: ① 붕 ② 봉 ③ 상 ④ 아 ⑤ 인
05 盛: ① 창 ② 성 ③ 경 ④ 명 ⑤ 정

[06~10] 다음 음(音)을 가진 한자(漢字)는 무엇입니까?

6 오: ① 請 ② 誤 ③ 靜 ④ 推 ⑤ 嚴
7 우: ① 遇 ② 乃 ③ 紅 ④ 聖 ⑤ 迎
8 령: ① 須 ② 泰 ③ 勸 ④ 領 ⑤ 妙
9 가: ① 憶 ② 億 ③ 佳 ④ 異 ⑤ 傷
10 수: ① 悲 ② 怒 ③ 愁 ④ 惡 ⑤ 細

[11~15] 다음 한자(漢字)의 뜻은 무엇입니까?

11 霜: ① 이슬 ② 서리 ③ 눈
     ④ 우박 ⑤ 비
12 悟: ① 나 ② 너 ③ 행복하다
     ④ 깨닫다 ⑤ 높이다
13 堅: ① 굳다 ② 어질다 ③ 묶다
     ④ 콩팥 ⑤ 연하다
14 執: ① 누구 ② 줍다 ③ 잡다
     ④ 잇다 ⑤ 빼어나다
15 探: ① 찾다 ② 깊다 ③ 얕다
     ④ 미치다 ⑤ 가지다

[16~19] 다음의 뜻을 가진 한자(漢字)는 무엇입니까?

16 마치다 : ① 絲 ② 終 ③ 極 ④ 輕 ⑤ 忍
17 익히다 : ① 赤 ② 慈 ③ 叔 ④ 練 ⑤ 渴
18 바르다 : ① 端 ② 祭 ③ 尊 ④ 顏 ⑤ 烈
19 시험하다: ① 私 ② 試 ③ 乘 ④ 假 ⑤ 傷

[20~22] 다음 문장에서 한자어(漢字語)의 독음(讀音)은 무엇입니까?

20 그는 내게 한 점 차로 진 게 못내 哀惜한 표정이었다.
   ① 섭섭 ② 애통 ③ 애석
   ④ 의아 ⑤ 조용

21 그들은 일을 무사히 끝냈다는 喜悅에 들떠 있었다.
   ① 환희 ② 기쁨 ③ 분노
   ④ 희열 ⑤ 비통

22 친구의 딸은 貞淑하고 예의 바르다.
   ① 정숙 ② 조숙 ③ 완숙
   ④ 현숙 ⑤ 요염

[23~25] 다음 문장에서 밑줄 친 단어(單語)를 한자(漢字)로 바르게 쓴 것은 어느 것입니까?

23 형사는 그 사건을 치정이나 **원한**에 얽힌 살인이라고 보고 있다.
   ① 怨限 ② 遠限 ③ 遠恨
   ④ 怨寒 ⑤ 怨恨

24 나는 커피의 맛을 **음미**했다.
   ① 飮味 ② 陰笑 ③ 陰味
   ④ 吟味 ⑤ 吟迷

25 수입품에 **관세**를 부과하다.
   ① 冠歲 ② 關稅 ③ 冠稅
   ④ 關歲 ⑤ 觀勢

정답
1② 2④ 3⑤ 4② 5② 6② 7① 8④ 9③ 10③ 11② 12④ 13① 14③ 15①
16② 17④ 18① 19② 20③ 21④ 22① 23⑤ 24④ 25②

140 忘 잊을 망
부 心
이번 시험은 **망했다(亡)**는 사실을 **마음(心)**속으로 잊고 싶다.

주요 한자어
- 忘却(망각): 어떤 사실을 잊어버림.

141 忙 바쁠 망
부 忄
사업이 **망하고(亡)** 재기를 하기 위해 **마음(忄)**이 바빠졌다.

142 閑 한가할 한
부 門
문(門) 앞에 **나무(木)**가 자랄 정도로 찾아오는 이 없이 한가하다.

주요 한자어
- 閑暇(한가): 겨를이 생겨 여유가 있음.

143 散 흩을 산
부 攵
짐승을 **때려(攵)** 잡아 **하나(一)**의 **고기(月)**를 **여럿이(卄)** 나누니 부위별로 흩어질 수밖에 없었다.

주요 한자어
- 擴散(확산): 흩어져 널리 퍼짐.

144 厚 두터울 후
부 厂
한 **공간(厂)**에서 **아이(子)**와 **매일(日)** 같이 놀아 주면 관계가 두터워진다.

145 待 기다릴 대
부 彳
조금 **걸어(彳) 절(寺)**에 도착했지만, 불공을 드리기 위해 기다려야 했다.

주요 한자어
- 待遇(대우): 어떤 사회적 관계나 태도로 대하는 일.

146 遇 만날 우
부 辶
동물원에 **가면(辶)** 긴꼬리원숭이**(禺)**를 만날 수 있다.

147 低 낮을 저
부 亻
근본적(氐)으로 다른 **사람(亻)**에게 무례한 이는 수준이 낮다.

주요 한자어
- 低廉(저렴): 물건 따위의 값이 쌈.

148 吟 읊을 음
부 口
지금(今) 낮은 목소리를 **입(口)** 밖에 내며 시를 읊조리고 있다.

주요 한자어
- 吟味(음미): 시가를 읊조리며 그 맛을 감상함.

149 陰 그늘 음
부 阝
언덕(阝) 위의 해가 **구름(云)**에 가려진 **지금(今)** 그늘이 생겼다.

주요 한자어
- 陰謀(음모): 나쁜 목적으로 몰래 흉악한 일을 꾸밈. 또는 그런 꾀.

150 勿 말 물
부 勹
장대 끝에 세 개의 기가 달려 있는 **모양(勿)**에서 온 상형 문자이다.

125 鐘 종/쇠북 종 (부 金)

마을(里) 사람들에게 소식을 알리기 위해 동구에 서서(立) 쳤던 쇳덩이(金)가 쇠북이다.

*동구: 동네 어귀.

주요 한자어
- 警鐘(경종): 위급한 일이나 비상사태를 알리는 종이나 사이렌 따위의 신호.

126 關 관계할 관 (부 門)

양쪽 문(門)에 두 개의 작은(幺) 구멍을 만들고, 막대 두 개와 얽어(丱) 놓은 것이 빗장인데, 문과 빗장은 서로 관계한다.

주요 한자어
- 關稅(관세): 상품이 국경을 통과할 때 부과되는 세금.

127 稅 세금 세 (부 禾)

수확한 벼(禾)를 돈으로 바꿔서(兌) 세금을 냈다.

주요 한자어
- 租稅(조세): 국가 또는 지방 공공 단체가 필요한 경비로 사용하기 위하여 국민이나 주민으로부터 강제로 거두어들이는 금전. 국세와 지방세가 있음.

128 錢 돈 전 (부 金)

적은(戔) 쇳덩이(金)를 가지고 만든 화폐가 돈이다.

주요 한자어
- 銅錢(동전): 구리로 만든 돈.

129 卽 곧 즉 (부 卩)

비수(匕)에 맞은 벼슬아치(卩)가 얼굴이 하얗게(白) 질리면서 거친 숨을 몰아 쉬는 걸로 보아 곧 죽겠다.

주요 한자어
- 卽刻(즉각): 당장에 곧.

130 持 가질 지 (부 扌)

절(寺)에 갈 때는 작은 정성이라도 손(扌)에 가지고 가야 한다.

주요 한자어
- 支持(지지): 어떤 사람이나 단체 따위의 주의·정책·의견 따위에 찬동하여 이를 위하여 힘을 씀.

131 續 이을 속 (부 糸)

실(糸)로 옷을 만들어 팔려면(賣) 먼저 실과 실을 이어야 한다.

주요 한자어
- 連續(연속): 끊이지 아니하고 죽 이어지거나 지속함.

132 姉 손위 누이 자 (부 女)

부모를 대신해서 어린 동생(弟)들을 돌보던 여자(女)가 손위 누이다.

주요 한자어
- 姉妹(자매): 여자끼리의 동기. 언니와 여동생 사이를 이름.

133 妹 누이 매 (부 女)

집안의 여자 중에서 아직(未) 학교를 다니고 있는 여자(女)가 내 누이동생이다.

134 篇 책 편 (부 竹)

집(戶)에 있는 책은 대나무(竹)를 엮어서 만든 책(冊)이다.

주요 한자어
- 短篇(단편): 짤막하게 지은 글.

135 億 억 억 (부 亻)

사람(亻)들이 의미(意)를 두는 큰 금액의 시작이 억이다.

136 憶 생각할 억 (부 忄)

마음(忄)에 뜻(意)을 단단히 새겨 항상 생각한다.

주요 한자어
- 追憶(추억): 지나간 일을 돌이켜 생각함.

137 坤 땅 곤 (부 土)

흙(土)을 넓게 거듭(申) 놓은 땅이 비옥하다.

주요 한자어
- 乾坤(건곤): 하늘과 땅을 아울러 이르는 말.

138 乾 하늘/마를 건 (부 乙)

수레(車) 위에 앉아 있던 새(乙)들은 하늘 위로 날아간다.

주요 한자어
- 乾燥(건조): 말라서 습기가 없음.

139 杯 잔 배 (부 木)

절대 나무(木)로 만들면 아니 되는(不) 물건이 잔이다.

109 妙 (묘할 묘) — 부 女
나이가 어린(少) 여자(女)아이가 묘하게 생겼다.

주요 한자어
- 巧妙(교묘): 솜씨나 재주 따위가 재치 있게 약삭빠르고 묘함.

110 須 (모름지기 수) — 부 頁
사람의 머리(頁)에는 털(彡)이 모름지기 필요하다.

주요 한자어
- 必須(필수): 꼭 있어야 하거나 하여야 함.

111 領 (거느릴 령) — 부 頁
왕은 각 지방의 우두머리(頁)로 하여금(令) 대표로 백성을 거느리게 한다.

112 拾 (주울 습) — 부 扌
떨어진 물건을 양 손(扌)을 합(合)하여 줍는다.

주요 한자어
- 拾得(습득): 주워서 얻음.

113 承 (이을 승) — 부 手
정승(丞)의 손(手)으로 왕위를 이을 사람을 뽑았다.

주요 한자어
- 承認(승인): 어떤 사실을 마땅하다고 받아들임.

114 終 (마칠 종) — 부 糸
두꺼운 실(糸)로 스웨터 뜨는 것을 겨울(冬)이 오기 전에 마쳐야 한다.

주요 한자어
- 終結(종결): 일을 끝냄.

115 乃 (이에 내) — 부 丿
수로가 막혔을 때 손(又)에 갈고리(亅)를 쥐고 긁어내면(丿) 이에 물이 통한다.

116 秀 (빼어날 수) — 부 禾
곧(乃) 수확해야 할 벼(禾)의 품질은 굉장히 빼어나다.

주요 한자어
- 秀才(수재): 뛰어난 재주. 또는 머리가 좋고 재주가 뛰어난 사람.

117 偉 (클 위) — 부 亻
배의 둘레(韋)가 다른 사람(亻)보다 예사롭지 않게 크다.

118 及 (미칠 급) — 부 又
앞사람(人)을 잡기 위해 전속력으로 달린 결과 곧(乃) 그 사람 등에 손이 미쳤다.

주요 한자어
- 言及(언급): 어떤 문제에 대하여 말함.

119 深 (깊을 심) — 부 氵
얼음낚시를 하기 위해 구멍(穴)을 뚫고 물(氵)속에 나무(木)를 넣었는데 깊이가 깊다.

주요 한자어
- 深刻(심각): 상태나 정도가 매우 깊고 중대함.

120 淺 (얕을 천) — 부 氵
물(氵)이 적으면(戔) 그 깊이가 얕다.

주요 한자어
- 淺薄(천박): 학문이나 생각 따위가 얕거나, 말이나 행동 따위가 상스러움.

121 探 (찾을 탐) — 부 扌
구멍(穴) 난 나무(木)에 손(扌)을 넣어 무언가를 찾는다.

주요 한자어
- 探究(탐구): 진리, 학문 따위를 파고들어 깊이 연구함.

122 尾 (꼬리 미) — 부 尸
짐승의 엉덩이(尸) 쪽에 붙어 있는 털(毛)은 꼬리이다.

123 昨 (어제 작) — 부 日
하루라는 날(日)이 잠깐(乍) 사이에 지나가 어제가 되었다.

124 晚 (늦을 만) — 부 日
해(日)가 시야에서 벗어나는(免) 시간은 늦은 저녁이다.

DAY 05

93 絲 실 사 (부 糸)
생사를 꼰 실의 모양(絲)을 본뜬 상형 문자이다.

94 純 순수할 순 (부 糸)
실(糸)을 모아(屯) 옷을 만들어 준 사람의 호의를 순수하게 받아들였다.
주요 한자어
• 單純(단순): 복잡하지 않고 간단함.

95 潔 깨끗할 결 (부 氵)
예쁜(丰) 실(糸)을 칼(刂)로 잘라 물(氵)에 씻으니 깨끗하다.
주요 한자어
• 純潔(순결): 잡된 것이 섞이지 아니하고 깨끗함.

96 浪 물결 랑 (부 氵)
물(氵)이 좋아(良) 보일 때는 찰랑찰랑 물결이 일 때이다.
주요 한자어
• 浪費(낭비): 시간이나 재물 따위를 헛되이 헤프게 씀.

97 郎 사내 랑 (부 阝)
우리 마을(阝)에는 성격이 좋은(良) 사내가 많다.

98 恒 항상 항 (부 忄)
아침(旦)마다 마음(忄)속으로 생각하는 한(一) 가지는 항상 똑같다.
주요 한자어
• 恒常(항상): 언제나 변함없이.

99 常 떳떳할/항상 상 (부 巾)
음식을 할 때는 앞치마 수건(巾)을 가슴 높이(尙)까지 항상 올려야 한다.
주요 한자어
• 常識(상식): 사람들이 보통 알고 있거나 알아야 하는 지식.

100 怨 원망할 원 (부 心)
벼슬자리에서 물러난 사람이 뒹굴거리며(夗) 마음(心)속으로는 누군가를 원망한다.
주요 한자어
• 怨恨(원한): 억울하고 원통한 일을 당하여 응어리진 마음.

101 恨 한 한 (부 忄)
어떤 일이든지 중도에 그치면(艮) 마음(忄)속에 한으로 남는다.
주요 한자어
• 恨歎(한탄): 원통하거나 뉘우치는 일이 있을 때 한숨을 쉬며 탄식함.

102 泣 울 읍 (부 氵)
사람이 서서(立) 눈물(氵)을 흘리니 우는 것이다.

103 壯 장할 장 (부 士)
선비(士)처럼 학식도 있고 장수(爿)처럼 크고 힘이 센 내 자식이 장하다.
주요 한자어
• 壯談(장담): 확신을 가지고 아주 자신 있게 말함.

104 烈 매울 렬 (부 灬)
짐승을 잡아 칼(刂)로 뼈를 바르고(歹) 불(灬)에 구울 때 나는 연기는 맵다.
주요 한자어
• 猛烈(맹렬): 기세가 몹시 사납고 세참.

105 唯 오직 유 (부 口)
새(隹)는 배가 고파도 배가 불러도 오직 입(口)으로만 짹짹짹 한다.
주요 한자어
• 唯一(유일): 오직 하나밖에 없음.

106 我 나 아 (부 戈)
창(戈)을 손(手)에 들고 나의 목숨을 지킨다.

107 執 잡을 집 (부 土)
새의 둥근(丸) 알이 굴러 떨어지기 전에 다행히(幸) 잡았다.
주요 한자어
• 我執(아집): 자기중심의 좁은 생각에 집착하여 다른 사람의 의견이나 입장을 고려하지 아니하고 자기만을 내세우는 것.

108 眠 잘 면 (부 目)
뜬눈(目)으로 밤새 성을 지킨 백성(民)들은 잠을 자고 싶어 한다.
주요 한자어
• 永眠(영면): 영원히 잠든다는 뜻으로, 사람의 죽음을 이르는 말.

78 賢 (어질 현) 〔부 貝〕
손(又)에 쥔 재물(貝)을 서민들에게 베푸는 신하(臣)는 참 어진 사람이다.

주요 한자어
- 聖賢(성현): 성인과 현인을 아울러 이르는 말.

79 顔 (얼굴 안) 〔부 頁〕
머리(頁)가 뛰어난 선비(彦)는 지식인을 대표하는 얼굴이다.

주요 한자어
- 顔面(안면): 눈, 코, 입이 있는 머리의 앞면.

80 紅 (붉을 홍) 〔부 糸〕
장인(工)이 실(糸)로 옷을 만들 때 열정을 표현하려면 붉은색으로 하면 된다.

주요 한자어
- 紅顔(홍안): 붉은 얼굴이라는 뜻으로, 젊어서 혈색이 좋은 얼굴을 이르는 말.

81 甚 (심할 심) 〔부 甘〕
내 짝(匹)은 달달한(甘) 음식을 많이 먹는 정도가 심하다.

주요 한자어
- 極甚(극심): 매우 심함.

82 極 (극진할/다할 극) 〔부 木〕
나무(木) 한(一) 그루를 또(叉) 베어 공교하게(丂) 다듬는 이유는 극진하게 대접하기 위해서이다.

*공교하다: 솜씨나 꾀가 재치가 있고 교묘함.

83 端 (바를/끝 단) 〔부 立〕
산(山)에 자라는 식물은 뿌리가 수염(而)처럼 뻗고 섰을(立) 때 그 모습이 바르다.

주요 한자어
- 尖端(첨단): 물체의 뾰족한 끝.

84 虛 (빌 허) 〔부 虍〕
땅(一) 위로 자란 풀(艸)만 먹는 호랑이(虍)는 늘 배 속이 비어 있다.

주요 한자어
- 虛脫(허탈): 몸에 기운이 빠지고 정신이 멍함. 또는 그런 상태.

85 脫 (벗을 탈) 〔부 月〕
애벌레가 나비의 몸(月)으로 바뀌(兌)려면 허물을 벗어야 한다.

주요 한자어
- 脫落(탈락): 범위에 들지 못하고 떨어지거나 빠짐.

86 刑 (형벌 형) 〔부 刂〕
많은(卄) 칼(刂)을 모아 놓고(一) 죄에 대한 벌을 내리는 것을 형벌이라고 한다.

주요 한자어
- 刑罰(형벌): 범죄에 대한 법률의 효과로서 국가 따위가 범죄자에게 제재를 가함. 또는 그 제재.

87 推 (밀 추) 〔부 扌〕
새(隹)는 하늘 높이 올라가기 위해 손(扌) 대신 날개를 아래로 밀고 올라간다.

주요 한자어
- 推進(추진): 목표를 향하여 밀고 나아감.

88 佳 (아름다울 가) 〔부 亻〕

이 동네(土), 저 동네(土) 통틀어 내 옆에 있는 사람(亻)이 가장 아름답다.

89 酒 (술 주) 〔부 酉〕
술병(酉)에 담긴 액체(氵)는 술이다.

90 堅 (굳을 견) 〔부 土〕
신하(臣)의 손(又)에 이 땅(土)의 운명이 달려 있기 때문에 왕은 신하를 굳게 신뢰해야 한다.

주요 한자어
- 堅固(견고): 굳고 단단함.

91 甲 (갑옷 갑) 〔부 田〕
새싹이 싹 트면서 아직 씨앗 껍질을 뒤집어쓰고 있는 모양(甲)을 본뜬 상형 문자이다.

92 鐵 (쇠 철) 〔부 金〕
옥(玉)처럼 단단하기 때문에 창(戈)을 만들 때 많이(十) 사용된다고 말(口)하는 금속이 쇠(金)이다.

주요 한자어
- 鐵甲(철갑): 쇠붙이를 겉에 붙여 지은 갑옷.

63 暮 저물 모 (부 日)
해(日)가 없어지며(莫) 날이 저물었다.

64 勸 권할 권 (부 力)
뱁새에게 더 힘(力)을 내서 황새(蘿)를 따라가라고 권한다.

주요 한자어
- 勸勉(권면): 알아듣도록 권하고 격려하여 힘쓰게 함.

65 耕 밭 갈 경 (부 耒)
쟁기(耒)를 이용해서 우물 정(井)자로 가지런히 밭을 간다.

주요 한자어
- 耕作(경작): 땅을 갈아서 농사를 지음.

66 淨 깨끗할 정 (부 氵)
물(氵)은 유해 물질이 들어오면 자연의 힘으로 싸워(爭) 정화되면서 깨끗해진다.

주요 한자어
- 淨潔(정결): 매우 깨끗하고 깔끔함.

67 靜 고요할 정 (부 靑)
푸른(靑) 물이 흐를 때는 다툼(爭)이 없기 때문에 고요하다.

68 驚 놀랄 경 (부 馬)
짐승인 말(馬)이 사람을 공경(敬)하는 모습을 보니 놀랍다.

주요 한자어
- 驚異(경이): 놀랍고 신기하게 여김.

69 異 다를 이 (부 田)
양손을 벌린 사람의 모양(異)을 본뜬 상형 문자이다.

주요 한자어
- 差異(차이): 서로 같지 아니하고 다름.

70 吾 나 오 (부 口)
입(口)에 음식을 넣어 다섯(五) 가지 맛을 잘 느낄 수 있는 사람이 나다.

71 悟 깨달을 오 (부 忄)
내(吾)가 어떤 사람이고 무엇을 좋아하는지 마음(忄)속에 분명해지는 것이 깨닫는 것이다.

주요 한자어
- 覺悟(각오): 앞으로 해야 할 일이나 겪을 일에 대한 마음의 준비.

72 尊 높을 존 (부 寸)
손(寸)에 술병을 공손히 받치고 우두머리(酋)에게 높이며 바친다.

주요 한자어
- 尊嚴(존엄): 인물이나 지위 따위가 감히 범할 수 없을 정도로 높고 엄숙함.

73 嚴 엄할 엄 (부 口)
굴바위(厂) 밑에 포로로 잡혀 있는데 밖에는 감히(敢) 도망칠 엄두가 나지 않을 정도로 엄하게 지키는 사람(口)들이 있다.

주요 한자어
- 嚴格(엄격): 말, 태도, 규칙 따위가 매우 엄하고 철저함.

74 威 위엄 위 (부 女)
한집안의 권력을 잡고 있는 여자(女)는 개(戌)조차도 두려워할 위엄이 있다.

주요 한자어
- 威嚴(위엄): 존경할 만한 위세가 있어 점잖고 엄숙함.

75 巖 바위 암 (부 山)
험한(嚴) 산(山)에 가면 크고 무거운 바위가 많다.

76 祭 제사 제 (부 示)
신(示)에게 고기(月)를 바치고 손(又)으로 술을 뿌리며 제사를 지낸다.

주요 한자어
- 祭祀(제사): 신령이나 죽은 사람의 넋에게 음식을 바치어 정성을 나타냄. 또는 그런 의식.

77 聖 성인 성 (부 耳)
어떤 말(口)도 귀(耳)담아듣고 본받을 만한 가르침을 주는 큰(壬) 인물이 성인이다.

주요 한자어
- 聖誕(성탄): 성인이나 임금의 탄생.

47. 盛 (성할/성대할 성) — 부 皿
뜻을 이룬(成) 사람을 축하하기 위해 그릇(皿)에 많은 음식을 담아 성대한 만찬을 베풀다.
주요 한자어
- 豊盛(풍성): 넉넉하고 많음.

48. 怒 (성낼 노) — 부 心
종(奴)은 기분이 나빠도 겉으로 표현 못하고 마음(心)속으로만 성낸다.
주요 한자어
- 憤怒(분노): 분개하여 몹시 성을 냄.

49. 憂 (근심 우) — 부 心
머리(頁)가 위에서 마음(心)을 덮어(冖) 짓누르는 듯한 느낌을 주고, 일을 할 때 머뭇거리게(夂) 되는 원인이 근심이다.

50. 愁 (근심 수) — 부 心
가을(秋)에 수확량이 적으면 마음(心)에 근심이 쌓인다.
주요 한자어
- 憂愁(우수): 근심과 걱정을 아울러 이르는 말.

51. 渴 (목마를 갈) — 부 氵
더운 여름에 물(氵)을 보고 어찌(曷) 목마르지 않겠는가?
주요 한자어
- 渴症(갈증): 목이 말라 물을 마시고 싶은 느낌.

52. 敢 (감히 감) — 부 攵
수련공이 장인(工)의 귀(耳)를 친다(攵)는 건 감히 상상할 수도 없다.
주요 한자어
- 敢行(감행): 과감하게 실행함.

53. 更 (고칠 경, 다시 갱) — 부 日
어떤 사람(人)이든 한(一) 번 말하면(日) 다시 주워 담을 수 없다.
주요 한자어
- 變更(변경): 다르게 바꾸어 새롭게 고침.
- 更生(갱생): 거의 죽을 지경에서 다시 살아남.

54. 忍 (참을 인) — 부 心
마음(心)의 욕구를 칼날(刃)로 잘라 내듯이 참는다.
주요 한자어
- 忍耐(인내): 괴로움이나 어려움을 참고 견딤.

55. 否 (아닐 부) — 부 口
입(口)으로만 부정하는(不) 것은 진짜가 아닐 것이다.
주요 한자어
- 否認(부인): 어떤 내용이나 사실을 옳거나 그러하다고 인정하지 아니함.

56. 認 (알 인) — 부 言
사람의 말(言)은 끝까지 참고(忍) 들어야만 정확한 의미를 알 수 있다.
주요 한자어
- 認識(인식): 사물을 분별하고 판단하여 앎.

57. 誤 (그르칠 오) — 부 言
큰소리치며(吳) 말(言)을 하면 일을 그르칠 수 있다.
주요 한자어
- 誤解(오해): 그릇되게 해석하거나 뜻을 잘못 앎.

58. 請 (청할 청) — 부 言
푸른(靑) 하늘에 갑자기 비가 내리면 옆집에 말(言)해서 도움을 청한다.
주요 한자어
- 要請(요청): 필요한 어떤 일이나 행동을 청함.

59. 晴 (갤 청) — 부 日
비가 그치고 해(日)가 뜨면서 하늘이 푸른색(靑)으로 변한 것은 날씨가 갠 것이다.

60. 輕 (가벼울 경) — 부 車
냇가의 물줄기(巠)가 빠르게 흐르는 것처럼 수레(車)가 빠르게 가니 경쾌하고 가볍다.
주요 한자어
- 輕視(경시): 대수롭지 않게 보거나 업신여김.

61. 傷 (다칠/상할 상) — 부 亻
뜨거운 햇볕(昜)이 사람(亻)을 덮어(一) 몸이 다쳤다.
주요 한자어
- 傷處(상처): 몸을 다쳐서 부상을 입은 자리.

62. 莫 (없을 막) — 부 艹
큰(大) 해(日)가 산 너머 풀밭(艹)으로 사라지니 눈에서 없어졌다.

31. 樹 나무 수 (부 木)
작은(寸) 콩(豆)을 많이(十) 생산하기 위해서는 나무(木)처럼 줄기를 곧게 해서 자라게 해야 한다.

32. 假 거짓/빌릴 가 (부 亻)
사람(亻)은 무엇을 빌릴(叚) 때 거짓을 말하기도 한다.

주요 한자어
- 假說(가설): 어떤 사실을 설명하거나 어떤 이론 체계를 연역하기 위하여 설정한 가정.

33. 借 빌릴 차 (부 亻)
옛날(昔)에는 사람(亻)들이 필요한 것을 서로 빌리면서 살았다.

주요 한자어
- 貸借(대차): 꾸어 주거나 꾸어 옴.
- 假借(가차): 정하지 않고 잠시만 빌리는 것.

34. 喜 기쁠 희 (부 口)
많은(十) 콩(豆)을 입(口)에 넣을 수 있어 기쁘다.

주요 한자어
- 喜悅(희열): 기쁨과 즐거움.

35. 悅 기쁠 열 (부 忄)
힘들다고 느껴질 때 마음가짐(忄)을 바꾸면(兌) 기뻐질 수 있다.

주요 한자어
- 悅愛(열애): 기쁜 마음으로 사랑함.

36. 歡 기쁠 환 (부 欠)
황새(雚)는 입 벌려(欠) 먹이를 잡아먹을 때 가장 기쁘다.

주요 한자어
- 歡喜(환희): 매우 기뻐함.

37. 迎 맞을 영 (부 辶)
높은(卬) 사람은 가는(辶) 곳마다 많은 사람들이 기쁨으로 맞이한다.

주요 한자어
- 歡迎(환영): 오는 사람을 기쁜 마음으로 반갑게 맞음.

38. 逢 만날 봉 (부 辶)
예쁜(丰) 초목을 보면서 천천히(夂) 가다(辶) 보면 자연과 사람들을 만날 수 있다.

주요 한자어
- 相逢(상봉): 서로 만남.

39. 崇 높을 숭 (부 山)
산(山)에서 으뜸(宗)이 되는 것은 높은 것이다.

주요 한자어
- 崇仰(숭앙): 공경하여 우러러봄.

40. 仰 우러를 앙 (부 亻)
옆 사람(亻)을 높이(卬) 우러러 바라본다.

주요 한자어
- 信仰(신앙): 믿고 받드는 일.

41. 貞 곧을 정 (부 貝)
점(卜)을 쳤을 때 많은 재물(貝)을 얻는다는 점괘가 나와도 마음을 곧게 해야 한다.

42. 淑 맑을 숙 (부 氵)
손(又)으로 콩(朩)의 껍질을 벗겨 물(氵)로 씻으니 콩의 낟알이 깨끗하고 맑다.

주요 한자어
- 貞淑(정숙): 여자로서 행실이 곧고 마음씨가 맑고 고움.

43. 叔 아저씨 숙 (부 又)
콩(朩)깍지에서 여러 알이 나오듯 한집안의 큰할머니 배 속에서 아버지가 나오고 또(又) 작은할머니 배 속에서 나온 분이 아저씨이다.

*아저씨: 부모와 같은 항렬에 있는 아버지의 친형제를 제외한 남자.

44. 舍 집 사 (부 舌)
사람(人)이 가족과 말(舌)하며 쉬는 곳은 집이다.

주요 한자어
- 舍廊(사랑): 집의 안채와 떨어져 있는, 바깥주인이 거처하며 손님을 접대하는 곳.

45. 泰 클 태 (부 氺)
물(氺)이 모이고(一) 또 모이면(一) 큰(大) 물이 된다.

46. 昌 창성할 창 (부 日)
날(日)마다 말하는(曰) 대로 된다면 창성할 것이다.

주요 한자어
- 昌盛(창성): 기세가 크게 일어나 잘 뻗어 나감.

15 松 (소나무 송) 部木
사계절 변함없이 **공평하게(公)** 푸르른 색을 갖는 **나무(木)**는 소나무다.

주요 한자어
- 松柏(송백): 소나무와 잣나무를 아울러 이르는 말.

16 露 (이슬 로) 部雨
비(雨)가 오지 않았는데, 오솔길**(路)**이 젖은 이유는 어젯밤에 내린 이슬 때문이다.

주요 한자어
- 露宿(노숙): 한데에서 자는 잠.

17 宿 (잘 숙) 部宀
이번에 지은 **집(宀)**은 평수가 커서 **백(佰)** 명도 충분히 잘 수 있다.

주요 한자어
- 宿所(숙소): 집을 떠난 사람이 임시로 묵음. 또는 그런 곳.

18 霜 (서리 상) 部雨
밤사이에 내린 **이슬(雨)**과 서로**(相)** 같지만, 얼음 상태로 있을 땐 서리라고 한다.

19 買 (살 매) 部貝
옛날에는 **그물(罒)**을 던져 잡은 **조개(貝)**를 팔아 필요한 물건을 살 수 있었다.

주요 한자어
- 賣買(매매): 물건을 팔고 사는 일.

20 笑 (웃을 소) 部竹
어린(夭)아이가 마치 **대나무(竹)**가 바람에 흔들려 나는 소리같이 소리 내며 웃고 있다.

주요 한자어
- 微笑(미소): 소리 없이 빙긋이 웃음.

21 慈 (사랑 자) 部心
무성하게**(茲)** 주어도 아깝지 않은 **마음(心)**이 사랑이다.

주요 한자어
- 慈悲(자비): 남을 깊이 사랑하고 가엾게 여김.

22 悲 (슬플 비) 部心
일어나서는 **아니 되는(非)** 일이 일어나면 **마음(心)**이 슬프다.

주요 한자어
- 悲鳴(비명): 슬피 욺.

23 鳴 (울 명) 部鳥
새(鳥)가 **입(口)**으로 소리 내는 것을 운다고 한다.

24 鷄 (닭 계) 部鳥
조류인데 **어찌(奚)** 날지 못하는 **새(鳥)**가 있을까 싶지만 닭이 있다.

주요 한자어
- 鷄卵(계란): 닭이 낳은 알.

25 私 (사사로울 사) 部禾
벼(禾)농사를 짓는 농부가 벼를 자신을 위해서만 쓰겠다고 하는 것은 **사사로운(厶)** 감정이다.

주요 한자어
- 私學(사학): 개인 또는 사법인이 설립하여 경영하는 학교.

26 欲 (하고자 할 욕) 部欠

골짜기(谷)에서 물놀이하고 **하품(欠)**하는 것으로 보아 졸려 자고자 한다.

주요 한자어
- 意欲(의욕): 무엇을 하고자 하는 적극적인 마음이나 욕망.

27 印 (도장 인) 部卩
벼슬아치(卩)들이 **손(爪)**에 쥐고 중요한 일을 결정할 때 찍는 것은 도장이다.

28 朱 (붉을 주) 部木
어떤 **사람(人)**이 **나무(木)**에 빨간 점을 찍어 붉게 만들었다.

주요 한자어
- 印朱(인주): 도장을 찍는 데 쓰는 붉은빛의 재료.

29 針 (바늘 침) 部金
쇠(金)로 만든 얇은 것으로 **열(十)** 개를 모아도 얇은 것은 바늘이다.

주요 한자어
- 指針(지침): 지시 장치에 붙어 있는 바늘.

30 葉 (잎 엽) 部艹
나무(木) 위의 **세상(世)**에서 자라는 **풀(艹)**은 잎이다.

주요 한자어
- 落葉(낙엽): 나뭇잎이 떨어짐.

DAY 05

공부한 날: ____월 ____일

1. **哀** 슬플 애 (부 口)
   상복(衣)을 입은 채 입(口)으로 큰 소리를 내어 우니 슬프다.
   주요 한자어
   • 哀惜(애석): 슬프고 아까움.

2. **惜** 아낄 석 (부 忄)
   옛(昔)것을 소중히 여기는 마음(忄)은 그것을 아끼는 것이다.

3. **昔** 예 석 (부 日)
   햇볕(日)에 말려 만든 고기는 옛날에 잡은 것이다.

4. **練** 익힐 련 (부 糸)
   정품과 가품의 실(糸)을 가려내는 (柬) 기술을 익힌다.
   주요 한자어
   • 練習(연습): 학문이나 기예 따위를 익숙하도록 되풀이하여 익힘.

5. **試** 시험 시 (부 言)
   물건을 만들 때 사용하는 방식(式)이 올바른지 말(言)로 시험해 본다.
   주요 한자어
   • 試驗(시험): 재능이나 실력 따위를 일정한 절차에 따라 검사하고 평가하는 일.

6. **乘** 탈 승 (부 丿)
   수레에 벼(禾), 숟가락(匕), 나무 조각(丬)을 싣고 마부가 타고 간다.
   주요 한자어
   • 試乘(시승): 차나 배, 말 따위를 시험적으로 타 봄.

7. **細** 가늘 세 (부 糸)
   밭(田) 사이로 실(糸)과 같은 아지랑이가 가늘게 피어오른다.

8. **柳** 버들 류 (부 木)
   토끼(卯)의 귀처럼 높이 솟아 밑으로 갈라지는 나무(木)가 버드나무이다.

9. **枝** 가지 지 (부 木)
   나무(木)에서 여러 갈래로 갈라져(支) 뻗어 나가는 것이 가지이다.
   주요 한자어
   • 枝葉(지엽): 식물의 가지와 잎.

10. **卯** 토끼 묘 (부 日)
    양쪽 문을 활짝 연 모습(卯)에서 온 상형 문자로 토끼의 긴 귀의 모습과도 닮아 있다.

11. **暴** 사나울 폭/포 (부 日)
    해(日)로 인한 가뭄과 함께(共) 수해(水)까지 입게 되니 기후가 사납다.
    주요 한자어
    • 暴君(폭군): 사납고 악한 임금.
    • 橫暴(횡포): 제멋대로 굴며 몹시 난폭함.

12. **惡** 악할 악, 미워할 오 (부 心)
    악마에 버금(亞)갈 정도로 마음(心)이 악하다.
    주요 한자어
    • 劣惡(열악): 품질이나 능력, 시설 따위가 매우 떨어지고 나쁨.

13. **舌** 혀 설 (부 舌)
    입(口)안에 방패(干)처럼 생긴 것은 혀이다.

14. **赤** 붉을 적 (부 赤)
    흙(土)을 파고 또(亦) 파고 깊숙하게 파면 흙 색깔이 붉은색이다.
    주요 한자어
    • 赤道(적도): 위도의 기준이 되는 선.

DAY 04 복습 쪽지시험

[01~05] 다음 한자(漢字)의 음(音)은 무엇입니까?

01 讓: ① 영 ② 용 ③ 양 ④ 중 ⑤ 경
02 適: ① 적 ② 작 ③ 죽 ④ 숙 ⑤ 징
03 均: ① 족 ② 준 ③ 평 ④ 순 ⑤ 균
04 穀: ① 수 ② 주 ③ 곡 ④ 식 ⑤ 단
05 講: ① 규 ② 매 ③ 면 ④ 강 ⑤ 재

[06~10] 다음 음(音)을 가진 한자(漢字)는 무엇입니까?

06 차: ① 寅 ② 此 ③ 亦 ④ 他 ⑤ 朴
07 저: ① 著 ② 井 ③ 停 ④ 從 ⑤ 盡
08 제: ① 余 ② 餘 ③ 癸 ④ 坐 ⑤ 除
09 하: ① 壽 ② 歸 ③ 賀 ④ 匹 ⑤ 丙
10 벌: ① 旣 ② 遊 ③ 誰 ④ 伐 ⑤ 云

[11~15] 다음 한자(漢字)의 뜻은 무엇입니까?

11 證: ① 증거 ② 등불 ③ 오르다 ④ 방해하다 ⑤ 무리
12 謝: ① 말씀 ② 쏘다 ③ 사례하다 ④ 뜨다 ⑤ 모두
13 部: ① 갑절 ② 거느리다 ③ 배상하다 ④ 섞이다 ⑤ 어찌
14 柔: ① 거칠다 ② 심다 ③ 편리하다 ④ 재주 ⑤ 부드럽다
15 浮: ① 젖 ② 뜨다 ③ 싸우다 ④ 차갑다 ⑤ 영화

[16~19] 다음의 뜻을 가진 한자(漢字)는 무엇입니까?

16 닦다 : ① 當 ② 修 ③ 喪 ④ 華 ⑤ 麥
17 오히려: ① 矣 ② 猶 ③ 幸 ④ 也 ⑤ 呼
18 다리 : ① 鼻 ② 眼 ③ 探 ④ 栽 ⑤ 橋
19 같다 : ① 己 ② 如 ③ 但 ④ 只 ⑤ 綠

[20~22] 다음 문장에서 한자어(漢字語)의 독음(讀音)은 무엇입니까?

20 수탈과 흉년 때문에 농민들은 <u>貧困</u>에 허덕이고는 했다.
① 가난 ② 곤궁 ③ 곤란 ④ 빈곤 ⑤ 빈민

21 한밤중에 <u>危急</u>한 환자가 구급차에 실려 응급실로 왔다.
① 위급 ② 위험 ③ 위태 ④ 안전 ⑤ 확실

22 적에게 <u>投降</u>하라는 권고문을 보냈다.
① 투항 ② 투척 ③ 포기 ④ 항복 ⑤ 항거

[23~25] 다음 문장에서 밑줄 친 단어(單語)를 한자(漢字)로 바르게 쓴 것은 어느 것입니까?

23 우수 고객이라 수수료를 <u>면제</u>받았다.
① 面制 ② 綿製 ③ 免除 ④ 免際 ⑤ 面除

24 나는 관계자의 <u>초대</u>를 받아 그 시사회를 보러 갔다.
① 招代 ② 招待 ③ 哨隊 ④ 初對 ⑤ 初待

25 내 에너지의 <u>원천</u>은 가족의 응원과 사랑이다.
① 源泉 ② 源天 ③ 原泉 ④ 原天 ⑤ 怨泉

정답
01 ③ 02 ① 03 ⑤ 04 ③ 05 ④ 06 ② 07 ① 08 ⑤ 09 ③ 10 ④ 11 ① 12 ③ 13 ② 14 ⑤ 15 ②
16 ② 17 ② 18 ⑤ 19 ② 20 ④ 21 ① 22 ① 23 ③ 24 ② 25 ①

141 **而** 부而 턱수염의 모양(而)을 본뜬 상형 문자이다.
말 이을 이

142 **矣** 부矢 내(厶)가 쏜 화살(矢)이 날아가서 멈춘다는 뜻으로, 과거를 나타내는 어조사이다.
어조사 의

143 **之** 부丿 불똥(丶)이 떨어지면, 새(乙)는 도망갈 것이다.
갈/어조사 지

144 **曰** 부曰 입(口)으로 한(一) 가지를 말하다.
가로 왈

145 **又** 부又 사람의 오른손 모양(又)을 본뜬 상형 문자이다.
또 우

146 **已** 부己 뱀(巳)의 머리가 깨진 것으로 보아 이미 죽은 것과 같다.
이미 이

147 **戶** 부戶 문의 한쪽 모양(戶)을 본뜬 상형 문자이다.
집 호

148 **辛** 부辛 높은 자리에 올라서기(立) 위해서는 많은(十) 시간과 매운 고생이 따른다.
매울 신

149 **瓦** 부瓦 기와가 겹쳐 있는 모양(瓦)을 본뜬 상형 문자이다.
기와 와

주요 한자어
• 瓦解(와해): 기와가 깨진다는 뜻으로, 조직이나 계획 따위가 산산이 무너지고 흩어짐.

150 **尺** 부尸 주검(尸)의 길이를 잴 때 필요한 도구(丨)가 자이다.
자 척

| 126 | 與
부 臼
더불 여 | 절구통(臼) 앞에서 한 명은 절굿공이질(丨)을 하고 한 명은 펴진 떡을 모으며(一), 사람(人)들이 더불어 일한다. |

| 127 | 誰
부 言
누구 수 | 새(隹)가 말(言)하는 것을 누가 알아들을까? |

| 128 | 雖
부 隹
비록 수 | 비록 벌레(虫)가 아무리 징그럽다고 하더라도, 새(隹)한테 입(口)으로 잡아먹힐 때는 불쌍하다. |

| 129 | 歸
부 止
돌아갈 귀 | 옛날에는 아내를 얻기 위해 처가에서 빗자루(帚)질을 하며 노동을 하고, 일정 시간이 끝나면(止) 언덕(阜)을 넘어 자신의 집으로 돌아갔다.
주요 한자어
• 歸鄕(귀향): 고향으로 돌아가거나 돌아옴. |

| 130 | 依
부 亻
의지할 의 | 사람(亻)은 외부 환경으로부터 보호받을 수 있는 옷(衣)에 의지한다.
주요 한자어
• 依賴(의뢰): 남에게 부탁함. |

| 131 | 賀
부 貝
하례할 하 | 내 재물(貝)이 보탬이 되었으면 하는 바람으로, 예를 갖추어 더하는(加) 것이 하례이다.
주요 한자어
• 祝賀(축하): 남의 좋은 일을 기뻐하고 즐거워한다는 뜻으로 인사함. |

| 132 | 壽
부 士
목숨 수 | 선비(士)에게도 첫 번째(一) 장인(工)에게도 굳이 몇 마디(寸) 말하지(口) 않아도 첫 번째(一)로 소중히 여기는 것은 목숨일 것이다.
주요 한자어
• 壽命(수명): 생물이 살아 있는 연한. |

| 133 | 倫
부 亻
인륜 륜 | 사람(亻)과의 관계를 둥글게(侖) 하려면 서로 인륜을 중히 여겨야 한다.
주요 한자어
• 倫理(윤리): 사람으로서 마땅히 행하거나 지켜야 할 도리. |

| 134 | 匹
부 匚
짝 필 | 착한 사람(儿)은 좋은 것이 있으면 감췄다(匚)가 자신의 짝에게 준다.
주요 한자어
• 配匹(배필): 부부로서의 짝. |

| 135 | 丙
부 一
남녘/천간 병 | 제사에 희생물을 얹는 큰 제사상 모양(丙)을 본뜬 상형 문자로, 일찍이 셋째 천간이라는 뜻으로 쓰인다. |

| 136 |
부 戈
개 술 | 집(广)에서 키우는 창(戈)과 같이 날카로운 이빨을 가진 짐승이 개이다. |

| 137 | 壬
부 士
북방 임 | 선비(士)들의 귀감이 될 만한 사람(亻)이 북방에 계신다. |

| 138 | 也
부 乙
어조사 야 | 뱀의 모양(也)을 본뜬 상형 문자이다. |

| 139 | 於
부 方
어조사 어 | 까마귀의 모양(於)을 본뜬 상형 문자이다. |

| 140 | 于
부 二
어조사 우 | 대막대기의 양쪽 끝을 고정시켜 중간을 굽히는 모양(于)을 본뜬 상형 문자이다. |

110 乎 — 어조사 호
갈고리(亅)를 높이(丷) 들어 열매를 베듯이(丿) 휘두르면 떨어지겠지?

*乎: ~겠지? 등의 의미로 쓰이는 어조사.

111 呼 — 부를 호
갈고리(亅)를 높이(丷) 들어 열매를 베듯이(丿) 휘둘렀지만, 떨어지지 않아 입(口)으로 큰 소리를 내어 사람을 불렀다.

주요 한자어
- 呼稱(호칭): 이름 지어 부름.

112 寒 — 찰 한
온 집(宀)안 식구들이 함께(共) 옹기종기 모여(一) 있는 이유는 방바닥이 얼음장(冫)처럼 차갑기 때문이다.

주요 한자어
- 寒流(한류): 온도가 비교적 낮은 해류.

113 凉 — 서늘할 량
서울(京)이 차가운(冫) 시베리아 고기압의 영향으로 기온이 내려가 공기가 서늘하다.

114 扶 — 도울 부
농번기에 농부(夫)들이 바쁘면 손(扌)을 보태 도와야 한다.

주요 한자어
- 扶養(부양): 생활 능력이 없는 사람의 생활을 돌봄.

115 餘 — 남을 여
많은 음식을 나(余)만 먹으려고(食) 하면 남을 것이다.

116 余 — 나 여
나무로 지붕을 받친 작은 집의 모양(余)을 본뜬 상형 문자로, 내가 사는 집이라 해서 '나'라는 뜻을 갖는다.

117 除 — 덜 제
언덕(阝) 위에 집을 만들면서 남는(余) 인력은 덜어 낸다.

주요 한자어
- 除外(제외): 따로 떼어 내어 한데 헤아리지 않음.

118 癸 — 북방/천간 계
화살(矢)이 가는(癶) 방향이 북방이다.

119 坐 — 앉을 좌
땅(土)바닥에 두 사람(人)이 앉아 있다.

120 曾 — 거듭/일찍 증
물을 담은 밑바닥 부분과 구멍이 뚫린 깔개와 김이 오르는 모양(曾)을 본뜬 상형 문자로, 시루 위에 시루를 또 올려 거듭의 뜻이 되었다.

121 遊 — 놀 유
나부끼는 깃발(㫃)을 들고 아들(子)과 여기저기 뛰어다니며(辶) 논다.

주요 한자어
- 遊覽(유람): 돌아다니며 구경함.

122 皆 — 다 개
흰색(白)은 비교(比)해도 다 희다.

주요 한자어
- 皆勤(개근): 일정한 기간 동안 하루도 빠짐없이 출석하거나 출근함.

123 伐 — 칠 벌
중한 죄를 지은 죄인(亻)을 창(戈)으로 친다.

주요 한자어
- 伐木(벌목): 나무를 벰.

124 旣 — 이미 기
하얗고(白) 날카로운 칼(匕)에 맞아 숨 막혀(旡) 하고 있다면, 이미 죽은 것과 같다.

주요 한자어
- 旣往(기왕): 이미 지나간 이전.

125 給 — 줄 급
옷을 만드는 사람에게 실(糸)을 넉넉하게 모아(合) 준다.

주요 한자어
- 給與(급여): 돈이나 물품 따위를 줌.

94 圓 둥글 원 (부 口)
유명인을 보기 위해 많은 **인원(員)**들이 그를 둘러싸고(口) 있는 모양이 둥글다.

95 幼 어릴 유 (부 幺)
보통 **작고(幺) 힘(力)**이 없는 사람은 어리다.

주요 한자어
- 幼稚(유치): 나이가 어림.

96 猶 오히려 유 (부 犭)
부족의 **우두머리(酋)**가 **개(犭)**를 보고 때려잡을 것이라 생각했는데, 오히려 두려워하며 머뭇거린다.

주요 한자어
- 猶豫(유예): 망설여 일을 결행하지 아니함.

97 著 나타날 저 (부 艹)
사람(者)이 땅속에 심은 씨앗이 **풀(艹)**이 되어 나타났다.

주요 한자어
- 著作權(저작권): 무체 재산권의 한 가지.

98 井 우물 정 (부 二)
우물의 난간 **모양(井)**을 본뜬 상형 문자이다.

99 停 머무를 정 (부 亻)
여행하는 **사람(亻)**들이 걷다 힘들면 **정자(亭)**에 머물렀다 간다.

주요 한자어
- 停年(정년): 관청이나 학교, 회사 따위에 근무하는 공무원이나 직원이 직장에서 물러나도록 정하여져 있는 나이.

100 從 좇을 종 (부 彳)
앞선 **사람(人)**의 **발자국(止)**을 따라 다른 **사람들(彳)**이 그대로 좇는다.

주요 한자어
- 從事(종사): 어떤 일에 마음과 힘을 다함.

101 盡 다할 진 (부 皿)
그릇(皿)에 **돼지머리(⺕)**를 담고 **흙(土)** 위에 **불(灬)**을 피워 맛있는 저녁을 만들기 위해 최선을 다한다.

102 聽 들을 청 (부 耳)
왕(王)은 **많은(十) 백성**들을 **살펴보고(目)**, 그 **마음(心)**을 하나로**(一)** 모아야 하며, 그들의 이야기를 **귀(耳)**담아들어야 한다.

주요 한자어
- 盜聽(도청): 몰래 엿들음.

103 招 부를 초 (부 扌)
칼(刀)을 든 장수가 **입(口)**으로 소리 내어 불러도 소용없자 **손(扌)**까지 흔들며 부른다.

주요 한자어
- 招待(초대): 모임에 참가해 줄 것을 청함.

104 抱 안을 포 (부 扌)
양손(扌)으로 상대를 **감싸는(包)** 것은 안아 주는 것이다.

주요 한자어
- 抱負(포부): 마음속에 지니고 있는, 미래에 대한 계획이나 희망.

105 吹 불 취 (부 口)
사람은 **입(口)**을 **벌려(欠)** 공기를 밖으로 분다.

주요 한자어
- 鼓吹(고취): 힘을 내도록 격려하여 용기를 북돋움.

106 就 나아갈 취 (부 尢)
기회가 많은 **서울(京)**로 가야 더욱**(尢)** 앞으로 나아갈 수 있다.

주요 한자어
- 成就(성취): 목적한 바를 이룸.

107 布 베/펼 포 (부 巾)
손(又)으로 펼친 **천(巾)**은 베로 만든 것이다.

주요 한자어
- 公布(공포): 일반 대중에게 널리 알림.

108 哉 어조사 재 (부 口)
사람(口)들이 **많은(十) 창(戈)**을 가지고 나가서 싸워야 하니 슬프도다.

*哉: ~런가, ~도다 등의 감탄의 의미로 쓰이는 어조사.

109 栽 심을 재 (부 木)
많은(十) 창(戈)을 만들기 위해서는 **나무(木)**가 필요하니 심어야 한다.

주요 한자어
- 栽培(재배): 식물을 심어 가꿈.

78 且 (또 차) 〔부 一〕
고기를 수북히 담아 신에게 바친 찬합 같은 그릇 모양(且)을 본뜬 상형 문자이다.

주요 한자어
- 苟且(구차): 말이나 행동이 떳떳하거나 버젓하지 못함.

79 朋 (벗 붕) 〔부 月〕
고대에 보배로운 재물로 삼은 조개를 한 쌍으로 나란히 늘어뜨린 모양(朋)을 본뜬 상형 문자로, 몸의 크기가 비슷한 또래를 벗이라 한다.

80 徒 (무리 도) 〔부 彳〕
마라톤 경기는 많은 사람(彳)들이 달릴(走) 때 무리 지어 다닌다.

주요 한자어
- 信徒(신도): 어떤 일정한 종교를 믿는 사람.

81 汝 (너 여) 〔부 氵〕
물(氵)을 마시려고 하는데 딸(女)이 와서 달라고 하면, "나 다음 너야!" 하고 말한다.

82 他 (다를 타) 〔부 亻〕
두 발로 걷는 사람(亻)과 땅으로 기어 다니는 뱀(也)은 모습이 완전히 다르다.

주요 한자어
- 其他(기타): 그 밖의 또 다른 것.

83 燈 (등/등불 등) 〔부 火〕
불(火)을 그릇 위에 올려놓은(登) 것이 등잔이다.

주요 한자어
- 消燈(소등): 등불을 끔.

84 證 (증거 증) 〔부 言〕
단상에 올라(登) 말(言)할 때는 그 말이 사실임을 증명할 수 있는 근거, 즉 증거가 있어야 한다.

주요 한자어
- 證據(증거): 어떤 사실을 증명할 수 있는 근거.

85 戊 (천간 무) 〔부 戈〕
나무로 된 자루에 끝이 뾰족한 쇠붙이를 달고, 손잡이가 있음을 나타낸 모양(戊)을 본뜬 상형 문자이다.

86 茂 (무성할 무) 〔부 艹〕
풀(艹)이 우거져(戊) 있는 것을 무성하다고 표현한다.

주요 한자어
- 茂盛(무성): 풀이나 나무 따위가 우거지어 성함.

87 危 (위태할 위) 〔부 卩〕
벼슬아치(卩)가 밑에서 벼랑 끝에 선 사람(⺈)을 보니 그 모습이 위태하다.

주요 한자어
- 危機(위기): 위험한 고비나 시기.

88 急 (급할 급) 〔부 心〕
소에게 먹일 풀(刍)을 구하지 못해 마음(心)이 급하다.

주요 한자어
- 危急(위급): 몹시 위태롭고 급함.

89 李 (자두나무/성 리) 〔부 木〕
나무(木) 중에서 시고 달콤한 열매(子)를 많이 맺는 나무는 자두나무이다.

90 朴 (순박할/성 박) 〔부 木〕
자신의 점괘(卜)를 나무(木)에 새겨 늘 확인하며 노력하는 모습이 순박하다.

91 柔 (부드러울 유) 〔부 木〕
창(矛)을 만들 때 쓰는 나무(木)는 재질이 부드러워야 한다.

주요 한자어
- 溫柔(온유): 성격. 태도 따위가 온화하고 부드러움.

92 尤 (더욱 우) 〔부 尢〕
절름발이(尢)는 걷기가 힘든데, 어깨에 뭐 하나(丶)라도 더해지면 더욱 힘들어한다.

93 云 (이를 운) 〔부 二〕
구름이 뭉게뭉게 피어 오르는 모양(云)을 거꾸로 한 상형 문자로, 음을 빌려 '말하다'의 뜻으로 사용된다.

62 混 섞일 혼 (부 氵)
뜨거운 해(日) 아래에 물(氵)처럼 땀을 흘리며 남녀가 섞여 나란히(比) 앉아 있다.

주요 한자어
- 混亂(혼란): 뒤죽박죽이 되어 어지럽고 질서가 없음.

63 居 살 거 (부 尸)
옛날(古)에는 잘 이동하지 않고 주검(尸)이 될 때까지 한 장소에서만 살았다.

주요 한자어
- 住居(주거): 일정한 곳에 머물러 삶.

64 或 혹/혹시 혹 (부 戈)
사람(口)들이 창(戈)을 하나(一)씩 들고 모이면 혹시 전쟁인가 의심한다.

65 如 같을 여 (부 女)
딸(女)의 입(口) 모양이 나와 같다.

주요 한자어
- 如前(여전): 변함이 없이 전과 같음.

66 何 어찌 하 (부 亻)
농사일을 말(口)로만 하는 사람(亻)들은 정작 고무래(丁)를 주면 어찌할지 모른다.

주요 한자어
- 如何(여하): 그 형편이나 정도가 어떠한가의 뜻을 나타내는 말.

67 彼 저 피 (부 彳)
짐승의 가죽(皮)을 입고 걸어(彳) 다니는 저 사람들.

68 此 이 차 (부 止)
시장에 비수(匕)를 사러 가자마자 발걸음을 멈춰(止) 서서 "바로 이거야."라고 말했다.

*비수: 날이 예리하고 짧은 칼.

주요 한자어
- 彼此(피차): 저것과 이것을 아울러 이르는 말.

69 乙 새 을 (부 乙)
추위 때문에 웅크리고 있는 새의 모양(乙)을 본뜬 상형 문자이다.

70 巳 뱀 사 (부 己)
뱀이 몸을 사리고, 꼬리를 치켜세우고 있는 모양(巳)을 본뜬 상형 문자이다.

71 丑 소 축 (부 一)
사람이 손을 뻗쳐 손가락 끝을 굽혀서 물건을 잡는 모양(丑)을 본뜬 상형 문자이다.

72 寅 범 인 (부 宀)
양손으로 화살을 바로 펴고 있는 모양(寅)을 본뜬 상형 문자이다.

73 辰 별 진 (부 辰)
조개가 껍데기에서 발을 내밀고 있는 모양(辰)을 본뜬 상형 문자이다.

74 申 거듭 신 (부 田)
번갯불의 모양(申)을 본뜬 상형 문자이다.

75 酉 닭 유 (부 酉)
본래 술을 빚는 술 단지의 모양(酉)을 본뜬 상형 문자로, 음을 빌려 십이지의 열 번째 요소인 닭을 나타내게 되었다.

76 亥 돼지 해 (부 亠)
돼지의 모양(亥)을 본뜬 상형 문자이다.

77 亦 또 역 (부 亠)
큰(大) 사람이 양쪽 겨드랑이(八)에 물건을 끼고 또 다른 물건을 끼우고 지나간다.

주요 한자어
- 亦是(역시): 생각하였던 대로.

46 臥 (부 臣) 누울 와
왕이 될 **사람(人)**이 다가오자 **신하(臣)**가 바닥에 엎드려 누웠다.

47 喪 (부 口) 잃을 상
늘 곁에 있던 사람이 세상에 **없어지고(亡)** 사람들이 **통곡(哭)**할 때가 상을 치르는 것이다.

주요 한자어
- 喪失(상실): 어떤 사람과 관계가 끊어지거나 헤어지게 됨.

48 妻 (부 女) 아내 처
시집와서 **손(又)**으로 **많은(十)** 집안일을 하는 **여자(女)**는 아내이다.

49 浮 (부 氵) 뜰 부
아이(子)들이 **물(氵)** 속에서 **싸움(爪)**하듯 발장구를 치면 물 위로 뜬다.

50 揚 (부 扌) 날릴 양
뜨거운 **볕(昜)**을 **손(扌)**으로 바람을 일으켜 날린다.

주요 한자어
- 浮揚(부양): 가라앉은 것이 떠오름.

51 華 (부 艹) 빛날 화
버드나무의 가지와 **풀(艹)**이 아름답게 **드리워진(垂)** 모습이 화려하게 빛난다.

주요 한자어
- 華麗(화려): 환하게 빛나며 곱고 아름다움.

52 墨 (부 土) 먹 묵
붓글씨를 쓸 때 벼루에 문지르는 **검은(黑) 흙덩이(土)**가 먹이다.

53 穀 (부 禾) 곡식 곡
벼(禾)는 딱딱한 **껍질(殼)**로 덮여 있는 곡식이다.

주요 한자어
- 雜穀(잡곡): 쌀 이외의 모든 곡식.

54 飯 (부 食) 밥 반
사람이 **먹는(食)** 주식으로, 뚜껑을 **덮어(反)** 뜸을 들여 만드는 음식은 밥이다.

주요 한자어
- 茶飯事(다반사): 차를 마시고 밥을 먹는 일이라는 뜻으로, 보통 있는 예사로운 일을 이르는 말.

55 麥 (부 麥) 보리 맥
겨울철에 얼었던 밭을 많은 사람들이 **와서(來)** 함께 **천천히(夂)** 밟으며 보리농사를 짓는다.

주요 한자어
- 麥酒(맥주): 알코올성 음료의 하나.

56 胸 (부 月) 가슴 흉
험악한(凶) 분위기에 **싸여(勹)** 있을 때 우리 **몸(月)**에서 급하게 반응하는 곳은 가슴이다.

57 部 (부 阝) 떼/거느릴 부
사람(口)은 높은 자리에 **서야(立)** 한 **마을(阝)**을 맡아 거느릴 수 있다.

주요 한자어
- 胸部(흉부): 가슴 부분.

58 諸 (부 言) 모두/여러 제
말(言)을 잘 못하는 **사람(者)**들은 모두 부끄러움이 많다.

59 佛 (부 亻) 부처 불
사람의 모습으로 왔으나 **사람(亻)**이 **아닐(弗)** 것이라고 여겨지는 분이 부처이다.

주요 한자어
- 佛敎(불교): 기원전 6세기경 인도의 석가모니가 창시한 종교.

60 閉 (부 門) 닫을 폐
열린 **문(門)**에 **재주(才)**를 부리니 문이 닫혔다.

주요 한자어
- 閉講(폐강): 있던 강좌나 강의를 폐지함.

61 講 (부 言) 익힐 강
글자를 익히려 우물 **정(井)** 자를 **거듭(冓) 말(言)**하였다.

주요 한자어
- 特講(특강): 특별히 하는 강의.

31 看 볼 간 〔부 目〕
눈(目) 위로 손(手)을 높이 올려 멀리 본다.

32 破 깨뜨릴 파 〔부 石〕
울퉁불퉁한 돌(石)의 표면(皮)을 보드랍게 하기 위해서는 모난 부분을 깨야 한다.

주요 한자어
- 看破(간파): 속내를 꿰뚫어 알아차림.

33 減 덜 감 〔부 氵〕
물(氵)난리에 가족 모두 다(咸) 열심히 물을 빼내어 그 양을 덜었다.

주요 한자어
- 減免(감면): 매겨야 할 부담 따위를 덜어 주거나 면제함.

34 免 면할 면 〔부 儿〕
칼(刀)이 사람(儿)에게 날아왔는데 입(口)만 스치고 다행히 죽음은 면했다.

주요 한자어
- 免除(면제): 책임이나 의무 따위를 면하여 줌.

35 許 허락할 허 〔부 言〕
사장님께 낮(午)에 잘 수 있게 해 달라고 말(言)했더니, 흔쾌히 허락해 주셨다.

주요 한자어
- 許容(허용): 허락하여 너그럽게 받아들임.

36 庚 별 경 〔부 广〕
밤에 집(广)에서 사람(人)이 손(又)에 절굿공이를 들고 곡식을 찧는 것은 반짝이는 별이 있었기 때문에 가능했다.

37 舊 예 구 〔부 臼〕
새(隹)가 풀(艹)밭에서 놀다가 배가 고프면 절구통(臼)에 가서 먹이를 먹는 것은 예부터 변함이 없다.

주요 한자어
- 親舊(친구): 가깝게 오래 사귄 사람.

38 卷 책 권 〔부 㔾〕
서가에 가면 말아 놓은(𠔉) 것들이 있는데, 그것은 벼슬아치(㔾)가 쓴 책이다.

주요 한자어
- 席卷(석권): 빠른 기세로 영토를 휩쓸거나 세력 범위를 넓힘.

39 均 고를 균 〔부 土〕
천으로 감싸(勹) 놓았던 흙(土)을 두(二) 개로 나눠 바닥을 다지니 평평하니 고르다.

주요 한자어
- 均等(균등): 고르고 가지런하여 차별이 없음.

40 幾 몇 기 〔부 幺〕
키 작은(幺) 사람(人)들이 창(戈)을 가지고 모였는데 몇 명 안 된다.

41 當 마땅 당 〔부 田〕
밭(田)에 벼를 심기보다는 오히려(尙) 물을 대지 않고 필요할 때 물을 대서 기르는 채소를 심는 것이 마땅하다.

주요 한자어
- 該當(해당): 무엇에 관계되는 바로 그것.

42 謝 사례할 사 〔부 言〕
아내의 몸(身)에서 작은(寸) 아이가 나오고, 산모가 건강하다는 말(言)에 감사를 표했다.

주요 한자어
- 感謝(감사): 고마움을 나타내는 인사.

43 修 닦을 수 〔부 亻〕
머리카락(彡) 스타일에 있어서는 사람마다 원하는 바(攸)가 다르므로, 원하는 결과를 얻으려면 실력을 갈고닦아야 한다.

주요 한자어
- 修正(수정): 바로잡아 고침.

44 貧 가난할 빈 〔부 貝〕
가지고 있던 재물(貝)을 나누고(分) 나니 가난해졌다.

주요 한자어
- 貧困(빈곤): 가난하여 살기가 어려움.

45 困 곤할 곤 〔부 口〕
나무(木)가 비닐에 싸여(囗) 있어 산소를 배출하지 못하니 몹시 곤하다.

*곤하다: 기운 없이 나른함.

주요 한자어
- 困難(곤란): 사정이 몹시 딱하고 어려움.
- 困窮(곤궁): 가난하여 살림이 구차함.

15 房 (방 방) 부 戶
내가 집(戶)에 도착하자마자 향하는 방향(方)은 내 방 쪽이다.
주요 한자어
- 暖房(난방): 실내의 온도를 높여 따뜻하게 하는 일.

16 巨 (클 거) 부 工
손잡이가 달린 큰 자의 모양(巨)을 본뜬 상형 문자이다.

17 眼 (눈 안) 부 目
사람의 겉모습을 보고 판단하는 것에 그치지(艮) 말고, 그 사람의 성품과 가능성을 볼 수 있는 눈(目)을 가져야 한다.
주요 한자어
- 眼目(안목): 사물을 보고 분별하는 견식.

18 凡 (무릇 범) 부 几
무릇 책상(几) 밑에는 물건(丶)을 둘 수 있도록 한다.
주요 한자어
- 平凡(평범): 뛰어나거나 색다른 점이 없이 보통임.

19 溪 (시내 계) 부 氵
큰(大) 바위부터 손톱(爪)만 한 작은(幺) 돌멩이로 가득한 골짜기에 흐르는 물(氵)줄기가 시내이다.

20 泉 (샘 천) 부 水
하얗고(白) 깨끗한 물(水)이 땅에서 솟아 나오는 곳은 샘이다.
주요 한자어
- 溪泉(계천): 골짜기에서 솟아나는 샘.
- 源泉(원천): 물이 흘러나오는 근원.

21 鼻 (코 비) 부 鼻
신이 사람 스스로(自) 숨을 쉴 수 있도록 준(畀) 것이 코이다.

22 炎 (불꽃 염) 부 火
타는 불(火) 위에 일어나는 또 다른 불(火)의 기운을 불꽃이라 한다.
주요 한자어
- 肝炎(간염): 간에 생기는 염증을 통틀어 이르는 말.

23 暑 (더울 서) 부 日
해(日)가 사람(者) 위에서 내리쬐니 덥다.
주요 한자어
- 暑寒(서한): 추위와 더위.

24 丁 (고무래 정) 부 一
못의 모양(丁)을 본뜬 상형 문자이다.

25 頂 (정수리 정) 부 頁
장정(丁)은 키가 다른 사람보다 머리(頁) 하나는 더 커서 늘 다른 사람의 정수리를 보며 다닌다.

26 投 (던질 투) 부 扌
손(扌)에 쥔 창(殳)을 적을 향해 던진다.
주요 한자어
- 投降(투항): 적에게 항복함.

27 降 (내릴 강, 항복할 항) 부 阝
언덕(阝) 위로 한 발짝 한 발짝 천천히 걷다 보면 내리막(夅)길이 나온다.
주요 한자어
- 昇降(승강): 오르고 내림.

28 伏 (엎드릴 복) 부 亻
개(犬)는 자기 주인되는 사람(亻)에게는 복종의 의미로 엎드린다.
주요 한자어
- 降伏(항복): 적이나 상대편의 힘에 눌리어 굴복함.

29 橋 (다리 교) 부 木
물 위를 건널 수 있도록 나무(木)를 엮어 높이(喬) 높혀서 다닐 수 있게 만든 것이 다리이다.
주요 한자어
- 橋脚(교각): 다리를 받치는 기둥.

30 脚 (다리 각) 부 月
몸(月)이 뒤로 물러날(却) 때 구부러지는 부위가 다리다.
주요 한자어
- 脚光(각광): 사회적 관심이나 흥미.

DAY 04

공부한 날: ____월 ____일

1. 苦 (부 艹) 쓸/괴로울 고
씀바귀 풀(艹)은 햇빛에 오래(古) 말리면 그 맛이 쓰기 때문에 먹기 괴롭다.
주요 한자어
- 辛苦(신고): 어려운 일을 당하여 몹시 애씀.

2. 甘 (부 甘) 달 감
혀 모양(甘)으로 단맛을 느끼는 점을 추상적인 기호로 표현한 글자이다.
주요 한자어
- 甘苦(감고): 단맛과 쓴맛을 아울러 이르는 말.

3. 讓 (부 言) 사양할 양
나랏일을 도와(襄) 달라고 말(言)했으나 벼슬을 사양했다.
주요 한자어
- 讓步(양보): (길이나 자리, 물건 따위를) 사양하여 남에게 미루어 줌.

4. 綠 (부 糸) 푸를 록
솔잎은 원래(彔)는 실(糸)처럼 가늘고 빛깔이 푸르다.

5. 暗 (부 日) 어두울 암
사람의 소리(音)는 들리는데 해(日)가 사라지니 어두워 찾을 수 없다.
주요 한자어
- 暗黑(암흑): 어둡고 캄캄함.

6. 黑 (부 黑) 검을 흑
땅(土)에서 불(灬)을 피우니 창문이 그을음에 덮여(冂) 검어진다.

7. 煙 (부 火) 연기 연
모닥불(火)에 흙(土)을 덮으니(襾) 불이 꺼지고 연기가 난다.
주요 한자어
- 吸煙(흡연): 담배를 피움.

8. 採 (부 扌) 캘 채
나무(木)의 뿌리가 손톱(爪)만큼 보일 때까지 손(扌)으로 캤다.
주요 한자어
- 採用(채용): 사람을 씀.

9. 菜 (부 艹) 나물 채
길가에서 자란 풀(艹) 중에서 캐서(采) 먹을 수 있는 것이 나물이다.
주요 한자어
- 菜蔬(채소): 밭에서 기르는 농작물. 주로 그 잎이나 줄기, 열매 따위를 식용함.

10. 但 (부 亻) 다만 단
아침(旦)은 모든 사람(亻)에게 찾아오지만 다만 일찍 일어나는 사람만 그 아침을 볼 수 있다.

11. 只 (부 口) 다만 지
입(口)에서 공기가 크게 나간(八) 후 말을 끊고 반전으로 이어갈 때 하는 말이 다만이다.
주요 한자어
- 但只(단지): 다만.

12. 敵 (부 攵) 원수/대적할 적
그곳에 나무뿌리(啇)까지 싹 쳐(攵) 버리고 싶을 정도로 원한이 맺혀 대적하고 싶은 사람이 원수다.
주요 한자어
- 無敵(무적): 매우 강하여 겨룰 만한 맞수가 없음.

13. 適 (부 辶) 맞을 적
사람이 자신의 뿌리(啇)를 찾아가는(辶) 것은 마땅하고 맞는 일이다.
주요 한자어
- 適用(적용): 알맞게 이용하거나 맞추어 씀.

14. 暖 (부 日) 따뜻할 난
해(日)를 끌어(爰)당겨 오니 따뜻하다.
주요 한자어
- 溫暖(온난): 날씨가 따뜻함.

DAY 03 복습 쪽지시험

[01~05] 다음 한자(漢字)의 음(音)은 무엇입니까?

01 硏: ① 음 ② 윤 ③ 독 ④ 흡 ⑤ 연
02 舞: ① 하 ② 수 ③ 해 ④ 무 ⑤ 미
03 貯: ① 금 ② 은 ③ 저 ④ 접 ⑤ 적
04 滿: ① 반 ② 서 ③ 진 ④ 주 ⑤ 만
05 逆: ① 초 ② 철 ③ 성 ④ 역 ⑤ 체

[06~10] 다음 음(音)을 가진 한자(漢字)는 무엇입니까?

06 웅: ① 唱 ② 雄 ③ 着 ④ 愛 ⑤ 犬
07 개: ① 强 ② 使 ③ 快 ④ 個 ⑤ 施
08 영: ① 短 ② 頭 ③ 救 ④ 勞 ⑤ 榮
09 용: ① 勇 ② 將 ③ 貴 ④ 歷 ⑤ 代
10 처: ① 訪 ② 防 ③ 處 ④ 干 ⑤ 若

[11~15] 다음 한자(漢字)의 뜻은 무엇입니까?

11 授: ① 모으다 ② 주다 ③ 보내다 ④ 가지다 ⑤ 베풀다
12 藝: ① 기술 ② 지지하다 ③ 재주 ④ 섞이다 ⑤ 공교하다
13 賣: ① 읽다 ② 재물 ③ 만들다 ④ 사다 ⑤ 팔다
14 限: ① 한정하다 ② 한스럽다 ③ 막다 ④ 다다르다 ⑤ 물러나다
15 追: ① 적당하다 ② 물방울 ③ 맞다 ④ 대적하다 ⑤ 쫓다

[16~19] 다음의 뜻을 가진 한자(漢字)는 무엇입니까?

16 허물 : ① 夜 ② 谷 ③ 晝 ④ 判 ⑤ 罪
17 빠르다: ① 速 ② 斗 ③ 得 ④ 早 ⑤ 凶
18 절하다: ① 改 ② 拜 ③ 打 ④ 宇 ⑤ 宙
19 멀다 : ① 久 ② 留 ③ 遠 ④ 店 ⑤ 屋

[20~22] 다음 문장에서 한자어(漢字語)의 독음(讀音)은 무엇입니까?

20 우리나라는 선박 製造에서 세계 수위를 다툰다.
① 생산 ② 제조 ③ 개발 ④ 조제 ⑤ 수출

21 그의 죄목이 낱낱이 列擧되었다.
① 진열 ② 나열 ③ 열거 ④ 결여 ⑤ 거론

22 우리 반 학생들은 매사에 성실하고 勤勉하다.
① 조용 ② 근면 ③ 솔직 ④ 나태 ⑤ 태만

[23~25] 다음 문장에서 밑줄 친 단어(單語)를 한자(漢字)로 바르게 쓴 것은 어느 것입니까?

23 아픈 누이를 위해 **미음**을 끓이다.
① 微吟 ② 米飮 ③ 微音 ④ 美音 ⑤ 微陰

24 개혁파들은 **변혁**을 꿈꾸었다.
① 變革 ② 便草 ③ 便赫 ④ 變赫 ⑤ 辯革

25 포로들을 **사살**했다.
① 死殺 ② 射殺 ③ 思殺 ④ 史殺 ⑤ 司殺

정답
01 ⑤ 02 ④ 03 ③ 04 ⑤ 05 ④ 06 ② 07 ④ 08 ⑤ 09 ① 10 ③ 11 ② 12 ③ 13 ⑤ 14 ① 15 ⑤
16 ⑤ 17 ① 18 ② 19 ③ 20 ② 21 ③ 22 ② 23 ② 24 ① 25 ②

143
虎 범 호
부 虍

호랑이의 모습(虎)을 본뜬 상형 문자이다.

144
視 볼 시
부 示

신(示)의 존재를 믿는 사람은 신을 볼(見) 수 있다.

145
仙 신선 선
부 亻

산(山)에서 사는 사람(亻)은 신선이다.

146
味 맛 미
부 口

입(口)에 음식을 넣어 보지 **아니한(未)** 자는 맛을 평하지 말라.

주요 한자어
- 味覺(미각): 맛을 느끼는 감각

147
春 봄 춘
부 日

하늘과 **땅(二)**에 큰(大) 해(日)가 비추고 만물이 소생하니 봄이다.

148
研 갈/연구할 연
부 石

돌(石)의 표면을 **평평하게(幵)** 하려면 갈아야 한다.

주요 한자어
- 研究(연구): 어떤 일이나 사물에 대하여 깊이 있게 조사하고 생각하여 진리를 따져 보는 일.

149

冷 찰 랭
부 冫

얼음(冫)처럼 차가운 **명령(令)**은 주변 분위기를 차갑게 한다.

150
溫 따뜻할 온
부 氵

흐르는 물(氵)을 그릇(皿)에 받아 **가두어(囚)** 두면, 온도가 올라가면서 따뜻해진다.

주요 한자어
- 冷溫(냉온): 찬 기운과 따뜻한 기운을 아울러 이르는 말.
- 溫和(온화): 성격, 태도 따위가 온순하고 부드러움.

127 限 한정할 한 (부 阝)
언덕(阝) 밑은 위험하니 이곳에서 멈추시기(艮)를 바라며, 출입은 관계자에 한정한다.

주요 한자어
- 限界(한계): 사물이나 능력, 책임 따위가 실제 작용할 수 있는 범위.

128 根 뿌리 근 (부 木)
나무(木)의 성장이 멈추지(艮) 않도록 하기 위해 살펴야 할 것은 뿌리이다.

주요 한자어
- 根本(근본): 초목의 뿌리.

129 退 물러날 퇴 (부 辶)
언덕을 넘어가고(辶) 있는데 절벽이 나와 걸음을 멈추고(艮) 뒤로 물러났다.

주요 한자어
- 退勤(퇴근): 일터에서 근무를 마치고 돌아가거나 돌아옴.

130 窓 창문 창 (부 穴)
마음(心)에 구멍(穴)을 뚫어 나(厶) 자신을 볼 수 있는 창을 만들고 싶다.

131 好 좋을 호 (부 女)
예전에는 여자(女)가 아들(子)을 낳아야 좋아했다.

132 聲 소리 성 (부 耳)
소리(声)가 나는 악기를 몽둥이로 쳐서(殳) 귀(耳)로 들을 수 있는 게 소리이다.

주요 한자어
- 名聲(명성): 세상에 널리 퍼져 평판 높은 이름.

133 烏 까마귀 오 (부 灬)
몸이 검어서 눈이 어디 있는지 알 수 없어 새(鳥)의 눈 부분 한 획을 생략한 글자이다.

134 皮 가죽 피 (부 皮)
언덕(厂)에서 잠들어도 체온을 지탱해(支) 주는 것은 가죽이다.

135 追 쫓을 추 (부 辶)
성문이 열려(𠂤) 도망을 가는(辶) 적군을 쫓다.

주요 한자어
- 追加(추가): 나중에 더 보탬.

136 增 더할 증 (부 土)
쌓아 놓은 흙(土)에 거듭(曾) 흙을 더한다.

주요 한자어
- 增加(증가): 양이나 수치가 늚.

137 然 그럴 연 (부 灬)
먹을 것이 없을 때, 개(犬)의 고기(月)를 불(灬)에 구워 먹는 것은 당연히 그럴 수 있다.

138 往 갈 왕 (부 彳)
주인(主)이 가면 하인되는 사람들(彳)도 따라간다.

주요 한자어
- 往來(왕래): 가고 오고 함.

139 爲 할 위 (부 爪)
원숭이가 발톱을 쳐들고 할퀴려는 모양(爲)을 본뜬 상형 문자이다.

140 以 써 이 (부 人)
농사짓는 사람(人)은 농기구 갈고리(丿)를 가지고 땅을 찍어(丶) 논밭을 갈아서 살아간다.

141 仁 어질 인 (부 亻)
두(二) 사람(亻)이 서로 배려하고 아끼는 모습이 참 어질다.

142 第 차례 제 (부 竹)
대나무(竹)로 장난감 칼을 만들 때 형 것 먼저, 그다음 아우(弟) 것을 차례로 만든다.

111 宙 집 주
부 宀
밭(田)을 뚫어(丨) 기둥을 세우고 지붕(宀)을 올려 집을 지었다.

주요 한자어
- 宇宙(우주): 무한한 시간과 만물을 포함하고 있는 끝없는 공간의 총체.

112 晝 낮 주
부 日
하루(一) 중 해가 오래 떠 있어 글(書)을 읽을 수 있는 시간은 낮이다.

113 夜 밤 야
부 夕
저녁(夕) 시간이 지나고 사람(亻) 머리 위(亠)에 별들이 점(丶)처럼 수놓은 시간은 밤이다.

주요 한자어
- 晝夜(주야): 밤과 낮을 아울러 이르는 말.
- 深夜(심야): 깊은 밤.

114 谷 골/골짜기 곡
부 谷
여덟(八) 사람(人)이 모여 한 식구(口)가 되고 산골짜기에 살게 되었다.

115 浴 목욕할 욕
부 氵
산골짜기(谷)에서는 흐르는 물(氵)에 목욕을 하다.

주요 한자어
- 沐浴(목욕): 머리를 감으며 온몸을 씻는 일.

116 勤 부지런할 근
부 力
아주 조금(菫)의 돈이라도 벌려면 힘(力)써 일하고 늘 부지런해야 한다.

주요 한자어
- 勤勞(근로): 부지런히 일함.

117 勉 힘쓸 면
부 力
어떤 상황을 벗어나기(免) 위해서는 부지런히 힘(力)써야 한다.

주요 한자어
- 勉學(면학): 학문에 힘씀.
- 勤勉(근면): 부지런히 일하며 힘씀.

118 留 머무를 류
부 田
토끼(卯)들이 당근을 먹기 위해 밭(田)에서 머무르고 있다.

주요 한자어
- 保留(보류): 어떤 일을 당장 처리하지 아니하고 나중으로 미루어 둠.

119 久 오랠 구
부 丿
저녁(夕)에 사람(人)을 만나는 건 오랜만이다.

주요 한자어
- 永久(영구): 어떤 상태가 시간상으로 무한히 이어짐.

120 遠 멀 원
부 辶
치렁치렁하게(袁) 드리운 옷자락을 걷어야 한다. 왜냐하면 갈(辶) 길이 멀기 때문이다.

주요 한자어
- 遠近(원근): 멀고 가까움.

121 患 근심 환
부 心
조개를 실로 꿴(串) 모양처럼 마음(心)속에 해결되지 못한 근심이 줄줄이 있다.

주요 한자어
- 疾患(질환): 몸의 온갖 병.

122 皇 임금 황
부 白
임금(王) 중에서 가장 희고(白) 깨끗한 임금이 황제이다.

123 賣 팔 매
부 貝
그물(罒)을 던져 잡은 조개(貝)를 선비(士)에게 팔았다.

주요 한자어
- 賣店(매점): 어떤 기관이나 단체 안에서 물건을 파는 작은 상점.

124 店 가게 점
부 广
점치는(占) 집(广)은 부적을 파는 가게이다.

125 屋 집 옥
부 尸
사람이 시체(尸)처럼 눕고 싶을 때 이르러야(至) 하는 곳이 집이다.

126 堂 집 당
부 土
지대(土)가 높은(尙) 곳에 있는 것은 집이다.

95 **氏** 부氏 성씨 씨
산기슭에 있는, 금방이라도 무너져 떨어질 듯이 내민 언덕의 모양(氏)을 본뜬 상형 문자이다.

96 **罪** 부罒 허물/죄 죄
해서는 아니(非) 되는 일을 해서 법망(罒)에 걸리든 사람이 반성하면, 그 허물을 용서받을 수 있다.
주요 한자어
• 犯罪(범죄): 법규를 어기고 저지른 잘못.

97 **走** 부走 달릴 주
땅(土)바닥에서 발이 그치지(止) 않게 분주하게 움직이며 달린다.
주요 한자어
• 疾走(질주): 빨리 달림.

98 **衆** 부血 무리 중
만리장성이 나란히 서기(禾) 위해 피(血)와 땀을 흘리며 무리 지어 일한다.
주요 한자어
• 公衆(공중): 사회의 대부분의 사람들.

99 **判** 부刂 판단할 판
칼(刂)로 물건을 잘라 반(半)을 나눌 때, 그 크기가 똑같은지는 두 개를 맞춰 보면 판단할 수 있다.

100 **湖** 부氵 호수 호
달(月) 밝은 날 옛(古) 친구와 만난 곳은 물(氵)이 맑은 호수이다.

101 **藝** 부艹 재주 예
언덕(坴) 위에 이르러(云) 둥근(丸) 씨앗을 심어 풀(艹)로 키우기까지는 재주가 필요하다.
주요 한자어
• 藝術(예술): 기예와 학술을 아울러 이르는 말.

102 **射** 부寸 쏠 사
총구를 사람 몸(身)에 겨누고, 방아쇠에 손가락 한 마디(寸)를 걸어 당겨 쏜다.
주요 한자어
• 射擊(사격): 총, 대포, 활 따위를 쏨.

103 **殺** 부殳 죽일 살
여러 나무(木) 중에서 한 그루를 찍어(丶) 창(殳)으로 베는(乂) 것이 나무를 죽이는 것이다.
주요 한자어
• 射殺(사살): 활이나 총 따위로 쏘아 죽임.

104 **害** 부宀 해로울 해
집(宀) 안에서 흙(土)을 모아(一) 놓고 놀면 먼지가 나고 그 먼지가 입(口)에 들어가면 건강에 해롭다.
주요 한자어
• 殺害(살해): 사람을 해치어 죽임.

105 **打** 부扌 칠 타
손(扌)에 고무래(丁)를 들고 흙덩이를 친다.
주요 한자어
• 打擊(타격): 때리어 침.

106 **章** 부立 글 장
서당에서 들려오는 많은(十) 소리(音)는 글 읽는 소리이다.
주요 한자어
• 文章(문장): 생각이나 감정을 말과 글로 표현할 때 완결된 내용을 나타내는 최소의 단위.

107 **句** 부口 글귀 구
입(口)에서 나오는 말을 잘 싸면(勹) 주옥같은 글귀가 된다.
주요 한자어
• 文句(문구): 글의 구절.

108 **禁** 부示 금할 금
예전에는 숲(林)에 제단을 만들어 신(示)을 모시는 곳에 일반인의 출입을 금했다.
주요 한자어
• 禁忌(금기): 마음에 꺼려서 하지 않거나 피함.

109 **貯** 부貝 쌓을 저
뜰(宀) 안에 재물(貝)이 될 만한 물건을 쌓아 놓다.
주요 한자어
• 貯藏(저장): 물건이나 재화 따위를 모아서 간수함.

110 **宇** 부宀 집 우
장정(丁)이 금 한(一) 덩이를 주고 집(宀)을 샀다.

79 訪 찾을 방 (부수: 言)
올바른 **방향**(方)으로 가기 위해서 누군가의 **의견**(言)을 듣고자 전문가를 찾는다.

주요 한자어
- 探訪(탐방): 어떤 사실이나 소식 따위를 알아내기 위하여 사람이나 장소를 찾아감.

80 防 막을 방 (부수: 阝)
한쪽 **방향**(方)으로 흘러 들어오는 물을 막기 위해 흙을 **언덕**(阝)처럼 쌓아 둑을 만들어 막는다.

주요 한자어
- 豫防(예방): 질병이나 재해 따위가 일어나기 전에 미리 대처하여 막는 일.

81 遺 남길 유 (부수: 辶)
저세상으로 **갈**(辶) 때는 이 세상의 **귀한**(貴) 것을 모두 남기고 떠난다.

주요 한자어
- 遺言(유언): 죽음에 이르러 말을 남김.

82 骨 뼈 골 (부수: 骨)
사람의 **몸**(月)에서 살(고기)을 발라내면(冎) 남는 것이 뼈이다.

주요 한자어
- 遺骨(유골): 주검을 태우고 남은 뼈.

83 若 같을/만약 약 (부수: 艹)
길가에 자란 **나물**(艹)을 오른손(右)으로 뽑아 먹을 때는 조심해야 한다. 만약 독초라면 위태로울 수 있다.

84 干 방패 간 (부수: 干)
창으로 찔렀을 때 그것을 막을 수 있는 방패의 **모양**(干)을 본뜬 상형 문자이다.

주요 한자어
- 若干(약간): 얼마 되지 않음.

85 支 지탱할 지 (부수: 支)
손(又)으로 나뭇가지 **열**(十) 개를 붙들고 지탱한다.

주요 한자어
- 干支(간지): 천간(天干)과 지지(地支).

86 滿 찰 만 (부수: 氵)
물(氵)이 한쪽 편의 스무(廿) 개의 양동이에 차고도 넘쳐서 **짝**(兩)을 이뤄 반대쪽 양동이도 찼다.

주요 한자어
- 滿足(만족): 마음에 흡족함.

87 變 변할 변 (부수: 言)
어른들 **말씀**(言)에 의하면 가는 **실**(糸)을 **치면**(攵) 실이 두껍게 변한다.

주요 한자어
- 變化(변화): 사물의 성질, 모양, 상태 따위가 바뀌어 달라짐.

88 革 가죽 혁 (부수: 革)
짐승의 가죽을 손으로 벗기고 있는 **모양**(革)을 본뜬 상형 문자이다.

주요 한자어
- 變革(변혁): 급격하게 바꾸어 아주 달라지게 함.

89 改 고칠 개 (부수: 攵)
자기 스스로의 **몸**(己)을 때려서라도(攵) 잘못된 부분을 바로잡아 고쳐야 한다.

주요 한자어
- 改革(개혁): 제도나 기구 따위를 새롭게 뜯어 고침.

90 拜 절 배 (부수: 手)
손(手)을 예쁘게(丰) 하나(一)로 모아 어른께 절을 한다.

주요 한자어
- 歲拜(세배): 섣달그믐이나 정초에 웃어른께 인사로 하는 절.

91 寺 절 사 (부수: 寸)
일정한 **마디**(寸)로 나눠 **토지**(土)를 관리하는 곳이 절이다.

주요 한자어
- 寺刹(사찰): 절, 사원.

92 尙 오히려/높을 상 (부수: 小)
멀리 **울타리**(冂) 안에 있는 **사람**(口)이 **작아**(小) 보였는데, 가까이 와서 보니 오히려 키가 크다.

93 送 보낼 송 (부수: 辶)
비행기를 타고 **하늘**(天)로 가려는 (辶) **사람**(人)을 웃으며 보낸다.

주요 한자어
- 放送(방송): 라디오, 텔레비전 따위를 통하여 널리 듣고 볼 수 있도록 음성이나 영상을 전파로 내보내는 일.

94 授 줄 수 (부수: 扌)
물건을 받고(受) **손**(扌)에 있던 물건을 주다.

주요 한자어
- (교수): 학문이나 기예를 가르침.

63 善 착할 선
부 口

양(羊)처럼 부드럽고 온화하며 순한 사람들은 입(口)에서 나오는 말도 착하게 한다.

주요 한자어
- 善惡(선악): 착한 것과 악한 것을 아울러 이르는 말.

64 施 베풀 시
부 方

사람(人)은 도움을 받은 것이 있다면, 나중에 자신 또한(也) 여러 방면(方)으로 베풀어야 한다.

주요 한자어
- 施設(시설): 도구, 기계, 장치 따위를 베풀어 설비함.

65 務 힘쓸 무
부 力

장수들은 창(矛)을 다루는(夊) 솜씨를 배우기 위해 힘(力)쓴다.

주요 한자어
- 勤務(근무): 직장에 적을 두고 직무에 종사함.

66 雄 수컷 웅
부 隹

사람 팔뚝(厷)만 한 크기의 새(隹)가 수컷이다.

67 飛 날 비
부 飛

새가 날개 치며 날아 오르는 모양(飛)을 본뜬 상형 문자이다.

주요 한자어
- 雄飛(웅비): 기운차고 용기 있게 활동함.

68 得 얻을 득
부 彳

아침(旦)이 오면 사람들(彳)은 일을 하러 가는데, 이렇게 해야 작은(寸) 돈이라도 얻을 수 있다.

주요 한자어
- 所得(소득): 일한 결과로 얻은 정신적·물질적 이익.

69 卵 알 란
부 卩

물고기나 개구리의 알과 같이 얽혀 있는 모양(卵)을 본뜬 상형 문자이다.

주요 한자어
- 産卵(산란): 알을 낳음.

70 早 이를 조
부 日

날(日)마다 열(十) 개의 한자를 외우는 것이 힘들겠지만, 아직 포기하기에는 이르다.

71 起 일어날 기
부 走

달리기는 몸(己)을 굽히고 있다가 달리는(走) 동시에 몸이 일어난다.

주요 한자어
- 早起(조기): 아침 일찍 일어남.

72 逆 거스를 역
부 辶

연어는 물을 거슬러(屰) 간다(辶).

주요 한자어
- 逆轉(역전): 형세가 뒤집힘.

73 凶 흉할 흉
부 凵

금(乂)이 간 그릇(凵)은 보기가 흉하다.

주요 한자어
- 吉凶(길흉): 운이 좋고 나쁨.

74 漁 고기 잡을 어
부 氵

물고기(魚)가 물(氵)속에서 헤엄쳐 다니면 어부는 고기잡이를 시작한다.

75 易 바꿀 역, 쉬울 이
부 日

햇볕이 구름 사이로 비치는 모양(易)을 본뜬 상형 문자이다.

주요 한자어
- 貿易(무역): 물건을 사고팔거나 교환하는 일.
- 容易(용이): 어렵지 않고 매우 쉬움.

76 救 구원할 구
부 攵

짐승의 가죽을 구하기(求) 위해 산에 갔다가 봉변을 당하려던 찰나 누군가 짐승을 쳐서(攵) 구원해 줬다.

주요 한자어
- 救難(구난): 재난을 구제함.

77 難 어려울 난
부 隹

진흙(堇) 속에 빠진 새(隹)는 나오기 어렵다.

주요 한자어
- 難易(난이): 어려움과 쉬움.
- 困難(곤란): 사정이 몹시 딱하고 어려움.

78 處 곳 처
부 虍

동굴(几)에서 호랑이가 천천히(夊) 나오는 것으로 보아 여기가 호랑이(虎)가 사는 곳이다.

주요 한자어
- 對處(대처): 어떤 정세나 사건에 대하여 알맞은 조치를 취함.

47 歷 지낼 력 (부 止)
언덕(厂) 밑에 심어 놓은 벼(禾)들이 멈추지(止) 않고 잘 자라는지 확인하며 지낸다.

48 代 대신 대 (부 亻)
사람(亻)이 전쟁 중 칼이 없으면 주살(弋)이 그 칼을 대신한다.
*주살: 활의 오늬에 줄을 매어 쏘는 화살.
주요 한자어
• 歷代(역대): 대대로 이어 내려온 여러 대.

49 速 빠를 속 (부 辶)
나무를 끈으로 묶어(束) 가면(辶) 하나씩 들고 가는 것보다 빠르다.
주요 한자어
• 速度(속도): 물체가 나아가거나 일이 진행되는 빠르기.

50 讀 읽을 독 (부 言)
선생님들은 말(言)로 지식을 팔고(賣), 그 돈으로 책을 사서 읽는다.
주요 한자어
• 讀書(독서): 책을 읽음.

51 米 쌀 미 (부 米)
낟알이 여러 방면으로 흩어져 있는 쌀의 모양(米)을 본뜬 상형 문자이다.

52 飮 마실 음 (부 食)
밥(食)을 먹고 하품(欠)하듯 입을 벌려 물을 마신다.
주요 한자어
• 米飮(미음): 입쌀이나 좁쌀에 물을 충분히 붓고 푹 끓여 체에 걸러 낸 걸쭉한 음식.

53 婚 혼인 혼 (부 女)
옛날엔 여자(女)가 시집갈 때 해질 녘(昏)에 혼인했다.
주요 한자어
• 結婚(결혼): 남녀가 정식으로 부부 관계를 맺음.

54 貨 재물 화 (부 貝)
보통의 조개(貝) 껍데기가 변화된(化) 것이 재화이다.
주요 한자어
• 財貨(재화): 사람이 바라는 바를 충족시켜 주는 모든 물건.

55 短 짧을 단 (부 矢)
화살(矢)은 길이가 길지만, 콩(豆)은 길이가 짧다.
주요 한자어
• 短期(단기): 짧은 기간.

56 刀 칼 도 (부 刀)
칼의 모양(刀)을 본뜬 상형 문자이다.
주요 한자어
• 短刀(단도): 짧은 칼.

57 斗 말 두 (부 斗)
물건의 양을 재는 자루가 달린 국자의 모양(斗)을 본뜬 상형 문자이다.
*말: 곡식이나 가루의 분량을 되는 데 쓰는 그릇.

58 量 헤아릴 량 (부 里)
마을(里) 사람들이 아침(旦)이 되어 일하기 위해 모이면, 가장 먼저 사람 수를 헤아린다.
주요 한자어
• 力量(역량): 어떤 일을 해낼 수 있는 힘.

59 街 거리 가 (부 行)
이 땅(土)에서 저 땅(土)으로 가려면(行) 이 거리를 지나야 한다.
주요 한자어
• 商街(상가): 상점들이 죽 늘어서 있는 거리.

60 頭 머리 두 (부 頁)
사람의 몸에서 콩(豆)처럼 둥근 부위는 머리(頁)이다.

61 存 있을 존 (부 子)
아이(子)들이 한(一)곳에 모여 노는 곳엔 그들을 지켜보는 사람(亻)이 있다.
주요 한자어
• 存在(존재): 현실에 실제로 있음.

62 獨 홀로 독 (부 犭)
벌레(虫)가 그물(罒) 같은 거미줄에 쌓여서(勹) 헤어 나오지 못하는 것처럼 개(犭)가 목줄에 걸려 홀로 있다.
주요 한자어
• 獨存(독존): 홀로 존재함.

31. 識 (알 식) — 부 言
소리(音)만 들려줬는데 그것이 창(戈)에서 나는 소리라고 말(言)하는 사람은 창에 대해 잘 아는 것이다.

주요 한자어
- 良識(양식): 뛰어난 식견이나 건전한 판단.

32. 貝 (조개 패) — 부 貝
두 개의 조가비를 가진 조개류의 모양(貝)을 본뜬 상형 문자이다.

33. 豆 (콩 두) — 부 豆
고기를 담는 제기의 모양(豆)을 본뜬 상형 문자이다.

34. 弓 (활 궁) — 부 弓
가운데가 볼록하게 굽은 활의 모양(弓)을 본뜬 상형 문자이다.

35. 其 (그 기) — 부 八
벼를 까부르는 키의 모양(其)을 본뜬 상형 문자이다.

*까부르다: 키를 위아래로 흔들어 곡식의 티나 검불 따위를 날려 버림.

36. 丹 (붉을 단) — 부 丶
굴 입구(冂)에서부터 한참을 들어가 광물(丶) 하나(一)를 캤는데, 그 광물의 빛깔이 붉다.

37. 兆 (조 조) — 부 儿
거북의 등딱지를 그슬러 생긴 갈라진 금의 모양(兆)을 본뜬 상형 문자이다.

38. 新 (새로울 신) — 부 斤
도끼(斤)로 나무(木)를 베었는데, 그 위로 싹이 올라와 서(立) 있다면 이것은 새로운 싹이다.

주요 한자어
- 新聞(신문): 새로운 소식이나 견문.

39. 最 (가장 최) — 부 曰
갖고(取) 싶은 것이 있으면 고민하지 말고 말하는(曰) 것이 가장 좋다.

주요 한자어
- 最新(최신): 가장 새로움.

40. 榮 (영화 영) — 부 木
나무(木)가 많은 열매로 덮여(冖) 있으니, 반짝이는 불빛(火)처럼 영화롭다.

주요 한자어
- 繁榮(번영): 번성하고 영화롭게 됨.

41. 貴 (귀할 귀) — 부 貝
여러 저장소 중(中)에 땅속 항아리에 하나(一)로 모아 둔 재물(貝)이 제일 귀한 것이다.

주요 한자어
- 貴重(귀중): 귀하고 중요함.

42. 勇 (날랠 용) — 부 力
길(甬)을 있는 힘(力)껏 달리는 움직임이 날래다.

주요 한자어
- 勇將(용장): 용맹스러운 장수.

43. 將 (장수/장차 장) — 부 寸
마디(寸)만 한 도구로 짐승을 잡아 고기(月)를 먹게 해 준 사람이 장수(爿)이다.

주요 한자어
- 將來(장래): 다가올 앞날.

44. 卒 (군사/마칠 졸) — 부 十
높은(亠) 장수 밑에 있는 많은(十) 사람(人)들이 군사들이다.

주요 한자어
- 卒業(졸업): 학생이 규정에 따라 소정의 교과 과정을 마침.

45. 權 (권세 권) — 부 木
황새(雚)가 나무(木) 위에 올라 권세를 부리다.

46. 勢 (형세 세) — 부 力
돈을 모으는 재주(埶)와 힘(力)을 갖고 있다면 형세가 나아질 것이다.

주요 한자어
- 權勢(권세): 권력과 세력을 아울러 이르는 말.

15 着 (붙을 착) 部目
목동의 눈(目)이 양(羊)에게 붙어 있다.

주요 한자어
- 密着(밀착): 빈틈없이 단단히 붙음.

16 陸 (뭍/땅 륙) 部阝
물길을 막고 사람(儿)이 흙(土)을 높이 쌓아서 만든 언덕(阝)이 뭍이다.

주요 한자어
- 着陸(착륙): 비행기 따위가 공중에서 활주로나 판판한 곳에 내림.

17 氷 (얼음 빙) 部水
물(水)이 차가워(冫)지면 얼음이 된다.

주요 한자어
- 氷河(빙하): 얼어붙은 큰 강.

18 河 (물 하) 部氵
수로의 입구(口)가 막혔는데, 고무래(丁)로 흙덩이를 깨뜨리니 물(氵)이 잘 흘러간다.

주요 한자어
- 河川(하천): 강과 시내를 아울러 이르는 말.

19 勞 (일할 로) 部力
집(冖)에 큰불(火)이 나서 그 불을 끄기 위해 힘(力)써 일하고 있다.

주요 한자어
- 勤勞(근로): 부지런히 일함.

20 使 (하여금/시킬 사) 部亻
관리(吏)는 일을 다른 사람(亻)으로 하여금 하도록 시킨다.

주요 한자어
- 勞使(노사): 노동자와 사용자를 아울러 이르는 말.

21 各 (각각 각) 部口
앞에 온 사람과 뒤처져 온(夂) 사람의 입(口)에서 나오는 말이 각각 다르다.

주요 한자어
- 各個(각개): 하나하나의 낱낱.

22 個 (낱 개) 部亻
사람(亻)들은 딱딱하게 굳은(固) 대나무를 활용해서 수를 세어 낱낱으로 말한다.

주요 한자어
- 別個(별개): 관련성이 없이 서로 다름.

23 强 (강할 강) 部弓
활(弓)은 비록(虽) 가늘지만 사람을 해할 수 있으므로 강하다.

주요 한자어
- 强調(강조): 어떤 부분을 특별히 강하게 주장하거나 두드러지게 함.

24 弱 (약할 약) 部弓
깃털(羽)처럼 가벼운 활(弓)은 강도가 약하다.

주요 한자어
- 强弱(강약): 강하고 약함.

25 愛 (사랑 애) 部心
마음(心)을 주고받는(受) 것이 사랑이다.

주요 한자어
- 愛犬(애견): 개를 귀여워함.
- 愛國(애국): 자기 나라를 사랑함.

26 犬 (개 견) 部犬
개(犬)의 옆 모양을 본뜬 상형 문자이다.

27 列 (벌일 렬) 部刂
짐승을 잡아 칼(刂)로 뼈(歹)를 바르고 잔치를 벌이다.

주요 한자어
- 列擧(열거): 여러 가지 예나 사실을 낱낱이 죽 늘어놓음.

28 擧 (들 거) 部手
무거운 물건을 옮기기 위해 더불어(與) 손(手)을 넣고 들어 올리다.

주요 한자어
- 選擧(선거): 일정한 조직이나 집단이 대표자나 임원을 뽑는 일.

29 快 (쾌할 쾌) 部忄
마음(忄)을 터놓고(夬) 이야기하니 기분이 상쾌하다.

주요 한자어
- 快擧(쾌거): 통쾌하고 장한 행위.

30 良 (어질/좋을 량) 部艮
곡류 중에서 특히 좋은 것만을 골라내기 위한 기구의 모양(良)을 본뜬 상형 문자이다.

DAY 03

공부한 날: ____월 ____일

1. **連** 이을 련 (부 辶)
수레(車)가 굴러가듯(辶) 끊임없이 일이 이어진다.
주요 한자어
- 連勝(연승): 싸움이나 경기에서 계속하여 이김.

2. **勝** 이길 승 (부 力)
나(朕) 스스로의 힘(力)으로 노력하면 이 세상의 풍파를 이길 수 있다.
주요 한자어
- 勝敗(승패): 승리와 패배를 아울러 이르는 말.

3. **敗** 패할 패 (부 攵)
게임할 때 조개(貝)를 마주 대고 쳐서(攵) 부서지는 쪽이 패하는 것이다.
주요 한자어
- 失敗(실패): 일을 잘못하여 뜻한 대로 되지 아니하거나 그르침.

4. **責** 꾸짖을 책 (부 貝)
빌린 돈(貝)을 갚으라고 가시(束) 돋친 말로 꾸짖고 있다.
주요 한자어
- 責望(책망): 잘못을 꾸짖거나 나무라며 못마땅하게 여김.

5. **望** 바랄 망 (부 月)
달(月)이 사라지면(亡) 사람들은 북방(壬) 하늘을 바라보며 달이 다시 나타나길 바란다.
주요 한자어
- 希望(희망): 어떤 일을 이루거나 하기를 바람.

6. **願** 원할 원 (부 頁)
언덕(原)에서 샘물이 흘러나오는 것처럼 머리(頁)에서도 샘물 같은 아이디어가 나오길 원한다.
주요 한자어
- 願望(원망): 원하고 바람.

7. **唱** 부를 창 (부 口)
날(日)마다 말하는(曰) 대로 이루어져 번성하면, 저절로 입(口)에서 노래가 나와 부르게 된다.

8. **歌** 노래 가 (부 欠)
장정(丁) 둘이서 입(口)을 하품(欠)하듯 크게 벌려 노래를 부른다.
주요 한자어
- 歌唱(가창): 노래를 부름.

9. **舞** 춤출 무 (부 舛)
정신이 없을(無) 정도로 발이 어긋나게(舛) 스텝을 밟아 가며 춤추다.
주요 한자어
- 歌舞(가무): 노래와 춤을 아울러 이르는 말.

10. **協** 화합할 협 (부 十)
힘이 부족한 사람을 위해 많은(十) 힘을 합해(劦) 화합한다.
주요 한자어
- 協助(협조): 힘을 보태어 도움.

11. **助** 도울 조 (부 力)
내 힘(力)에 또(且) 다른 사람의 힘을 보태 돕는다.
주요 한자어
- 助言(조언): 말로 거들거나 깨우쳐 주어서 도움.

12. **製** 지을/만들 제 (부 衣)
소(牛)의 가죽을 칼(刂)로 자른 후 말려 천(巾)을 만들고 그것으로 옷(衣)을 지었다.
주요 한자어
- 製造(제조): 공장에서 큰 규모로 물건을 만듦.

13. **造** 지을/만들 조 (부 辶)
신에게 소원을 고하러(告) 갈(辶) 수 있게 제단을 짓다.
주요 한자어
- 造成(조성): 무엇을 만들어서 이룸.

14. **密** 빽빽할 밀 (부 宀)
신을 모시는 집(宀)은 산(山)속 깊숙이 신이 노출되지 않도록 반드시(必) 나무를 빽빽하게 채워 놓는다.

DAY 02 복습 쪽지시험

[01~05] 다음 한자(漢字)의 음(音)은 무엇입니까?

01 守: ① 촌 ② 수 ③ 공 ④ 주 ⑤ 구
02 設: ① 설 ② 연 ③ 알 ④ 승 ⑤ 민
03 應: ① 보 ② 응 ③ 옹 ④ 복 ⑤ 추
04 效: ① 교 ② 호 ③ 효 ④ 후 ⑤ 고
05 達: ① 잠 ② 록 ③ 덕 ④ 도 ⑤ 달

[06~10] 다음 음(音)을 가진 한자(漢字)는 무엇입니까?

06 향: ① 郡 ② 致 ③ 號 ④ 鄕 ⑤ 歲
07 제: ① 課 ② 題 ③ 備 ④ 德 ⑤ 選
08 담: ① 往 ② 冷 ③ 洗 ④ 洞 ⑤ 談
09 인: ① 引 ② 別 ③ 觀 ④ 報 ⑤ 黃
10 절: ① 祝 ② 解 ③ 陽 ④ 旅 ⑤ 絶

[11~15] 다음 한자(漢字)의 뜻은 무엇입니까?

11 完: ① 으뜸 ② 집 ③ 완전하다 ④ 이르다 ⑤ 덮다
12 廣: ① 누렇다 ② 친하다 ③ 마당 ④ 넓다 ⑤ 숫돌
13 受: ① 빠지다 ② 받다 ③ 오르다 ④ 넘기다 ⑤ 줍다
14 調: ① 고르다 ② 두루 ③ 피하다 ④ 돌다 ⑤ 찾다
15 植: ① 곧다 ② 양육하다 ③ 뽑다 ④ 심다 ⑤ 깊다

[16~19] 다음의 뜻을 가진 한자(漢字)는 무엇입니까?

16 과녁 : ① 思 ② 的 ③ 念 ④ 敬 ⑤ 首
17 낳다 : ① 官 ② 宅 ③ 志 ④ 向 ⑤ 産
18 가지다: ① 可 ② 式 ③ 移 ④ 取 ⑤ 星
19 마디 : ① 節 ② 希 ③ 語 ④ 姓 ⑤ 禮

[20~22] 다음 문장에서 한자어(漢字語)의 독음(讀音)은 무엇입니까?

20 나는 그에게 <u>接近</u>을 시도했다.
① 인접 ② 근접 ③ 접근 ④ 접선 ⑤ 접속

21 우리 민족은 일제의 가혹한 식민 <u>統治</u>로부터 벗어났다.
① 통치 ② 통솔 ③ 지배 ④ 정치 ⑤ 생활

22 자기 자신을 <u>省察</u>하다.
① 반성 ② 내성 ③ 점검 ④ 성사 ⑤ 성찰

[23~25] 다음 문장에서 밑줄 친 단어(單語)를 한자(漢字)로 바르게 쓴 것은 어느 것입니까?

23 본능적으로 위험을 <u>감지</u>하였다.
① 監只 ② 感知 ③ 憾知 ④ 感指 ⑤ 憾指

24 선약이 있어서 그 모임에 <u>참석</u>이 어렵게 되었다.
① 參席 ② 斬席 ③ 參錫 ④ 斬錫 ⑤ 參碩

25 그 나름대로의 <u>논리</u>를 펴다.
① 論利 ② 論里 ③ 論理 ④ 論吏 ⑤ 論梨

정답
01 ② 02 ① 03 ② 04 ③ 05 ⑤ 06 ④ 07 ② 08 ⑤ 09 ① 10 ⑤ 11 ③ 12 ④ 13 ② 14 ① 15 ④
16 ② 17 ⑤ 18 ④ 19 ① 20 ③ 21 ① 22 ⑤ 23 ② 24 ① 25 ③

141 **片** 조각 편 _{부 片}
나무를 쪼갠 조각 한쪽 편의 모양(片)을 본뜬 상형 문자이다.

142 **漢** 한수/한나라 한 _{부 氵}
가죽(革)을 걸친 사내대장부(夫)가 물(氵)이 많은 양쯔강 유역에 나라를 세웠는데 그 나라가 한나라이다.

143 **陽** 볕 양 _{부 阝}
언덕(阝) 위에서 아침부터 쏟아지는 것은 햇볕(昜)이다.

144 **益** 더할 익 _{부 皿}
여덟(八) 그릇(皿)에 밥을 담고, 한(一) 번 더 여덟(八) 그릇에는 국을 담아 풍족함을 더했다.

주요 한자어
- 利益(이익): 물질적으로나 정신적으로 보탬이 되는 것.

145 **收** 거둘 수 _{부 攵}
뻗어 나가는 콩의 넝쿨(丩)을 쳐서(攵) 떨어뜨린 후 거두어 간다.

주요 한자어
- 收益(수익): 이익을 거두어들임. 또는 그 이익.

146 **是** 이/옳을 시 _{부 日}
날(日)마다 바른(正) 생활을 하려고 하는 태도는 옳다.

주요 한자어
- 是非(시비): 옳음과 그름.

147 **重** 무거울 중 _{부 里}
천(千) 리(里)를 걸으니 다리가 무겁다.

주요 한자어
- 重要(중요): 귀중하고 요긴함.

148 **左** 왼 좌 _{부 工}
장인(工)이 물건을 만들 때 보조 역할을 하는 손(又)이 왼쪽이다.

149 **園** 동산 원 _{부 囗}
옷에 장신구를 치렁치렁(袁) 장식한 모양처럼 나무에 열매가 달린 곳(囗)이 동산이다.

주요 한자어
- 公園(공원): 국가나 지방 공공 단체가 공중의 보건·휴양·놀이 따위를 위하여 마련한 정원, 유원지, 동산 등의 사회 시설.

150 **右** 오른쪽 우 _{부 口}
사람(口)들이 주로 사용하는 손(又)이 오른쪽 손이다.

주요 한자어
- 左右(좌우): 왼쪽과 오른쪽을 아울러 이르는 말.

125 禮 예도 례 (부 示)
해마다 풍년(豊)이 들면, 조상신(示)에게 감사의 제사를 드리는 것이 예도이다.

주요 한자어
- 敬禮(경례): 공경의 뜻을 나타내기 위하여 인사하는 일.
- 禮節(예절): 예의에 관한 모든 절차나 질서.

126 首 머리 수 (부 首)
얼굴·머리·목 등 사람의 머리 앞모습(首)을 본뜬 상형 문자로, 머리털과 눈을 강조한다.

127 順 순할 순 (부 頁)
냇물(川)은 머리(頁) 꼭대기에서부터 아래로 흐르듯 순리를 따른다.

주요 한자어
- 順序(순서): 정하여진 기준에서 말하는 전후, 좌우, 상하 따위의 차례 관계.

128 結 맺을 결 (부 糸)
길고 좋은(吉) 실(糸)을 만들기 위해 짧은 실을 서로 맺는다.

129 論 논할 론 (부 言)
여러 사람들이 생각한(侖) 의견을 돌아가며, 자신의 의견을 말(言)하는 것이 논하는 것이다.

주요 한자어
- 結論(결론): 말이나 글의 끝을 맺는 부분.

130 理 다스릴 리 (부 玉)
신으로부터 상서로운 옥(玉)을 받은 자가 왕이 되어 마을(里)을 다스린다.

주요 한자어
- 論理(논리): 말이나 글에서 사고나 추리 따위를 이치에 맞게 이끌어 가는 과정이나 원리.

131 現 나타날 현 (부 玉)
오랫동안 보고(見) 싶었던 구슬(玉)이 나타났다.

132 在 있을 재 (부 土)
사람(亻)은 거주할 땅(土) 하나(一)는 있어야 한다.

주요 한자어
- 現在(현재): 지금의 시간.

133 産 낳을 산 (부 生)
이분은, 학식은 있으나 벼슬하지 않는 훌륭한 선비(彦)를 낳았다(生).

134 婦 며느리/아내 부 (부 女)
어른들을 모시고 살면서 집안을 청소(帚)하는 여자(女)가 그 집안의 며느리다.

주요 한자어
- 産婦(산부): 아기를 갓 낳은 여자.
- 夫婦(부부): 남편과 아내를 아울러 이르는 말.

135 特 특별할 특 (부 牛)
寺(절)에서 이 소(牛)를 키우는 이유는 이 소가 특별해서이다.

136 筆 붓 필 (부 竹)
손에 쥐고 있는 것(聿)은 대나무(竹)로 만든 붓이다.

주요 한자어
- 特筆(특필): 특별히 두드러지게 적음. 또는 그런 글.

137 官 벼슬 관 (부 宀)
관청(宀)에서 사무를 보는 많은 사람들(㠯)은 벼슬을 지낸다.

138 宅 집 택, 집 댁 (부 宀)
칠(七)일에 한(一) 번은 꼭 집(宀)에서 쉰다.

주요 한자어
- 住宅(주택): 사람이 살 수 있게 지은 건물.
- 宅內(댁내): 남의 집안을 높여 이르는 말.

139 志 뜻 지 (부 心)
선비(士)는 마음(心)속에 큰 뜻을 품고 있다.

140  향할 향 (부 口)
사람(口)이 울타리(冂) 안에 있는데, 갑자기 햇살이 삐쳐(丿) 들어와 그곳으로 눈길이 향했다.

109 韓 한국/나라 한
부 韋

일찍이(早) 많은(十) 사람들이 목숨을 내놓고 에워싸며(韋) 지키고자 했던 곳이 우리나라이다.

주요 한자어
- 韓國語(한국어): 한국인이 사용하는 언어.

110 姓 성/성씨 성
부 女

어떤 집안의 **여자(女)**로부터 **태어난(生)** 아이는 같은 혈족의 성씨를 따른다.

111 孫 손자 손
부 子

아들(子)에서 그의 아들로 이어지는(系) 혈육이 손자이다.

주요 한자어
- 孫子(손자): 아들의 아들. 또는 딸의 아들.

112 忠 충성 충
부 心

마음(心)속 한가운데(中)서 우러나오는 참된 뜻이 충성이다.

113 孝 효도 효
부 子

늙은(耂) 부모를 업고 다니며 자식(子)이 효도한다.

주요 한자어
- 忠孝(충효): 충성과 효도를 아울러 이르는 말.

114 移 옮길 이
부 禾

많은(多) 벼(禾)를 수확한 후에는 도정을 하기 위해 옮긴다.

115 植 심을 식
부 木

나무(木)를 곧게(直) 세워 심는다.

주요 한자어
- 移植(이식): 식물 따위를 옮겨 심음.

116 進 나아갈 진
부 辶

새(隹)가 쉬엄쉬엄(辶) 앞으로 나아간다.

117 取 가질 취
부 又

옛날에는 전쟁에서 적을 잡으면, 증거물로 그 왼쪽 귀(耳)를 손(又)으로 떼어 가져갔다.

주요 한자어
- 進取(진취): 적극적으로 나아가서 일을 이룩함.
- 取消(취소): 발표한 의사를 거두어들이거나 예정된 일을 없애 버림.

118 可 옳을 가
부 口

열심히 일하라고 입(口)으로 말하는 장정(丁)의 태도는 옳다.

119 式 법 식
부 弋

장인(工)이 주살(弋)을 만드는 데는 장인만의 법이 있다.

120 的 과녁 적
부 白

하얀(白) 바탕에 점(丶)을 찍고, 그 주변을 둥글게 감싼(勹) 것이 과녁이다.

121 思 생각 사
부 心

밭(田)에 있는 작물들을 어떻게 관리할지 마음(心)으로 생각한다.

122 想 생각 상
부 心

서로(相)가 마음(心)속으로 그리워하며 생각한다.

주요 한자어
- 思想(사상): 어떠한 사물에 대하여 가지고 있는 구체적인 사고와 생각.

123 念 생각 념
부 心

지금(今)도 그때 그 일을 마음(心)으로 생각한다.

124 敬 공경 경
부 攵

스스로에게 엄격하면서 진실로(苟) 잘못을 인정하고, 그것을 쳐(攵) 낼 수 있는 이를 공경한다.

93 說 말씀 설
부 言
당선자는 기쁜(兌) 모습으로 단상에서 감사의 **말씀(言)**을 전한다.

주요 한자어
• 解說(해설): 문제나 사건의 내용 따위를 알기 쉽게 풀어 설명함.

94 課 공부할/매길 과
부 言
열매(果)가 열리는 과정을 **말(言)**하기 위해서는 미리 공부를 해야 한다.

95 題 제목 제
부 頁
올바른(是) 글이 되기 위해서는 **머리(頁)**에 두는 제목이 중요하다.

주요 한자어
• 課題(과제): 처리하거나 해결해야 할 문제.
• 問題(문제): 해답을 요구하는 물음.

96 波 물결 파
부 氵
물(氵)의 **가죽(皮)**은 표면에서 일렁이는 물결이다.

주요 한자어
• 波動(파동): 물결의 움직임.

97 希 바랄 희
부 巾
넓게 **천(布)**을 펴서, **다섯(乂)** 번 정도 잘라 실로 엮어 좋은 옷이 만들어지기를 바란다.

98 吉 길할 길
부 口
훌륭한 **선비(士)**의 **입(口)**에서 나오는 말은 모든 이들의 삶을 길하게 하는 것이다.

99 星 별 성
부 日
해(日)에서 **나오는(生)** 빛처럼 밤에 반짝이는 것이 별이다.

100 節 마디 절
부 竹
벼슬아치를 상징하는 **병부(卩)**는 **좋은(良) 대나무(竹)**의 마디로 만들었다.

*병부: 병사의 이름, 주소 따위를 적은 명부.

주요 한자어
• 節次(절차): 일을 치르는 데 거쳐야 하는 순서나 방법.

101 調 고를 조
부 言
좋은 물건은 **두루(周)** 다니며, 많이 **말(言)**하고 들어야 고를 수 있다.

102 律 법/법칙 률
부 彳
붓(聿)으로 구획을 긋는 것처럼 **사람들(彳)** 간의 관계에서 문제가 발생하지 않도록 법칙을 만들어야 한다.

주요 한자어
• 調律(조율): 악기의 음을 표준음에 맞추어 고름.
• 法律(법률): 국가의 강제력을 수반하는 사회 규범.

103 油 기름 유
부 氵
밭(田)을 뚫고(丨) 나온 콩에서 나온 **물(氵)**이 기름이다.

주요 한자어
• 石油(석유): 땅속에서 천연으로 나는, 탄화수소를 주성분으로 하는 가연성 기름.

104 船 배 선
부 舟
물의 흐름에 **따라(沿)** 움직이는 것이 **배(舟)**이다.

105 鮮 고울 선
부 魚
질 좋은 **양(羊)**고기처럼 식감이 좋은 **물고기(魚)**는 빛깔이 곱다.

106 永 길 영
부 水
물(水)이 한 **방울(丶)** 한 방울 모이면, 물줄기가 길게 생긴다.

107 英 꽃부리 영
부 ++
꽃(++) 안쪽의 **가운데(央)** 것을 꽃부리라 한다.

108 語 말씀 어
부 言
소크라테스는 스스로 **나(吾)** 자신을 알라고 **말씀(言)**하였다.

DAY 02

77 德 큰/덕 덕 (부彳)
사람들(彳)이 세상을 살 때 곧은(直) 마음(心)으로 사는 것이 큰 덕을 쌓는 것이다.

주요 한자어
- 功德(공덕): 착한 일을 하여 쌓은 업적과 어진 덕.

78 空 빌 공 (부穴)
장인(工)이 어떤 물체에 구멍(穴)을 내니 속이 비었다.

주요 한자어
- 空間(공간): 아무것도 없는 빈 곳.

79 册 책 책 (부冂)
대나무 조각을 끈으로 엮어 만든 책의 모양(册)을 본뜬 상형 문자이다.

주요 한자어
- 空册(공책): 글씨를 쓰거나 그림을 그리도록 백지로 매어 놓은 책.

80 價 값 가 (부亻)
사람(亻)이 잡은 조개(貝)를 마르지 않게 덮어(覀) 놓은 것은 값을 잘 받기 위한 것이다.

81 參 참여할 참, 석 삼 (부厶)

숱 많고 검은 머리(彡)에 많은 장신구를 쌓아(厸) 올리고 행사에 참여하다.

82 席 자리 석 (부巾)
집(广)에 스무(廿) 명의 사람들이 찾아와 천(巾)을 깔아 자리를 만든다.

주요 한자어
- 參席(참석): 모임이나 회의 따위의 자리에 참여함.

83 末 아닐 미 (부木)
나무 끝의 가느다란 작은 가지의 모양(末)을 본뜬 상형 문자이다.

84 備 갖출 비 (부亻)
사람(亻)이 언덕(厂) 아래에 전쟁에서 쓸(用) 화살을 스무(廿) 촉이나 갖춰 놓았다.

85 引 끌 인 (부弓)
화살이 나아가 과녁을 뚫으려면(丨) 활(弓)시위를 끌어당겨야 한다.

86 受 받을 수 (부又)
손톱(爫)을 세우고 싸우던 것을 덮고(冖) 화해의 손(又)을 내밀면 사과를 받을 수 있다.

주요 한자어
- 引受(인수): 물건이나 권리를 건네받음.

87 賞 상 줄 상 (부貝)
높은(尙) 공을 세운 사람들에게 재물(貝)을 상으로 주다.

주요 한자어
- 受賞(수상): 상을 받음.

88 登 오를 등 (부癶)
제사에 쓰는 그릇인 제기(豆)를 들고 걸어가(癶) 제단 위에 오른다.

주요 한자어
- 登場(등장): 무대나 연단 따위에 나옴.

89 歲 해 세 (부止)
사냥할 때 나이가 적은(少) 개(戌)는 금하고(止) 다음 해로 넘긴다.

90 末 끝 말 (부木)
나무(木) 위에 표적(一)을 붙인 가지가 그 나무의 맨 끝이다.

91 期 기약할 기 (부月)
세월(月)이 흘러 우리가 다시 만날 그(其) 때를 기약했다.

92 解 풀 해 (부角)
소(牛)의 뿔(角)과 살을 칼(刀)로 내리쳐 풀어 헤쳤다.

61 旅 나그네 려 (부 方)	바람에 깃발이 **나부끼는**(扒) 것처럼, 여러 **갈래**(派)로 흐르는 물처럼 다니는 것이 나그네이다.

62 郡 고을 군 (부 阝)	임금(君)이 나라를 쉽게 다스리기 위해 **행정 구역**(阝)을 만든 것이 고을이다.

63 運 옮길 운 (부 辶)	군사(軍)들이 수레를 끌고 **가면서**(辶) 창과 방패를 옮긴다.

64 動 움직일 동 (부 力)	아무리 무겁고(重) 큰 물체도 다 같이 **힘**(力)을 합치면 움직일 수 있다. **주요 한자어** • 運動(운동): 사람이 몸을 단련하거나 건강을 위하여 몸을 움직이는 일.

65 體 몸 체 (부 骨)	사람의 **뼈**(骨)와 풍성한(豊) 살은 사람의 몸을 이룬다. **주요 한자어** • 動體(동체): 움직이는 물체.

66 感 느낄 감 (부 心)	모두 다(咸) 같은 **마음**(心)으로 응원을 하면 전율을 느낀다.

67 知 알 지 (부 矢)	**화살**(矢)이 빠르게 나가는 것처럼 질문에 대한 대답이 **입**(口)에서 빨리 나가는 것은 내용을 아는 것이다. **주요 한자어** • 感知(감지): 느끼어 앎.

68 省 살필 성 (부 目)	수량이 **적고**(少) 귀한 물건은 **눈**(目)으로 잘 살펴야 한다.

69 察 살필 찰 (부 宀)	**집**(宀)에서 **제사**(祭)를 지낼 때 빠진 것이 없는지 차근차근 살핀다. **주요 한자어** • 省察(성찰): 자기의 마음을 반성하고 살핌.

70 落 떨어질 락 (부 艹)	**풀잎**(艹)에 맺힌 **이슬**(氵)이 각각(各) 방울 지어 밑으로 떨어진다.

71 選 가릴 선 (부 辶)	뱀(巳) 두 마리를 **함께**(共) 놓고, 오고 **가는**(辶) 사람들에게 좋은 것을 가리도록 한다. **주요 한자어** • 落選(낙선): 선거에서 떨어짐.

72 別 나눌/다를 별 (부 刂)	**입**(口)으로 힘껏(力) 베어 물어 자른 것과 **칼**(刂)로 자른 것은 모양이 다르다. **주요 한자어** • 選別(선별): 가려서 따로 나눔.

73 號 이름 호 (부 虍)	**호랑이**(虎)가 다가오자 **울부짖으며**(号) 친구의 이름을 불렀다. **주요 한자어** • 別號(별호): 본명이나 자 이외에 쓰는 이름.

74 洗 씻을 세 (부 氵)	일어나자마자 **먼저**(先) **물**(氵)로 씻는다. **주요 한자어** • 洗面(세면): 손이나 얼굴을 씻음.

75 雪 눈 설 (부 雨)	추운 겨울에는 **비**(雨)가 얼어 **손**(彐)으로 만질 수 있는 눈이 내린다.

76 功 공 공 (부 力)	**장인**(工)은 어떤 물건을 만들든지 온 **힘**(力)을 다해 공을 들인다.

| 45 致
부 至
이를 치 | 돼지를 몰 때 매로 **치며**(攵) 빨리 우리에 **이르게**(至) 한다. | 53 洞
부 氵
마을/골 동 | **같은**(同) 우물의 **물**(氵)을 먹고 사는 곳이 산골 마을이다. |

46 仕 부 亻 섬길/벼슬 사
사람(亻)들은 인품이 좋은 **선비**(士)를 스승으로 섬겼다.

54 會 부 曰 모일 회
사람(人)의 수가 **더해진다**(曾)는 것은 모이는 것이다.
주요 한자어
- 社會(사회): 같은 무리끼리 모여 이루는 집단.

47 祝 부 示 빌 축
어떤 **사람**(儿)이 **입**(口)을 열어 **신**(示)에게 기도하며 소원을 빌고 있다.

55 流 부 氵 흐를 류
깃발(㐬) 아래로 **냇물**(氵)이 유유히 흐르다.

48 福 부 示 복 복
신(示)에게 술과 음식을 넘치도록 **가득**(畐) 담아 제사를 지내며 복을 빈다.
주요 한자어
- 祝福(축복): 행복을 빎.
- 幸福(행복): 복된 좋은 운수.

56 通 부 辶 통할 통
길(甬)로 사람도, 차도 끊임없이 오고 **가는**(辶) 것으로 보아 길은 사방으로 통해 있다.
주요 한자어
- 流通(유통): 화폐나 물품 따위가 세상에서 널리 쓰임.

49 豊 부 豆 풍년 풍
그릇(凵)에 양쪽으로 **이쁘게**(丰) 담긴 **콩**(豆)을 보니 올해가 풍년이었음을 알 수 있다.

57 路 부 足 길 로
사람마다 **각각**(各)의 **발**(足)로 가야 할 길이 있다.
주요 한자어
- 通路(통로): 통하여 다니는 길.
- 道路(도로): 사람, 차 따위가 잘 다닐 수 있도록 만들어 놓은 비교적 넓은 길.

50 富 부 宀 부자/부유할 부
집(宀)에 재물이 **가득**(畐)하니 부유하다.
주요 한자어
- 豊富(풍부): 넉넉하고 많음.

58 蟲 부 虫 벌레 충
뱀이 웅크린 자세를 세 번 반복하여 작은 벌레를 잡는 **모양**(虫)을 본뜬 상형 문자이다.

51 觀 부 見 볼 관
황새(雚)가 먹이를 찾기 위해 주변을 **둘러본다**(見).

59 休 부 亻 쉴 휴
사람(亻)이 **나무**(木) 그늘 밑에서 쉰다.
주요 한자어
- 休紙(휴지): 쓸모없는 종이.

52 客 부 宀 손/손님 객
친구 **집**(宀)에 들어갈 때 **천천히**(夂) 들어가는 **사람**(口)이 손님이다.
주요 한자어
- 觀客(관객): 운동 경기, 공연, 영화 따위를 보거나 듣는 사람.

60 鄕 부 阝 시골 향
숟가락(匕) 하나 더 놓고 **흰**(白) 쌀밥을 나누어 먹는, 인심 좋은 **작은**(幺) **마을**(阝)이 시골이다.
주요 한자어
- 故鄕(고향): 자기가 태어나서 자란 곳.

30 絶 (부 糸) 끊을 절
색(色)이 바래고 오래된 실(糸)은 잘 끊어진다.

31 對 (부 寸) 대할/대답할 대
양(羊)은 손가락 마디(寸)만 한 작고 연한 풀(艹)을 주면서 대해야 한다.

주요 한자어
- 絕對(절대): 아무런 조건이나 제약이 붙지 아니함.

32 應 (부 心) 응할 응
사람과 함께 집에서 사는 매(雁)는 주인의 마음(心)을 읽고, 주인의 지시에 응한다.

주요 한자어
- 對應(대응): 어떤 일이나 사태에 맞추어 태도나 행동을 취함.

33 報 (부 土) 갚을/알릴 보
다행히(幸)도 벼슬아치(卩)의 손(又)이 날 구했는데, 이 은혜를 어찌 갚을지 모르겠다.

주요 한자어
- 報道(보도): 대중 전달 매체를 통하여 일반 사람들에게 새로운 소식을 알림. 또는 그 소식.

34 復 (부 彳) 회복할 복, 다시 부
사람(人)들은 해(日)가 지면 천천히(夂) 자신의 거처로 걸어(彳) 돌아가 에너지를 회복한다.

주요 한자어
- 復活(부활): 죽었다가 다시 살아남.
- 回復(회복): 원래의 상태로 돌이키거나 원래의 상태를 되찾음.

35 義 (부 羊) 옳을 의
나(我)의 죄를 대신하여 신에게 양(羊)을 제물로 바쳐야만 다시 올바르고 의롭게 될 수 있다.

36 議 (부 言) 의논할 의
사람들이 옳은(義) 방향으로 나아가기 위해 서로의 말(言)을 주고받으며 의논한다.

37 精 (부 米) 정할/자세할 정
푸른(靑)빛을 띠는 벼에서 껍질을 벗겨 쌀(米)을 꺼내어 알갱이가 정하다.

*정하다: 거칠지 않고 매우 고움.

38 誠 (부 言) 정성 성
어떤 일이든 원하는 바를 이루기(成) 위해서는 말(言)에 정성을 들여야 한다.

주요 한자어
- 精誠(정성): 온갖 힘을 다하려는, 참되고 성실한 마음.

39 至 (부 至) 이를 지
새가 땅(一)을 향하여 내려앉는 모양(至)을 본뜬 상형 문자이다.

40 效 (부 攵) 본받을 효
내가 사귀는(交) 사람은 자신의 잘못을 쳐내려고(攵) 노력하는 모습에서 본받을 만하다.

주요 한자어
- 效果(효과): 어떤 목적을 지닌 행위에 의하여 드러나는 보람이나 좋은 결과.

41 發 (부 癶) 필 발
전쟁에서 승리하고 활(弓)과 창(殳)을 들고 걸어가는(癶) 군사들의 얼굴에 웃음꽃이 피다.

42 達 (부 辶) 통달할 달
목동이 양(羊) 떼를 이끌고 흙(土)이 가득한 초원을 천천히 가다가(辶) 수월하게 이끄는 방법을 통달했다.

주요 한자어
- 發達(발달): 신체, 정서, 지능 따위가 성장하거나 성숙함.

43 到 (부 刂) 이를 도
대장간에 칼(刂)을 들고 이르렀다(至).

주요 한자어
- 到達(도달): 목적한 곳이나 수준에 다다름.

44 才 (부 才) 재주 재
갈고리(亅) 하나(一)로 나무를 베는(丿) 재주가 있다.

주요 한자어
- 才能(재능): 일을 하는 데 필요한 재주와 능력.

15 宗 마루 종
부 宀

조상 신(示)에게 제사를 지내는 집(宀)은 첫째의 집인데, 첫째를 마루라고 한다.

*마루: 등성이를 이루는 지붕이나 산의 꼭대기.

주요 한자어
- 宗親(종친): 일가로서 유복친 안에는 들지 아니하는 일가붙이.

16 親 친할 친
부 見

나무(木) 위에 서서(立) 바라보듯(見) 늘 우리를 지켜보고 있는 친한 분들이 어버이다.

17 敎 가르칠 교
부 攵

잘못을 했을 때 손(又)에 회초리를 들고, 자식(子)을 쳐서(攵) 다스리는(乂) 것이 가르치는 것이다.

18 訓 가르칠 훈
부 言

냇물(川)이 순리대로 흐르는 것처럼 순리대로 살라고 말(言)로 가르쳤다.

주요 한자어
- 敎訓(교훈): 앞으로의 행동이나 생활에 지침이 될 만한 것을 가르침. 또는 그런 가르침.

19 設 베풀 설
부 言

장군의 말(言)에 목숨 걸고 창(殳)을 드는 이유는 그동안 장군이 많이 베풀었기 때문이다.

20 問 물을 문
부 口

입(口)은 말이 나오는 문(門)으로, 궁금한 것을 물을 수 있다.

주요 한자어
- 設問(설문): 조사를 하거나 통계 자료 따위를 얻기 위하여 어떤 주제에 대하여 문제를 내어 물음. 또는 그 문제.

21 淸 맑을 청
부 氵

흐르는 물(氵)이 푸른(靑)빛을 띠고 있어 깨끗하고 맑다.

22 算 셀 산
부 竹

대나무(竹) 조각을 갖춰(具) 놓고 하나씩 놓아 가며 셈을 한다.

주요 한자어
- 淸算(청산): 서로 간에 채무·채권 관계를 셈하여 깨끗이 해결함.

23 數 셈 수
부 攵

여자가 머리 위에 짐을 지고 나르는(婁) 것을 손가락으로 치면서(攵) 그 수를 세어 알려 준다.

주요 한자어
- 算數(산수): 수의 성질, 셈의 기초, 초보적인 기하 따위를 가르치던 학과목.

24 寸 마디 촌
부 寸

손목에서 맥박이 뛰는 곳까지(寸)를 가리켜서 한 '치'의 '마디'라고 한다.

25 相 서로 상
부 目

나무(木)를 사이에 두고 남녀가 눈(目)으로 서로를 바라본다.

26 談 말씀 담
부 言

화롯가(炎)에 둘러앉아 말씀(言)을 나눈다.

주요 한자어
- 相談(상담): 문제를 해결하거나 궁금증을 풀기 위하여 서로 의논함.
- 談話(담화): 서로 이야기를 주고받음.

27 黃 누를 황
부 黃

많은(廿) 범(寅)이 한곳에 모여 있으니 털빛 때문에 주변이 다 누렇다.

28 廣 넓을 광
부 广

대청마루가 있는 집(广)에 석양이 지면 누런빛(黃)이 넓게 퍼진다.

주요 한자어
- 廣告(광고): 세상에 널리 알림. 또는 그런 일.

29 場 마당 장
부 土

곡식을 말리기 좋게 볕(昜)이 잘 드는 땅(土)이 집의 앞마당이다.

주요 한자어
- 廣場(광장): 많은 사람이 모일 수 있게 거리에 만들어 놓은 넓은 빈터.

DAY 02

공부한 날: ____월 ____일

1. 恩 (부 心) 은혜 은
나로 인해(因) 고생하시는 부모님을 마음(心)속으로 생각하며 은혜를 갚아야겠다.

2. 惠 (부 心) 은혜 혜
열(十) 마디 말(曰)이 아닌 작은 것(ヽ) 하나(一)라도 베풀고자 하는 마음(心)이 은혜이다.
주요 한자어
• 恩惠(은혜): 고맙게 베풀어 주는 신세나 혜택.

3. 完 (부 宀) 완전할 완
국내에서 가장 으뜸(元)으로 인정받는 기술자가 집(宀)을 완전하게 수리했다.

4. 固 (부 囗) 굳을 고
옛날(古)부터 성을 성곽으로 에워싸고(囗), 적의 침입으로부터 굳게 지켰다.
주요 한자어
• 完固(완고): 완전하고 튼튼함.

5. 守 (부 宀) 지킬 수
아무리 작더라도(寸) 내 집(宀)에 있는 것은 소중히 지켜야 한다.
주요 한자어
• 固守(고수): 차지한 물건이나 형세 따위를 굳게 지킴.

6. 接 (부 扌) 이을 접
서(立) 있는 여자(女)의 손(扌)을 잡으려고 줄을 잇다.

7. 近 (부 辶) 가까울 근
도끼(斤)로 나무를 자르면 짧아지듯 가야(辶) 할 거리를 자르면, 거리는 가까워진다.
주요 한자어
• 接近(접근): 가까이 다가감.

8. 興 (부 臼) 일 흥
가마를 마주 들어(舁) 한 번에 같이(同) 일어난다.

9. 亡 (부 亠) 망할 망
사람이 머리(亠)만 내밀고 숨은(匸) 이유는 사업이 망했기 때문이다.
주요 한자어
• 興亡(흥망): 잘되어 일어남과 못되어 없어짐.

10. 統 (부 糸) 거느릴 통
군대의 장수는 작고(幺) 작은(小) 군사들을 채워(充) 함께 행동하며 거느린다.

11. 傳 (부 亻) 전할 전
오로지(專) 믿을 수 있는 사람(亻)에게만 중요한 물건을 전할 수 있다.
주요 한자어
• 傳統(전통): 어떤 집단이나 공동체에서, 지난 시대에 이미 이루어져 계통을 이루며 전하여 내려오는 사상·관습·행동 따위의 양식.

12. 治 (부 氵) 다스릴 치
태풍(台)이 북상하면 물(氵)이 제방을 넘지 않도록 잘 다스려야 한다.
주요 한자어
• 統治(통치): 나라나 지역을 도맡아 다스림.

13. 開 (부 門) 열 개
문(門)에 붙어 있는 빗장(一)을 두 손으로 받들어(廾) 올리니 문이 열린다.

14. 再 (부 冂) 두 재
울타리(冂) 안에 많은(十) 물건을 하나(一), 하나(一) 두 번 쌓았다.
주요 한자어
• 再開(재개): 어떤 활동이나 회의 따위를 한동안 중단했다가 다시 시작함.

DAY 01 복습 쪽지시험

[01~05] 다음 한자(漢字)의 음(音)은 무엇입니까?

01 約: ① 지 ② 유 ③ 약 ④ 편 ⑤ 규
02 過: ① 골 ② 과 ③ 거 ④ 멸 ⑤ 인
03 究: ① 구 ② 국 ③ 공 ④ 균 ⑤ 고
04 庭: ① 엄 ② 인 ③ 숙 ④ 진 ⑤ 정
05 序: ① 서 ② 섬 ③ 여 ④ 어 ⑤ 영

[06~10] 다음 음(音)을 가진 한자(漢字)는 무엇입니까?

06 무: ① 俗 ② 能 ③ 邑 ④ 武 ⑤ 展
07 봉: ① 步 ② 雲 ③ 奉 ④ 香 ⑤ 實
08 편: ① 便 ② 農 ③ 養 ④ 詩 ⑤ 童
09 도: ① 典 ② 都 ③ 命 ④ 村 ⑤ 指
10 곡: ① 由 ② 曲 ③ 幸 ④ 用 ⑤ 則

[11~15] 다음 한자(漢字)의 뜻은 무엇입니까?

11 次: ① 으뜸 ② 버금 ③ 방자하다
      ④ 맵시 ⑤ 가운데
12 族: ① 화살 ② 놓다 ③ 겨레
      ④ 모양 ⑤ 옷
13 慶: ① 사슴 ② 힘들다 ③ 잃다
      ④ 경사 ⑤ 무리
14 經: ① 맺다 ② 지나다 ③ 묶다
      ④ 물줄기 ⑤ 모으다
15 番: ① 차례 ② 씨뿌리다 ③ 분별하다
      ④ 짐승 ⑤ 사라지다

[16~19] 다음의 뜻을 가진 한자(漢字)는 무엇입니까?

16 구하다: ① 必 ② 充 ③ 消 ④ 求 ⑤ 花
17 별 : ① 京 ② 景 ③ 洋 ④ 性 ⑤ 間
18 모으다: ① 注 ② 集 ③ 夏 ④ 每 ⑤ 秋
19 처음 : ① 建 ② 業 ③ 商 ④ 初 ⑤ 等

[20~22] 다음 문장에서 한자어(漢字語)의 독음(讀音)은 무엇입니까?

20 이 일로 前例를 남기지 말자.
   ① 선례 ② 유례 ③ 전통
   ④ 전례 ⑤ 상례
21 복도에는 학기 말 고사 公告가 나붙었다.
   ① 공포 ② 공시 ③ 반포
   ④ 공지 ⑤ 공고
22 곧 전쟁이 난다는 所聞이 온 마을에 퍼졌다.
   ① 소문 ② 소식 ③ 풍문
   ④ 항설 ⑤ 정설

[23~25] 다음 문장에서 밑줄 친 단어(單語)를 한자(漢字)로 바르게 쓴 것은 어느 것입니까?

23 기술 개발 **경쟁**이 뜨겁다.
   ① 警爭 ② 競錚 ③ 競爭
   ④ 景爭 ⑤ 經爭
24 그 작전은 국가의 **안보**에 지대한 영향을 미칠 수 있다.
   ① 安保 ② 安步 ③ 安寶
   ④ 雁報 ⑤ 安普
25 쉽고 편리한 방법을 **고안**해 내다.
   ① 考案 ② 苦鞍 ③ 苦顔
   ④ 孤雁 ⑤ 高岸

정답
01 ③ 02 ② 03 ① 04 ⑤ 05 ① 06 ④ 07 ③ 08 ① 09 ② 10 ② 11 ② 12 ③ 13 ④ 14 ② 15 ①
16 ④ 17 ② 18 ② 19 ④ 20 ④ 21 ⑤ 22 ① 23 ③ 24 ① 25 ①

293

부 口

君
임금 군

많은 백성들을 잘 **다스리기**(尹) 위해 신에게 **입**(口)으로 기도하는 분이 임금이다.

294

부 口

命
목숨 명

임금의 **명령**(令)이면 거둘 수 있는 것이 **사람**(口)의 목숨이다.

295

부 非

非
아닐 비

새가 좌우로 날개를 펼친 모습(非)을 본뜬 상형 문자로, 날지 못하면 새가 아니라는 뜻이 있다.

296

부 夕

多
많을 다

우리에게 찾아오는 **저녁**(夕)은 오늘 **저녁**(夕)만 있는 것이 아니라 무수히 많다.

297

부 心

慶
경사 경

귀한 **사슴**(鹿)을 갈고리(亅)로 잡아, 조금도 **머뭇거림**(夂) 없이 축하하는 **마음**(心)으로 건넬 때는 경사스러운 일이 있는 것이다.

298

부 干

平
평평할 평

방패(干)를 세워 세로로 **나눴을**(八) 때의 단면은 평평하다.

주요 한자어
• 平和(평화): 평온하고 화목함.

299

부 竹

等
무리 등

절(寺)에 보관되어 있는 책은 **대나무**(竹)로 만든 것으로, 같은 내용이 무리를 이루고 있다.

주요 한자어
• 平等(평등): 권리, 의무, 자격 등이 차별 없이 고르고 한결같음.

300

부 口

和
화할 화

벼(禾)에서 나온 쌀을 누구나 마음껏 **입**(口)에 넣고 먹을 수 있다면, 세상의 분위기는 화목할 것이다.

277 形 모양 형
부 彡
방패(干) 두 개가 무늬(彡)와 모양이 같다.

주요 한자어
- 字形(자형): 글자의 모양.

278 林 수풀 림
부 木
많은 나무(木)들이 꽉 들어찬 것이 수풀이다.

279 野 들 야
부 里
마을(里)을 조금만 벗어나면 내가(予) 자주 가는 산 아래 푸른 들판이 있다.

주요 한자어
- 林野(임야): 숲과 들을 아울러 이르는 말.

280 都 도읍 도
부 阝
사람(者)들이 많이 모여 사는 마을(阝)이 도읍이다.

주요 한자어
- 都城(도성): 임금이나 황제가 있던 도읍지가 성으로 이루어져 있었다는 데서, '서울'을 이르던 말.

281 城 재/성 성
부 土
적군으로부터 백성을 지키기 위한 목표를 이루기(成) 위해 흙(土)으로 높은 장벽을 쌓아 만든 것이 성이고, 재(높은 산의 고개)의 모습과 비슷하다.

282 每 매양 매
부 母
어린 사람(人)은 어머니(母)의 젖을 매양 먹는다.

*매양: 번번이

283 海 바다 해
부 氵
매일(每) 한결같은 모습을 하고 있는 물(氵)이 바다이다.

주요 한자어
- 海洋(해양): 넓고 큰 바다.

284 秋 가을 추
부 禾
논에 벼(禾)가 불(火)이 난 것처럼 누렇게 물들어 있을 때가 가을이다.

285 俗 풍속 속
부 亻
골짜기(谷)에서 살고 있는 사람(亻)들은 옛날부터 전해 오는 풍속을 지킨다.

주요 한자어
- 風俗(풍속): 옛날부터 그 사회에 전해 오는 생활 전반에 걸친 습관 따위를 이르는 말.

286 銀 은 은
부 金
금속 중에서 가장 비싼 금(金) 앞에 머물러(艮) 있는 금속이 은이다.

287 武 굳셀/호반 무
부 止
주살(弋) 하나(一)로 병란을 굳세게 막아 그치게(止) 한 공으로 받은 벼슬이 호반이다.

*호반: 무관의 반열.

288 帝 임금 제
부 巾
하늘에 제사 지낼 때 제수를 올려 놓는 제사상의 모양(帝)을 본뜬 상형 문자이다.
재물(巾) 욕심은 덮고(冖) 권위를 더욱 세우려는(立) 사람이 임금이다.

289 序 차례 서
부 广
어느 장소(广)에 들어갈 때는 나(予)부터 차례를 지켜야 한다.

주요 한자어
- 序列(서열): 일정한 기준에 따라 순서대로 늘어섬. 또는 그 순서.

290 草 풀 초
부 艹
일찍이(早) 넓은 초원에 자라난 것들이 풀(艹)이다.

291 加 더할 가
부 力
누군가가 입(口)으로 하는 말에 힘(力)을 보태려면 여러 사람의 말을 더해야 한다.

292 熱 더울 열
부 灬
언덕(坴) 위에서 새알(丸)을 삶기 위해 불(灬)을 피우니 주변이 덥다.

주요 한자어
- 加熱(가열): 어떤 물질에 열을 가함.

263 校 학교 교 (부 木)
나무(木)가 자라는 것처럼 아이들이 사귐(交)을 통해 자라는 곳이 학교이다.
주요 한자어
- 學校(학교): 일정한 목적·교과 과정·설비·제도·법규에 의하여 계속적으로 학생에게 교육을 실시하는 기관.

264 庭 뜰 정 (부 广)
임금이 살고 있는 대궐(广) 안, 조정(廷)으로 가는 길에 작은 뜰이 있다.
*조정: 임금이 나라의 정치를 신하들과 의논하거나 집행하는 일. 또는 그런 기구.
주요 한자어
- 校庭(교정): 학교의 마당이나 운동장.

265 種 씨 종 (부 禾)
벼(禾)농사에 사용될 씨앗은 물에 넣어 가라앉는 무거운(重) 씨앗만 사용한다.

266 族 겨레 족 (부 方)
사방팔방(方)을 다녀 봐도 화살(矢)을 잘 쏘는 사람(人)은 우리 겨레이다.
주요 한자어
- 民族(민족): 일정한 지역에서 오랜 세월 동안 공동생활을 하면서 언어와 문화상의 공통성에 기초하여 역사적으로 형성된 사회 집단.

267 半 반 반 (부 十)
사람(人)이 물건을 두(二) 개로 공평하게 나누기(丨) 위해서는 절반으로 한다.
주요 한자어
- 半島(반도): 삼면이 바다로 둘러싸이고 한 면은 육지에 이어진 땅.

268 島 섬 도 (부 山)
새(鳥)들이 날개를 쉬기 위해 가는 낮은 산(山)이 섬이다.

269 鳥 새 조 (부 鳥)
꼬리가 긴 새의 모양(鳥)을 본뜬 상형 문자이다.

270 耳 귀 이 (부 耳)
귀의 모양(耳)을 본뜬 상형 문자이다.

271 典 법 전 (부 八)
책을 제사상에 받쳐 놓은 모양(典)을 본뜬 상형 문자이다.
주요 한자어
- 法典(법전): 국가가 제정한 통일적·체계적인 성문 법규집.

272 竹 대나무 죽 (부 竹)
대나무의 줄기와 잎 모양(竹)을 본뜬 상형 문자이다.

273 答 대답할 답 (부 竹)
종이가 없던 시절에는 대나무(𥫗)를 한데 합하여(合) 편지 내용에 맞게 대답을 했다.

274 案 책상 안 (부 木)
나무(木)로 단단히 만들어서, 안정되고 편안하게(安) 책을 볼 수 있게 해 주는 것이 책상이다.
주요 한자어
- 答案(답안): 문제의 해답. 또는 그 해답을 쓴 것.

275 考 생각할 고 (부 耂)
늙은(耂) 장인이 만든 물건을 보면, 공교하게(丂) 만들기 위해 여러 번 생각한 것이 느껴진다.
*공교하다: 솜씨나 꾀가 재치가 있고 교묘함.
주요 한자어
- 考案(고안): 연구하여 새로운 안을 생각해 냄. 또는 그 안.

276 字 글자 자 (부 子)
집(宀) 안에 자녀(子)가 계속 생겨나는 것처럼, 살면서 계속 만들어지는 것이 글자이다.
주요 한자어
- 漢字(한자): 고대 중국에서 만들어져서 오늘날에도 쓰이고 있는 표의 문자.

248 注 물 댈/부을 주
벼농사에서 가장 **주된**(主) 것은 물(氵)이기 때문에 물이 부족하지 않도록 논에 물을 부어야 한다.

주요 한자어
- 注目(주목): 관심을 가지고 주의 깊게 살핌.

249 意 뜻 의
성현의 **소리**(音)를 듣고 **마음**(心) 속에 새롭게 뜻을 품었다.

250 圖 그림 도
중심지(回)가 아닌 **머리**(亠) 꼭대기 **변방**(口)까지 넣어 **지도**(囗)를 그림으로 만들었다.

주요 한자어
- 意圖(의도): 무엇을 하고자 하는 생각이나 계획.
- 圖工(도공): 그림 그리기와 물건 만들기를 아울러 이르는 말.

251 畫 그림 화
붓(聿)으로 **밭**(田) 하나를 도화지에 **그린**(一) 그림이다.

주요 한자어
- 圖畫紙(도화지): 그림을 그리는 데 쓰는 종이.
- 畫家(화가): 그림 그리는 것을 직업으로 하는 사람.

252 展 펼 전
집(尸)에서 **많은**(卄) **옷**(衣)을 말리기 위해 펼쳐 놨다.

주요 한자어
- 展示(전시): 여러 가지 물품을 한곳에 벌여 놓고 보임.

253  지날 경
실(糸)처럼 가는 **물줄기**(巠)가 개천을 지나고 있다.

254 度 법도 도
집(广)에 **많은**(卄) 사람들이 모여 의논을 할 때는 한 번이 아니라 **또**(又)다시 헤아려 보는 것이 법도이다.

주요 한자어
- 法度(법도): 생활상의 예법과 제도를 아울러 이르는 말.
- 經度(경도): 지구 위의 위치를 나타내는 좌표축 중에서 세로로 된 것.

255 集 모을 집
나무(木) 위에 **새**(隹)들이 모여 있다.

256 計 셀 계
말(言)로 **열**(十)씩 묶어 '10, 20, 30'과 같이 수를 센다.

주요 한자어
- 集計(집계): 이미 된 계산들을 한데 모아서 계산함.

257 記 기록할 기
몸(己)을 낮춰 왕의 **말**(言)을 기록한다.

258 夏 여름 하
머리(頁) 위로 해가 **천천히**(夊) 지나는 계절은 여름이다.

259 겨울 동
얼음(冫)이 아주 **천천히**(夂) 녹는 계절은 겨울이다.

260 學 배울 학
아이(子)들이 **책상**(冖)에 앉아 양손(臼)에 책을 들고 **본받아**(爻) 깨우치며 배우다.

261 연구할 구
굽은 길을 더듬어 **구멍**(穴) 속 깊이 **아홉**(九) 번이나 들어가 그곳의 생태계를 연구하다.

262 服 옷 복
몸(月)을 잘 다스리고 보호하기 위해 입는 것이 **옷**(服)이다.

233 農 농사 농 (부 辰)
새벽(辰)부터 밭에 나가 허리가 굽을(曲) 정도로 해야 하는 일이 농사이다.

주요 한자어
- 農村(농촌): 주민의 대부분이 농업에 종사하는 마을이나 지역.

234 養 기를 양 (부 食)
양(羊)은 풀을 먹여(食) 기른다.

주요 한자어
- 養育(양육): 아이를 보살펴서 자라게 함.

235 育 기를 육 (부 月)
아이(子)의 몸(月)이 거꾸로 선 모양(育)을 본뜬 상형 문자로, 아이를 낳아 기른다는 뜻이 있다.

주요 한자어
- 育成(육성): 길러 자라게 함.

236 洋 큰 바다 양 (부 氵)
양 떼(羊)가 몰려오는 것처럼 출렁이는 물결(氵)이 있는 곳이 큰 바다이다.

237 藥 약 약 (부 艹)
먹으면 몸이 좋아져 즐겨(樂) 먹는 풀(艹)이 약초이다.

주요 한자어
- 洋藥(양약): 서양 의술로 만든 약.

238 指 손가락/가리킬 지 (부 扌)
본인의 뜻(旨)을 알리기 위해 손(扌)의 뾰족한 손가락을 이용해 가리킨다.

239 便 편할 편, 똥오줌 변 (부 亻)
사람(亻)이 물건을 다시(更) 고치는 것은 더 편하기 위해서다.

240 安 편안할 안 (부 宀)
집(宀)에서 자고 있는 여자(女)는 편안하다.

주요 한자어
- 便安(편안): 편하고 걱정 없이 좋음.

241 保 지킬 보 (부 亻)
강보에 싸인 어린아이를 곁에서 엄마(亻)가 지키고(呆) 있다.

주요 한자어
- 安保(안보): 편안히 보전됨.

242 先 먼저 선 (부 儿)
새벽에 밭을 갈기 위해 사람(儿)이 소(牛)를 끌고 먼저 나선다.

243 約 맺을 약 (부 糸)
나의 작은(幺) 새끼손가락과 상대의 작은(小) 새끼손가락을 걸고 감싸서(勹) 엄지로 도장(丶)을 찍으면서 약속을 맺다.

주요 한자어
- 先約(선약): 먼저 약속함. 또는 그런 약속.
- 約束(약속): 다른 사람과 앞으로의 일을 어떻게 할 것인가를 미리 정하여 둠. 또는 그렇게 정한 내용.

244 紙 종이 지 (부 糸)
성씨(氏)를 실(糸)로 엮은 천에 기록했는데, 그 천은 지금의 종이와 같다.

주요 한자어
- 便紙(편지): 안부, 소식, 용무 따위를 적어 보내는 글.

245 京 서울 경 (부 亠)
작고(小) 볼품없는 사람이 높은(高) 사람이 되고자 올라온 곳이 서울이다.

246 景 볕 경 (부 日)
서울(京)은 해(日)에서 나오는 볕이 강렬하다.

주요 한자어
- 景致(경치): 산이나 들, 강, 바다 따위의 자연이나 지역의 모습.

247 住 살 주 (부 亻)
아랫사람(亻)은 주인(主)을 보좌하면서 산다.

주요 한자어
- 住所(주소): 실질적인 생활의 근거가 되는 장소.

218
線 줄 선
부 糸

가느다란 **실(糸)**처럼 **샘물(泉)**이 흐른다.

219
過 지날/허물 과
부 辶

급한 마음에 지도를 **삐뚤게(咼)** 들고 **가면(辶)** 길을 지나칠 수 있다.

220
去 갈 거
부 厶

해는 **구름(厶)**에 가려져도 햇빛은 구름을 **뚫고(丨)** 간다.

주요 한자어
- 過去(과거): 이미 지나간 때.

221
消 사라질 소
부 氵

몸(月)에 떨어진 **작은(小)** 물방울(氵)은 금세 말라 사라진다.

주요 한자어
- 消去(소거): 글자나 그림 따위가 지워짐. 또는 그것을 지워 없앰.

222
時 때 시
부 日

절(寺)에서는 **해(日)**가 뜨고 지는 자연의 규칙에 따라 시간의 때를 알았다.

223
間 사이 간
부 門

해(日)가 발하는 빛이 오른쪽 문(丨門)과 왼쪽 문 사이로 들어온다.

주요 한자어
- 時間(시간): 어떤 시각에서 어떤 시각까지의 사이.

224
里 마을 리
부 里

밭(田)이 있고 **토지(土)**가 있어, 사람들이 집을 짓고 사는 곳이 마을이다.

225
童 아이 동
부 立

마을(里) 입구에 **서서(立)** 놀고 있는 이가 아이들이다.

주요 한자어
- 兒童(아동): 나이가 적은 아이.

226
詩 시 시
부 言

절(寺)에서 외는 불경처럼 자신이 하고자 하는 **말(言)**을 함축하여 나타낸 것이 시이다.

주요 한자어
- 童詩(동시): 주로 어린이를 독자로 예상하고 어린이의 정서를 읊은 시.

227
活 살 활
부 氵

사람은 **혀(舌)**에 **물기(氵)**가 있어야 살 수 있다.

228
性 성품 성
부 忄

사람이 이 세상에 **나서(生)** 갖는 고유의 **마음(忄)**이나 됨됨이가 성품이다.

주요 한자어
- 性品(성품): 사람의 성질이나 됨됨이.

229
化 될 화
부 匕

서 있는 **사람(亻)**이 **앉게(匕)** 되면 다른 모습이 된다.

주요 한자어
- 變化(변화): 사물의 성질, 모양, 상태 따위가 바뀌어 달라짐.
- 活性化(활성화): 사회나 조직 등의 기능이 활발함. 또는 그러한 기능을 활발하게 함.

230
花 꽃 화
부 艹

풀(艹)이 변해서 **된(化)** 것이 꽃이다.

231
江 강 강
부 氵

여기저기에서 흘러 들어온 **물(氵)**이 모여서 **만들어진(工)** 것이 강이다.

232
村 마을 촌
부 木

나무(木)로 **작은(寸)** 집을 짓고 사는 사람들이 모여 만들어진 곳이 마을이다.

주요 한자어
- 江村(강촌): 강가에 있는 마을.

203 決 결단할 결 — 부 氵
수로를 놓을 때 어느 쪽으로 물(氵)길을 터놓을지(夬) 결단이 필요하다.

204 定 정할 정 — 부 宀
집안(宀)의 기강이 무너지지 않고 바르게(正) 서기 위해서는 규칙을 잘 정해야 한다.
주요 한자어
• 決定(결정): 행동이나 태도를 분명하게 정함.

205 要 구할/요긴할 요 — 부 襾
조선 시대에는 여자(女)가 외출하려면 얼굴을 덮는(襾) 쓰개치마를 구해야 했고, 자신의 신분을 감추는 데 요긴하게 사용했다.

206 求 구할 구 — 부 水
사막에서는 물(水) 한(一) 방울(丶)도 구하기 어렵다.
주요 한자어
• 要求(요구): 받아야 할 것을 필요에 의하여 달라고 청함.
• 求愛(구애): 이성에게 사랑을 구함.

207 必 반드시 필 — 부 心
마음(心)에 금(丿)이 가면 반드시 떠나간다.
주요 한자어
• 必勝(필승): 반드시 이김.

208 死 죽을 사 — 부 歹
비수(匕)에 맞은 사람이 오래 방치되면 뼈만 앙상하게(歹) 남아 죽는다.

209 充 채울 충 — 부 儿
엄마가 아이를 배 속에 담고 있는 모양(充)을 본뜬 문자이다.

210 實 열매 실 — 부 宀
집(宀) 안에 잘 꿰어(貫) 놓은 구슬이 많은 것은 노력의 열매이다.
주요 한자어
• 充實(충실): 내용이 알차고 단단함.

211 技 재주 기 — 부 扌
물구나무를 서서 오랫동안 손(扌)으로 지탱하는(支) 재주가 있다.
주요 한자어
• 實技(실기): 실제의 기능이나 기술.
• 技術(기술): 과학 이론을 실제로 적용하여 사물을 인간 생활에 유용하도록 가공하는 수단.

212 基 터 기 — 부 土
저 너머 그(其) 땅(土)은 옛 궁궐 터이다.

213 地 땅 지 — 부 土
갈고리(乚)를 가지고 힘껏(力) 흙(土)을 파헤쳐 땅을 일구다.
주요 한자어
• 基地(기지): 군대, 탐험대 따위의 활동의 기점이 되는 근거지.

214 番 차례 번 — 부 田
밭(田)에 곡식을 심을 때는 종류별·시기별로 구분하여(釆) 차례로 해야 한다.
주요 한자어
• 地番(지번): 토지의 일정한 구획을 표시한 번호.
• 番號(번호): 차례를 나타내거나 식별하기 위해 붙이는 숫자.

215 競 다툴 경 — 부 立
두 사람(儿)이 서로 마주 보고 서서(立) 말(口)로 다투고 있다.

216 爭 다툴 쟁 — 부 爪
손톱(爪)을 드러내고 손(又)에 갈고리(亅)를 들고 다투다.
주요 한자어
• 競爭(경쟁): 같은 목적에 대하여 이기거나 앞서려고 서로 겨룸.

217 戰 싸움 전 — 부 戈
군사는 전쟁 중에 홀로(單) 남겨져도 창(戈)을 들고 끝까지 싸운다.
주요 한자어
• 戰爭(전쟁): 국가와 국가, 또는 교전 단체 사이에 무력을 사용하여 싸움.

188
美
부 羊
아름다울 미

크고(大) 살찐 양(羊)은 아름답다.

주요 한자어
- 美德(미덕): 아름답고 갸륵한 덕행.

189
步
부 止
걸음 보

나이가 적은(少) 어린아이는 앞으로 가다 멈추고(止) 또 앞으로 가고 하면서 걸음을 배운다.

190
道
부 辶
길 도

우두머리(首)가 가는(辶) 곳이 길이 된다.

주요 한자어
- 步道(보도): 보행자의 통행에 사용하도록 된 도로.

191
品
부 口
물건 품

물건을 많이 쌓아 올린 모양(品)을 본뜬 상형 문자이다.

192
質
부 貝
바탕 질

금도끼(斤), 은도끼(斤) 모두 내 재물(貝)을 늘리는 바탕이 된다.

주요 한자어
- 品質(품질): 물건의 성질과 바탕.
- 物質(물질): 물체의 본바탕.

193
香
부 香
향기 향

햇볕(日)을 잘 받은 벼(禾)는 향기가 난다.

194
氣
부 气
기운 기

쌀(米)로 밥을 지을 때 김(气)이 올라오면 따뜻한 밥의 기운이 느껴진다.

주요 한자어
- 香氣(향기): 꽃, 향, 향수 따위에서 나는 좋은 냄새.

195
習
부 羽
익힐 습

하얀(白) 솜털을 가진 어린 새가 날갯짓(羽)하며 나는 방법을 익힌다.

주요 한자어
- 氣習(기습): 집단이나 개인에게서 특징적으로 보이는 습성이나 습관.

196
聞
부 耳
들을 문

귀(耳)는 소리가 들어가는 문(門)으로, 귀를 통해 주변 소리를 들을 수 있다.

197
所
부 斤
바 소

도끼(斤)로 나무를 베면 누군가는 땔감으로, 누군가는 집(戶)을 짓기 위한 건축재로 사용하는데, 이는 생각하는 바가 다르기 때문이다.

주요 한자어
- 所聞(소문): 사람들 입에 오르내려 전하여 들리는 말.

198
信
부 亻
믿을 신

다른 사람(亻)과 말(言)을 할 때는 그 말에 믿음을 주어야 한다.

주요 한자어
- 所信(소신): 굳게 믿고 있는 바. 또는 생각하는 바.

199
奉
부 大
받들 봉

큰(大) 성인 둘(二)에서 귀한 물건을 나르기 위해 손(扌)으로 받든다.

주요 한자어
- 信奉(신봉): 사상이나 학설, 교리 따위를 옳다고 믿고 받듦.
- 奉仕(봉사): 국가나 사회 또는 남을 위하여 자신을 돌보지 아니하고 힘을 바쳐 애씀.

200
電
부 雨
번개 전

밭(田)에서 일을 하고 있는데, 비(雨)가 오면서 번개가 쳤다.

201
話
부 言
말씀 화

세 치의 혀(舌)를 움직이면서 말씀(言)하신다.

주요 한자어
- 電話(전화): 전화기를 이용하여 말을 주고받음.
- 對話(대화): 마주 대하여 이야기를 주고받음. 또는 그 이야기.

202
神
부 示
귀신 신

밭(田)에서 무언가 뚫고(丨) 올라가는 것이 보였는데(示), 그것은 귀신이었다.

주요 한자어
- 神話(신화): 고대인의 사유나 표상이 반영된 신성한 이야기.

173
情 뜻 정 〔부〕忄

푸릇한(青) 청춘들은 마음(忄)속 깊은 곳부터 뜻을 가져야 한다.

174
雲 구름 운 〔부〕雨

많은 수증기가 하늘에 이르러(云) 비(雨)를 만드는 구름이 되었다.

주요 한자어
- 青雲(청운): 푸른 빛깔의 구름.

175
前 앞 전 〔부〕刂

나아가지(月) 못하게 묶은 줄을 칼(刂)로 자르니 멈춰(止) 있던 배(舟)가 앞으로 간다.

176
例 법식 례 〔부〕亻

사람(亻)들이 모였을 때는 줄지어(列) 차례를 지키는 것이 법식이다.

주요 한자어
- 前例(전례): 이전부터 있었던 사례.

177
比 견줄 비 〔부〕比

두 사람이 나란히 앉아 있는 모양(比)을 본뜬 상형 문자로, 둘의 모습에 어떤 차이가 있는지 견준다는 뜻이 있다.

주요 한자어
- 比例(비례): 한쪽의 양이나 수가 증가하는 만큼 그와 관련 있는 다른 쪽도 증가함.

178
後 뒤 후 〔부〕彳

사람들(彳) 중에서 키가 작은(幺) 사람이 천천히(夂) 걷기까지 하면 뒤로 처진다.

주요 한자어
- 午後(오후): 정오부터 해가 질 때까지의 동안.

179
明 밝을 명 〔부〕日

아침에는 해(日)가, 저녁에는 달(月)이 세상을 밝게 한다.

180
朝 아침 조 〔부〕月

달(月)이 지고 해(日)가 많이(十) 비추는 시간이 아침이다.

주요 한자어
- 明朝(명조): 중국 명나라의 조정.

181
公 공평할 공 〔부〕八

사사로운(厶) 것을 나눌(八) 때도 한쪽으로 치우치지 말고 공평해야 한다.

182
告 알릴 고 〔부〕口

소(牛)를 잡아 신에게 제사를 드리며 원하는 것을 입(口)으로 알린다.

주요 한자어
- 公告(공고): 세상에 널리 알림.
- 申告(신고): 국민이 법령의 규정에 따라 행정 관청에 일정한 사실을 진술·보고함.

183
共 함께/한가지 공 〔부〕八

한(一) 장소에서 스무(卄) 명의 사람이 둘로 나누어(八) 시합을 하는데, 이들이 함께 원하는 것은 단 한 가지 오직 승리이다.

주요 한자어
- 公共(공공): 국가나 사회의 구성원에게 두루 관계되는 것.

184
放 놓을 방 〔부〕攵

적을 치기(攵) 위해 사방(方)으로 덫을 놓는다.

185
出 날 출 〔부〕凵

작은 그릇(凵)에 심어 놨던 씨앗이 자라서 싹(屮)이 났다.

주요 한자어
- 放出(방출): 비축하여 놓은 것을 내놓음.

186
血 피 혈 〔부〕血

짐승의 목을 베고(丿) 그 밑에 그릇(皿)을 받쳐 피를 받는다.

주요 한자어
- 出血(출혈): 피가 혈관 밖으로 나옴. 또는 희생이나 손실을 비유적으로 이르는 말.
- 血氣(혈기): 피의 기운이라는 뜻으로, 힘을 쓰고 활동하게 하는 원기를 이르는 말.

187
反 돌이킬 반 〔부〕又

손(又) 위를 덮어(厂) 일을 하지 못하게 하고, 원래 상태로 돌이키고자 하였다.

주요 한자어
- 反對(반대): 두 사물이 모양, 위치, 방향, 순서 따위에서 등지거나 서로 맞섬.

158 政 정사 정
부수: 攵

부정한 것을 치고(攵) 바르게(正) 세상을 다스리는 일이 정사이다.

주요 한자어
- 國政(국정): 나라의 정치.
- 政府(정부): 입법, 사법, 행정의 삼권을 포함하는 통치 기구를 통틀어 이르는 말.

159 正 바를 정
부수: 止

막대(丨)를 아래(下)로 내려 보나 위(上)로 올려 보나 굽은 데가 없이 바르다.

160 直 곧을 직
부수: 目

내가 하는 일을 많은(十) 눈(目)이 지켜보더라도, 두려움을 감추고(匚) 끝까지 하는 것이 곧은 것이다.

주요 한자어
- 正直(정직): 마음에 거짓이나 꾸밈이 없이 바르고 곧음.
- 垂直(수직): 똑바로 드리우는 상태.

161 素 본디/흴 소
부수: 糸

알록달록 예쁜(丰) 실(糸)은 본디 색이 희다.

162 材 재목 재
부수: 木

버려진 나무(木)에 재주(才)를 부리니 재목이 되었다.

주요 한자어
- 素材(소재): 어떤 것을 만드는 데 바탕이 되는 재료.

163 料 헤아릴 료
부수: 斗

쌀(米)을 자루에 담을 때는 한 말(斗)씩 그 수를 헤아려 담는다.

주요 한자어
- 材料(재료): 물건을 만드는 데 들어가는 감.

164 物 물건 물
부수: 牛

농경 사회에서 소(牛)는 없어서는 안 될(勿) 물건이다.

165 財 재물 재
부수: 貝

재주(才)가 좋은 사람은 그 재주로 많은 재물(貝)을 얻는다.

주요 한자어
- 財物(재물): 돈이나 그 밖의 값나가는 모든 물건.

166 界 지경 계
부수: 田

밭(田)과 밭 사이에 끼어(介) 있는 길은 양쪽을 구분하는 지경이다.

주요 한자어
- 財界(재계): 대자본을 지닌 실업가나 금융업자의 활동 분야.

167 病 병 병
부수: 疒

몸이 안 좋을 때는 바이러스 하나(一)가 몸 안(內)으로 들어와도 병(疒)에 걸린다.

168 室 집 실
부수: 宀

사람이 이르러(至) 사는 지붕(宀)이 있는 곳이 집이다.

주요 한자어
- 病室(병실): 병을 치료하기 위하여 환자가 거처하는 방.

169 醫 의원 의
부수: 酉

활과 창(殳)에 다친 사람에게 술(酉)을 부어 소독하고 치료하는 이가 의원(医)이다.

170 師 스승 사
부수: 巾

학생을 올바르게 인솔하고 통솔하는(帥) 한(一) 사람은 스승이다.

주요 한자어
- 醫師(의사): 일정한 자격을 가지고 병을 고치는 것을 직업으로 하는 사람.
- 師父(사부): '스승'을 높여 이르는 말.

171 友 벗 우
부수: 又

어떤 상황에서도 손(又)과 손(又)을 맞잡아 줄 수 있는 사이가 벗이다.

주요 한자어
- 友情(우정): 친구 사이의 정.

172 靑 푸를 청
부수: 青

붉은(丹) 돌 사이로 돋은 예쁜(丰) 새싹이 푸르다.

142 季 계절 계
부 子
아이(子)들은 벼(禾)가 자라는 모습에서 계절을 느낄 수 있다.
주요 한자어
- 四季(사계): 봄·여름·가을·겨울의 네 철.

143 五 다섯 오
부 二
하나에서 넷까지 선을 늘려 썼으나 하나를 더 추가해 '다섯'이 되었다.

144 六 여섯 륙
부 八
두 손의 세 손가락을 아래로 편 모양(六)을 나타내어, '여섯'을 뜻하는 글자이다.

145 七 일곱 칠
부 一
다섯 손가락을 위로 펴고 나머지 손의 두 손가락을 옆으로 편 모양(七)을 나타내어, '일곱'을 뜻하는 글자이다.

146 八 여덟 팔
부 八
네 손가락씩 두 손을 편 모양(八)을 나타내어, '여덟'을 뜻하는 글자이다.

147 九 아홉 구
부 乙
다섯 손가락을 위로 펴고 나머지 손의 네 손가락을 옆으로 편 모양(九)을 나타내어, '아홉'을 뜻하는 글자이다.

148 十 열 십
부 十
두 손을 엇갈리게 하여 합친 모양(十)을 나타내어, '열'을 뜻하는 글자이다.

149 百 일백 백
부 白
흰색(白)은 아무리 많이 하나(一)로 모아도 흰색이기 때문에 전부라는 의미의 일백이 되었다.

150 千 일천 천
부 十
많은 사람(亻)들이 한(一) 장소에 모여 일천 명이 되었다.

151 始 비로소/처음 시
부 女
태아(台)를 가진 여자(女)가 비로소 엄마가 되었다.

152 作 지을 작
부 亻
사람(亻)은 잠깐(乍) 사이에 밥을 지을 수 있다.
주요 한자어
- 始作(시작): 어떤 일이나 행동의 처음 단계를 이루거나 그렇게 하게 함.
- 造作(조작): 어떤 일을 사실인 듯이 꾸며 만듦.

153 止 그칠 지
부 止
사람 발자국의 모양(止)을 보고 본뜬 상형 문자로, 움직임을 그치고 그 자리에 멈춰 있다는 뜻이다.

154 齒 이 치
부 齒
위 턱은 멈춰(止) 있고 아래 턱(凵)이 움직이면서(人) 마주치는 것(一)이 이이다.
주요 한자어
- 齒牙(치아): 이를 점잖게 이르는 말.

155 兩 두 량
부 入
저울추 두 개가 나란히 매달려 있는 모양(兩)을 본뜬 상형 문자이다.

156 祖 할아버지/조상 조
부 示
고기를 수북하게 쌓은 그릇(且)을 놓고 반복해서 제사 지내는 신(示)이 조상이다.

157 國 나라 국
부 口
사람(口)들이 창(戈)을 가지고 한(一)곳에 모여서 지키고자 하는 영역(囗)이 바로 우리나라이다.
주요 한자어
- 祖國(조국): 자기의 국적이 속하여 있는 나라.

110 北 (북녘 북) 부 比
사람이 서로 등지고 있는 모양(北)을 본뜬 상형 문자이다.

111 內 (안 내) 부 入
물줄기가 들어온(入) 곳은 울타리(冂) 안이다.

112 容 (얼굴 용) 부 宀
산골짜기(谷)에 있는 집(宀)에서는 자연의 변화무쌍함을 볼 수 있는데, 사람에게도 그 변화무쌍함이 나타나는 것이 얼굴이다.

주요 한자어
- 內容(내용): 사물의 속내를 이루는 것.

113 外 (바깥 외) 부 夕
점(卜)을 아침이 아닌 저녁(夕)에 보는 것은 관례에 어긋나기 때문에 몰래 바깥에서 쳤다.

114 科 (과목 과) 부 禾
벼(禾)를 한 말(斗)씩 그 양을 헤아려 세부적으로 나눠 놓은 것이 과목이다.

주요 한자어
- 外科(외과): 몸 외부의 상처나 내장 기관의 질병을 수술이나 그와 비슷한 방법으로 치료하는 의학 분야.

115 白 (흰 백) 부 白
해(日)에서 비추는 광선(丿)의 색은 희다.

116 色 (빛 색) 부 色
칼(刀)로 뱀의 꼬리(巴)를 자르면, 분명 붉은빛이 보일 것이다.

주요 한자어
- 白色(백색): 눈이나 우유의 빛깔과 같이 밝고 선명한 색.

117 古 (예 고) 부 口
열(十) 사람의 입(口)으로 전달된 내용은 이미 옛날 이야기이다.

118 故 (연고/까닭 고) 부 攵
옛날(古)부터 부모님이 잘못을 저지른 자식에게 회초리를 쳤던(攵) 것에는 다 연고(까닭)가 있었다.

119 小 (작을 소) 부 小
갈고리(亅)를 이용해서 한 개의 물건을 두 개로 나눴더니(八) 그 물건의 크기가 작아졌다.

120 少 (적을/젊을 소) 부 小
작은(小) 물체 두 개 중 하나를 칼로 베듯이(丿) 막대로 쳐내니, 하나가 사라져 그 수량이 적어졌다.

121 單 (홀 단) 부 口
많은 식구(口)들을 먹여 살리기 위해 많은(十) 날을 밭(田)에 나가 홀로 열심히 일한다.

122 位 (자리 위) 부 亻
왕이 나타나면 사람(亻)들이 양 옆으로 서서(立) 자리를 잡는다.

주요 한자어
- 單位(단위): 하나의 조직 따위를 구성하는 기본적인 한 덩어리.

123 方 (모 방) 부 方
양쪽에 손잡이가 달린 쟁기의 모양(方)을 본뜬 상형 문자로, 모(귀퉁이, 네모)라는 뜻이다.

주요 한자어
- 方位(방위): 공간의 어떤 점이나 방향이 한 기준의 방향에 대하여 나타내는 어떠한 쪽의 위치.

124 風 (바람 풍) 부 風
대체로 凡 벌레(虫)들이 많이 번식하는 때는 크고 센 바람이 지나간 다음이다.

125 事 (일 사) 부 亅
사람(口)들이 갈고리(亅) 하나(一)를 손(又)에 쥐고 일을 한다.

94 肉 고기 육 (부 肉)
잘라 놓은 고기에 힘줄이 있는 모양(肉)을 본뜬 상형 문자이다.
주요 한자어
- 肉食(육식): 음식으로 고기를 먹음. 또는 그런 식사.

95 市 저자/시장 시 (부 巾)
머리(亠)에 수건(巾)을 두르고 저자에서 장사하고 있다.

*저자: '시장'을 예스럽게 이르는 말.

96 民 백성 민 (부 氏)
수많은 성씨(氏)를 갖고 있는 사람(口)들이 바로 이 나라의 백성이다.
주요 한자어
- 市民(시민): 시(市)에 사는 사람.

97 邑 고을 읍 (부 邑)
뱀(巴)이 똬리를 틀고 있듯이 산과 강으로 에워싸여(口) 있는 영토가 고을이다.

98 原 언덕 원 (부 厂)
언덕(厂)에서부터 샘물(泉)이 흘러나오니 샘물의 근원지이다.

99 因 인할 인 (부 口)
크기가 작은 방 안에 큰 대(大) 자로 누워 자면 다른 사람은 이로 인해 누울 수 없다.
주요 한자어
- 原因(원인): 어떤 사물이나 상태를 변화시키거나 일으키게 하는 근본이 된 일이나 사건.

100 金 쇠 금, 성 김 (부 金)
사람(人)들이 흙(土) 앞으로 한(一)곳에 모여서 작은 것들을 찾는데 그것이 금이다.

101 合 합할 합 (부 口)
사람(人)들의 생각이 하나(一)의 말(口)로 합해졌다.

102 同 한가지 동 (부 口)
울타리(冂) 안에 한(一) 무리로 모여 있는 사람(口)들이 원하는 것은, 모두의 행복 한가지로 같다.
주요 한자어
- 合同(합동): 둘 이상의 조직이나 개인이 모여 행동이나 일을 함께함.

103 兄 형 형 (부 儿)
입(口)으로 많은 말을 하지 않고, 아우를 잘 지도하는 어진 사람(儿)이 형이다.

104 弟 아우 제 (부 弓)
활(弓)에 가죽을 감아 붙이는 모양(弟)을 본뜬 상형 문자이다.
주요 한자어
- 兄弟(형제): 형과 아우를 아울러 이르는 말.

105 音 소리 음 (부 音)
누군가 서서(立) 말하는(曰) 소리가 들린다.

106 樂 즐길 락, 풍류 악, 좋아할 요 (부 木)
매년 봄이 되면 벚나무(木)에서 떨어지는 작고(幺) 작은(幺) 흰(白) 꽃잎을 보며 삶을 즐긴다.
주요 한자어
- 音樂(음악): 박자, 가락, 음성 따위를 갖가지 형식으로 조화하고 결합하여, 목소리나 악기를 통하여 사상 또는 감정을 나타내는 예술.

107 東 동녘 동 (부 木)
나무(木)에 걸쳐 있는 해(日)는 동녘에서 떴다.

108 西 서녘 서 (부 襾)
새가 저녁때 둥지에 돌아가 서쪽으로 지는 해를 바라보는 모습(西)을 본뜬 상형 문자이다.

109 南 남녘 남 (부 十)
울타리(冂)를 치고 많은(十) 양(羊)을 기르는 곳은 날이 따뜻한 남쪽이다.

79 光 빛 광 (부 儿)
사람(儿)이 횃불(火) 하나(一)를 들고 다니니 주변이 밝게 빛난다.

주요 한자어
- 觀光(관광): 다른 지방이나 다른 나라에 가서 그곳의 풍경, 풍습, 문물 따위를 구경함.

80 角 뿔 각 (부 角)
짐승의 뿔 모양(角)을 본뜬 상형 문자이다. 짐승의 몸(月) 밖으로 뚫고(丨) 나와 칼(刀)처럼 날카로운 것이 뿔이다.

81 見 볼 견, 뵐 현 (부 見)
어진 사람(儿)의 눈(目)으로 세상을 보라.

주요 한자어
- 謁見(알현): 지체 높고 귀한 사람을 찾아가 뵘.

82 本 근본 본 (부 木)
나무(木)에서 가장 중요한 부분 하나(一)는 뿌리로, 나무의 근본이다.

주요 한자어
- 見本(견본): 전체 상품의 품질이나 상태 따위를 알아볼 수 있도록 본보기로 보이는 물건.

83 不 아닐 불/부 (부 一)
새가 날아 올라가서 내려오지 않음(不)을 본뜬 상형 문자이다.

주요 한자어
- 不利(불리): 이롭지 아니함.
- 不同(부동): 서로 같지 않음.

84 利 이로울 리 (부 刂)
잘 익은 벼(禾)를 칼(刂)로 베어 내어 팔면 가게 경제에 이롭다.

85 有 있을 유 (부 月)
손(又)에 고기(月)를 들고 있다.

주요 한자어
- 有利(유리): 이익이 있음.

86 用 쓸 용 (부 用)
감옥이나 집 따위를 둘러싸는 나무 울타리 모양(用)을 본뜬 상형 문자이다.

주요 한자어
- 有用(유용): 쓸모가 있음.

87 無 없을 무 (부 灬)
사람(人)이 아무리 많은 (艹艹) 것을 모아도(一) 불(灬)이 나면 모두 없어진다.

주요 한자어
- 無用(무용): 쓸모가 없음.
- 無知(무지): 아는 것이 없음. 또는 미련스럽고 우악스러움.

88 名 이름 명 (부 口)
저녁(夕)에는 어두워서 잘 보이지 않으니, 입(口)을 열어 이름을 부른다.

주요 한자어
- 無名(무명): 이름이 없거나 이름을 알 수 없음.

89 能 능할 능 (부 月)
곰의 모양()을 본뜬 상형 문자이다. 영리한 곰은 많은 재주를 갖고 있기 때문에 어려운 것도 능히 할 수 있다.

주요 한자어
- 無能(무능): 어떤 일을 해결하는 능력이 없음.
- 有能(유능): 어떤 일을 남들보다 잘하는 능력이 있음.

90 眞 참 진 (부 目)
목에 비수(匕)가 들어와도 눈(目)을 감고(匸) 견디는 사람(人)은 거짓이 아닌 참이다.

91 言 말씀 언 (부 言)
높은(亠) 사람(口) 두(二) 분이 마주하고 말씀을 나누신다.

92 生 날 생 (부 生)
개신교에 의하면 사람(人)은 신이 흙(土)으로 만들어 이 세상에 나왔다.

93 食 밥/먹을 식 (부 食)
사람(人)이 가장 좋아하는() 일이 밥을 먹는 것이다.

주요 한자어
- 生食(생식): 익히지 아니하고 날로 먹음. 또는 그런 음식.
- 食用(식용): 먹을 것으로 씀. 또는 그런 물건.

63 示 보일 시
부 示
제물을 차려 놓은 제단의 모양(示)을 본뜬 상형 문자이다.

주요 한자어
- 表示(표시): 겉으로 드러내 보임.

64 太 클 태
부 大
큰 대(大)에 점(丶) 하나를 찍어 더 크다라는 의미를 만들었다.

65 初 처음 초
부 刀
옷(衤)을 만들기 위해서는 칼(刀)로 원단을 자르는 것을 맨 처음으로 해야 한다.

주요 한자어
- 太初(태초): 하늘과 땅이 생겨난 맨 처음.

66 建 세울 건
부 廴
길게(廴) 획을 긋기 위해서는 붓(聿)을 세워야 한다.

67 軍 군사 군
부 車
수레(車) 안에 화약과 무기 등을 싣고, 그 위를 천으로 덮어(冖) 실어 나르는 사람은 군사이다.

주요 한자어
- 建軍(건군): 군대를 처음으로 세움.

68 士 선비 사
부 士
하나(一)를 배우면 열(十)을 깨우치는 사람이 선비다.

주요 한자어
- 軍士(군사): 예전에, 군인이나 군대를 이르던 말.

69 兵 군사 병
부 八
도끼(斤)를 양손으로 받쳐 들고(廾), 전쟁을 준비하는 사람들이 군사이다.

70 今 이제 금
부 人
한 사람(人) 한 사람(人)이 모여(一) 꽉 찼으니 이제 시작이다.

71 年 해 년
부 干
사람(人)이 일을 하다 보면 낮(午)이 오고, 일이 끝나면 밤이 되고, 이렇게 한 해가 바뀐다.

주요 한자어
- 今年(금년): 올해.

72 來 올 래
부 人
보리의 모양(來)을 본뜬 상형 문자이나, 사람(人)들이 나무(木) 그늘 밑으로 온다는 뜻을 나타내게 되었다.

주요 한자어
- 來年(내년): 올해의 바로 다음 해.

73 法 법 법
부 氵
물(氵)이 막힘없이 잘 흘러가는(去) 것처럼 사회가 잘 돌아가려면 법이 필요하다.

74 則 법칙 칙
부 刂
재물(貝)을 칼(刂)로 나누듯 공평하게 하자고 법칙을 만들었다.

주요 한자어
- 法則(법칙): 반드시 지켜야만 하는 규범.

75 令 하여금/명령 령
부 人
사람(人)들로 하여금 칼(刀)을 하나(一)씩 들도록 명령하였다.

*하여금: 누구를 시키어.

76 史 역사 사
부 口
중심(中)을 잡고 손(又)에 붓을 들고, 있는 그대로를 기록하는 것이 역사이다.

77 書 글 서
부 曰
성현들이 하는 말(曰)을 붓(聿)으로 받아 적어 된 것이 글이다.

78 家 집 가
부 宀
과거에는 사람들이 주로 돼지(豕)를 지붕(宀)이 있는 집에서 길렀다.

주요 한자어
- 書家(서가): 글씨를 잘 쓰는 사람.

47 山 (산 산)
부 山
산의 봉우리가 뾰족뾰족하게 이어지는 모양(山)을 본뜬 상형 문자이다.

주요 한자어
• 山川(산천): 산과 내를 아울러 이르는 말.

48 木 (나무 목)
부 木
땅에 뿌리를 박고 선 나무 모양(木)을 본뜬 상형 문자이다.

49 土 (흙 토)
부 土
초목의 싹이 흙덩이를 뚫고 땅 위로 돋아나는 모양(土)을 본뜬 상형 문자로, 흙을 뜻한다.

50 日 (해/날 일)
부 日
해의 모양(日)을 본뜬 상형 문자이다.

51 回 (돌/돌아올 회)
부 口
물이 일정한 곳을 중심으로 빙빙 도는 모양(回)을 본뜬 상형 문자이다.

52 次 (버금 차)
부 欠
하품(欠)을 두(二) 번이나 하며 해야 할 일을 다음으로 미룬다.

53 世 (인간/세대 세)
부 一
어린아이가 태어나 십(十) 년이 되고 또다시 이십(廿) 년이 지나면, 세대가 바뀐다.

54 上 (위 상)
부 一
기준선(一)보다도 높은 곳(•)을 나타냄을 뜻하는 글자이다.

주요 한자어
• 世上(세상): 사람이 살고 있는 모든 사회를 통틀어 이르는 말.

55 元 (으뜸 원)
부 儿
우뚝(兀) 솟아오른 것 중에서 **첫 번째**(一)가 으뜸이다.

주요 한자어
• 上元(상원): 도교에서 '대보름날'을 이르는 말.

56 午 (낮 오)
부 十
사람(人)들이 가장 많이(十) 활동하는 시간이 낮이다.

57 中 (가운데 중)
부 丨
네모난(口) 판자에 못을 박아 구멍을 **뚫었는데**(丨), 뚫린 위치가 가운데이다.

58 下 (아래 하)
부 一
기준선(一)보다도 낮은 곳(•)을 나타낸 지사 문자로, 아래를 뜻한다.

59 失 (잃을 실)
부 大
사람(人)은 큰(大) 것은 잘 챙기지만, 작은 것은 쉽게 잃어버린다.

60 業 (업/일 업)
부 木
가지가 무성한(丵) 나무(木)를 가지런히 정리하는 것이 정원사의 일이다.

주요 한자어
• 失業(실업): 생업을 잃음.

61 商 (장사 상)
부 口
사람(儿)이 울타리(冂) 안에 서서(立) 물건(口)을 쌓아 놓고 장사하고 있다.

주요 한자어
• 商業(상업): 상품을 사고파는 행위를 통하여 이익을 얻는 일.

62 表 (겉 표)
부 衣
올곧은 선비(士)의 마음속은 깨끗하나, 입은 옷(衣)의 겉은 지저분하다.

31	果	부 木	실과/열매 과	밭(田)에 심어 놓은 나무(木)에서 열매가 맺혔다.
32	文	부 文	글월 문	사람의 몸에 X자 무늬의 문신을 한 모양(文)을 본뜬 상형 문자이다.
33	交	부 亠	사귈 교	사람의 종아리가 교차해 있는 모양(交)을 본뜬 상형 문자이다.
34	老	부 老	늙을 로	머리카락이 길고 허리가 굽은 노인이 지팡이를 짚고 서 있는 모양(老)을 본뜬 상형 문자이다.
35	兒	부 儿	아이 아	머리뼈(臼)가 아직 다 굳지 않은 사람(儿)이 갓난아이이다.
36	立	부 立	설 립	사람이 대지 위에 서 있는 모양(立)을 본뜬 상형 문자이다.
37	長	부 長	길 장	머리털이 긴 노인이 지팡이를 짚고 서 있는 모양(長)을 본뜬 상형 문자이다.
38	羊	부 羊	양 양	양의 머리 모양(羊)을 본뜬 상형 문자이다.
39	魚	부 魚	물고기 어	물고기 모양(魚)을 본뜬 상형 문자이다.
40	牛	부 牛	소 우	뿔이 달린 소의 머리 모양(牛)을 본뜬 상형 문자이다.
41	馬	부 馬	말 마	말이 앞다리를 들고 있는 모양(馬)을 본뜬 상형 문자이다.
42	夕	부 夕	저녁 석	달의 모양(夕)을 본뜬 상형 문자이나, 달과 구분하기 위해 획을 하나 줄여 저녁을 나타냈다.
43	月	부 月	달 월	초승달 혹은 반달의 모양(月)을 본뜬 상형 문자이다.
44	火	부 火	불 화	불이 타고 있는 모양(火)을 본뜬 상형 문자이다.
45	水	부 水	물 수	시냇물이 흐르고 있는 모양(水)을 본뜬 상형 문자이다.
46	川	부 川	내 천	양쪽 언덕 사이로 물이 흐르고 있는 모양(川)을 본뜬 상형 문자이다.

15	目 (부 目) 눈 목	사람의 눈 모양(目)을 본뜬 상형 문자이다. **주요 한자어** • 面目(면목): 얼굴의 생김새.	23	女 (부 女) 여자/딸 녀	여자가 손을 앞으로 모으고 무릎을 꿇고 앉아 있는 모양(女)을 본뜬 상형 문자이다. **주요 한자어** • 女子(여자): 여성으로 태어난 사람.
16	口 (부 口) 입 구	사람의 입 모양(口)을 본뜬 상형 문자이다.	24	玉 (부 玉) 구슬/옥 옥	세 개의 구슬을 끈으로 꿴 모양(玉)을 본뜬 상형 문자로, 신이 왕(王)으로 점(丶)찍은 자에게 주었던 징표가 서옥이라는 구슬이다.
17	高 (부 高) 높을 고	울타리(冂) 아래 출입문(口)보다 위(亠)에 있는 출입문(口)이 크고 높다.	25	石 (부 石) 돌 석	굴바위(厂) 아래 뒹굴고 있는 물건(口)이 바로 돌이다. **주요 한자어** • 玉石(옥석): 옥과 돌이라는 뜻으로, 좋은 것과 나쁜 것을 아울러 이르는 말.
18	大 (부 大) 큰 대	사람(人)이 양팔을 일자(一)로 벌려 몸을 크게 만든다.	26	萬 (부 艹) 일만 만	전갈의 모양(萬)을 본뜬 상형 문자이다.
19	門 (부 門) 문 문	두 개의 문짝이 있는 문의 모양(門)을 본뜬 상형 문자이다. **주요 한자어** • 大門(대문): 큰 문. 주로 한 집의 주가 되는 출입문을 이름.	27	行 (부 行) 다닐/행할 행	농촌에서 사람들(彳)은 고무래(丁)를 들고 하나(一)로 모여 이곳저곳 일하러 다닌다.
20	아버지 부	회초리(丨)를 손(又)에 들고 자식을 엄하게 가르치는 사람이 아버지다.	28	王 (부 王) 임금 왕	하늘(一)과 땅(一)과 사람(一)을 두루 꿰뚫어(丨) 다스려 지배하는 자를 왕이라 한다.
21	母 (부 母) 어머니 모	어머니가 아이에게 젖을 먹이는 모양(母)을 본뜬 상형 문자이다. **주요 한자어** • 父母(부모): 아버지와 어머니를 아울러 이르는 말.	29	主 (부 丶) 주인 주	왕(王)으로 점(丶)찍힌 사람이 이 세상의 주인이다.
22	아들 자	어린아이가 두 팔을 벌리고 있는 모양(子)을 본뜬 상형 문자로 아들을 뜻한다.	30	田 (부 田) 밭 전	경작지 주위의 경계와 속에 있는 논두렁길의 모양(田)을 본뜬 상형 문자이다.

DAY 01

공부한 날: _____월 _____일

1	工 부 工 장인 공	무언가의 도구의 모양(工)을 본뜬 상형 문자로, **장인(기술자)**을 뜻한다.
2	夫 부 大 지아비/남편 부	머리에 **상투(一)**를 튼 어엿한 대장부(大)를 나타낸 글자로, **지아비(남편)**를 뜻한다. **주요 한자어** • 工夫(공부): 학문이나 기술을 배우고 익힘.
3	自 부 自 스스로 자	사람의 코 모양(自)을 본뜬 상형 문자이다.
4	足 부 足 발 족	발 전체의 모양(足)을 본뜬 상형 문자이다. **주요 한자어** • 自足(자족): 스스로 넉넉함을 느낌.
5	手 부 手 손 수	다섯 손가락을 편 모양(手)을 본뜬 상형 문자이다. **주요 한자어** • 手足(수족): 손과 발을 아울러 이르는 말.
6	人 부 人 사람 인	다리를 벌려 걷고 있는 사람의 옆 모양(人)을 본뜬 상형 문자이다.
7	力 부 力 힘 력	팔에 힘을 주었을 때 근육이 불거진 모양(力)을 본뜬 상형 문자이다.
8	車 부 車 수레 차/거	수레의 모양(車)을 본뜬 상형 문자이다. **주요 한자어** • 人力車(인력거): 사람이 끄는, 바퀴가 두 개 달린 수레. 주로 사람을 태움.
9	心 부 心 마음 심	사람의 심장의 모양(心)을 본뜬 상형 문자이다.
10	身 부 身 몸 신	아기를 가져 배가 불룩한 여자의 모양(身)을 본뜬 상형 문자이다. **주요 한자어** • 心身(심신): 마음과 몸을 아울러 이르는 말.
11	天 부 大 하늘 천	세상에서 **첫번째(一)**로 큰(大) 것이 하늘이다.
12	雨 부 雨 비 우	하늘에서 물방울이 떨어지고 있는 모양(雨)을 본뜬 상형 문자이다.
13	衣 부 衣 옷 의	옷을 입고 깃을 여민 모양(衣)을 본뜬 상형 문자이다. **주요 한자어** • 雨衣(우의): 비가 올 때 비에 젖지 아니하도록 덧입는 옷.
14	面 부 面 얼굴/낯 면	사람의 눈, 귀, 코, 입의 낯(얼굴) 모양(面)을 나타낸 상형 문자이다.

DAY 01~06

9~4급
합격보장 900자

120문항 중 **110문항 출제!**
900자만 외워도 **합격보장권!**
합격보장 9~4급 900자,
우선순위부터 똑똑하게 끝내자!

3 한자의 짜임

한자는 사물의 모양을 그림으로 그리면서 만들어졌는데, 생활의 영역이 넓어지고 문화가 발전하면서 더 많은 글자가 필요하게 되었고 시간이 지나면서 점차 다양한 방법으로 한자가 만들어지게 되었다. 한자의 구성 원리는 총 6가지로, 상형(象形), 지사(指事), 회의(會意), 형성(形聲), 전주(轉注), 가차(假借)로 이루어져 있으며, 이것을 육서(六書)라고 한다. 육서 가운데서도 상형과 지사는 한자 구조상 가장 기본이고, 회의와 형성은 상형과 지사의 결합으로 생성되었다. 전주, 가차는 앞의 4가지 방법으로 만들어진 한자를 응용한 것이다.

(1) 상형(象形)

눈에 보이는 구체적인 사물의 모양을 본떠서 만든 글자이다. 사물은 각기 나름대로의 개성을 가지고 있기 때문에 선으로 사물의 윤곽을 그려 그 뜻을 쉽게 살필 수 있다. 하지만 생활 속의 모든 표현을 담기에는 부족함이 있다.
- 예) 日(해 일): 해의 모양을 본떠 만든 한자

(2) 지사(指事)

상형자의 부족한 부분을 극복하기 위한 방법으로, 눈에 보이지 않는 추상적인 사물의 뜻까지도 부호나 도형으로 나타내어 표현한 방법이다. 보통은 점과 선으로 이루어진다.
- 예) 上(위 상): 평평한 선(一) 위에 물건(·)이 위치하여 높은 곳을 나타내는 한자

(3) 회의(會意)

상형과 지사의 방법으로 이미 만들어진 두 글자 이상을 결합하되, 그 글자의 뜻을 모아 처음 두 글자와 다른 새로운 뜻을 가진 글자를 만드는 방법이다.
- 예) 林(수풀 림) → 木(나무 목) + 木(나무 목): 나무가 많은 숲을 의미하는 한자
  明(밝을 명) → 日(해 일) + 月(달 월): 낮엔 해가, 밤엔 달이 밝음을 의미하는 한자

(4) 형성(形聲)

상형과 지사의 방법으로 이미 만들어진 두 글자 이상을 결합하여 새로운 글자를 만들되, 한 자는 뜻(形)을, 다른 한 자는 소리(聲)를 나타내도록 하여 처음 두 글자와는 다른 새로운 뜻의 글자를 만드는 방법이다. 전체 한자의 약 80% 정도가 형성의 원리를 바탕으로 한다.
- 예) 淸(맑을 청) → 氵(삼수변) + 靑(푸를 청): 물이 맑음을 의미하는 한자
  淸(맑을 청) 자의 '맑다'라는 의미는 '물(氵)이 맑다'라는 의미에서 가져온 것이고, '청'이라는 소리는 靑(푸를 청) 자에서 소리를 따온 것으로 알 수 있다.

(5) 전주(轉注)

새로운 개념으로 한자를 만드는 원리가 아니라 이미 있는 한자의 뜻을 더 확장해 쓰는 방법으로, 한자의 본디 뜻을 바탕으로 하여 변화시키고 확대하여 본래의 뜻과 관계 있는 뜻으로 바꾸어 쓰는 방법이다. 뜻뿐만 아니라 음도 바뀌는 경우가 있다.
- 예) 樂(풍류 악, 즐거울 락, 좋아할 요): 풍류를 즐기니 즐겁고, 즐겁게 할 수 있는 것을 좋아한다.

(6) 가차(假借)

어떤 사물을 글자로 나타낼 때 관계가 없는 뜻의 글자라 하더라도 소리가 같으면 빌려 사용하는 방법이다. 주로 외국어, 외래어 표기에 많이 사용되고 의성어나 의태어 같은 부사적 표현에도 사용된다.
- 예) 弗(아닐 불) → 달러($)의 모양과 유사하고 소리가 '불'로 같기 때문에 돈의 의미로도 사용한다.

부수 더 알아보기

✓ 부수의 변형

부수 글자는 다른 글자와 결합하여 새로운 글자를 이루는데, 놓이는 위치에 따라 모양이 달라진다.

원래의 부수	변형된 부수
犬(개 견)	犭(개사슴록변)
刀(칼 도)	刂(선칼도방)
老(늙을 로)	耂(늙을 로 엄)
阜(언덕 부)	阝(좌부변)
水(물 수)	氵(삼수변)
手(손 수)	扌(손수변)
心(마음 심)	忄(마음 심 변)
人(사람 인)	亻(사람 인 변)
肉(고기 육)	月(육달월)
衣(옷 의)	衤(옷 의 변)
邑(고을 읍)	阝(우부방)
卩(병부 절)	卩(병부절)
艸(풀 초)	⺍(초두머리)
辵(쉬엄쉬엄 갈 착)	辶(책받침)
火(불 화)	灬(연화발)

✓ 유의해야 하는 부수

- 辶(쉬엄쉬엄 갈 착) 자의 경우 점을 한 번 찍을 때와 두 번 찍을 때의 형태가 다르다.
  예) 过 – 過
- 月(달 월) 자의 경우 놓이는 위치에 따라서 의미를 구분할 수 있다. 글자의 왼쪽이나 아래에 놓일 경우 '肉'에서 나온 '月'로 '육달월'이라 읽고 주로 사람의 신체와 관련된 의미로 사용이 된다. 반대로 글자의 오른쪽이나 위쪽에 놓일 경우 사물 '달' 모양을 본뜬 상형 문자로, 시간이나 달의 의미로 사용된다.
  예) 肺(허파 폐) – 朗(밝을 랑)

石 돌 석	立 설 립	**6획**	竹 대 죽	米 쌀 미	糸 실 사	缶 장군 부	羽 깃 우	老(耂) 늙을 로 (늙을로엄)	而 말이을 이	耒 쟁기 뢰	肉(月) 고기 육 (육달월)
臣 신하 신	自 스스로 자	至 이를 지	舛 어그러질 천	舟 배 주	艮 괘이름 간	色 빛 색	虫 벌레 충	血 피 혈	行 다닐 행	衣(衤) 옷 의 (옷의변)	网(罒) 그물 망 (그물망머리)
羊 양 양	耳 귀 이	聿 붓 율	臼 절구 구	舌 혀 설	艸(艹) 풀 초 (초두머리)	虍 범호 엄	襾(西) 덮을 아 (서녘서)	**7획**	見 볼 견	角 뿔 각	言 말씀 언
谷 골 곡	豕 갖은돼지 시변	貝 조개 패	赤 붉을 적	走 달릴 주	車 수레 거	辛 매울 신	辰 별 진	辵(辶) 쉬엄쉬엄 갈 착 (책받침)	釆(采) 분별할 변	里 마을 리	豆 콩 두
豸 돼지 시	足 발 족	身 몸 신	邑(阝) 고을 읍	酉 닭 유	**8획**	金 쇠 금	長(镸) 길 장	門 문 문	阜(阝) 언덕 부	雨 비 우	靑 푸를 청
非 아닐 비	隶 미칠 이	隹 새 추	**9획**	面 낯 면	革 가죽 혁	韋 가죽 위	韭 부추 구	風 바람 풍	飛 날 비	食(飠) 밥 식 (밥식변)	首 머리 수
音 소리 음	頁 머리 혈	香 향기 향	**10획**	馬 말 마	骨 뼈 골	高 높을 고	髟 터럭 발	鬲 솥 력	鬼 귀신 귀	鬥 싸울 투	鬯 울창주 창
11획	魚 물고기 어	鳥 새 조	鹵 소금밭 로	鹿 사슴 록	麥 보리 맥	麻 삼 마	**12획**	黃 누를 황	黍 기장 서	黑 검을 흑	黹 바느질할 치
13획	黽 맹꽁이 맹	鼎 솥 정	鼓 북 고	鼠 쥐 서	**14획**	鼻 코 비	齊 가지런할 제	**15획**	齒 이 치	**16획**	龍 용 룡
龜 거북귀(구)	**17획**	龠 피리 약									

(5) 획수별 부수

1획	一 한 일	ㅣ 뚫을 곤	丶 점 주	丿 삐침 별	乙 새 을	亅 갈고리 궐	2획	二 두 이	亠 돼지해머리	人(亻) 사람 인 (사람인변)	儿 어진사람인발
冂 멀경몸	冖 민갓머리	冫 이수변	几 안석 궤	力 힘 력	勹 쌀포몸	匕 비수 비	匸 튼입구몸	卜 점 복	卩(㔾) 병부절	厂 민엄호	厶 마늘 모
入 들 입	八 여덟 팔	凵 위튼입구몸	刀(刂) 칼 도 (선칼도방)	匸 감출혜몸	十 열 십	又 또 우	3획	口 입 구	囗 큰입구몸	土 흙 토	士 선비 사
夕 저녁 석	大 큰 대	女 여자 녀	子 아들 자	小 작을 소	尢(尣) 절름발이 왕	尸 주검시엄	屮 왼손 좌	工 장인 공	己 몸 기	巾 수건 건	干 방패 간
夂 민책받침	廾 스물입발	弋 주살 익	弓 활 궁	彳 두인변	夂 뒤져올 치	夊 천천히 걸을 쇠발	宀 갓머리	寸 마디 촌	山 산 산	巛(川) 개미허리 (내 천)	幺 작을 요
广 엄호	彐(彑) 돼지머리 계 (튼가로왈)	彡 터럭 삼	4획	心(忄) 마음 심 (마음심변)	戈 창 과	戶 지게 호	手(扌) 손 수	文 글월 문	斗 말 두	斤 날 근	方 모 방
日 가로 왈	月 달 월	木 나무 목	欠 하품 흠	殳 갖은등글월문	毋 말 무	比 견줄 비	毛 털 모	水(氵,氺) 물 수 (삼수변, 아래물수)	火(灬) 불 화 (연화발)	爪(爫) 손톱 조	父 아버지 부
片 조각 편	牙 어금니 아	牛(牜) 소 우	犬(犭) 개 견 (개사슴록변)	支 지탱할 지	攴(攵) 칠 복 (등글월문)	无(旡) 목멜 기 (이미기방)	日 날 일	止 그칠 지	歹(歺) 살바른뼈 알 (죽을사변)	氏 성씨 씨	气 기운기엄
爻 점괘 효	爿 장수장변	5획	玄 검을 현	玉(王) 구슬 옥 (임금왕변)	瓜 오이 과	瓦 기와 와	用 쓸 용	田 밭 전	疋 짝 필	疒 병질엄	皮 가죽 피
皿 그릇 명	目 눈 목	矛 창 모	示(礻) 보일 시 (보일시변)	禸 짐승발자국 유	禾 벼 화	穴 구멍 혈	甘 달 감	生 날 생	癶 필발머리	白 흰 백	矢 화살 시

> **공부해야 하는 이유**
> ☑ 한자의 기본 개념을 먼저 공부하고 1,800자를 공부하면 실력은 up!
> ☑ 실력도 키우고 한자영역 문제에 대비하세요!

2 한자의 부수

(1) 부수의 정의
한자(漢字)의 한 글자 한 글자의 뜻을 풀어 모아 자전(字典)에서 찾아보기 쉽도록 배열하고, 수많은 한자의 형태를 분석하여 서로 공통되는 글자들끼리 모아 계통적으로 분류한 것이 부수(部首)이다. 부수는 한자의 의미와 깊은 관련을 맺고 있기 때문에 부수를 익히면 한자의 의미를 추측하는 데 도움이 된다.

(2) 부수의 분류
우리나라 자전에서 사용하는 부수는 1획부터 17획까지 총 214자로, 상형자(象形字)가 제일 많으며 그다음 형성자(形聲字), 회의자(會意字), 지사자(指事字) 순이다.

(3) 부수의 구실
부수는 한자 집단의 가장 기본이 되는 글자로 글자의 개략적인 뜻을 나타내며 자전에서 글자의 음과 뜻 그리고 총획을 찾는 데 활용된다.

(4) 부수의 위치에 따른 명칭
부수는 글자가 놓이는 위치에 따라 변, 방, 엄, 머리, 몸, 받침, 발, 제부수 등으로 불린다. 부수의 관습적인 명칭보다 원래의 음과 뜻을 기억해야 글자의 뜻을 짐작할 수 있다.
예 '宀: 갓머리(집 면)'는 관습적으로는 '갓머리'라고 하지만 원래의 음과 뜻인 '집 면'으로 기억하면 이 부수가 들어간 한자는 집과 관련이 있음을 쉽게 알 수 있다.

① **변(邊)**: 부수가 글자의 왼쪽에 위치해 있을 경우
   예 • 亻(人, 사람 인): 사람인변 → 仁(어질 인), 信(믿을 신), 仙(신선 선)
      • 扌(手, 손 수): 손수변 → 指(손가락 지), 授(줄 수), 技(재주 기)
② **방(傍)**: 부수가 글자의 오른쪽에 위치해 있을 경우
   예 • 刂(刀, 칼 도): 선칼도방 → 劍(칼 검), 別(다를 별), 利(이로울 리)
      • 頁(머리 혈): 머리혈방 → 頭(머리 두), 煩(번거로울 번), 順(순할 순)
③ **머리**: 부수가 글자의 위에 위치해 있을 경우
   예 • 艹(艸, 풀 초): 초두머리 → 花(꽃 화), 草(풀 초), 落(떨어질 락)
      • 宀(집 면): 갓머리 → 家(집 가), 室(집 실), 安(편안 안)
④ **발**: 부수가 글자의 아래에 위치해 있을 경우
   예 • 皿(그릇 명): 그릇명발 → 益(더할 익), 盛(성할 성), 盡(다할 진)
      • 心(마음 심): 마음심발 → 忠(충성 충), 意(뜻 의), 思(생각 사)
⑤ **받침**: 부수가 왼쪽과 아래쪽에 걸쳐 위치해 있을 경우
   예 • 辶(쉬엄쉬엄 갈 착): 책받침 → 道(길 도), 近(가까울 근)
      • 走(달릴 주): 달릴주 받침 → 起(일어날 기), 超(뛰어넘을 초)
⑥ **엄**: 부수가 위쪽과 왼쪽에 걸쳐 위치해 있을 경우
   예 • 广(집 엄): 부수 이름이 '엄'이기 때문에 그대로 읽음 → 庭(뜰 정), 店(가게 점)
      • 尸(주검 시): 주검시엄 → 居(살 거), 尾(꼬리 미)
⑦ **몸**: 부수가 글자를 둘러싸고 있는 경우(사면이나 삼면 또는 양면의 둘레를 감싸는 부수)
   예 • 囗(에울 위): 큰입구몸 → 國(나라 국)
      • 門(문 문): 문 문 → 閑(한가할 한)
⑧ **제부수**: 글자 자체가 부수가 되는 경우
   예 人(사람 인), 山(산 산), 木(나무 목)

한자의 기본 개념

1 한자의 필순

필순(筆順)은 글자를 쓸 때 획을 긋는 순서를 말한다. 필순은 한자를 짜임새 있고 편리하게 쓰기 위해 합리적인 순서를 정한 것인데 개인, 국가, 서체에 따라 달라지는 경우가 있다.

우리나라에 적용되는 필순을 몇 가지로 정리하면 다음과 같다.

① **상하(上下) 구조**: 위에서 아래로 쓴다.

　一　二　元　元

② **좌우(左右) 구조**: 왼쪽에서 오른쪽으로 쓴다.

　丿　丿｜　川

③ 좌우가 대칭될 때는 가운데 획을 먼저 쓰고 왼쪽, 오른쪽의 순서로 쓴다.

　亅　刂　水　水

④ 가로, 세로가 겹칠 때는 가로획을 먼저 긋는다.

　一　十　古　古　古

⑤ 가운데를 꿰뚫는 획은 나중에 긋는다.

　一　厂　亓　亓　亘　亘　車

⑥ 허리를 끊는 획은 나중에 긋는다.

　一　十　卄　卄　世

⑦ 받침을 나중에 긋는다.

　丿　丿　扌　兆　兆　兆
　洮　洮　逃　逃

⑧ 오른쪽 위의 점은 맨 마지막에 찍는다.

　一　ナ　犬　犬

⑨ **내외(內外) 구조**: 몸과 안이 있을 때는 몸부터 먼저 긋는다.

　丨　冂　冂　同　同　同

⑩ 삐침(丿: 왼쪽 아래로 향하는 것)과 파임(乀: 오른쪽 아래로 향하는 것)이 만나면 삐침을 먼저 쓴다.

　丿　八　父　父

⑪ 왼쪽의 삐침이 짧고 가로획이 길면 삐침을 먼저 쓴다.

　丿　ナ　ナ　右　右

⑫ 왼쪽 삐침이 길고 가로획이 짧으면 가로획을 먼저 쓴다.

　一　ナ　ナ　左　左

⑬ 아래를 두른 획은 나중에 쓴다.

　乛　也　也

3급

DAY 07	오늘의 한자	100	128자
	복습 쪽지시험	109	
DAY 08	오늘의 한자	110	128자
	복습 쪽지시험	119	
DAY 09	오늘의 한자	120	128자
	복습 쪽지시험	129	
DAY 10	오늘의 한자	130	129자
	복습 쪽지시험	139	
DAY 11	오늘의 한자	140	129자
	복습 쪽지시험	149	
DAY 12	오늘의 한자	150	129자
	복습 쪽지시험	159	
DAY 13	오늘의 한자	160	129자
	복습 쪽지시험	169	

합격확실 900자

최종점검 모의고사

DAY 14	제1회 최종점검 모의고사	172
	제2회 최종점검 모의고사	178
	제3회 최신기출 모의고사	184
	정답과 해설	190
	한자 찾아보기(1,800자)	205

차례

특별부록 빠르게 끝내는 한자 노트

- 머리말
- 구성과 특징
- 시험 정보

한자의 기본 개념 14

9~4급

| DAY 01 | 오늘의 한자 .... 22 | 300자 |
| | 복습 쪽지시험 .... 42 | |

| DAY 02 | 오늘의 한자 .... 43 | 150자 |
| | 복습 쪽지시험 .... 53 | |

| DAY 03 | 오늘의 한자 .... 54 | 150자 |
| | 복습 쪽지시험 .... 64 | |

| DAY 04 | 오늘의 한자 .... 65 | 150자 |
| | 복습 쪽지시험 .... 75 | |

| DAY 05 | 오늘의 한자 .... 76 | 150자 |
| | 복습 쪽지시험 .... 86 | |

| DAY 06 | 중간점검 모의고사 .... 87 | |

합격보장 900자

☑ 출제기준 분류 및 문항 수

과목	분류		문항 수		
	중분류	소분류	3급	2급	1급
한자	한자의 부수, 획수, 필순	한자의 부수	2	–	–
		한자의 획수	2	–	–
		한자의 필순	2	–	–
	한자의 짜임	한자의 짜임	2	–	–
	한자의 음과 뜻	한자의 음	6	11	11
		음에 맞는 한자	5	7	7
		음이 같은 한자	5	7	7
		한자의 뜻	6	11	11
		뜻에 맞는 한자	5	7	7
		뜻이 비슷한 한자	5	7	7
	합계		40	50	50
어휘	한자어의 짜임	한자어의 짜임	0	2	3
	한자어의 음과 뜻	한자어의 음	0	2	3
		음에 맞는 한자어	0	2	3
		음이 같은 한자어	5	3	5
		여러 개의 음을 가진 한자	2	1	2
		한자어의 뜻	0	2	3
		뜻에 맞는 한자어	0	2	3
		3개 어휘에 공통되는 한자	10	6	8
		반의어·상대어	8	5	5
	성어	성어의 빠진 글자 채워 넣기	5	5	5
		성어의 뜻	5	5	5
		뜻에 맞는 성어	5	5	5
	합계		40	40	50
독해	문장 속 한자어의 음과 뜻	문장 속 한자어의 음	6	7	10
		문장 속 한자어의 뜻	6	5	5
		문장 속 한자어의 채워 넣기	3	5	5
		문장 속 틀린 한자어 고르기	3	5	5
		문장 속 단어의 한자 표기	3	8	10
		문장 속 어구의 한자 표기	3	5	5
	종합문제	종합문제	16	5	10
	합계		40	40	50
총합			120	130	150

☑ 검정과목 및 검정방법

급수	검정과목별 문항 수			전체 문항 수	시험시간
	한자	어휘	독해		
1급	50	50	50	150	80분
2급	50	40	40	130	80분
3급	40	40	40	120	60분

☑ 합격기준 및 평가방법

급수	과목	문항 수	과목별 총점	과목별 합격점수	전체 총점	합격점수
1급	한자	50	200	120	900	810
	어휘	50	300	180		
	독해	50	400	240		
2급	한자	50	200	120	760	608
	어휘	40	240	144		
	독해	40	320	192		
3급	한자	40	160	96	720	576
	어휘	40	240	144		
	독해	40	320	192		

- 합격점수: 1급(만점의 90%), 2~3급(80%)
- 과목별 최소 합격점수(1~3급): 전과목 60% 이상 득점해야 함
- 과목별 1문항당 배점: 한자(4점), 어휘(6점), 독해(8점)

☑ 원서접수: 인터넷 접수(http://license.korcham.net)

☑ 시험일정
- 등록된 일정(날짜 및 시험시간) 중에서 선택해서 접수 가능한 상시검정
- 상시검정은 시험일 기준으로 4일 전까지 시험일시 및 등급 변경 가능(접수일로부터 총 3회까지 변경 가능)

☑ 응시료
- 1~2급 24,000원, 3급 20,000원(인터넷접수 수수료 제외)
- 시험일 기준으로 4일 전까지 접수 취소할 경우 수험료의 100% 반환(인터넷접수 수수료 제외)

☑ 유의사항
- CBT 방식(컴퓨터를 활용해 시험의 진행, 채점, 성적관리 등을 하는 시험 방식)
- 상공회의소에서 제공되는 컴퓨터 기기(키보드, 모니터, 마우스, PC 등) 외에는 사용 불가

☑ 준비물
- 신분증
- 신분증 인정범위: 주민등록증, 여권, 운전면허증, 공무원증, 장애인등록증, 국가유공자증, 국가기술자격증, 중고등학생 학생증(사진·생년월일·성명·학교장날인 포함), 청소년증 인정

시험 정보

상공회의소한자

중국, 대만, 일본 등 한자문화권 국가와의 수출 및 투자가 증가함에 따라 이에 필요한 기업업무 및 일상생활에 사용 가능한 한자의 이해 및 구사 능력을 평가하는 시험이다.

※ 상공회의소한자 시험은 「자격기본법」 제28조에 의거 2007년도 11월에 1, 2, 3급이 국가공인자격으로 인정되었습니다. 따라서 2008년 이후 시행되는 상공회의소한자 시험에서 1, 2, 3급을 취득하면 국가공인자격을 취득하는 것입니다.

☑ **주관:** 대한상공회의소

☑ **응시자격:** 제한 없음

☑ **유효기간:** 평생

☑ **검정기준**

급수	검정기준	
	한자능력 수준에 따른 검정기준	급수별 배정한자에 따른 검정기준
1급	전문적 한자어가 사용된 국한혼용의 신문이나 잡지, 서류, 서적 등을 능숙하게 읽고 이해할 수 있는 최상급의 한자능력 수준	교육부가 제정한 중·고등학교 한문교육용 기초한자 1,800자와 국가 표준의 KS X 1001 한자 4,888자 및 대법원이 제정한 인명용 한자 3,153자(중복 한자를 제외하면 3,108자) 중 4,908자를 이해하고 국어생활에서 활용할 수 있다.
2급	전문적 한자어가 사용된 국한혼용의 신문이나 잡지, 서류, 서적 등을 별 무리 없이 읽고 이해할 수 있는 상급의 한자능력 수준	교육부가 제정한 중·고등학교 한문교육용 기초한자 1,800자와 국가 표준의 KS X 1001 한자 4,888자 및 대법원이 제정한 인명용 한자 3,153자(중복 한자를 제외하면 1,501자) 중 3,301자를 이해하고 국어생활에서 활용할 수 있다.
3급	고등학교 수준의 일상적인 한자어가 사용된 국한혼용의 신문이나 잡지, 서류, 서적 등을 어느 정도 읽고 이해할 수 있는 한자능력 수준	교육부가 제정한 중·고등학교 한문교육용 기초한자 1,800자를 이해하고 국어생활에서 활용할 수 있다.

☑ **급수별 배정한자**

급수	1급	2급	3급
배정한자	4,908자	3,301자	1,800자

☑ **문제유형:** 3급의 경우 객관식 120문항(5지 택일형)

3 쉽고 빠른 학습을 위한 PLUS 자료 제공!

PLUS. 기초 다지기 — 한자의 기본 개념

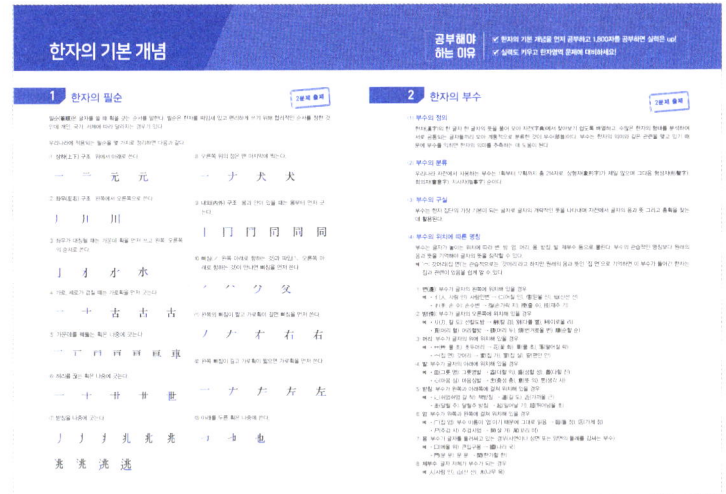

두 문제씩 출제된다고 방심하지 말 것

한자의 부수, 필순, 짜임을 익혀 한자 영역에 완벽하게 대비!

PLUS. 유형 기반 — [특별부록] 빠르게 끝내는 한자 노트

출제 유형별 한자를 익혀 점수 올리기
- 문제는 이렇게: 실제 문제로 유형(유의자/상대자/동음이의어/동형이음자/사자성어) 익히기!
- 유형별 한자 암기: 유형별로 분류하여 전략적으로 암기!

PLUS. 학습 편의 — 한자 찾아보기(1,800자)

- 1,800자를 가나다순으로 보고 싶을 때 활용하세요.
- '에듀윌 도서몰(book.eduwill.net) > 도서자료실 > 부가학습자료'에서도 다운로드받을 수 있습니다.

2 저절로 외워지는 풀이!

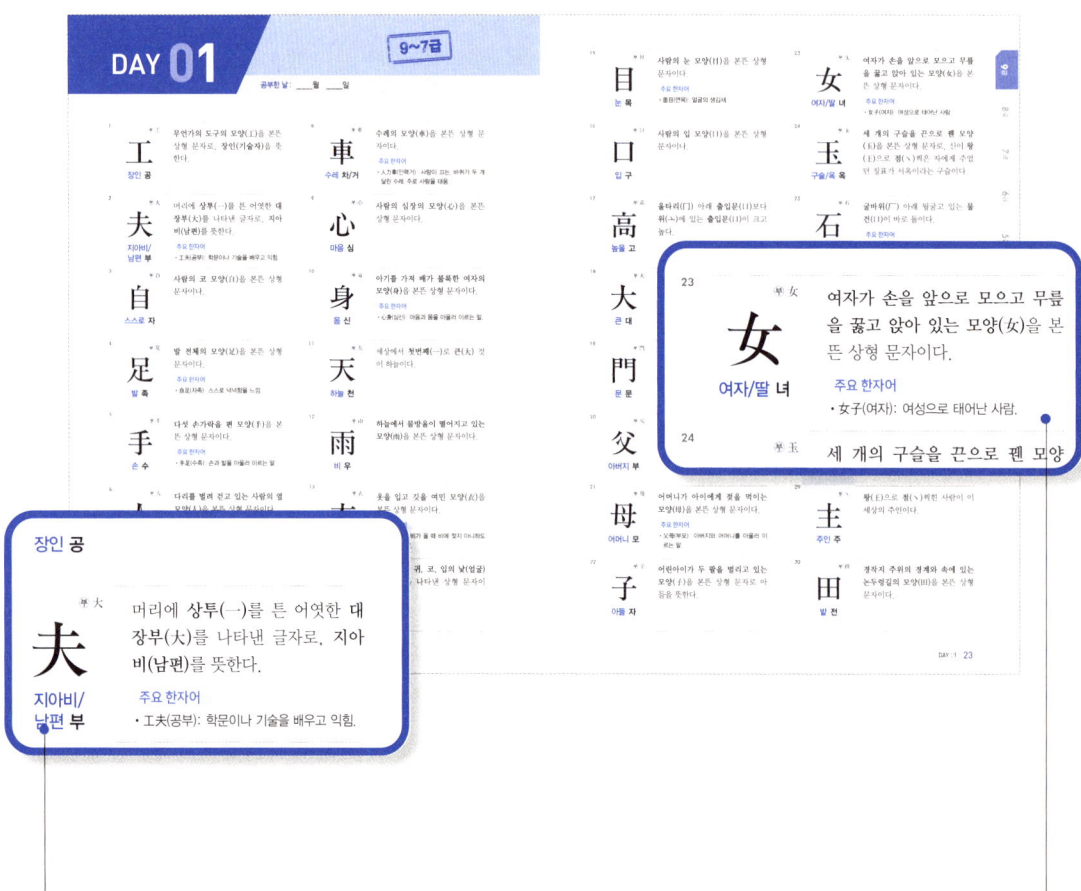

한자 풀이
한자를 분석하고 외우기 쉽게 풀이해
읽기만 해도 저절로 외워진다!

주요 한자어
출제 가능성 높은 한자어를
바로바로 확인하고 암기한다!

구성과 특징

1. 중요한 한자는 먼저! 모든 한자를 완벽하게 복습한다!

중요도 우선 학습 System

DAY 01~05
9~4급 배정한자
+
복습 쪽지시험

DAY 06
9~4급 배정한자로 구성된
중간점검
모의고사 1회

DAY 07~13
3급 배정한자
+
복습 쪽지시험

DAY 14
최종점검
모의고사 2회
최신기출
모의고사 1회

14일 완성

완벽한 복습 System

오늘의 한자	복습 쪽지시험	중간/최종 모의고사
오늘의 한자를 집중적으로 공부하고,	학습한 한자는 문제를 풀며 복습하고,	최종점검으로 완벽하게 마무리한다!

완성

합격 로드맵

첫째, 知彼知己 百戰不殆(지피지기 백전불태)!
자신이 응시하고자 하는 시험이 어떤 출제기준을 가지고 있는지 합격기준 및 평가방법이 어떻게 되는지 꼼꼼하게 확인해야 합니다.

둘째, 기출문제만큼 좋은 가이드는 없다!
기출문제를 풀어 보면 출제경향을 확인할 수 있고, 유형별로 체계적인 대응이 가능해집니다. 유독 어렵게 느껴지는 유형이 있을 것입니다. 확실한 합격을 위해서는 약점을 강점으로 만들어야만 합니다.

셋째, 한자학습은 눈이 아닌 입으로!
대한상공회의소 한자시험은 100% 객관식 문제입니다. 바꿔 말하면 주관식이 없습니다. 그렇기 때문에 한자를 쓰는 것보다는 반복하여 읽는 것이 중요합니다. 한자의 풀이 내용과 훈음을 반복해서 읽어 보시길 바랍니다.

넷째, 스스로 출제자가 되어 보십시오!
내가 출제자라면 어떤 문제를 낼 것인지 고민하면서 공부하면 적중률도 높아집니다.

다섯째, 실전문제로 마무리!
한자학습으로 모든 준비가 끝났다고 생각하면 안 됩니다. 실전문제를 풀어 보고 오답을 정리하는 것이 가장 중요합니다.

차기석

머리말

아직도 한자를 무작정 외우십니까?

우리가 일상에서 사용하는 어휘의 약 70%가 한자어로 구성되어 있습니다. 그렇기 때문에 우리 언어생활에 한자어가 미치는 영향은 엄청나다고 할 수 있습니다. 그래서 자의(自意)든 타의(他意)든 한자를 학습해야만 하고, 학습을 하고 있습니다. 안타까운 것은 지금까지의 한자학습은 암기라고 생각하며 무작정 외우려고만 했다는 것입니다.

저 또한 무작정 암기를 해서 한자학습을 했던 사람으로, 한자는 재미없고 어려운 것이라고 무의식적으로 생각하고 있었는지도 모르겠습니다. 하지만 이런 경험이 어쩌면 한자를 쉽고 재미있게 학습할 수 있는 방법을 찾고 연구하는 데 동기가 되지 않았을까 싶습니다.

우리가 사용하는 어휘 중에 아무 이유 없이 만들어진 것이 있을까요? 이 세상에 존재하는 모든 어휘는 다 탄생의 이유가 있습니다. 이 탄생의 이유, 스토리가 궁금하지 않으신가요?
한자 또한 그냥 만들어진 글자는 단 한 자도 없습니다. 그래서 한자의 탄생 스토리를 재미있게 각색하여 그 뜻을 유추하고 쉽게 기억할 수 있도록 풀이하였습니다. 이제는 한자를 무작정 외우지 않으셔도 됩니다.

본서는 한자를 전공하는 사람이 아닌, 한자를 처음 접하는 초보자들과 단기간에 자격증을 취득해야 하는 학습자들을 위한 가장 체계적이고 효율적인 실용서가 될 것이라 확신합니다. 본서를 통해 모든 사람들이 한자를 쉽게 익히고 활용할 수 있도록 선도해 가는 新한자교육의 첨병이 되겠습니다.

마지막으로 대한상공회의소 한자시험을 준비하는 모든 분들에게 합격의 영광이 임하길 기원합니다.

에듀윌 상공회의소
한자 3급

2주끝장

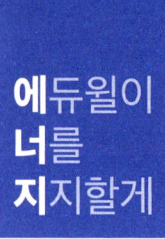

시작하는 방법은
말을 멈추고
즉시 행동하는 것이다.

– 월트 디즈니(Walt Disney)

92% 출제비중! 900자로 빠르게 합격하는
7일끝장 플래너

구분	학습 범위	학습한 날	누적 개수
1일	**DAY 01** 9~7급 300자	/	☐ 300
2일	**DAY 02** 6급 150자	/	☐ 450
3일	**DAY 03** 5급 150자	/	☐ 600
4일	**DAY 04** 4급 150자	/	☐ 750
5일	**DAY 05** 4급 150자	/	☐ 900
6일	**DAY 06** 중간점검 모의고사 + **DAY 14** 제1회 최종점검 모의고사	/	
7일	**DAY 14** 제2회 최종점검 모의고사 + **DAY 14** 제3회 최신기출 모의고사	/	

1,800자로 확실하게 합격하는 2주끝장 플래너

☑ 누적 개수에 체크하며 실력을 쌓아가세요!

구분	학습 범위	학습한 날	누적 개수
1일	DAY 01 9~7급 300자	/	☐ 300
2일	DAY 02 6급 150자	/	☐ 450
3일	DAY 03 5급 150자	/	☐ 600
4일	DAY 04 4급 150자	/	☐ 750
5일	DAY 05 4급 150자	/	☐ 900
6일	DAY 06 중간점검 모의고사	/	
7일	DAY 07 3급 128자	/	☐ 1,028
8일	DAY 08 3급 128자	/	☐ 1,156
9일	DAY 09 3급 128자	/	☐ 1,284
10일	DAY 10 3급 129자	/	☐ 1,413
11일	DAY 11 3급 129자	/	☐ 1,542
12일	DAY 12 3급 129자	/	☐ 1,671
13일	DAY 13 3급 129자	/	☐ 1,800
14일	DAY 14 최종점검 모의고사 최신기출 모의고사	/	

에듀윌 상공회의소 한자 3급

2주끝장

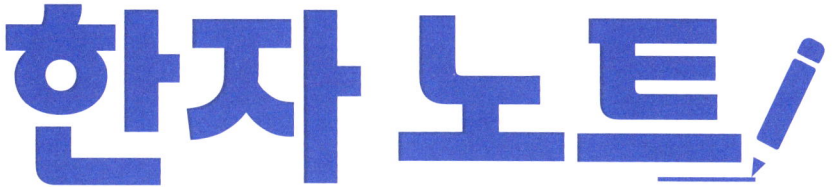

쌍으로, 묶어서, 빠르게 끝내는
한자 노트

출제유형 01 유의자

588字

뜻이 비슷한 둘 이상의 한자가 한 단어를 이루는 경우

문제는 이렇게!

[36~40] 다음 한자(漢字)와 뜻이 비슷한 한자는 어느 것입니까?

36 望 : ① 連 ② 貴 ③ 願 ④ 短 ⑤ 列

37 路 : ① 罪 ② 道 ③ 丹 ④ 救 ⑤ 卒

38 起 : ① 助 ② 易 ③ 然 ④ 最 ⑤ 興

39 協 : ① 和 ② 識 ③ 號 ④ 祝 ⑤ 唱

40 察 : ① 飮 ② 榮 ③ 防 ④ 省 ⑤ 爲

정답 36 · 37 · 38 · 39 · 40

極 극진할/다할 극	盡 다할 진	極 극진할/다할 극	端 끝 단	末 끝 말	端 끝 단
窮 다할 궁	極 극진할/다할 극	至 이를 지	極 극진할/다할 극	淸 맑을 청	潔 깨끗할 결
純 순수할 순	潔 깨끗할 결	淸 맑을 청	淨 깨끗할 정	淨 깨끗할 정	潔 깨끗할 결
思 생각 사	惟 생각할 유	思 생각 사	考 생각할 고	思 생각 사	想 생각 상
模 본뜰/법 모	樣 모양 양	模 본뜰 모	範 본보기/법 범	法 법 법	式 법 식
法 법 법	規 법 규	法 법 법	律 법칙 률	規 법 규	律 법칙 율

憲 법헌	法 법법	法 법법	典 법전	連 이을연	繫 맬계	連 이을연	絡 이을락	連 이을연	續 이을속	研 연구할연	究 연구할구
研 갈연	磨 갈마	永 길영	久 오랠구	永 길영	遠 멀원	遙 멀요	遠 멀원	憂 근심우	愁 근심수	憂 근심우	患 근심환
隆 높을륭	盛 성할성	隆 높을륭	昌 창성할창	音 소리음	聲 소리성	音 소리음	響 울릴향	戰 싸움전	爭 다툴쟁	戰 싸움전	鬪 싸울투
製 지을제	作 지을작	製 지을제	造 지을조	終 마칠종	了 마칠료	終 마칠종	末 끝말	俊 준걸준	傑 뛰어날걸	俊 준걸준	秀 빼어날수
到 이를도	達 통달할달	到 이를도	着 붙을착	過 지날과	去 갈거	過 지날과	失 잃을실	貫 꿸관	徹 통할철	貫 꿸관	通 통할통
規 법규	範 법범	規 법규	則 법칙칙	屈 굽힐굴	曲 굽을곡	屈 굽힐굴	伏 엎드릴복	附 붙을부	屬 무리/붙을속	附 붙을부	着 붙을착

憤 분할 분	怒 성낼 노	憤 분할 분	慨 슬퍼할 개	舍 집 사	屋 집 옥
經 지날 경	過 지날 과	經 지날 경	歷 지낼 력	層 층 층	階 섬돌 계
想 생각 상	念 생각 념	崇 높을 숭	高 높을 고	高 높을 고	尙 오히려 상
繼 이을 계	續 이을 속	救 구원할 구	濟 구제할 제	救 구원할 구	援 도울 원
觀 볼 관	覽 볼 람	確 굳을 확	固 굳을 고	堅 굳을 견	固 굳을 고
技 재주 기	藝 재주 예	竊 훔칠 절	盜 도둑 도	盜 도둑 도	賊 도둑 적

舍 집 사	宅 집 택	家 집 가	屋 집 옥	家 집 가	宅 집 택
段 층계 단	階 섬돌 계	念 생각 염	慮 생각할 려	考 생각할 고	慮 생각할 려
認 알 인	識 알 식	知 알 지	識 알 식	繼 이을 계	承 이을 승
逃 도망할 도	亡 망할 망	滅 꺼질/멸망할 멸	亡 망할 망	閱 볼 열	覽 볼 람
鬪 싸울 투	爭 다툴 쟁	競 다툴 경	爭 다툴 쟁	技 재주 기	術 재주 술
說 말씀 설	話 말씀 화	辭 말씀 사	說 말씀 설	停 머무를 정	留 머무를 류

停 머무를 정	止 그칠 지	住 살 주	居 살 거	總 다 총	統 모두 통	統 거느릴 통	率 거느릴 솔	意 뜻 의	志 뜻 지	歌 노래 가	謠 노래 요
價 값 가	値 값 치	覺 깨달을 각	悟 깨달을 오	間 사이 간	隔 사이 뜰 격	監 볼 감	視 볼 시	巨 클 거	大 클 대	拒 막을 거	逆 거스를 역
健 굳셀 건	康 편안 강	牽 끌 견	引 끌 인	境 지경 경	界 지경 계	警 경계할/깨우칠 경	戒 경계할 계	傾 기울 경	斜 비낄 사	計 셀 계	算 셈 산
契 맺을 계	約 맺을 약	孤 외로울 고	獨 홀로 독	貢 바칠 공	獻 드릴 헌	敎 가르칠 교	訓 가르칠 훈	姦 간음할/간사할 간	邪 간사할 사	打 칠 타	擊 칠 격
攻 칠 공	擊 칠 격	恭 공손할 공	敬 공경 경	空 빌 공	虛 빌 허	努 힘쓸 노	力 힘 력	圖 그림 도	畫 그림 화	區 나눌 구	分 나눌 분
權 권세 권	勢 형세 세	根 뿌리 근	本 근본 본	敦 도타울 돈	篤 도타울 독	茂 무성할 무	盛 성할 성	具 갖출 구	備 갖출 비	鬼 귀신 귀	神 귀신 신

謹	愼	單	獨	徒	黨	返	還	果	實	歸	還
삼갈 근	삼갈 신	홑 단	홀로 독	무리 도	무리 당	돌이킬 반	돌아올 환	열매 과	열매 실	돌아올 귀	돌아올 환

機	械	斷	絶	道	路	勉	勵	飢	餓	但	只
베틀 기	기계 계	끊을 단	끊을 절	길 도	길 로	힘쓸 면	힘쓸 려	주릴 기	주릴 아	다만 단	다만 지

分	配	配	匹	群	衆	記	錄	談	話	跳	躍
나눌 분	나눌 배	나눌/짝 배	짝 필	무리 군	무리 중	기록할 기	기록할 록	말씀 담	말씀 화	뛸 도	뛸 약

明	哲	排	斥	對	答	毛	髮	飜	譯	橋	脚
밝을 명	밝을 철	물리칠 배	물리칠 척	대할 대	대답 답	터럭 모	터럭 발	번역할/날 번	번역할 역	다리 교	다리 각

貸	借	逃	避	變	化	兵	卒	報	告	保	守
빌릴 대	빌릴 차	도망할 도	피할 피	변할 변	될 화	병사 병	마칠/군사 졸	갚을/알릴 보	알릴 고	지킬 보	지킬 수

補	佐	負	擔	扶	助	副	次	墳	墓	社	會
도울 보	도울 좌	질 부	멜 담	도울 부	도울 조	버금 부	버금 차	무덤 분	무덤 묘	모일 사	모일 회

朋 벗 붕	友 벗 우	崩 무너질 붕	壞 무너질 괴	比 견줄 비	較 견줄 교	費 쓸 비	用 쓸 용	祕 숨길 비	藏 감출 장	賓 손 빈	客 손 객
貧 가난할 빈	窮 다할 궁	詐 속일 사	欺 속일 기	喪 잃을 상	失 잃을 실	相 서로 상	互 서로 호	生 날 생	産 낳을 산	逝 갈 서	去 갈 거
釋 풀 석	放 놓을 방	選 가릴 선	擇 가릴 택	省 살필 성	察 살필 찰	洗 씻을 세	濯 씻을 탁	素 본디 소	朴 순박할/성씨 박	壽 목숨 수	命 목숨 명
樹 나무 수	木 나무 목	搜 찾을 수	索 찾을 색	輸 보낼 수	送 보낼 송	授 줄 수	與 줄 여	收 거둘 수	穫 거둘 확	遣 보낼 견	送 보낼 송
施 베풀 시	設 베풀 설	始 비로소 시	初 처음 초	試 시험 시	驗 시험 험	申 거듭 신	告 알릴 고	身 몸 신	體 몸 체	尋 찾을 심	訪 찾을 방
心 마음 심	情 뜻 정	兒 아이 아	童 아이 동	安 편안할 안	寧 편안할 녕	顔 얼굴 안	面 낯 면	眼 눈 안	目 눈 목	養 기를 양	育 기를 육

抑	壓	言	語	戀	慕	練	習	英	特	娛	樂
누를 억	누를 압	말씀 언	말씀 어	그리워할 연	그리워할/사모할 모	익힐 연	익힐 습	뛰어날 영	특별할 특	즐길 오	즐길 락
傲	慢	完	全	要	求	愚	鈍	宇	宙	運	動
거만할 오	거만할 만	완전할 완	온전할 전	모을 요	모을 구	어리석을 우	둔할 둔	집 우	집 주	옮길 운	움직일 동
偉	大	委	任	恩	惠	論	議	衣	服	慈	愛
클 위	클 대	맡길 위	맡길 임	은혜 은	은혜 혜	논할 논	의논할 의	옷 의	옷 복	사랑 자	사랑 애
姿	態	殘	餘	將	帥	裝	飾	災	殃	災	禍
모양 자	모습 태	잔인할/남을 잔	남을 여	장수 장	장수 수	꾸밀 장	꾸밀 식	재앙 재	재앙 앙	재앙 재	재앙 화
財	貨	貯	蓄	精	誠	靜	寂	整	齊	切	斷
재물 재	재물 화	쌓을 저	모을 축	정할 정	정성 성	고요할 정	고요할 적	가지런할 정	가지런할 제	끊을 절	끊을 단
祭	祀	提	携	組	織	調	和	存	在	拙	劣
제사 제	제사 사	끌 제	끌 휴	짤 조	짤 직	고를 조	화할 화	있을 존	있을 재	옹졸할 졸	못할 렬

座 자리 좌	席 자리 석	珠 구슬 주	玉 구슬 옥	朱 붉을 주	紅 붉을 홍	中 가운데 중	央 가운데 앙	增 더할 증	加 더할 가	贈 줄 증	與 더불 여
憎 미울 증	惡 미워할 오	珍 보배 진	寶 보배 보	進 나아갈 진	就 나아갈 취	秩 차례 질	序 차례 서	疾 병 질	病 병 병	集 모을 집	會 모일 회
慙 부끄러울 참	愧 부끄러울 괴	參 참여할 참	與 더불 여	倉 곳집 창	庫 곳집 고	菜 나물 채	蔬 나물 소	尺 자 척	度 자 도	添 더할 첨	加 더할 가
聽 들을 청	聞 들을 문	逮 잡을 체	捕 잡을 포	招 부를 초	聘 부를 빙	蓄 모을 축	積 쌓을 적	衝 부딪칠 충	突 부딪칠 돌	處 곳 처	所 바 소
侵 침노할 침	犯 범할 범	稱 저울/부를 칭	號 이름 호	墮 떨어질 타	落 떨어질 락	怠 게으를 태	慢 거만할 만	探 찾을 탐	索 찾을 색	征 칠 정	伐 칠 벌
討 칠 토	伐 칠 벌	透 통할 투	徹 통할 철	廢 버릴 폐	棄 버릴 기	弊 해질/폐단 폐	害 해로울 해	捕 잡을 포	捉 잡을 착	疲 피곤할 피	困 곤할 곤

| 畢 마칠 필 | 竟 마침내 경 | 寒 찰 한 | 冷 찰 랭 | 恒 항상 항 | 常 떳떳할/항상 상 | 解 풀 해 | 釋 풀 석 | 許 허락할 허 | 諾 허락할 락 | 顯 나타날 현 | 著 나타날 저 |

| 形 모양 형 | 態 모습 태 | 刑 형벌 형 | 罰 벌할 벌 | 婚 혼인할 혼 | 姻 혼인할 인 | 混 섞일 혼 | 雜 섞일 잡 | 和 화할 화 | 睦 화목할 목 | 休 쉴 휴 | 息 쉴 식 |

| 戲 희롱할 희 | 弄 희롱할 롱 | 希 바랄 희 | 望 바랄 망 | 喜 기쁠 희 | 悅 기쁠 열 | 稀 드물 희 | 少 적을 소 | 濕 젖을 습 | 潤 윤택할 윤 | 尖 뾰족할 첨 | 銳 날카로울 예 |

| 粧 꾸밀 장 | 飾 꾸밀 식 | 超 넘을 초 | 越 넘을 월 | 紀 벼리 기 | 綱 벼리 강 | 安 편안 안 | 逸 편안할 일 | 恐 두려울 공 | 懼 두려워할 구 | 消 사라질 소 | 滅 꺼질 멸 |

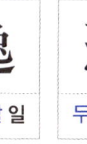

출제유형 02 상대자

314字

뜻이 반대인 둘 이상의 한자가 한 단어를 이루는 경우

문제는 이렇게!

[58~65] 다음 한자어(漢字語)와 뜻이 반대(反對)이거나 상대(相對)되는 한자어는 어느 것입니까?

58 改良 : ① 在來　② 江河　③ 存亡　④ 善意　⑤ 不幸
59 發達 : ① 成長　② 來歷　③ 協助　④ 退步　⑤ 列強
60 獨白 : ① 漁夫　② 對話　③ 美食　④ 罪目　⑤ 告白
61 容易 : ① 視覺　② 逆順　③ 難解　④ 間接　⑤ 勝戰
62 溫暖 : ① 講席　② 鷄鳴　③ 迎新　④ 伐採　⑤ 寒冷
63 實存 : ① 訓練　② 熟眠　③ 立證　④ 假想　⑤ 招待
64 靜寂 : ① 騷亂　② 緊縮　③ 警戒　④ 回顧　⑤ 戲劇
65 多辯 : ① 恐懼　② 沈默　③ 憐憫　④ 屢次　⑤ 倒置

加 더할 가	減 덜 감	增 더할 증	減 덜 감	可 옳을 가	否 아닐 부
甘 달 감	苦 쓸 고	江 강 강	山 산 산	強 강할 강	弱 약할 약
開 열 개	閉 닫을 폐	去 갈 거	來 올 래	往 갈 왕	來 올 래
乾 하늘/마를 건	坤 땅 곤	乾 하늘/마를 건	濕 젖을 습	輕 가벼울 경	重 무거울 중
慶 경사 경	弔 조상할 조	經 지날 경	緯 씨/씨줄 위	京 서울 경	鄕 시골 향
苦 괴로울 고	樂 즐길 락	高 높을 고	低 낮을 저	姑 시어머니 고	婦 며느리 부

정답 | 58　59　60　61　62　63　64　65

| 曲 굽을 곡 | 直 곧을 직 | 功 공공 | 過 허물 과 | 公 공평할 공 | 私 사사로울 사 | 攻 칠공 | 守 지킬 수 | 攻 칠공 | 防 막을 방 | 君 임금 군 | 臣 신하 신 |

| 官 벼슬 관 | 民 백성 민 | 近 가까울 근 | 遠 멀 원 | 勤 부지런할 근 | 怠 게으를 태 | 及 미칠 급 | 落 떨어질 락 | 起 일어날 기 | 伏 엎드릴 복 | 吉 길할 길 | 凶 흉할 흉 |

| 難 어려울 난 | 易 쉬울 이 | 內 안 내 | 外 바깥 외 | 勞 일할 노 | 使 하여금/시킬 사 | 老 늙을 노 | 少 젊을 소 | 多 많을 다 | 少 적을 소 | 斷 끊을 단 | 續 이을 속 |

| 單 홑 단 | 複 겹칠 복 | 旦 아침 단 | 夕 저녁 석 | 當 마땅 당 | 落 떨어질 락 | 冬 겨울 동 | 夏 여름 하 | 同 한가지 동 | 異 다를 이 | 動 움직일 동 | 靜 고요할 정 |

| 得 얻을 득 | 失 잃을 실 | 登 오를 등 | 落 떨어질 락 | 冷 찰 랭 | 熱 더울 열 | 冷 찰 랭 | 溫 따뜻할 온 | 賣 팔 매 | 買 살 매 | 明 밝을 명 | 暗 어두울 암 |

| 文 글월 문 | 武 호반 무 | 美 아름다울 미 | 醜 추할 추 | 夫 남편 부 | 妻 아내 처 | 方 모 방 | 圓 둥글 원 | 本 근본 본 | 末 끝 말 | 浮 뜰 부 | 沈 잠길 침 |

有 있을 유	無 없을 무	隱 숨을 은	現 나타날 현	陰 그늘 음	陽 볕 양	離 떠날 이	合 합할 합	利 이로울 이	害 해로울 해	因 인할 인	果 결과 과
任 맡길 임	免 면할 면	自 스스로 자	他 다를 타	昨 어제 작	今 이제 금	長 어른 장	幼 어릴 유	長 길 장	短 짧을 단	將 장수 장	卒 군사/마칠 졸
將 장수/장차 장	兵 군사 병	前 앞 전	後 뒤 후	田 밭 전	畓 논 답	正 바를 정	誤 그르칠 오	朝 아침 조	夕 저녁 석	早 이를 조	晚 늦을 만
存 있을 존	亡 망할 망	存 있을 존	廢 버릴 폐	尊 높을 존	卑 낮을 비	縱 세로 종	橫 가로 횡	晝 낮 주	夜 밤 야	主 주인 주	客 손님 객
主 주인 주	從 좇을 종	衆 무리 중	寡 적을 과	眞 참 진	假 거짓 가	眞 참 진	僞 거짓 위	進 나아갈 진	退 물러날 퇴	集 모을 집	配 나눌 배
集 모을 집	散 흩을 산	添 더할 첨	削 깎을 삭	晴 갤 청	雨 비 우	淸 맑을 청	濁 흐릴 탁	初 처음 초	終 마칠 종	出 날 출	入 들 입

| 출제유형 03 | 동음이의어 | 314個 |

소리는 같지만 뜻이 다른 한자어

문제는 이렇게!

[20~24] 다음 한자(漢字)와 음(音)이 같은 한자는 어느 것입니까?

20 製:　①醫　②密　③判　④題　⑤患

21 皇:　①省　②量　③章　④最　⑤黃

22 責:　①册　②宙　③賞　④敗　⑤貨

23 限:　①根　②干　③韓　④退　⑤都

24 兆:　①刀　②造　③斗　④消　⑤紙

[41~45] 다음 한자어(漢字語)와 발음(發音)이 같은 한자어는 어느 것입니까?

41 詩歌:　①是非　②短期　③念頭　④市街　⑤變數

42 防止:　①方志　②運送　③意識　④宇宙　⑤敗走

43 新鮮:　①獨善　②神仙　③姓氏　④期間　⑤勞使

44 驚異:　①耕地　②急速　③堅持　④暴露　⑤輕易

45 霧散:　①戊辰　②墓域　③茂山　④韻致　⑤睡眠

정답 | 20 ④ 21 ⑤ 22 ⑤ 23 ③ 24 ②
41 ④ 42 ⑤ 43 ② 44 ⑤ 45 ③

加工	가공	원자재나 반제품을 인공적으로 처리하여 새로운 제품을 만들거나 제품의 질을 높임.
架空		사실이 아니고 거짓이나 상상으로 꾸며냄.

歌手	가수	노래 부르는 것이 직업인 사람.
假需		당장 필요가 없으면서도 일어나는 수요. '가수요'의 준말.

家長	가장	한 가정을 이끌어 나가는 사람.
假裝		태도를 거짓으로 꾸밈.

家庭	가정	한 가족이 생활하는 집.
假定		사실이 아니거나 또는 사실인지 아닌지 분명하지 않은 것을 임시로 인정함.

監司	감사	조선 시대에 둔, 각 도의 으뜸 벼슬.
感謝		고마움을 나타내는 인사.

感想	감상	마음속에서 일어나는 느낌이나 생각.
鑑賞		주로 예술 작품을 이해하여 즐기고 평가함.

感祝	감축	경사스러운 일을 함께 감사하고 축하함.
減縮		덜어서 줄임.
江水	강수	강에 흐르는 물.
降水		비, 눈, 우박, 안개 따위로 지상에 내린 물.
強要	강요	억지로 또는 강제로 요구함.
綱要		일의 으뜸 줄기가 될 만한 요점.
個性	개성	다른 사람이나 개체와 구별되는 고유의 특성.
開城		성문을 엶.
改正	개정	주로 문서의 내용 따위를 고쳐 바르게 함.
改定		이미 정하였던 것을 고쳐 다시 정함.

拒否	거부	요구나 제의 따위를 받아들이지 않고 물리침.
巨富		큰 부자.
建造	건조	건물이나 배 따위를 설계하여 만듦.
乾燥		말라서 습기가 없음.
境界	경계	사물이 어떠한 기준에 의하여 분간되는 한계.
警戒		뜻밖의 사고가 생기지 않도록 조심하여 단속함.
景觀	경관	산이나 들, 강, 바다 따위의 자연이나 지역의 풍경.
京官		조선 시대, 서울에 있던 여러 관아의 벼슬을 통칭하던 말.
京畿	경기	서울을 중심으로 한 가까운 주위의 지방.
競技		일정한 규칙 아래 기량과 기술을 겨룸.

經路	경로	지나는 길.
敬老		노인을 공경함.
驚事	경사	뜻밖에 매우 놀랄 일.
經絲		피륙의 날실.
驚異	경이	놀랍고 신기하게 여김.
輕易		대수롭지 않음.
慶州	경주	경상북도 동남부에 있는 시.
競走		사람, 동물, 차량 따위가 일정한 거리를 달려 빠르기를 겨루는 일.
古城	고성	옛날에 지은 오래된 성.
高聲		크고 높은 목소리.

固守	고수	차지한 물건이나 형세 따위를 굳게 지킴.
高手		바둑이나 장기 따위에서 수가 높음.

公募	공모	일반에게 널리 공개하여 모집함.
共謀		두 사람 이상이 어떤 불법적인 행위를 하기로 합의하는 일.

果實	과실	나무 따위를 가꾸어 얻는, 사람이 먹을 수 있는 열매.
過失		부주의나 태만 따위에서 비롯된 잘못이나 허물.

告知	고지	게시나 글을 통하여 알림.
高地		지대가 높은 땅.

恭遜	공손	말이나 행동이 겸손하고 예의 바름.
公孫		임금이나 제후의 후손.

矯正	교정	틀어지거나 잘못된 것을 바로잡음.
校庭		학교의 마당이나 운동장.

公卿	공경	삼공(三公)과 구경(九卿)을 아울러 이르는 말.
恭敬		공손히 받들어 모심.

公約	공약	정부, 정당, 입후보자 등이 어떤 일에 대하여 국민에게 실행할 것을 약속함.
空約		헛되게 약속함. 또는 그런 약속.

救命	구명	사람의 목숨을 구함.
究明		사물의 본질, 원인 따위를 깊이 연구하여 밝힘.

空氣	공기	지구를 둘러싼 대기의 하층부를 구성하는 무색, 무취의 투명한 기체.
工期		공사하는 기간.

公布	공포	일반 대중에게 널리 알림.
空胞		성숙한 식물 세포에 들어 있는 구조물.

救助	구조	재난 등 어려운 처지에 빠진 사람을 구해 줌.
構造		부분이나 요소가 어떤 전체를 짜 이룸.

功勞	공로	일을 마치거나 목적을 이루는 데 들인 노력과 수고.
公路		많은 사람과 차가 다니는 큰길.

科擧	과거	우리나라와 중국에서 관리를 뽑을 때 실시하던 시험.
過去		이미 지나간 때.

近刊	근간	최근에 출판함.
根幹		사물의 바탕이나 중심이 되는 중요한 것.

近思	근사	높고 먼 이상을 좇지 아니하고 자기 몸 가까운 곳을 생각함.
勤事		일에 공들임.
機構	기구	많은 사람이 모여 어떤 목적을 위하여 구성한 조직이나 기관의 구성 체계.
器具		세간, 도구, 기계 따위를 통틀어 이르는 말.
記事	기사	사실을 적음. 또는 그런 글.
技師		관청이나 회사에서 전문 지식이 필요한 특별한 기술 업무를 맡아보는 사람.
短期	단기	짧은 기간.
檀紀		단군이 즉위한 해인 서력 기원전 2333년을 원년(元年)으로 하는 기원.
短命	단명	목숨이 짧음.
單名		단일한 개념을 나타내는 명사.

端緖	단서	어떤 문제를 해결하는 방향으로 이끌어 가는 일의 첫 부분.
丹書		바위나 돌에 새긴 글.
端正	단정	옷차림새나 몸가짐 따위가 얌전하고 바름.
斷定		딱 잘라 판단하고 결정함.
大氣	대기	천체의 표면을 둘러싸고 있는 기체.
待期		때나 기회를 기다림.
代身	대신	어떤 대상의 자리나 구실을 바꾸어서 새로 맡음.
大臣		군주 국가에서 장관을 이르는 말.
道路	도로	사람, 차가 다니도록 만든 넓은 길.
徒勞		헛되이 수고함.

獨島	독도	경상북도 울릉군에 속하는 화산섬.
讀圖		지도나 도면을 보고 그 내용을 알아봄.
動靜	동정	물질의 운동과 정지.
同情		남의 어려운 처지를 자기 일처럼 딱하고 가엾게 여김.
冬至	동지	음력으로 열한 번째 달.
同志		목적이나 뜻이 서로 같음. 또는 그런 사람.
動畫	동화	만화 영화에서, 한 장면 한 장면의 그림을 이르는 말.
童話		어린이를 위하여 동심을 바탕으로 지은 이야기.
萬石	만석	곡식의 일만 섬.
滿席		정한 자리가 다 참.

표제어	한자	뜻
보고	報告 (報, 告)	일의 내용이나 결과를 말이나 글로 알림. / 자세히 보고하여 드림.
장기	長期 (長, 期)	오랜 기간.
문서	文書 (文, 書)	글이나 기호 따위로 일정한 의사나 관념 또는 사상을 나타낸 것.

표제어	한자	뜻
모범	模範 (模, 範)	본받아 배울 만한 대상. / 본받아 배울 만한 행동이나 그런 행동을 하는 사람.
암묵	暗默 (暗, 默)	자기의 의사를 밖으로 나타내지 아니함.
보존	保存 (保, 存)	잘 보호하고 간수하여 남김.

표제어	한자	뜻
보유	保有 (保, 有)	가지고 있거나 간직하고 있음.
발문	跋文 (跋, 文)	책의 끝에 본문 내용의 대강(大綱)이나 간행 경위에 관한 사항을 간략하게 적은 글.
무사	無事 (無, 事)	아무런 일이 없음. / 아무 탈 없이 편안함.

표제어	한자	뜻
호응	呼應 (呼, 應)	부름에 응답한다는 뜻. / 부르는 말에 대답한다는 뜻.
신중	愼重 (愼, 重)	매우 조심스러움.
무시	無視 (無, 視)	사물의 존재 의의나 가치를 알아주지 아니함. / 사람을 깔보거나 업신여김.

표제어	한자	뜻
논의	論議 (論, 議)	어떤 문제에 대하여 서로 의견을 내어 토의함.
명사	名詞 (名, 詞)	사물의 이름을 나타내는 말.
인용	引用 (引, 用)	남의 말이나 글을 자신의 말이나 글 속에 끌어 씀.

富者	부자	재물이 많아 살림이 넉넉한 사람.
父子		아버지와 아들을 아울러 이르는 말.
不可	불가	옳지 않음.
佛家		승려가 불상을 모시고 불도를 닦으며 교법을 펴는 집.
碑銘	비명	비석에 새긴 글자.
悲鳴		슬피 욺.
飛行	비행	공중으로 날아가거나 날아다님.
非行		잘못되거나 그릇된 행위.
事故	사고	뜻밖에 일어난 불행한 일.
思考		생각하고 궁리함.
寺基	사기	절을 세울 터.
史記		역사적 사실을 기록한 책.
使用	사용	일정한 목적이나 기능에 맞게 씀.
私用		공공의 물건을 사사로이 씀. 또는 그 물건.
私有	사유	개인이 사사로이 소유함. 또는 그런 소유물.
事由		일의 까닭.
死人	사인	죽은 사람.
死因		죽게 된 원인.
死刑	사형	수형자의 목숨을 끊음.
舍兄		남에게 자기의 맏형을 겸손하게 이르는 말.
商街	상가	상점들이 죽 늘어서 있는 거리.
喪家		사람이 죽어 장례를 치르는 집.
尙武	상무	무예를 중히 여겨 높이 받듦.
商務		상업상의 업무나 볼일.
常設	상설	언제든지 이용할 수 있도록 설비와 시설을 갖춤.
相說		관상에서 예로부터 전해 오는 말.
商議	상의	어떤 일을 서로 의논함.
上衣		윗옷.
星火	성화	지구의 대기권으로 들어와 빛을 내며 떨어지는 물체.
聖畫		기독교의 내용을 그린 종교화.

| 世情 | 세정 | 세상의 사정이나 형편. |
| 稅政 | | 세무에 관한 행정. |

| 樹石 | 수석 | 나무와 돌을 아울러 이르는 말. |
| 首席 | | 등급이나 직위 따위에서 맨 윗자리. |

| 詩想 | 시상 | 시를 짓기 위한 착상이나 구상. |
| 施賞 | | 상장이나 상품, 상금 따위를 줌. |

| 所在 | 소재 | 어떤 곳에 있음. 또는 있는 곳. |
| 素材 | | 어떤 것을 만드는 데 바탕이 되는 재료. |

| 修習 | 수습 | 학업이나 실무 따위를 배워 익힘. |
| 收拾 | | 흩어진 재산이나 물건을 거두어 정돈함. |

| 視線 | 시선 | 눈이 가는 길. 또는 눈의 방향. |
| 試選 | | 시험을 보아 뽑음. |

| 消化 | 소화 | 섭취한 음식물을 분해하여 영양분을 흡수하기 쉬운 형태로 변화시키는 일. |
| 笑話 | | 우스운 이야기를 함. |

| 詩歌 | 시가 | 가사를 포함한 시 문학을 통틀어 이르는 말. |
| 市街 | | 도시의 큰 길거리. |

| 詩人 | 시인 | 시를 전문적으로 짓는 사람. |
| 是認 | | 어떤 내용이나 사실이 옳거나 그러하다고 인정함. |

| 速記 | 속기 | 꽤 빨리 적음. |
| 俗氣 | | 속계의 공통적인 기질. |

| 施工 | 시공 | 공사를 시행함. |
| 時空 | | 시간과 공간을 아울러 이르는 말. |

| 新鮮 | 신선 | 새롭고 산뜻함. |
| 神仙 | | 도를 닦아서 현실의 인간 세계를 떠나 자연과 벗하며 산다는 상상의 사람. |

| 受賞 | 수상 | 상을 받음. |
| 手相 | | 손금이나 손의 모양. |

| 施肥 | 시비 | 거름을 주는 일. |
| 詩碑 | | 시를 새긴 비석. |

| 伸縮 | 신축 | 늘고 줆. |
| 新築 | | 건물 따위를 새로 만듦. |

失禮	실례	말이나 행동이 예의에 벗어남.
實例		구체적인 실제의 보기.
安全	안전	위험이 생기거나 사고가 날 염려가 없음.
眼前		눈으로 볼 수 있는 아주 가까운 곳.
養成	양성	가르쳐서 유능한 사람을 길러 냄.
陽性		적극적이고 활동적인 성질을 이름.
洋式	양식	서양의 양식이나 격식.
良識		뛰어난 식견이나 건전한 판단.
養育	양육	아이를 보살펴서 자라게 함.
羊肉		양의 고기.

力士	역사	뛰어나게 힘이 센 사람.
歷史		인류 사회의 변천과 흥망의 과정. 또는 그 기록.
力說	역설	자기의 뜻을 힘주어 말함. 또는 그런 말.
逆說		어떤 주의나 주장에 반대되는 이론이나 말.
延期	연기	정해진 기한을 뒤로 물려서 늘림.
年紀		대강의 나이.
憂愁	우수	근심과 걱정을 아울러 이르는 말.
優秀		여럿 가운데 뛰어남.
運輸	운수	운송이나 운반보다 큰 규모로 사람을 태워 나르거나 물건을 실어 나름.
運數		이미 정하여져 있어 인간의 힘으로는 어쩔 수 없는 천운과 기수.

幽冥	유명	깊숙하고 어두움.
乳名		아이 때의 이름
誘致	유치	꾀어서 데려옴.
留置		남의 물건을 맡아 둠.
育成	육성	길러 자라게 함.
六省		중국 당나라 때에 둔 중앙 정부의 여섯 관아.
凝視	응시	눈길을 모아 한 곳을 똑바로 바라봄.
應試		시험에 응함.
依據	의거	어떤 사실이나 원리 따위에 근거함.
義擧		정의를 위하여 개인이나 집단이 의로운 일을 도모함.

義士	**의사**	의로운 지사.
醫師		일정한 자격을 가지고 병을 고치는 것을 직업으로 하는 사람.

人道	**인도**	보행자의 통행에 사용하도록 된 도로.
引導		이끌어 지도함.

財團	**재단**	어떤 사람의 사적 재산을, 채권자나 제삼자의 권리를 보호하기 위해 법률적으로 그 사람의 다른 재산과 구별해 다루는 것.
裁斷		옳고 그름을 가려 결정함.

理想	**이상**	생각할 수 있는 범위 안에서 가장 완전하다고 여겨지는 상태.
以上		수량이나 정도가 일정한 기준보다 더 많거나 나음.

人情	**인정**	사람이 본래 가지고 있는 감정이나 심정.
認定		확실히 그렇다고 여김.

災禍	**재화**	재앙과 화난을 아울러 이르는 말.
載貨		화물을 차나 배에 실음.

異性	**이성**	성질이 다름. 또는 다른 성질.
理性		개념적으로 사유하는 능력을 감각적 능력에 상대하여 이르는 말.

長壽	**장수**	오래도록 삶.
將帥		군사를 거느리는 우두머리.

傳奇	**전기**	전하여 오는 기이한 일을 세상에 전함.
電氣		물질 안에 있는 전자 또는 공간에 있는 자유 전자나 이온들의 움직임 때문에 생기는 에너지의 한 형태.

利害	**이해**	이익과 손해를 아울러 이르는 말.
理解		사리를 분별하여 해석함.

再考	**재고**	어떤 일이나 문제 따위에 대하여 다시 생각함.
在庫		창고 따위에 쌓여 있음.

前例	**전례**	이전부터 있었던 사례.
典例		전거가 되는 선례.

展示	전시	여러 가지 물품을 한곳에 벌여 놓고 보임.
戰時		전쟁이 벌어진 때.
全員	전원	소속된 인원의 전체.
全院		한 원(院)의 전체.
前者	전자	말하는 때 이전의 지나간 차례나 때.
電子		음전하를 가지고 원자핵의 주위를 도는 소립자의 하나.
切感	절감	절실히 느낌.
節減		아끼어 줄임.
定員	정원	일정한 규정에 의하여 정한 인원.
庭園		집 안에 있는 뜰이나 꽃밭.

制度	제도	관습이나 도덕, 법률 따위의 규범이나 사회 구조의 체계.
製圖		기계, 건축물, 공작물 따위의 도면이나 도안을 그림.
制約	제약	조건을 붙여 내용을 제한함. 또는 그 조건.
製藥		약재를 섞어서 약을 만듦. 또는 그 약.
制裁	제재	일정한 규칙이나 관습의 위반에 대하여 제한하거나 금지함. 또는 그런 조치.
題材		예술 작품이나 학술 연구의 바탕이 되는 재료.
造成	조성	무엇을 만들어서 이룸.
助成		도와서 이루게 함.
潮差	조차	밀물과 썰물 때의 수위의 차.
租借		삯을 물기로 하고 집이나 땅 따위를 빌림.

造化	조화	만물을 창조하고 기르는 대자연의 이치.
調和		서로 잘 어울림.
中度	중도	알맞은 정도.
中道		어느 한쪽으로 치우치지 아니하는 바른 길.
遲刻	지각	정해진 시각보다 늦게 출근하거나 등교함.
知覺		알아서 깨달음. 또는 그런 능력.
至急	지급	매우 급함.
支給		돈이나 물품 따위를 정하여진 몫만큼 내줌.
指導	지도	어떤 목적이나 방향으로 남을 가르쳐 이끎.
地圖		지구 표면을 일정한 비율로 줄여, 이를 약속된 기호로 평면에 나타낸 그림.

指摘	지적	꼭 집어서 가리킴.
知的		지식이나 지성에 관한. 또는 그런 것.

眞情	진정	참되고 애틋한 정이나 마음.
眞正		거짓이 없이 참으로.

着地	착지	공중에서 땅으로 내림. 또는 그런 곳.
錯紙		책 따위를 맬 때 잘못하여 차례가 뒤바뀐 종이.

妻兄	처형	아내의 언니를 이르거나 부르는 말.
處刑		형벌에 처함.

天吏	천리	천명을 받들어 백성을 다스리는 사람이라는 뜻으로, 임금을 이르는 말.
天理		천지자연의 이치. 또는 하늘의 바른 도리.

淸潔	청결	맑고 깨끗함.
聽決		송사를 자세히 듣고 판단함.

初代	초대	차례로 이어 나가는 자리나 지위에서 그 첫 번째에 해당하는 차례.
招待		어떤 모임에 참가해 줄 것을 청함.

最古	최고	가장 오래됨.
最高		가장 높음.

治熱	치열	병의 근원이 되는 열기를 다스림. 또는 그런 일.
齒列		이가 죽 박혀 있는 열의 생김새.

打算	타산	자신에게 도움이 되는지를 따져 헤아림.
他山		다른 산. 또는 다른 사람 소유의 산.

彈性	탄성	물체에 외부에서 힘을 가하면 부피와 모양이 바뀌었다가, 그 힘을 제거하면 본디의 모양으로 되돌아가려고 하는 성질.
歎聲		몹시 한탄하거나 탄식하는 소리.

脫臭	탈취	냄새를 빼어 없앰.
奪取		빼앗아 가짐.

通話	**통화**	전화로 말을 주고받음.
通貨		유통 수단이나 지불 수단으로서 기능하는 화폐.

表紙	**표지**	책의 맨 앞뒤의 겉장.
標識		표시나 특징으로 어떤 사물을 다른 것과 구별하게 함. 또는 그 표시나 특징.

會議	**회의**	여럿이 모여 의논함. 또는 그런 모임.
懷疑		의심을 품음. 또는 마음속에 품고 있는 의심.

解讀	**해독**	어려운 문구 따위를 읽어 이해하거나 해석함.
害毒		좋고 바른 것을 망치거나 손해를 끼침. 또는 그 손해.

現象	**현상**	인간이 지각할 수 있는, 사물의 모양과 상태.
現狀		나타나 보이는 현재의 상태.

胡騎	**호기**	오랑캐의 기병.
豪氣		씩씩하고 호방한 기상.

號數	**호수**	차례로 매겨진 번호의 수효.
湖水		땅이 우묵하게 들어가 물이 괴어 있는 곳.

04 동형이음자

동형이음자 모양이 같고 쓰임에 등이 달라지는 것을 골라 쓴다.

50배

문제는 이렇게!

[46~47] 다음 밑줄 친 한자(漢字)의 음(音)이 다르게 발음되는 것은 어느 것입니까?

46. ① 懷(회) ② 開(개) ③ 科(과)
    ④ 科(과) ⑤ 課(과)

47. ① 興(흥) ② 間(간) ③ 養(양)
    ④ 樂(악) ⑤ 樂(락)

降			
항 복할 항	내릴 강		
降伏	降雪	降等	下降
항복	강설	강등	하강

說			
말씀 설	달랠 세		
說明	逆說	遊說	
설명	역설	유세	

省			
살필 성	덜 생		
反省	省察	省略	
반성	성찰	생략	

首		
머리 수	목 수	
首題	引率	比率
수제	인솔	비율

茶		
차 차	차 다	
茶道	茶器	茶盤
다도	다기	다반

見		
볼 견	뵈올 현	
見學	見聞	謁見
견학	견문	알현

復		
회복할 복	다시 부	
回復	復活	復興
회복	부활	부흥

便		
편할 편	오줌 변	
便利	便安	小便
편리	편안	소변

北		
북녘 북	달아날 배	
北斗	敗北	
북두	패배	

沈		乾		更		糖		度		復	
沈沒	沈氏	乾坤	乾燥	更生	更新	糖分	雪糖	程度	度地	復歸	復活
침몰	심씨	건곤	건조	갱생	경신	당분	설탕	정도	탁지	복귀	부활
잠길 침	성씨 심	하늘 건	마를 건	다시 갱	고칠 경	엿 당	엿 탕	법도 도	헤아릴 탁	회복할 복	다시 부

誓		宅		讀		帥		拾		易	
誓約	盟誓	住宅	宅內	讀書	吏讀	元帥	統帥	拾得	參拾	容易	貿易
서약	맹세	주택	댁내	독서	이두	원수	통솔	습득	삼십	용이	무역
맹세할 서	맹세할 세	집 택	댁 댁	읽을 독	구절 두	장수 수	거느릴 솔	주을 습	열 십	쉬울 이	바꿀 역

狀		著		切		則		徵		說	
狀況	賞狀	著作	附著	親切	一切	規則	然則	徵兵	宮商角徵羽	說明	遊說
상황	상장	저작	부착	친절	일체	규칙	연즉	징병	궁상각치우	설명	유세
형상 상	문서 장	나타날 저	붙을 착	끊을 절	온통 체	법칙 칙	곧 즉	부를 징	음률 이름 치	말씀 설	달랠 세

行		畫		暴		辰		參		推	
行進	行列	畫家	計畫	暴露	暴惡	甲辰	生辰	參與	參拾	推仰	推敲
행진	항렬	화가	계획	폭로	포악	갑진	생신	참여	삼십	추앙	퇴고
다닐 행	항렬 항	그림 화	그을 획	사나울 폭	사나울 포	별 진	때 신	참여할 참	석 삼	밀 추	밀 퇴

便		布		食		若		北		丹	
便利	小便	宣布	布施	飮食	簞食	萬若	般若	南北	敗北	丹色	牡丹
편리	소변	선포	보시	음식	단사	만약	반야	남북	패배	단색	모란
편할 편	똥오줌 변	펼 포	보시 보	밥/먹을 식	먹이 사	같을 약	반야 야	북녘 북	달아날 배	붉을 단	붉을 란

50

출제유형 05 — 사자성어 (600個)

네 자의 한자로 이루어진 성어

문제는 이렇게!

[66~70] 다음 성어(成語)에서 □에 들어갈 알맞은 한자(漢字)는 어느 것입니까?

66 見利思□ : ① 義 ② 功 ③ 仁 ④ 信 ⑤ 位

70 □人成虎 : ① 三 ② 四 ③ 五 ④ 六 ⑤ 七

[71~75] 다음 성어(成語)의 뜻풀이로 적절한 것은 어느 것입니까?

71 見物生心

① 싼값에 물건을 삼.
② 물건을 싫어하는 마음.
③ 사물과 사람의 마음은 다름.
④ 물건을 여러 사람들이 사려고 함.
⑤ 물건을 보면 가지고 싶은 욕심이 생김.

[76~80] 다음의 뜻을 가장 잘 나타낸 성어(成語)는 어느 것입니까?

76 막기 어려울 정도로 여러 사람들이 마구 지껄임.

① 永久不變 ② 富貴在天 ③ 月下氷人
④ 身土不二 ⑤ 衆口難防

정답 | 66 ⑤ 70 ① 71 ⑤ 76 ⑤

家家戶戶 (가가호호)	각 집. 집집마다.
街談巷說 (가담항설)	길거리나 세상 사람들 사이에 떠도는 소문. '뜬소문'으로 순화.
苛斂誅求 (가렴주구)	세금을 가혹하게 거두어들이고, 무리하게 재물을 빼앗음.
佳人薄命 (가인박명)	미인은 불행하거나 병약하여 요절하는 일이 많음.
刻苦勉勵 (각고면려)	어떤 일에 고생을 무릅쓰고 몸과 마음을 다하여, 무척 애를 쓰면서 부지런히 노력함.
刻骨難忘 (각골난망)	은혜를 입은 고마움이 뼈에 깊이 새겨져 잊히지 아니함.
刻骨銘心 (각골명심)	어떤 일을 뼈에 새길 정도로 마음속 깊이 새겨 두고 잊지 아니함.
刻骨痛恨 (각골통한)	뼈에 사무칠 만큼 원통하고 한스러움. 또는 그런 일.
角者無齒 (각자무치)	뿔이 있는 짐승은 이가 없다는 뜻으로, 한 사람이 여러 가지 재주나 복을 다 가질 수 없다는 말.
刻舟求劍 (각주구검)	융통성 없이 현실에 맞지 않는 낡은 생각을 고집하는 어리석음을 이르는 말.

艱難辛苦 간 난 신 고	몹시 힘들고 어려우며 고생스러움.
肝腦塗地 간 뇌 도 지	참혹한 죽임을 당하여 간장과 뇌수가 땅에 널려 있다는 뜻으로, 나라를 위하여 목숨을 돌보지 않고 애를 씀을 이르는 말.
肝膽相照 간 담 상 조	서로 속마음을 털어놓고 친하게 사귐.
渴而穿井 갈 이 천 정	목이 말라야 비로소 샘을 판다는 뜻으로 미리 준비를 하지 않고 있다가 일이 지나간 뒤에는 아무리 서둘러 봐도 아무 소용이 없음.
感慨無量 감 개 무 량	마음속에서 느끼는 감동이나 느낌이 끝이 없음. 또는 그 감동이나 느낌.
甘言利說 감 언 이 설	귀가 솔깃하도록 남의 비위를 맞추거나 이로운 조건을 내세워 꾀는 말.
感之德之 감 지 덕 지	분에 넘치는 듯싶어 매우 고맙게 여기는 모양.
甘吞苦吐 감 탄 고 토	달면 삼키고 쓰면 뱉는다는 뜻으로, 자신의 비위에 따라서 사리의 옳고 그름을 판단함을 이르는 말.
甲男乙女 갑 남 을 녀	갑이란 남자와 을이란 여자라는 뜻으로, 평범한 사람들을 이르는 말.
剛木水生 강 목 수 생	마른나무에서 물이 난다는 뜻으로, 아무것도 없는 사람에게 무리하게 무엇을 내라고 요구함을 이르는 말.

剛柔兼全 강 유 겸 전	굳세고 부드러운 성품을 아울러 가짐.
江湖煙波 강 호 연 파	강이나 호수 위에 안개처럼 보얗게 이는 기운.
改過遷善 개 과 천 선	지난날의 잘못이나 허물을 고쳐 올바르고 착하게 됨.
蓋棺事定 개 관 사 정	시체를 관에 넣고 뚜껑을 덮은 후에야 일을 결정할 수 있다는 뜻으로, 사람이 죽은 후에야 비로소 그 사람에 대한 평가가 제대로 됨을 이르는 말.
改善匡正 개 선 광 정	새롭게 잘못을 고치고 바로잡음.
蓋世之才 개 세 지 재	세상을 뒤덮을 만큼 뛰어난 재주. 또는 그 재주를 가진 사람.
客反爲主 객 반 위 주	손이 도리어 주인 노릇을 한다는 뜻으로, 부차적인 것을 주된 것보다 오히려 더 중요하게 여김을 이르는 말.
去頭截尾 거 두 절 미	머리와 꼬리를 잘라 버림. 어떤 일의 요점만 간단히 말함.
居安思危 거 안 사 위	평안할 때에도 위험과 곤란이 닥칠 것을 생각하며 잊지말고 미리 대비해야 함.
擧案齊眉 거 안 제 미	밥상을 눈썹과 가지런하도록 공손히 들어 남편 앞에 가지고 간다는 뜻으로, 남편을 깍듯이 공경함을 이르는 말.

去者日疏 거 자 일 소	죽은 사람에 대한 생각은 날이 갈수록 잊게 된다는 뜻으로, 서로 멀리 떨어져 있으면 점점 사이가 멀어짐을 이르는 말.
乾坤一擲 건 곤 일 척	주사위를 던져 승패를 건다는 뜻으로, 운명을 걸고 단판걸이로 승부를 겨룸을 이르는 말.
格物致知 격 물 치 지	실제 사물의 이치를 연구하여 지식을 완전하게 함.
隔世之感 격 세 지 감	진보와 변화를 많이 겪어서 다른 세상이 된 것 같은 느낌.
擊壤之歌 격 양 지 가	땅을 두드리며 부르는 노래라는 뜻으로, 매우 살기 좋은 시절을 말함.
牽强附會 견 강 부 회	이치에 맞지 않는 말을 억지로 끌어 붙여 자기에게 유리하게 함.
見利忘義 견 리 망 의	눈앞의 이익을 보면 의리를 잊음.
見利思義 견 리 사 의	눈앞의 이익을 보면 의리를 먼저 생각함.
犬馬之勞 견 마 지 로	개나 말 정도의 하찮은 힘이라는 뜻으로, 윗사람에게 충성을 다하는 자신의 노력을 낮추어 이르는 말.
犬馬之誠 견 마 지 성	임금이나 나라에 바치는 충성을 낮추어 이르는 말.

見蚊拔劍 견문발검	모기를 보고 칼을 뺀다는 뜻으로, 사소한 일에 크게 성내어 덤빔을 이르는 말.
見物生心 견물생심	어떠한 실물을 보게 되면 그것을 가지고 싶은 욕심이 생김.
堅如金石 견여금석	서로 맺은 언약이나 맹세가 금석과 같이 단단함을 이르는 말.
犬猿之間 견원지간	개와 원숭이의 사이라는 뜻으로, 사이가 매우 나쁜 두 관계를 비유적으로 이르는 말.
見危授命 견위수명	위험을 보면 목숨을 바친다는 뜻으로, 나라의 위태로운 지경을 보고 목숨을 바쳐 나라를 위해 싸우는 것을 말함.
見危致命 견위치명	나라가 위태로울 때 자기의 몸을 나라에 바침.
堅忍不拔 견인불발	굳게 참고 견디어 마음이 흔들리지 않음.
犬兔之爭 견토지쟁	개와 토끼의 다툼이라는 뜻으로, 두 사람의 싸움에 제삼자가 이익을 봄을 이르는 말.
結者解之 결자해지	맺은 사람이 풀어야 한다는 뜻으로, 자기가 저지른 일은 자기가 해결하여야 함을 이르는 말.
結草報恩 결초보은	죽은 뒤에라도 은혜를 잊지 않고 갚음을 이르는 말.
謙讓之德 겸양지덕	겸손한 태도로 남에게 양보하거나 사양하는 아름다운 마음씨나 행동.
兼人之勇 겸인지용	혼자서 능히 몇 사람을 당해 낼 만한 용기.
輕擧妄動 경거망동	경솔하여 생각 없이 망령되게 행동함. 또는 그런 행동.
傾國之色 경국지색	임금이 혹하여 나라가 기울어져도 모를 정도의 미인이라는 뜻으로, 뛰어나게 아름다운 미인을 이르는 말.
耕當問奴 경당문노	농사일은 의당 머슴에게 물어보아야 한다는 뜻으로, 모르는 일은 잘 아는 사람에게 상의하여야 함을 이르는 말.
經世濟民 경세제민	세상을 다스리고 백성을 구제함.
敬而遠之 경이원지	겉으로는 공경하는 체하면서 실제로는 꺼리어 멀리함.
鏡中美人 경중미인	거울에 비친 미인이라는 뜻으로, 실속 없는 일을 비유적으로 이르는 말.
敬天勤民 경천근민	하늘을 공경하고 백성을 위하여 부지런히 일한다는 뜻으로 제왕이 행해야 할 도리를 일컫는 말.
驚天動地 경천동지	하늘을 놀라게 하고 땅을 움직이게 한다는 뜻으로 몹시 세상을 놀라게 함을 이르는 말.
敬天愛人 경천애인	하늘을 숭배하고 인간을 사랑함.
經天緯地 경천위지	온 천하를 조직적으로 잘 계획하여 다스림.
鷄口牛後 계구우후	닭의 부리와 소의 꼬리라는 뜻으로, 큰 단체의 꼴찌보다는 작은 단체의 우두머리가 되는 것이 오히려 나음을 이르는 말.
鷄卵有骨 계란유골	달걀에도 뼈가 있다는 뜻으로, 운수가 나쁜 사람은 모처럼 좋은 기회를 만나도 역시 일이 잘 안됨을 이르는 말.
鷄鳴狗盜 계명구도	비굴하게 남을 속이는 하찮은 재주 또는 그런 재주를 가진 사람을 이르는 말.
高臺廣室 고대광실	매우 크고 좋은 집.
股肱之臣 고굉지신	다리와 팔만큼 중요한 신하라는 뜻으로, 임금이 가장 신임하는 신하를 이르는 말.
孤軍奮鬪 고군분투	따로 떨어져 도움을 받지 못하게 된 군사가 많은 수의 적군과 용감하게 잘 싸움.
高談峻論 고담준론	뜻이 높고 바르며 엄숙하고 날카로운 말.
孤立無援 고립무원	고립되어 구원을 받을 데가 없음.

孤立無依 **고 립 무 의**	고립되어 의지할 데가 없음.	骨肉相爭 **골 육 상 쟁**	가까운 혈족끼리 서로 싸움.	瓜田李下 **과 전 이 하**	오이밭에서 신을 고쳐 신지 말고 자두나무 밑에서 갓을 고쳐 쓰지 말라는 뜻으로, 의심받기 쉬운 행동은 피하는 것이 좋음을 이르는 말.

| 鼓腹擊壤
고 복 격 양 | 태평한 세월을 즐김을 이르는 말. | 公卿大夫
공 경 대 부 | 삼공과 구경, 대부를 아울러 이르는 말. | 管鮑之交
관 포 지 교 | 관중과 포숙의 사귐이란 뜻으로, 우정이 아주 돈독한 친구 관계를 이르는 말. |

| 孤城落日
고 성 낙 일 | 외딴 성과 서산에 지는 해라는 뜻으로, 세력이 다하고 남의 도움이 없는 매우 외로운 처지를 이르는 말. | 共倒同亡
공 도 동 망 | 함께 넘어지고 같이 망함. | 刮目相對
괄 목 상 대 | 눈을 비비고 상대편을 본다는 뜻으로, 남의 학식이나 재주가 놀랄 만큼 부쩍 늚을 이르는 말. |

| 姑息之計
고 식 지 계 | 우선 당장 편한 것만을 택하는 꾀나 방법. | 空理空論
공 리 공 론 | 실천이 따르지 아니하는, 헛된 이론이나 논의. | 光明正大
광 명 정 대 | 말이나 행실이 떳떳하고 정당함. |

| 高屋建瓴
고 옥 건 령 | 높은 지붕 위에서 물을 담은 독을 기울여 쏟으면 그 내리쏟는 물살은 무엇으로도 막기 힘들다는 뜻으로, 기세가 왕성함을 이르는 말. | 公明正大
공 명 정 대 | 하는 일이나 태도가 사사로움이나 그릇됨이 없이 아주 정당하고 떳떳함. | 光陰如流
광 음 여 류 | 세월이 흐르는 물과 같이 한번 지나면 되돌아오지 않음을 비유적으로 이르는 말. |

| 苦肉之策
고 육 지 책 | 자기 몸을 상해 가면서까지 꾸며 내는 계책이라는 뜻으로, 어려운 상태를 벗어나기 위해 어쩔 수 없이 꾸며 내는 계책을 이르는 말. | 空前絶後
공 전 절 후 | 이전에도 없었고 앞으로도 없음. | 曠日持久
광 일 지 구 | 헛되이 세월을 보내며 날짜만 끎. |

| 孤掌難鳴
고 장 난 명 | 외손뼉만으로는 소리가 울리지 아니한다는 뜻으로 맞서는 사람이 없으면 싸움이 일어나지 아니함을 이르는 말. | 空中樓閣
공 중 누 각 | 공중에 떠 있는 누각이라는 뜻으로, 아무런 근거나 토대가 없는 사물이나 생각을 비유적으로 이르는 말. | 矯角殺牛
교 각 살 우 | 소의 뿔을 바로잡으려다가 소를 죽인다는 뜻으로, 잘못된 점을 고치려다가 그 방법이나 정도가 지나쳐 오히려 일을 그르침을 이르는 말. |

| 苦盡甘來
고 진 감 래 | 쓴 것이 다하면 단 것이 온다는 뜻으로, 고생 끝에 즐거움이 옴을 이르는 말. | 過恭非禮
과 공 비 례 | 지나친 공손은 오히려 예의에 벗어남. | 巧言令色
교 언 영 색 | 아첨하는 말과 알랑거리는 태도. |

| 曲學阿世
곡 학 아 세 | 바른 길에서 벗어난 학문으로 세상 사람들에게 아첨함. | 誇大妄想
과 대 망 상 | 사실보다 과장하여 터무니없는 헛된 생각을 하는 증상. | 敎外別傳
교 외 별 전 | 선종에서, 부처의 가르침을 말이나 글에 의하지 않고 바로 마음에서 마음으로 전하여 진리를 깨닫게 하는 법. |

| 汨沒無暇
골 몰 무 가 | 어떤 일에 오로지 파묻혀 조금도 틈이 없음. | 過猶不及
과 유 불 급 | 정도를 지나침은 미치지 못함과 같다는 뜻으로, 중용이 중요함을 이르는 말. | 膠柱鼓瑟
교 주 고 슬 | 아교풀로 비파나 거문고의 기러기발을 붙여 놓으면 음조를 바꿀 수 없다는 뜻으로, 고지식하여 조금도 융통성이 없음을 이르는 말. |

敎學相長 교학상장	가르침과 배움이 서로 진보시켜 준다는 뜻으로, 사람에게 가르쳐 주거나 스승에게 배우거나 모두 자신의 학업을 증진시킴.
九曲肝腸 구곡간장	굽이굽이 서린 창자라는 뜻으로, 깊은 마음속 또는 시름이 쌓인 마음속을 비유적으로 이르는 말.
救國干城 구국간성	나라를 구하는 방패와 성.
口蜜腹劍 구밀복검	입에는 꿀이 있고 배 속에는 칼이 있다는 뜻으로, 말로는 친한 듯하나 속으로는 해칠 생각이 있음을 이르는 말.
口腹之計 구복지계	먹고살 계책이나 방법.
九死一生 구사일생	아홉 번 죽을 뻔하다 한 번 살아난다는 뜻으로, 죽을 고비를 여러 차례 넘기고 겨우 살아남을 이르는 말.
口尙乳臭 구상유취	입에서 아직 젖내가 난다는 뜻으로, 말이나 행동이 유치함을 이르는 말.
救世濟民 구세제민	어지러운 세상을 구원하고 고통받는 백성을 구제함.
九牛一毛 구우일모	아홉 마리의 소 가운데 박힌 하나의 털이란 뜻으로, 매우 많은 것 가운데 극히 적은 수를 이르는 말.
口耳之學 구이지학	들은 것을 자기 생각 없이 그대로 남에게 전하는 것이 고작인 학문.
九折羊腸 구절양장	아홉 번 꼬부라진 양의 창자라는 뜻으로, 꼬불꼬불하며 험한 산길을 이르는 말.
九重深處 구중심처	밖으로 잘 드러나지 않는 깊숙한 곳.
國士無雙 국사무쌍	그 나라에서 가장 뛰어난 인물은 둘도 없다는 뜻.
國泰民安 국태민안	나라가 태평하고 백성이 편안함.
群鷄一鶴 군계일학	닭의 무리 가운데에서 한 마리의 학이란 뜻으로, 많은 사람 가운데서 뛰어난 인물을 이르는 말.
軍令泰山 군령태산	군령은 태산같이 무겁고 엄함.
君臣有義 군신유의	오륜의 하나. 임금과 신하 사이의 도리는 의리에 있음을 이르는 말.
群雄割據 군웅할거	여러 영웅이 각기 한 지방씩 차지하고 위세를 부림.
君爲臣綱 군위신강	삼강의 하나. 신하는 임금을 섬기는 것이 근본임을 이르는 말.
君子不器 군자불기	군자는 일정한 용도로 쓰이는 그릇과 같은 것이 아니라는 뜻으로, 군자는 한 가지 재능에만 얽매이지 않고 두루 살피고 원만하다는 말.
君子三樂 군자삼락	군자의 세 가지 즐거움.
屈而不伸 굴이불신	굽히고는 펴지 아니함.
窮餘之策 궁여지책	궁한 나머지 생각다 못하여 짜낸 계책.
窮鳥入懷 궁조입회	쫓긴 새가 품 안에 날아든다는 뜻으로, 궁한 사람이 와서 의지함을 이르는 말.
權謀術數 권모술수	목적 달성을 위하여 수단과 방법을 가리지 아니하는 온갖 모략이나 술책.
權不十年 권불십년	권세는 십 년을 가지 못한다는 뜻으로, 아무리 높은 권세라도 오래가지 못함을 이르는 말.
勸善懲惡 권선징악	착한 일을 권장하고 악한 일을 징계함.
捲土重來 권토중래	어떤 일에 실패한 뒤에 힘을 가다듬어 다시 그 일에 착수함을 비유하여 이르는 말.
貴耳賤目 귀이천목	귀를 귀하게 여기고 눈을 천하게 여긴다는 뜻으로, 먼 곳에 있는 것을 괜찮게 여기고, 가까운 것을 나쁘게 여김.
克己復禮 극기복례	자기의 욕심을 누르고 예의범절을 따름.

極惡無道 극악무도	더할 나위 없이 악하고 도리에 완전히 어긋나 있음.
近墨者黑 근묵자흑	먹을 가까이하는 사람은 검어진다는 뜻으로, 나쁜 사람과 가까이 지내면 나쁜 버릇에 물들기 쉬움을 비유적으로 이르는 말.
近朱者赤 근주자적	붉은빛에 가까이 하면 반드시 붉게 된다는 뜻으로, 주위 환경이 중요하다는 것을 이르는 말.
金科玉條 금과옥조	금이나 옥처럼 귀중히 여겨 꼭 지켜야 할 법칙이나 규정.
金蘭之契 금란지계	친구 사이의 매우 두터운 정을 이르는 말.
錦上添花 금상첨화	비단 위에 꽃을 더한다는 뜻으로, 좋은 일 위에 또 좋은 일이 더하여짐을 비유적으로 이르는 말. 왕안석의 글에서 유래함.
金石盟約 금석맹약	쇠나 돌처럼 굳고 변함없는 약속.
今昔之感 금석지감	지금과 옛날의 차이가 너무 심하여 생기는 느낌.
金石之交 금석지교	쇠나 돌처럼 굳고 변함없는 사귐.
金城湯池 금성탕지	쇠로 만든 성과, 그 둘레에 파 놓은 뜨거운 물로 가득 찬 못이라는 뜻으로, 방어 시설이 잘되어 있는 성을 이르는 말.

琴瑟之樂 금슬지락	부부간의 사랑.
今始初聞 금시초문	바로 지금 처음으로 들음.
錦衣夜行 금의야행	비단옷을 입고 밤길을 다닌다는 뜻으로, 아무 보람이 없는 일을 함을 이르는 말.
錦衣玉食 금의옥식	비단옷과 흰쌀밥이라는 뜻으로, 호화스럽고 사치스러운 생활을 이르는 말.
金枝玉葉 금지옥엽	금으로 된 가지와 옥으로 된 잎이라는 뜻으로, 임금의 가족을 높여 이르는 말.
氣高萬丈 기고만장	펄펄 뛸 만큼 대단히 성이 남.
起死回生 기사회생	거의 죽을 뻔하다가 도로 살아남.
奇想天外 기상천외	착상이나 생각 따위가 쉽게 짐작할 수 없을 정도로 기발하고 엉뚱함.
起承轉結 기승전결	한시에서, 시구를 구성하는 방법.
杞人之憂 기인지우	기나라 사람의 군걱정이란 뜻으로, 곧 쓸데없는 군걱정, 헛걱정, 무익한 근심을 말함.

幾至死境 기지사경	거의 죽을 지경에 이름.
氣盡脈盡 기진맥진	기운이 다하고 맥이 다 빠져 스스로 가누지 못할 지경이 됨.
其臭如蘭 기취여란	절친한 친구 사이.
騎虎之勢 기호지세	호랑이를 타고 달리는 형세라는 뜻으로, 이미 시작한 일을 중도에서 그만둘 수 없는 경우를 비유적으로 이르는 말.
吉凶禍福 길흉화복	길흉과 화복을 아울러 이르는 말.
落落長松 낙락장송	가지가 길게 축축 늘어진 키가 큰 소나무.
落木寒天 낙목한천	나뭇잎이 다 떨어진 겨울의 춥고 쓸쓸한 풍경. 또는 그런 계절.
落花流水 낙화유수	떨어지는 꽃과 흐르는 물이라는 뜻으로, 가는 봄의 경치를 이르는 말.
難攻不落 난공불락	공격하기가 어려워 쉽사리 함락되지 아니함.
亂臣賊子 난신적자	나라를 어지럽히는 불충한 무리.

難兄難弟	난형난제	누구를 형이라 하고 누구를 아우라 하기 어렵다는 뜻으로, 두 사물이 비슷하여 낫고 못함을 정하기 어려움을 이르는 말.
南柯一夢	남가일몽	꿈과 같이 헛된 한때의 부귀영화를 이르는 말.
南橘北枳	남귤북지	강남의 귤을 강북에 심으면 탱자가 된다는 뜻으로, 사람은 사는 곳의 환경에 따라 착하게도 되고 악하게도 됨을 비유적으로 이르는 말.
南男北女	남남북녀	우리나라에서, 남자는 남쪽 지방 사람이 잘나고 여자는 북쪽 지방 사람이 고움을 이르는 말.
男負女戴	남부여대	남자는 지고 여자는 인다는 뜻으로, 가난한 사람들이 살 곳을 찾아 이리저리 떠돌아다님을 비유적으로 이르는 말.
囊中之錐	낭중지추	주머니 속의 송곳이라는 뜻으로, 재능이 뛰어난 사람은 숨어 있어도 저절로 사람들에게 알려짐을 이르는 말.
囊中取物	낭중취물	주머니 속에서 물건을 꺼내듯이 아주 손쉽게 얻을 수 있음을 이르는 말.
內憂外患	내우외환	나라 안팎의 여러 가지 어려움.
內柔外剛	내유외강	겉으로 보기에는 강하게 보이나 속은 부드러움.
怒氣衝天	노기충천	성이 하늘을 찌를 듯이 머리끝까지 치밀쳐 있음.
路柳墻花	노류장화	아무나 쉽게 꺾을 수 있는 길가의 버들과 담 밑의 꽃이라는 뜻으로, 기생을 비유적으로 이르는 말.
勞心焦思	노심초사	몹시 마음을 쓰며 애를 태움.
綠楊芳草	녹양방초	푸른 버드나무와 향기로운 풀.
綠衣紅裳	녹의홍상	연두저고리와 다홍치마라는 뜻으로 곱게 차려입은 젊은 여자의 옷차림을 이르는 말.
論功行賞	논공행상	공적의 크고 작음 따위를 논의하여 그에 알맞은 상을 줌.
弄假成眞	농가성진	장난삼아 한 것이 진심으로 한 것같이 됨.
弄瓦之慶	농와지경	딸을 낳은 즐거움. 중국에서 딸을 낳으면 흙으로 만든 실패를 장난감으로 주었다는 데서 유래함.
弄璋之慶	농장지경	아들을 낳은 즐거움. 예전에, 중국에서 아들을 낳으면 규옥(圭玉)으로 된 구슬의 덕을 본받으라는 뜻으로 구슬을 장난감으로 주었다는 데서 유래함.
雷聲霹靂	뇌성벽력	천둥소리와 벼락을 아울러 이르는 말.
累卵之勢	누란지세	층층이 쌓아 놓은 알의 형세라는 뜻으로, 몹시 위태로운 형세를 비유적으로 이르는 말.
能見難思	능견난사	능히 보고도 생각하기 어렵다는 뜻으로, 보통의 이치로는 추측할 수 없는 일을 이르는 말.
能小能大	능소능대	모든 일에 두루 능함.
多岐亡羊	다기망양	갈림길이 많아 잃어버린 양을 찾지 못한다는 뜻으로, 두루 섭렵하기만 하고 전공하는 바가 없어 끝내 성취하지 못함을 이르는 말.
多多益善	다다익선	많으면 많을수록 더욱 좋음.
多才多能	다재다능	재주와 능력이 여러 가지로 많음.
斷金之交	단금지교	매우 두터운 우정을 이르는 말.
斷機之敎	단기지교	학업을 중단해서는 안된다는 것을 경계하는 말.
單刀直入	단도직입	혼자서 칼 한 자루를 들고 적진으로 곧장 쳐들어간다는 뜻으로, 여러 말을 늘어놓지 아니하고 바로 요점이나 본문제를 중심적으로 말함을 이르는 말.
簞食瓢飮	단사표음	대나무로 만든 밥그릇에 담은 밥과 표주박에 든 물이라는 뜻으로, 청빈하고 소박한 생활을 이르는 말.
堂狗風月	당구풍월	서당에서 기르는 개가 풍월을 읊는다는 뜻으로, 그 분야에 대하여 경험과 지식이 전혀 없는 사람이라도 오래 있으면 얼마간의 경험과 지식을 가짐을 이르는 말.

螳螂拒轍 당 랑 거 철	제 역량을 생각하지 않고, 강한 상대나 되지 않을 일에 덤벼드는 무모한 행동거지를 비유적으로 이르는 말.	**道聽塗說** 도 청 도 설	길에서 듣고 길에서 말한다는 뜻으로, 길거리에 퍼져 돌아다니는 뜬소문을 이르는 말.	**東問西答** 동 문 서 답	물음과는 전혀 상관없는 엉뚱한 대답.
當然之事 당 연 지 사	일의 앞뒤 사정을 놓고 판단할 때에 마땅히 그렇게 하여야 하거나 되리라고 여겨지는 일.	**塗炭之苦** 도 탄 지 고	진구렁에 빠지고 숯불에 타는 괴로움을 이르는 말.	**同病相憐** 동 병 상 련	같은 병을 앓는 사람끼리 서로 가엾게 여긴다는 뜻으로, 어려운 처지에 있는 사람끼리 서로 가엾게 여김을 이르는 말.
大器晚成 대 기 만 성	큰 그릇을 만드는 데는 시간이 오래 걸린다는 뜻으로, 크게 될 사람은 늦게 이루어짐을 이르는 말.	**獨不將軍** 독 불 장 군	무슨 일이든 자기 생각대로 혼자서 처리하는 사람.	**東奔西走** 동 분 서 주	동쪽으로 뛰고 서쪽으로 뛴다는 뜻으로, 사방으로 이리저리 몹시 바쁘게 돌아다님을 이르는 말.
大同小異 대 동 소 이	큰 차이 없이 거의 같음.	**讀書三到** 독 서 삼 도	독서를 하는 세 가지 방법. 입으로 다른 말을 아니 하고 책을 읽는 구도, 눈으로 다른 것을 보지 않고 책만 잘 보는 안도, 마음속에 깊이 새기는 심도를 이름.	**同床異夢** 동 상 이 몽	같은 자리에 자면서 다른 꿈을 꾼다는 뜻으로, 겉으로는 같이 행동하면서도 속으로는 각각 딴생각을 하고 있음을 이르는 말.
大聲痛哭 대 성 통 곡	큰 소리로 몹시 슬프게 곡을 함.	**讀書三昧** 독 서 삼 매	다른 생각은 전혀 아니 하고 오직 책 읽기에만 골몰하는 경지.	**凍足放尿** 동 족 방 뇨	언발에 오줌 누기라는 뜻으로, 잠시 동안만 효력이 있을 뿐 효력이 바로 사라짐을 비유적으로 이르는 말.
大義滅親 대 의 멸 친	큰 도리를 지키기 위하여 부모나 형제도 돌아보지 않음.	**獨也青青** 독 야 청 청	남들이 모두 절개를 꺾는 상황 속에서도 홀로 절개를 굳세게 지키고 있음을 비유적으로 이르는 말.	**杜門不出** 두 문 불 출	집에서 은거하면서 관직에 나가지 아니하거나 사회의 일을 하지 아니함을 비유적으로 이르는 말.
大義名分 대 의 명 분	사람으로서 마땅히 지키고 행하여야 할 도리나 본분.	**同價紅裳** 동 가 홍 상	같은 값이면 다홍치마라는 뜻으로, 같은 값이면 좋은 물건을 가짐을 이르는 말.	**得失相半** 득 실 상 반	이익과 손해가 서로 엇비슷함.
大慈大悲 대 자 대 비	넓고 커서 끝이 없는 부처와 보살의 자비. 특히 관세음보살이 중생을 사랑하고 불쌍히 여기는 마음을 이른다.	**同苦同樂** 동 고 동 락	괴로움도 즐거움도 함께함.	**登高自卑** 등 고 자 비	높은 곳에 오르려면 낮은 곳에서부터 오른다는 뜻으로, 일을 순서대로 하여야 함을 이르는 말.
徒勞無益 도 로 무 익	헛되이 애만 쓰고 아무런 이로움이 없음.	**同工異曲** 동 공 이 곡	재주나 솜씨는 같지만 표현된 내용이나 맛이 다름을 이르는 말.	**燈下不明** 등 하 불 명	등잔 밑이 어둡다는 뜻으로, 가까이에 있는 물건이나 사람을 잘 찾지 못함을 이르는 말.
桃園結義 도 원 결 의	의형제를 맺음을 이르는 말.	**棟梁之材** 동 량 지 재	기둥과 들보로 쓸 만한 재목이라는 뜻으로, 한 집안이나 한 나라를 떠받치는 중대한 일을 맡을 만한 인재를 이르는 말.	**燈火可親** 등 화 가 친	등불을 가까이할 만하다는 뜻으로, 서늘한 가을밤은 등불을 가까이 하여 글 읽기에 좋음을 이르는 말.

馬脚露出 (마각노출)	말의 다리가 드러난다는 뜻으로, 숨기려던 정체가 드러남을 이르는 말.
馬耳東風 (마이동풍)	동풍이 말의 귀를 스쳐 간다는 뜻으로, 남의 말을 귀담아듣지 아니하고 지나쳐 흘려버림을 이르는 말.
莫上莫下 (막상막하)	더 낫고 더 못함의 차이가 거의 없음.
莫逆之友 (막역지우)	서로 거스름이 없는 친구라는 뜻으로, 허물이 없이 아주 친한 친구를 이르는 말.
萬頃蒼波 (만경창파)	만 이랑의 푸른 물결이라는 뜻으로, 한없이 넓고 넓은 바다를 이르는 말.
萬古不滅 (만고불멸)	아주 오랜 세월 동안 없어지지 아니함.
萬古不變 (만고불변)	아주 오랜 세월 동안 변하지 아니함.
萬古常靑 (만고상청)	아주 오랜 세월 동안 변함없이 언제나 푸름.
萬古風霜 (만고풍상)	아주 오랜 세월 동안 겪어 온 많은 고생.
萬里長天 (만리장천)	아득히 높고 먼 하늘.
萬事太平 (만사태평)	모든 일이 잘 되어서 탈이 없고 평안함.
萬事亨通 (만사형통)	모든 것이 뜻대로 잘됨.
晚時之歎 (만시지탄)	시기에 늦어 기회를 놓쳤음을 안타까워하는 탄식.
滿身瘡痍 (만신창이)	온몸이 상처투성이가 됨.
滿場一致 (만장일치)	모든 사람의 의견이 같음.
萬全之策 (만전지책)	실패의 위험이 없는 아주 안전하고 완전한 계책.
晚秋佳景 (만추가경)	늦가을의 아름다운 경치.
罔極之恩 (망극지은)	끝없이 베풀어 주는 혜택이나 고마움.
忘年之交 (망년지교)	나이에 거리끼지 않고 허물없이 사귄 벗.
亡命圖生 (망명도생)	망명하여 삶을 꾀함.
亡羊補牢 (망양보뢰)	양을 잃고 우리를 고친다는 뜻으로, 이미 어떤 일을 실패한 뒤에 뉘우쳐도 아무 소용이 없음을 이르는 말.
亡羊之歎 (망양지탄)	갈림길이 매우 많아 잃어버린 양을 찾을 길이 없음을 탄식한다는 뜻으로, 학문의 길이 여러 갈래여서 한 갈래의 진리도 얻기 어려움을 이르는 말.
茫然自失 (망연자실)	멍하니 정신을 잃음.
妄自尊大 (망자존대)	앞뒤 아무런 생각도 없이 함부로 잘난 체함.
麥秀之歎 (맥수지탄)	고국의 멸망을 한탄함을 이르는 말.
孟母三遷 (맹모삼천)	맹자의 어머니가 맹자를 제대로 교육하기 위하여 집을 세 번이나 옮겼다는 뜻으로, 교육에는 주위 환경이 중요하다는 가르침.
面從腹背 (면종복배)	겉으로는 순종하는 체하고 속으로는 딴 마음을 먹음.
滅私奉公 (멸사봉공)	사욕을 버리고 공익을 위하여 힘씀.
明鏡止水 (명경지수)	맑은 거울과 고요한 물.
名實相符 (명실상부)	이름과 실상이 서로 꼭 맞음.

明若觀火 明약관화	불을 보듯 분명하고 뻔함.
命在頃刻 명재경각	거의 죽게 되어 곧 숨이 끊어질 지경에 이름.
明哲保身 명철보신	총명하고 사리에 밝아 일을 잘 처리하여 자기 몸을 보존함.
矛盾撞着 모순당착	같은 사람의 말이나 행동이 앞뒤가 서로 맞지 아니하고 모순됨.
目不識丁 목불식정	아주 간단한 글자인 '丁' 자를 보고도 그것이 '고무래'인 줄을 알지 못한다는 뜻으로, 아주 까막눈임을 이르는 말.
目不忍見 목불인견	눈앞에 벌어진 상황 따위를 눈 뜨고는 차마 볼 수 없음.
武陵桃源 무릉도원	도연명의 도화원기에 나오는 말로, '이상향', '별천지'를 비유적으로 이르는 말.
無不通知 무불통지	무슨 일이든지 환히 통하여 모르는 것이 없음.
無所不知 무소부지	모르는 것이 없음.
無爲徒食 무위도식	하는 일 없이 놀고먹음.

無障無礙 무장무애	아무런 거리낌이 없음.
無知蒙昧 무지몽매	아는 것이 없고 사리에 어두움.
刎頸之交 문경지교	서로를 위해서라면 목이 잘린다 해도 후회하지 않을 정도의 사이라는 뜻으로, 생사를 같이할 수 있는 아주 가까운 사이, 또는 그런 친구를 이르는 말.
文房四友 문방사우	종이, 붓, 먹, 벼루의 네 가지 문방구.
聞一知十 문일지십	하나를 듣고 열 가지를 미루어 안다는 뜻.
門前乞食 문전걸식	이 집 저 집 돌아다니며 빌어먹음.
門前成市 문전성시	찾아오는 사람이 많아 집 문 앞이 시장을 이루다시피 함을 이르는 말.
勿失好機 물실호기	좋은 기회를 놓치지 아니함.
物我一體 물아일체	외물과 자아, 객관과 주관, 또는 물질계와 정신계가 어울려 하나가 됨.
物外閑人 물외한인	세상사에 관계하지 않고 한가롭게 지내는 사람.

美辭麗句 미사여구	아름다운 말로 듣기 좋게 꾸민 글귀.
美風良俗 미풍양속	아름답고 좋은 풍속이나 기풍.
博覽强記 박람강기	여러 가지의 책을 널리 많이 읽고 기억을 잘함.
博而不精 박이부정	널리 알지만 정밀하지는 못함.
拍掌大笑 박장대소	손뼉을 치며 크게 웃음.
博學多識 박학다식	학식이 넓고 아는 것이 많음.
伴食宰相 반식재상	곁에 모시고 밥을 먹는 재상이라는 뜻으로, 무위도식으로 자리만 차지하고 있는 무능한 대신을 비꼬아 이르는 말.
斑衣之戱 반의지희	늙어서 효도함을 이르는 말. 중국 초나라의 노래자가 일흔 살에 늙은 부모님을 위로하려고 색동저고리를 입고 어린이처럼 기어 다녀 보였다는 데서 유래함.
反哺之孝 반포지효	까마귀 새끼가 자라서 늙은 어미에게 먹이를 물어다 주는 효자라는 뜻으로 자식이 자란 후에 어버이의 은혜를 갚는 효성을 이르는 말.
拔本塞源 발본색원	좋지 않은 일의 근본 원인이 되는 요소를 완전히 없애 버려서 다시는 그러한 일이 생길 수 없도록 함.

發憤忘食	발분망식	끼니까지도 잊을 정도로 어떤 일에 열중하여 노력함.
傍若無人	방약무인	곁에 사람이 없는 것처럼 아무 거리낌 없이 함부로 말하고 행동하는 태도가 있음.
方底圓蓋	방저원개	네모진 바닥에 둥근 뚜껑이란 뜻으로, 사물이 서로 맞지 않음을 이르는 말.
背水之陣	배수지진	어떤 일을 성취하기 위하여 더이상 물러설 수 없음을 비유적으로 이르는 말.
杯中蛇影	배중사영	술잔 속의 뱀 그림자라는 뜻으로, 아무 것도 아닌 일에 의심을 품고 지나치게 근심을 함.
白駒過隙	백구과극	흰 망아지가 빨리 달리는 것을 문틈으로 본다는 뜻으로, 인생이나 세월이 덧없이 짧음을 이르는 말.
百年河淸	백년하청	중국의 황허강이 늘 흐려 맑을 때가 없다는 뜻으로, 아무리 오랜 시일이 지나도 어떤 일이 이루어지기 어려움을 이르는 말.
白頭如新	백두여신	머리가 백발이 되도록 오래 사귀었어도 서로 마음을 깊이 알지 못하면 새로 사귄 사람과 다름이 없음.
白龍魚服	백룡어복	높은 지위에 있는 사람이 남모르게 나다니다가 뜻하지 않게 욕을 봄을 이르는 말.
白面書生	백면서생	한갓 글만 읽고 세상일에는 전혀 경험이 없는 사람.
白手乾達	백수건달	돈 한 푼 없이 빈둥거리며 놀고먹는 건달.
伯牙絶絃	백아절현	자기를 알아주는 참다운 벗의 죽음을 슬퍼함.
百戰百勝	백전백승	싸울 때마다 다 이김.
栢舟之操	백주지조	백주라는 시를 지어 맹세하고 절개를 지킨다는 뜻으로, 남편이 일찍 죽은 아내가 절개를 지키는 것을 의미.
伯仲之勢	백중지세	서로 우열을 가리기 힘든 형세.
百八煩惱	백팔번뇌	사람이 지닌 108가지의 번뇌.
兵家常事	병가상사	군사 전문가도 전쟁에서 이기고 지는 일은 흔히 있는 일임을 이르는 말.
兵死之也	병사지야	전쟁에서 사람은 죽는다는 말로, 사람은 죽을 각오를 하고 전쟁에 임해야 한다는 뜻.
報怨以德	보원이덕	원한을 덕으로 갚음.
覆車之戒	복거지계	먼저 간 수레가 엎어진 것을 보고 경계를 한다는 말.
富貴在天	부귀재천	부귀를 누리는 일은 하늘의 뜻에 달려 있어 사람의 힘으로는 어찌할 수 없음을 이르는 말.
婦言是用	부언시용	여자의 말을 무조건 옳게 쓴다라는 뜻으로, 줏대 없이 여자 말을 잘 듣는다는 의미.
夫唱婦隨	부창부수	남편이 주장하고 아내가 이에 잘 따름. 또는 부부 사이의 그런 도리.
百發百中	백발백중	백 번 쏘아 백 번 맞힌다는 뜻으로, 총이나 활 따위를 쏠 때마다 겨는 곳에 다 맞음을 이르는 말.
百折不屈	백절불굴	어떠한 난관에도 결코 굽히지 않음.
伯仲之間	백중지간	서로 우열을 가리기 힘든 형세.
普遍妥當	보편타당	특별하지 않고 사리에 맞아 타당함.
附和雷同	부화뇌동	줏대 없이 남의 의견에 따라 움직임.
北山之感	북산지감	북산에서 느끼는 감회라는 뜻으로, 나라 일에 힘쓰느라 부모 봉양을 제대로 못한 것을 슬퍼하는 마음을 말함.
焚書坑儒	분서갱유	중국 진나라의 시황제가 학자들의 정치적 비판을 막기 위하여 민간의 책 가운데 의약, 복서, 농업에 관한 것만을 제외하고 모든 서적을 불태우고 수많은 유생을 구덩이에 묻어 죽인 일.

不可抗力 불가항력	사람의 힘으로는 저항할 수 없는 힘.
不共戴天 불공대천	하늘을 함께 이지 못한다는 뜻으로, 이 세상에서 같이 살 수 없을 만큼 큰 원한을 가짐을 비유적으로 이르는 말.
不俱戴天 불구대천	하늘을 함께 이지 못한다는 뜻으로, 이 세상에서 같이 살 수 없을 만큼 큰 원한을 가짐을 비유적으로 이르는 말.
不老長生 불로장생	늙지 아니하고 오래 삶.
不問可知 불문가지	묻지 아니하여도 알 수 있음.
不問曲直 불문곡직	옳고 그름을 따지지 아니함.
不飛不鳴 불비불명	새가 삼 년 간을 날지도 않고 울지도 않는다는 뜻으로, 뒷날에 큰 일을 하기 위하여 침착하게 때를 기다림을 이르는 말.
不遠千里 불원천리	천 리 길도 멀다고 여기지 않음.
鵬程萬里 붕정만리	아주 양양한 장래를 비유적으로 이르는 말.
比肩繼踵 비견계종	어깨를 나란히 하고 발 뒤꿈치를 잇는다는 뜻으로, 계속해서 끊이지 않고 잇달아 속출함을 말함.

悲憤慷慨 비분강개	슬프고 분하여 마음이 북받침.
牝鷄之晨 빈계지신	암탉이 새벽을 알리느라고 먼저 운다는 뜻으로, 부인이 남편을 젖혀 놓고 집안일을 마음대로 처리함을 이르는 말.
貧者一燈 빈자일등	가난한 사람이 바치는 하나의 등이라는 뜻으로, 물질의 많고 적음보다 정성이 중요함을 비유적으로 이르는 말.
四顧無親 사고무친	의지할 만한 사람이 아무도 없음.
四面楚歌 사면초가	아무에게도 도움을 받지 못하는, 외롭고 곤란한 지경에 빠진 형편을 이르는 말.
事半功倍 사반공배	들인 노력은 적고 얻은 성과는 큼.
四分五裂 사분오열	여러 갈래로 갈기갈기 찢어짐.
事不如意 사불여의	일이 뜻대로 되지 아니함.
沙上樓閣 사상누각	모래 위에 세운 누각이라는 뜻으로, 기초가 튼튼하지 못하여 오래 견디지 못할 일이나 물건을 이르는 말.
四書三經 사서삼경	사서와 삼경을 아울러 이르는 말.

事必歸正 사필귀정	모든 일은 반드시 바른길로 돌아감.
死灰復燃 사회부연	다 탄 재가 다시 불이 붙었다는 뜻으로, 세력을 잃었던 사람이 다시 세력을 잡음.
山窮水盡 산궁수진	산이 막히고 물줄기가 끊어져 더 갈 길이 없다는 뜻으로, 막다른 경우에 이름을 이르는 말.
山紫水明 산자수명	산은 자줏빛이고 물은 맑다는 뜻으로, 경치가 아름다움을 이르는 말.
山戰水戰 산전수전	산에서도 싸우고 물에서도 싸웠다는 뜻으로, 세상의 온갖 고생과 어려움을 다 겪었음을 이르는 말.
山海珍味 산해진미	산과 바다에서 나는 온갖 진귀한 물건으로 차린, 맛이 좋은 음식.
殺身成仁 살신성인	자기의 몸을 희생하여 인을 이룸.
三綱五倫 삼강오륜	유교의 도덕에서 기본이 되는 세 가지의 강령과 지켜야 할 다섯 가지의 도리.
三顧草廬 삼고초려	인재를 맞아들이기 위하여 참을성 있게 노력함.
森羅萬象 삼라만상	우주에 있는 온갖 사물과 현상.

三旬九食	삼순구식	삼십 일 동안 아홉 끼니밖에 먹지 못한다는 뜻으로, 몹시 가난함을 이르는 말.
三人成虎	삼인성호	세 사람이 짜면 거리에 범이 나왔다는 거짓말도 꾸밀 수 있다는 뜻으로, 근거 없는 말이라도 여러 사람이 말하면 곧이듣게 됨을 이르는 말.
三日遊街	삼일유가	과거에 급제한 사람이 사흘 동안 시험관과 선배 급제자와 친척을 방문하던 일.
三日天下	삼일천하	정권을 잡았다가 짧은 기간 내에 밀려나게 됨을 이르는 말.
三從之道	삼종지도	여자가 따라야 할 세 가지 도리를 이르던 말.
三尺童子	삼척동자	키가 석 자 정도밖에 되지 않는 어린아이. 철없는 어린아이를 이르는 말.
喪家之狗	상가지구	초상집의 개라는 뜻으로, 별 대접을 받지 못하는 사람을 이르는 말.
傷弓之鳥	상궁지조	활에 놀란 새, 즉 활에 상처를 입은 새는 굽은 나무만 보아도 놀란다는 뜻으로, 한 번 놀란 사람이 조그만 일에도 겁을 내어 위축됨을 비유해 이르는 말.
上漏下濕	상루하습	위에서는 비가 새고 아래에서는 습기가 오른다는 뜻으로, 매우 가난한 집을 비유적으로 이르는 말.
桑田碧海	상전벽해	뽕나무밭이 변하여 푸른 바다가 된다는 뜻으로, 세상일의 변천이 심함을 비유적으로 이르는 말.
上通下達	상통하달	아랫사람이 윗사람에게 의사를 통함.
塞翁得失	새옹득실	한때의 이익이 장차 손해가 될 수도 있고 한때의 화가 장차 복을 불러올 수도 있음을 이르는 말.
塞翁之馬	새옹지마	인생의 길흉화복은 변화가 많아서 예측하기가 어렵다는 말.
生殺與奪	생살여탈	어떤 사람이나 사물을 마음대로 쥐고 흔듦을 비유적으로 이르는 말.
生者必滅	생자필멸	생명이 있는 것은 반드시 죽음. 존재의 무상을 이르는 말.
席藁待罪	석고대죄	거적을 깔고 엎드려서 임금의 처분이나 명령을 기다리던 일.
先見之明	선견지명	어떤 일이 일어나기 전에 미리 앞을 내다보고 아는 지혜.
先公後私	선공후사	공적인 일을 먼저 하고 사사로운 일은 뒤로 미룸.
善男善女	선남선녀	성품이 착한 남자와 여자란 뜻으로, 착하고 어진 사람들을 이르는 말.
仙風道骨	선풍도골	신선의 풍채와 도인의 골격이란 뜻으로, 남달리 뛰어나고 고아한 풍채를 이르는 말.
舌芒於劍	설망어검	혀가 칼보다 날카롭다는 뜻으로, 논봉(논박하는 대상이나 목표)의 날카로움을 이르는 말.
雪膚花容	설부화용	눈처럼 흰 살갗과 꽃처럼 고운 얼굴이라는 뜻으로, 미인의 용모를 이르는 말.
雪上加霜	설상가상	눈 위에 서리가 덮인다는 뜻으로, 난처한 일이나 불행한 일이 잇따라 일어남을 이르는 말.
說往說來	설왕설래	서로 변론을 주고받으며 옥신각신함. 또는 말이 오고 감.
誠心誠意	성심성의	참되고 성실한 마음과 뜻.
盛者必衰	성자필쇠	융성하는 것은 결국 쇠퇴해짐.
世俗五戒	세속오계	신라 화랑의 다섯 가지 계율.
歲寒三友	세한삼우	추운 겨울철의 세 벗이라는 뜻으로, 추위에 잘 견디는 소나무·대나무·매화나무를 통틀어 이르는 말.
小貪大失	소탐대실	작은 것을 탐하다가 큰 것을 잃음.
束手無策	속수무책	손을 묶은 것처럼 어찌할 도리가 없어 꼼짝 못 함.

送舊迎新 송구영신	묵은해를 보내고 새해를 맞음.
松茂柏悅 송무백열	소나무가 무성하면 잣나무가 기뻐한다는 뜻으로, 벗이 잘되는 것을 기뻐함을 비유적으로 이르는 말.
首尾一貫 수미일관	일 따위를 처음부터 끝까지 한결같이 함.
壽福康寧 수복강녕	오래 살고 복을 누리며 건강하고 평안함.
手不釋卷 수불석권	손에서 책을 놓지 아니하고 늘 글을 읽음.
首鼠兩端 수서양단	구멍에서 머리를 내밀고 나갈까 말까 망설이는 쥐라는 뜻으로, 머뭇거리며 진퇴나 거취를 정하지 못하는 상태를 이르는 말.
袖手傍觀 수수방관	팔짱을 끼고 보고만 있다는 뜻으로, 간섭하거나 거들지 아니하고 그대로 버려둠을 이르는 말.
修身齊家 수신제가	몸과 마음을 닦아 수양하고 집안을 다스림.
水魚之交 수어지교	물이 없으면 살 수 없는 물고기와 물의 관계라는 뜻으로, 아주 친밀하여 떨어질 수 없는 사이를 비유적으로 이르는 말.
水滴穿石 수적천석	물방울이 바위를 뚫는다는 뜻으로, 작은 노력이라도 끈기 있게 계속하면 큰 일을 이룰 수 있음.

守株待兎 수주대토	한 가지 일에만 얽매여 발전을 모르는 어리석은 사람을 비유적으로 이르는 말.
壽則多辱 수즉다욕	오래 살수록 그만큼 욕됨이 많음을 이르는 말.
宿虎衝鼻 숙호충비	자는 호랑이의 코를 찌른다는 뜻으로, 가만히 있는 사람을 공연히 건드려서 화를 입거나 일을 불리하게 만듦을 이르는 말.
脣亡齒寒 순망치한	입술이 없으면 이가 시리다는 뜻으로, 서로 이해관계가 밀접한 사이에 어느 한쪽이 망하면 다른 한쪽도 그 영향을 받아 온전하기 어려움을 이르는 말.
脣齒之勢 순치지세	입술과 이처럼 서로 의지하고 돕는 형세를 비유적으로 이르는 말.
乘勝長驅 승승장구	싸움에 이긴 형세를 타고 계속 몰아침.
是是非非 시시비비	여러 가지의 잘잘못.
尸位素餐 시위소찬	재덕이나 공로가 없어 직책을 다하지 못하면서 자리만 차지하고 녹을 받아먹음을 비유적으로 이르는 말.
始終如一 시종여일	처음부터 끝까지 변함없이 한결같음.
始終一貫 시종일관	일 따위를 처음부터 끝까지 한결같이 함.

食少事煩 식소사번	먹을 것은 적은데 할 일은 많음. 중국 삼국 시대 위나라의 사마의가 제갈량을 두고 한 말에서 유래함.
識字憂患 식자우환	학식이 있는 것이 오히려 근심을 사게 됨.
信賞必罰 신상필벌	공이 있는 자에게는 반드시 상을 주고, 죄가 있는 사람에게는 반드시 벌을 준다는 뜻으로, 상과 벌을 공정하고 엄중하게 하는 일을 이르는 말.
身言書判 신언서판	중국 당나라 때에 관리를 선출하던 네 가지 표준.
神人共怒 신인공노	하늘과 사람이 함께 노한다는 뜻으로, 누구나 분노할 만큼 증오스럽거나 도저히 용납할 수 없음을 이르는 말.
信之無疑 신지무의	조금도 의심하지 아니하고 믿음.
神出鬼沒 신출귀몰	귀신같이 나타났다가 사라진다는 뜻으로, 그 움직임을 쉽게 알 수 없을 만큼 자유자재로 나타나고 사라짐을 비유적으로 이르는 말.
實事求是 실사구시	사실에 토대를 두어 진리를 탐구하는 일.
深思熟考 심사숙고	깊이 잘 생각함.
深山幽谷 심산유곡	깊은 산속의 으슥한 골짜기.

心心相印 **심심상인**	말없이 마음과 마음으로 뜻을 전함.
十伐之木 **십벌지목**	열 번 찍어 베는 나무라는 뜻으로, 열 번 찍어 안 넘어가는 나무가 없음을 이르는 말.
十匙一飯 **십시일반**	밥 열 술이 한 그릇이 된다는 뜻으로, 여러 사람이 조금씩 힘을 합하면 한 사람을 돕기 쉬움을 이르는 말.
十中八九 **십중팔구**	열 가운데 여덟이나 아홉 정도로 거의 대부분이거나 거의 틀림없음.
阿鼻叫喚 **아비규환**	여러 사람이 비참한 지경에 빠져 울부짖는 참상을 비유적으로 이르는 말.
我田引水 **아전인수**	자기 논에 물 대기라는 뜻으로, 자기에게만 이롭게 되도록 생각하거나 행동함을 이르는 말.
惡木不陰 **악목불음**	질이 나쁜 나무는 그늘도 지지 않는다는 뜻으로, 나쁜 사람에게서는 바랄 것이 없음을 이르는 말.
眼高手卑 **안고수비**	눈은 높으나 솜씨는 서투르다는 뜻으로, 이상만 높고 실천이 따르지 못함을 이르는 말.
安分知足 **안분지족**	편안한 마음으로 제 분수를 지키며 만족할 줄을 앎.
安貧樂道 **안빈낙도**	가난한 생활을 하면서도 편안한 마음으로 도를 즐겨 지킴.
眼中之釘 **안중지정**	눈에 박힌 못이라는 뜻으로, 눈엣가시 또는 남에게 심한 해독을 끼치는 사람.
眼下無人 **안하무인**	눈 아래에 사람이 없다는 뜻으로, 사람됨이 교만하여 남을 업신여김을 이르는 말.
暗中摸索 **암중모색**	물건 따위를 어둠 속에서 더듬어 찾음.
殃及池魚 **앙급지어**	재앙이 못의 물고기에 미친다는 뜻으로, 제삼자가 엉뚱하게 재난을 당함을 이르는 말.
良禽擇木 **양금택목**	좋은 새는 나무를 가려서 깃들인다는 뜻으로, 훌륭한 사람은 좋은 군주를 가려서 섬김을 비유적으로 이르는 말.
羊頭狗肉 **양두구육**	양의 머리를 걸어 놓고 개고기를 판다는 뜻으로, 겉보기만 그럴듯하게 보이고 속은 변변하지 아니함을 이르는 말.
藥房甘草 **약방감초**	무슨 일이나 빠짐없이 끼임. 반드시 끼어야 할 사물.
梁上君子 **양상군자**	들보 위의 군자라는 뜻으로, 도둑을 완곡하게 이르는 말.
良藥苦口 **양약고구**	좋은 약은 입에 쓰다는 뜻으로, 충언은 귀에 거슬리나 자신에게 이로움을 이르는 말.
養虎遺患 **양호유환**	범을 길러서 화근을 남긴다는 뜻으로, 화근이 될 것을 길러서 후환을 당하게 됨을 이르는 말.
漁夫之利 **어부지리**	두 사람이 이해관계로 서로 싸우는 사이에 엉뚱한 사람이 애쓰지 않고 가로챈 이익을 이르는 말.
語不成說 **어불성설**	말이 조금도 사리에 맞지 아니함.
言中有骨 **언중유골**	말 속에 뼈가 있다는 뜻으로, 예사로운 말 속에 단단한 속뜻이 들어 있음을 이르는 말.
言行一致 **언행일치**	말과 행동이 하나로 들어맞음. 또는 말한 대로 실행함.
掩耳盜鐘 **엄이도종**	자기가 한 잘못은 생각하지 않고 남의 비난이나 비판을 듣기 싫어서 귀를 막지만 소용이 없다는 의미.
餘桃之罪 **여도지죄**	같은 행동이라도 사랑을 받을 때와 미움을 받을 때가 각기 다르게 받아 들여질 수 있다는 것을 비유하는 말.
緣木求魚 **연목구어**	나무에 올라가서 물고기를 구한다는 뜻으로, 도저히 불가능한 일을 굳이 하려 함을 비유적으로 이르는 말.
五里霧中 **오리무중**	오 리나 되는 짙은 안개 속에 있다는 뜻으로, 무슨 일에 대하여 방향이나 갈피를 잡을 수 없음을 이르는 말.
吾鼻三尺 **오비삼척**	내 코가 석 자라는 뜻으로, 자기 사정이 급하여 남을 돌볼 겨를이 없음을 이르는 말.
烏飛梨落 **오비이락**	까마귀 날자 배 떨어진다는 뜻으로, 아무 관계도 없이 한 일이 공교롭게도 때가 같아 억울하게 의심을 받거나 난처한 위치에 서게 됨을 이르는 말.

吳越同舟 (오 월 동 주)	서로 적의를 품은 사람들이 한자리에 있게 된 경우나 서로 협력하여야 하는 상황을 비유적으로 이르는 말.
烏有先生 (오 유 선 생)	세상에 존재하지 아니하는 것처럼 꾸며 낸 인물.
烏合之卒 (오 합 지 졸)	까마귀가 모인 것처럼 질서가 없이 모인 병졸이라는 뜻으로, 임시로 모여들어서 규율이 없고 무질서한 병졸 또는 군중을 이르는 말.
屋上架屋 (옥 상 가 옥)	지붕 위에 또 지붕을 만든다는 뜻으로, 흔히 물건이나 일을 부질없이 거듭함을 이르는 말.
玉石俱焚 (옥 석 구 분)	옥이나 돌이 모두 다 불에 탄다는 뜻으로, 옳은 사람이나 그른 사람이 구별 없이 모두 재앙을 받음을 이르는 말.
玉石混淆 (옥 석 혼 효)	옥과 돌이 한데 섞여 있다는 뜻으로, 좋은 것과 나쁜 것이 한데 섞여 있음을 이르는 말.
屋下架屋 (옥 하 가 옥)	지붕 아래 또 지붕을 만든다는 뜻으로, 선인들이 이루어 놓은 일을 후세의 사람들이 무익하게 거듭하여 발전한 바가 조금도 없음을 이르는 말.
溫故知新 (온 고 지 신)	옛것을 익히고 그것을 미루어서 새것을 앎.
蝸角之爭 (와 각 지 쟁)	달팽이의 더듬이 위에서 싸운다는 뜻으로, 하찮은 일로 벌이는 싸움을 비유적으로 이르는 말.
臥薪嘗膽 (와 신 상 담)	불편한 섶에 몸을 눕히고 쓸개를 맛본다는 뜻으로, 원수를 갚거나 마음먹은 일을 이루기 위하여 온갖 어려움과 괴로움을 참고 견딤을 비유적으로 이르는 말.

玩物喪志 (완 물 상 지)	아끼고 좋아하는 사물에 정신이 팔려 원대한 이상을 상실함.
外柔內剛 (외 유 내 강)	겉으로는 부드럽고 순하게 보이나 속은 곧고 굳셈.
要領不得 (요 령 부 득)	말이나 글 따위의 요령을 잡을 수가 없음.
燎原之火 (요 원 지 화)	무서운 형세로 타 나가는 벌판의 불이라는 뜻으로, 세력이 매우 대단하여 막을 수 없음을 비유적으로 이르는 말.
欲速不達 (욕 속 부 달)	일을 빨리하려고 하면 도리어 이루지 못함.
龍頭蛇尾 (용 두 사 미)	용의 머리와 뱀의 꼬리라는 뜻으로, 처음은 왕성하나 끝이 부진한 현상을 이르는 말.
愚公移山 (우 공 이 산)	어떤 일이든 끊임없이 노력하면 반드시 이루어짐을 이르는 말.
牛刀割鷄 (우 도 할 계)	소 잡는 칼로 닭을 잡는다는 뜻으로, 작은 일에 어울리지 아니하게 큰 도구를 씀을 이르는 말.
憂愁思慮 (우 수 사 려)	근심과 시름에 차 생각함. 또는 그런 생각.
右往左往 (우 왕 좌 왕)	이리저리 왔다 갔다 하며 일이나 나아가는 방향을 종잡지 못함.

羽化登仙 (우 화 등 선)	사람의 몸에 날개가 돋아 하늘로 올라가 신선이 됨.
運用之妙 (운 용 지 묘)	무엇을 움직이게 하거나 부리어 씀.
遠交近攻 (원 교 근 공)	먼 나라와 친교를 맺고 가까운 나라를 공격함.
怨入骨髓 (원 입 골 수)	원한이 골수에 사무친다는 뜻으로, 몹시 원망함을 이르는 말.
遠禍召福 (원 화 소 복)	화를 물리치고 복을 불러들임.
月下氷人 (월 하 빙 인)	중매를 하는 사람을 이르는 말.
韋編三絶 (위 편 삼 절)	공자가 주역을 즐겨 읽어 책의 가죽끈이 세 번이나 끊어졌다는 뜻으로, 책을 열심히 읽음을 이르는 말.
有教無類 (유 교 무 류)	가르침에는 차별이 없다는 뜻으로, 배우고자 하는 사람에게는 누구에게나 배움의 문이 개방되어 있음.
有口無言 (유 구 무 언)	입은 있어도 말은 없다는 뜻으로, 변명할 말이 없거나 변명을 못함을 이르는 말.
柔能制剛 (유 능 제 강)	부드러운 것이 오히려 능히 굳센 것을 이김.

有名無實 유명무실	이름만 그럴듯하고 실속은 없음.
有備無患 유비무환	미리 준비가 되어 있으면 걱정할 것이 없음.
類類相從 유유상종	같은 무리끼리 서로 사귐.
有志竟成 유지경성	뜻이 있어 마침내 이루다라는 뜻으로, 이루고자 하는 뜻이 있는 사람은 반드시 성공한다는 것을 비유하는 말.
遺臭萬年 유취만년	더러운 이름을 후세에 오래도록 남김.
陰德陽報 음덕양보	남이 모르게 덕행을 쌓은 사람은 뒤에 그 보답을 받게 됨을 이르는 말.
泣斬馬謖 읍참마속	큰 목적을 위하여 자기가 아끼는 사람을 버림을 이르는 말.
應接不暇 응접불가	응접에 바빠 겨를이 없다는 뜻으로, 일이 몹시 바쁜 상태를 이르는 말.
疑心暗鬼 의심암귀	의심이 생기면 귀신이 생긴다는 뜻으로, 의심하는 마음이 있으면 대수롭지 않은 일까지 두려워서 불안해 함.
以管窺天 이관규천	대롱을 통해 하늘을 봄이란 뜻으로, 우물 안 개구리.
移木之信 이목지신	위정자가 나무 옮기기로 백성을 믿게 한다는 뜻으로, 신용을 지킴을 이르는 말.
以心傳心 이심전심	마음과 마음으로 서로 뜻이 통함.
泥田鬪狗 이전투구	진흙탕에서 싸우는 개라는 뜻으로, 강인한 성격의 함경도 사람을 이르는 말.
理判事判 이판사판	막다른 데 이르러 어찌할 수 없게 된 지경.
以暴易暴 이포역포	횡포한 사람으로써 횡포한 사람을 바꾼다는 뜻으로, 나쁜 사람을 바꾸면서 또 다른 나쁜 사람을 들어앉힘을 이르는 말.
益者三友 익자삼우	사귀어서 자기에게 도움이 되는 세 가지의 벗.
因果應報 인과응보	전생에 지은 선악에 따라 현재의 행과 불행이 있고, 현세에서의 선악의 결과에 따라 내세에서 행과 불행이 있는 일.
人生三樂 인생삼락	인생의 세 가지 즐거움.
人生朝露 인생조로	인생은 아침 이슬과 같이 짧고 덧없다는 말.
因循姑息 인순고식	낡은 관습이나 폐단을 벗어나지 못하고 당장의 편안함만을 취함.
一刻千金 일각천금	아무리 짧은 시간이라도 천금과 같이 귀중함을 이르는 말.
一擧兩得 일거양득	한 가지 일을 하여 두 가지 이익을 얻음.
一網打盡 일망타진	한 번 그물을 쳐서 고기를 다 잡는다는 뜻으로, 어떤 무리를 한꺼번에 모조리 다 잡음을 이르는 말.
一面如舊 일면여구	처음 만났으나 안 지 오래된 친구처럼 친밀함.
一面之交 일면지교	한 번 만나 본 정도의 친분.
一鳴驚人 일명경인	한번 시작하면 사람을 놀랄 정도의 대사업을 이룩함을 이르는 말.
日暮途遠 일모도원	날은 저물고 갈 길은 멀다는 뜻으로, 늙고 쇠약한데 앞으로 해야 할 일은 많음을 이르는 말.
一瀉千里 일사천리	강물이 빨리 흘러 천 리를 간다는 뜻으로, 어떤 일이 거침없이 빨리 진행됨을 이르는 말.
一以貫之 일이관지	하나의 방법이나 태도로써 처음부터 끝까지 한결같음.
一日三省 일일삼성	하루의 일 세 가지를 살핀다는 뜻으로, 하루에 세 번씩 자신의 행동을 반성함.

一字千金 일 자 천 금	글자 하나의 값이 천금의 가치가 있다는 뜻으로, 글씨나 문장이 아주 훌륭함을 이르는 말.
一場春夢 일 장 춘 몽	한바탕의 봄꿈이라는 뜻으로, 헛된 영화나 덧없는 일을 비유적으로 이르는 말.
一觸卽發 일 촉 즉 발	한 번 건드리기만 해도 폭발할 것같이 몹시 위급한 상태.
一針見血 일 침 견 혈	침을 한 번 놓아 피를 본다는 뜻으로, 일의 본질을 파악하여 단번에 정곡을 찌름을 비유하는 말.
一敗塗地 일 패 도 지	싸움에 한 번 패하여 간과 뇌가 땅바닥에 으깨어진다는 뜻으로, 여지없이 패하여 다시 일어날 수 없게 되는 지경에 이름을 이르는 말.
一片丹心 일 편 단 심	한 조각의 붉은 마음이라는 뜻으로, 진심에서 우러나오는 변치 아니하는 마음을 이르는 말.
一攫千金 일 확 천 금	단번에 천금을 움켜쥔다는 뜻으로, 힘들이지 아니하고 단번에 많은 재물을 얻음을 이르는 말.
臨機應變 임 기 응 변	그때그때 처한 사태에 맞추어 즉각 그 자리에서 결정하거나 처리함.
自暴自棄 자 포 자 기	절망에 빠져 자신을 스스로 포기하고 돌아보지 아니함.
自畫自讚 자 화 자 찬	자기가 그린 그림을 스스로 칭찬한다는 뜻으로, 자기가 한 일을 스스로 자랑함을 이르는 말.

作心三日 작 심 삼 일	단단히 먹은 마음이 사흘을 가지 못한다는 뜻으로, 결심이 굳지 못함을 이르는 말.
張三李四 장 삼 이 사	장씨의 셋째 아들과 이씨의 넷째 아들이라는 뜻으로, 이름이나 신분이 특별하지 아니한 평범한 사람들을 이르는 말.
低首下心 저 수 하 심	머리를 낮추고 마음을 아래로 향하게 한다는 뜻으로, 머리를 숙여 복종함을 이르는 말.
積小成大 적 소 성 대	작은 것도 쌓이면 크게 됨.
赤手空拳 적 수 공 권	맨손과 맨주먹이라는 뜻으로, 아무것도 가진 것이 없음을 이르는 말.
前車可鑑 전 거 가 감	앞수레가 엎어진 것을 보고 뒷수레가 경계하여 넘어지지 않도록 한다는 말로, 전인의 실패를 보고 후인은 이를 경계로 삼아야 한다는 의미.
電光石火 전 광 석 화	번갯불이나 부싯돌의 불이 번쩍거리는 것과 같이 매우 짧은 시간이나 매우 재빠른 움직임 따위를 비유적으로 이르는 말.
戰戰兢兢 전 전 긍 긍	몹시 두려워서 벌벌 떨며 조심함.
前車覆轍 전 거 복 철	앞 수레가 엎어진 바퀴자국이란 뜻으로, 앞사람의 실패를 거울삼아 주의하라는 교훈.
前虎後狼 전 호 후 랑	앞문에서 호랑이를 막고 있으려니까 뒷문으로 이리가 들어온다는 뜻으로, 재앙이 끊일 사이 없이 닥침을 비유적으로 이르는 말.

轉禍爲福 전 화 위 복	재앙과 근심, 걱정이 바뀌어 오히려 복이 됨.
切磋琢磨 절 차 탁 마	옥이나 돌 따위를 갈고 닦아서 빛을 낸다는 뜻으로, 부지런히 학문과 덕행을 닦음을 이르는 말.
切齒腐心 절 치 부 심	몹시 분하여 이를 갈며 속을 썩임.
漸入佳境 점 입 가 경	들어갈수록 점점 재미가 있음.
井中之蛙 정 중 지 와	우물 안 개구리라는 뜻으로, 세상 물정을 너무 모름.
糟糠之妻 조 강 지 처	지게미와 쌀겨로 끼니를 이을 때의 아내라는 뜻으로, 몹시 가난하고 천할 때에 고생을 함께 겪어 온 아내를 이르는 말.
朝令暮改 조 령 모 개	아침에 명령을 내렸다가 저녁에 다시 고친다는 뜻으로, 법령을 자꾸 고쳐서 갈피를 잡기가 어려움을 이르는 말.
朝名市利 조 명 시 리	명예는 조정에서 다투고 이익은 시장에서 다투라는 뜻으로, 무슨 일이든 알맞은 곳에서 하여야 함을 이르는 말.
朝變夕改 조 변 석 개	아침저녁으로 뜯어고친다는 뜻으로, 계획이나 결정 따위를 일관성이 없이 자주 고침을 이르는 말.
朝三暮四 조 삼 모 사	간사한 꾀로 남을 속여 희롱함을 이르는 말.

朝雲暮雨	조운모우	아침의 구름과 저녁의 비라는 뜻으로, 남녀의 정교(情交)를 이르는 말.
鳥足之血	조족지혈	새 발의 피라는 뜻으로, 매우 적은 분량을 비유적으로 이르는 말.
終南捷徑	종남첩경	종남산이 지름길이라는 뜻으로, 쉽게 벼슬하는 길을 이르는 말.
坐不安席	좌불안석	앉아도 자리가 편안하지 않다는 뜻으로, 마음이 불안하거나 걱정스러워서 한군데에 가만히 앉아 있지 못하고 안절부절못하는 모양을 이르는 말.
左之右之	좌지우지	이리저리 제 마음대로 휘두르거나 다룸.
晝耕夜讀	주경야독	낮에는 농사짓고, 밤에는 글을 읽는다는 뜻으로, 어려운 여건 속에서도 꿋꿋이 공부함을 이르는 말.
走馬加鞭	주마가편	달리는 말에 채찍질한다는 뜻으로, 잘하는 사람을 더욱 장려함을 이르는 말.
走馬看山	주마간산	말을 타고 달리며 산천을 구경한다는 뜻으로, 자세히 살피지 아니하고 대충대충 보고 지나감을 이르는 말.
晝夜不息	주야불식	밤낮으로 쉬지 아니함.
竹馬故友	죽마고우	대말을 타고 놀던 벗이라는 뜻으로, 어릴 때부터 같이 놀며 자란 벗.
衆寡不敵	중과부적	적은 수효로 많은 수효를 대적하지 못함.
衆口難防	중구난방	뭇사람의 말을 막기가 어렵다는 뜻으로, 막기 어려울 정도로 여럿이 마구 지껄임을 이르는 말. '마구 떠듦'으로 순화함.
中原逐鹿	중원축록	서로 경쟁하여 어떤 지위를 얻고자 하는 일을 이르는 말.
指鹿爲馬	지록위마	윗사람을 농락하여 권세를 마음대로 함을 이르는 말.
池魚之殃	지어지앙	재앙이 못의 물고기에 미친다는 뜻으로, 제삼자가 엉뚱하게 재난을 당함을 이르는 말.
此日彼日	차일피일	이 날 저 날 하고 자꾸 기한을 미루는 모양.
創業守成	창업수성	나라를 세우는 일과 나라를 지켜 나가는 일이라는 뜻으로, 어떤 일을 시작하기는 쉬우나 이룬 것을 지키기는 어렵다는 뜻.
滄海一粟	창해일속	넓고 큰 바닷속의 좁쌀 한 알이라는 뜻으로, 아주 많거나 넓은 것 가운데 있는 매우 하찮고 작은 것을 이르는 말.
天高馬肥	천고마비	하늘이 높고 말이 살찐다는 뜻으로, 하늘이 맑아 높푸르게 보이고 온갖 곡식이 익는 가을철을 이르는 말.
天道是非	천도시비	하늘의 도는 옳은 지 그른 지 알 수 없다는 뜻.
千慮一得	천려일득	천 번을 생각하여 하나를 얻는다는 뜻으로, 어리석은 사람이라도 많은 생각을 하면 그 과정에서 한 가지쯤은 좋은 것이 나올 수 있음을 이르는 말.
千慮一失	천려일실	천 번 생각에 한 번 실수라는 뜻으로, 슬기로운 사람이라도 여러 가지 생각 가운데에는 잘못되는 것이 있을 수 있음을 이르는 말.
天壤之差	천양지차	하늘과 땅 사이와 같이 엄청난 차이.
天佑神助	천우신조	하늘이 돕고 신령이 도움. 또는 그런 일.
千載一遇	천재일우	천 년 동안 단 한 번 만난다는 뜻으로, 좀처럼 만나기 어려운 좋은 기회를 이르는 말.
天眞爛漫	천진난만	말이나 행동에 아무런 꾸밈이 없이 그대로 나타날 만큼 순진하고 천진함.
靑雲之志	청운지지	높은 지위에 오르고자 하는 욕망.
靑天白日	청천백일	하늘이 맑게 갠 대낮.
靑天霹靂	청천벽력	맑게 갠 하늘에서 치는 날벼락이라는 뜻으로, 뜻밖에 일어난 큰 변고나 사건을 비유적으로 이르는 말.
靑出於藍	청출어람	쪽에서 뽑아낸 푸른 물감이 쪽보다 더 푸르다는 뜻으로, 제자나 후배가 스승이나 선배보다 나음을 비유적으로 이르는 말.

| 草綠同色 | 풀빛과 녹색은 같은 빛깔이란 뜻으로, 같은 처지의 사람과 어울리거나 기우는 것. |
| 초록동색 | |

| 焦眉之急 | 눈썹에 불이 붙었다는 뜻으로, 매우 급함을 이르는 말. |
| 초미지급 | |

| 寸鐵殺人 | 한 치의 쇠붙이로도 사람을 죽일 수 있다는 뜻으로, 간단한 말로도 남을 감동하게 하거나 남의 약점을 찌를 수 있음을 이르는 말. |
| 촌철살인 | |

| 秋高馬肥 | 하늘이 높고 말이 살찐다는 뜻으로, 하늘이 맑아 높푸르게 보이고 온갖 곡식이 익는 가을철을 이르는 말. |
| 추고마비 | |

| 推己及人 | 자기를 미루어 남에게 미친다는 뜻으로, 자기의 처지에 비추어 다른 사람의 형편을 헤아림을 이르는 말. |
| 추기급인 | |

| 追遠報本 | 조상의 덕을 생각하여 제사에 정성을 다하고 자기가 태어난 근본을 잊지 않고 은혜를 갚음. |
| 추원보본 | |

| 春秋筆法 | 대의명분을 밝히어 세우는 역사 서술 방법. |
| 춘추필법 | |

| 忠言逆耳 | 충직한 말은 귀에 거슬림. |
| 충언역이 | |

| 七步之才 | 일곱 걸음을 걸을 동안에 시를 지을 만한 재주라는 뜻으로, 아주 뛰어난 글재주를 이르는 말. |
| 칠보지재 | |

| 七縱七擒 | 마음대로 잡았다 놓아주었다 함을 이르는 말. |
| 칠종칠금 | |

| 沈魚落雁 | 미인을 보고 물 위에서 놀던 물고기가 부끄러워서 물속 깊이 숨고 하늘 높이 날던 기러기가 부끄러워서 땅으로 떨어졌다는 뜻으로, 아름다운 여인의 용모를 이르는 말. |
| 침어낙안 | |

| 快刀亂麻 | 잘 드는 칼로 마구 헝클어진 삼 가닥을 자른다는 뜻으로, 어지럽게 뒤얽힌 사물을 강력한 힘으로 명쾌하게 처리함을 이르는 말. |
| 쾌도난마 | |

| 他山之石 | 다른 산의 나쁜 돌이라도 자신의 산의 옥돌을 가는 데에 쓸 수 있다는 뜻으로, 본이 되지 않은 남의 말이나 행동도 자신의 지식과 인격을 수양하는 데에 도움이 될 수 있음을 비유적으로 이르는 말. |
| 타산지석 | |

| 卓上空論 | 현실성이 없는 허황한 이론이나 논의. |
| 탁상공론 | |

| 貪官汚吏 | 백성의 재물을 탐내어 빼앗는, 행실이 깨끗하지 못한 관리. |
| 탐관오리 | |

| 泰山北斗 | 세상 사람들로부터 존경받는 사람을 비유적으로 이르는 말. |
| 태산북두 | |

| 兎死狗烹 | 토끼가 죽으면 토끼를 잡던 사냥개도 필요 없게 되어 주인에게 삶아 먹히게 된다는 뜻으로, 필요할 때는 쓰고 필요 없을 때는 야박하게 버리는 경우를 이르는 말. |
| 토사구팽 | |

| 兎死狐悲 | 토끼가 죽으니 여우가 슬퍼한다는 뜻으로, 같은 무리의 불행을 슬퍼함을 이르는 말. |
| 토사호비 | |

| 吐哺握髮 | 민심을 수람하고 정무를 보살피기에 잠시도 편안함이 없음을 이르는 말. |
| 토포악발 | |

| 破釜沈船 | 솥을 깨뜨려 다시 밥을 짓지 아니하며 배를 가라앉혀 강을 건너 돌아가지 아니한다는 뜻으로, 죽을 각오로 싸움에 임함을 비유적으로 이르는 말. |
| 파부침선 | |

| 破顔大笑 | 매우 즐거운 표정으로 활짝 웃음. |
| 파안대소 | |

| 破竹之勢 | 대를 쪼개는 기세라는 뜻으로, 적을 거침없이 물리치고 쳐들어가는 기세를 이르는 말. |
| 파죽지세 | |

| 平地風波 | 평온한 자리에서 일어나는 풍파라는 뜻으로, 뜻밖에 분쟁이 일어남을 비유적으로 이르는 말. |
| 평지풍파 | |

| 抱腹絶倒 | 배를 안고 넘어질 정도로 몹시 웃음. |
| 포복절도 | |

| 飽食暖衣 | 배부르게 먹고 따뜻하게 입는다는 뜻으로, 의식이 넉넉하게 지냄을 이르는 말. |
| 포식난의 | |

| 表裏不同 | 겉으로 드러나는 언행과 속으로 가지는 생각이 다름. |
| 표리부동 | |

| 風樹之歎 | 효도를 다하지 못한 채 어버이를 여읜 자식의 슬픔을 이르는 말. |
| 풍수지탄 | |

| 風前燈火 | 바람 앞의 등불이라는 뜻으로, 사물이 매우 위태로운 처지에 놓여 있음을 비유적으로 이르는 말. |
| 풍전등화 | |

| 皮骨相接 | 살가죽과 뼈가 맞붙을 정도로 몹시 마름. |
| 피골상접 | |

| 鶴首苦待 | 학의 목처럼 목을 길게 빼고 간절히 기다림. |
| 학수고대 | |

邯鄲之步 (한단지보)	함부로 자기 본분을 버리고 남의 행위를 따라 하면 두 가지 모두 잃는다는 것을 이르는 말.
咸興差使 (함흥차사)	심부름을 가서 오지 아니하거나 늦게 온 사람을 이르는 말.
恒産恒心 (항산항심)	일정한 생산이 있으면 마음이 변치 않는다는 뜻.
螢雪之功 (형설지공)	반딧불·눈과 함께 하는 노력이라는 뜻으로, 고생을 하면서 부지런하고 꾸준하게 공부하는 자세를 이르는 말.
螢窓雪案 (형창설안)	반딧불이 비치는 창과 눈에 비치는 책상이라는 뜻으로, 어려운 가운데서도 학문에 힘씀을 비유한 말.
狐假虎威 (호가호위)	남의 권세를 빌려 위세를 부림.
虎視眈眈 (호시탐탐)	범이 눈을 부릅뜨고 먹이를 노려본다는 뜻으로, 남의 것을 빼앗기 위하여 형세를 살피며 가만히 기회를 엿봄.
浩然之氣 (호연지기)	하늘과 땅 사이에 가득 찬 넓고 큰 원기.
魂飛魄散 (혼비백산)	혼백이 어지러이 흩어진다는 뜻으로, 몹시 놀라 넋을 잃음을 이르는 말.
昏定晨省 (혼정신성)	밤에는 부모의 잠자리를 보아 드리고 이른 아침에는 부모의 밤새 안부를 묻는다는 뜻으로, 부모를 잘 섬기고 효성을 다함을 이르는 말.
紅爐點雪 (홍로점설)	빨갛게 달아오른 화로 위에 한 송이의 눈을 뿌리면 순식간에 녹아 없어지는 데에서, 도를 깨달아 의혹이 일시에 없어짐을 비유적으로 이르는 말.
畫龍點睛 (화룡점정)	무슨 일을 하는 데에 가장 중요한 부분을 완성함을 비유적으로 이르는 말.
和氏之璧 (화씨지벽)	화씨의 구슬이라는 뜻으로, 천하의 명옥을 이르는 말.
花朝月夕 (화조월석)	꽃 피는 아침과 달 밝은 밤이라는 뜻으로, 경치가 좋은 시절을 이르는 말.
換骨奪胎 (환골탈태)	사람이 보다 나은 방향으로 변하여 전혀 딴사람처럼 됨.
換腐作新 (환부작신)	썩은 것을 싱싱한 것으로 바꿈.
會者定離 (회자정리)	만난 자는 반드시 헤어짐.
朽木糞牆 (후목분장)	썩은 나무는 조각할 수 없고 썩은 벽은 다시 칠할 수 없다는 뜻으로, 어떤 일을 하고자 하는 의지와 기개가 없는 사람은 가르칠 수 없다는 말.
後生角高 (후생각고)	뒤에 난 뿔이 우뚝하다는 뜻으로, 제자나 후배가 스승이나 선배보다 뛰어날 때 이르는 말.
厚顔無恥 (후안무치)	뻔뻔스러워 부끄러움이 없음.